工程建设百问丛书

外墙外保温技术百问

（第二版）

建设部科技发展促进中心
北京振利高新技术有限公司

中国建筑工业出版社

图书在版编目（CIP）数据

外墙外保温技术百问/建设部科技发展促进中心，北京振利高新
技术有限公司. —2 版. —北京：中国建筑工业出版社，2007

ISBN 978-7-112-09137-9

Ⅰ. 外… Ⅱ.①建…②北… Ⅲ. 建筑物—墙—保温—技
术—问答 Ⅳ. TU111.4-44

中国版本图书馆 CIP 数据核字（2007）第 025302 号

工程建设百问丛书
外墙外保温技术百问
（第二版）
建设部科技发展促进中心
北京振利高新技术有限公司

*

中国建筑工业出版社出版、发行(北京西郊百万庄)

各地新华书店、建筑书店经销

北京千辰公司制版

北京云浩印刷有限责任公司印刷

*

开本：850×1168 毫米　1/32　印张：13⅛　字数：350 千字
2007 年 3 月第二版　　2008 年 12 月第四次印刷
印数：18001—20000 册　　定价：**26.00** 元
ISBN 978-7-112-09137-9
（15801）

本书分为六章，全面反映了外墙外保温技术研究的前沿，满足建筑外墙保温隔热的需要。包括：建筑节能基本知识，建筑节能技术理念，外墙外保温技术，其他保温技术，建筑节能检测技术，建筑节能技术的发展趋势。

　　本书可供广大学者、教授、专家、工程技术人员和同行们参考。

＊　　＊　　＊

　　责任编辑：刘爱灵　田启铭　于　莉
　　责任设计：董建平
　　责任校对：王　爽　关　健

出版说明

　　为了推动工程建设事业的蓬勃发展，满足广大读者对这类图书的需要，我社拟陆续出版"工程建设百问丛书"。目前这套丛书已推出25册（见封四），范围包括建筑工程、安装工程和建筑管理等学科。丛书涵盖的专业面较广，内容比较全面，并有一定深度，主要供工程技术人员、管理人员和工人阅读。

　　每册作者编写时均针对该学科应掌握的政策法规、标准规程、专业知识和操作技术，并根据专业技术人员日常工作中遇到的疑点、难点，逐一提出问题，并用简洁的语言辅以必要的图表，有针对性地、一事一议地给予解答。

　　以问答形式叙述工程技术问题的图书，预期会受到读者的欢迎。它的特点是问题涉及面广、可浅可深，解答针对性强、避免冗长。读者可带着问题翻阅，从中找出答案，增长才干；初学者可以从阅读中汲取知识和教益，满足自学的欲望。希望我们这套丛书的问世，能帮助读者解决工作中的疑难问题，掌握专业知识，提高实际工作能力。为此，我们热诚欢迎读者对书中不足之处来信批评指正，如有新的问题也请给予补充，协助我们把这套丛书出得更好。

中国建筑工业出版社

编 委 会

5

史正武	隋明月	王宝海	王　超	王春堂	王洪涛
吴元炜	夏忠明	辛　翔	项连斌	许文发	杨嗣信
游广才	张恒业	张锡虎	张玉平	张玉祥	张在玲
周占环	祝根立				

撰　　稿：（按姓氏的汉语拼音为序）

白胜芳	蔡希熊	曹德军	曹文锋	陈丹林	陈建国
陈　雷	陈立民	陈全良	程绍革	丁　哲	杜文英
冯高磊	冯金秋	费慧慧	付海明	付祥钊	高沛峻
顾同曾	郝文英	何晓燕	胡国深	胡瑞深	胡　煜
黄福其	金贵实	金鸿祥	赖明华	李德荣	李东毅
李建平	李晓明	梁祖建	林海燕	刘　钢	刘九红
刘俊跃	刘树奇	刘昕光	刘亚东	卢延东	罗淑湘
孟庆林	彭红圃	平桂祥	钱艳荣	屈兆焕	任　琳
沈天行	宋长友	宋广春	孙桂芳	孙合祥	孙四海
唐晓丽	陶驷骥	王兵涛	王殿池	王冠华	王建康
王　磊	王立长	王美珺	王祖光	魏铁群	吴光玉
吴锡冯	吴雪岭	吴振亚	吴振州	夏祖宏	相志颖
谢　骞	徐晨辉	徐选才	许志航	严　平	杨　军
杨明义	杨善勤	杨仕超	杨树荣	杨维菊	杨星虎
杨永起	叶　青	张桂宝	张　盼	张荣祥	张树君
张燕忠	张永胜	张增山	赵惠清	赵俊卿	赵士怀
赵　旭	赵玉章	周洪成	朱连滨		

6

序　言

20 世纪 70 年代由石油危机引发能源危机后，节能工作受到世界各发达国家的高度重视，普遍把建筑节能列为国家的大政方针。很多国家采取了"两手抓"的发展策略，一方面采取措施控制新建建筑的能耗水平，另一方面加大对既有建筑的改造，取得了非常突出的成效。

建筑节能已成为全世界共同关心和重视的课题。

我国的建筑节能起步较晚，始于 80 年代初期，基于建筑节能关系到国家资源战略、可持续发展战略的实施，关系到扩大内需、拉动国民经济增长的大局，是功在当代、荫及子孙、造福人类的大事，近几年，在政府技术政策和标准的推动下，我国的建筑节能工作快速起动并将迎来一个高潮。

1. 开展建筑节能，可以大幅度提高和改善人民生活水平，体现了"三个代表"的重要思想，体现了党的十六大提出的"全面建设小康社会"的精神

多年来，由于历史、社会和经济等多方面的原因，我国大部分地区的人民居住水平较低。改革开放以来，国家十分重视住宅建设，在一定程度上解决了人们的居住有无问题。但居住的舒适性、室内环境仍未得到根本改善，比如长江流域地区，夏季炎热、冬季湿冷，室内居住环境与这一地区的社会发展和我国现代化要求很不相符。开展建筑节能工作，可使居住建筑的热环境得到明显改善，建筑空调和采暖能耗会有明显降低。

2. 外墙保温隔热技术的进步与发展是开展建筑节能工作的关键之一，解决保温墙面裂缝质量通病是外墙保温隔热技术进步与发展的瓶颈

在国家节能政策和技术标准的推动下，我国建筑节能技术、

尤其是墙体保温隔热技术发展迅速，在国内出现了多种外墙外保温技术体系。这些技术体系在一定程度上为建筑节能工作提供了技术保证和发展动力，但在系统解决保温隔热、耐候、抗冲击、抗风压、防火、透气、施工适应性等性能上还需正确估计和进一步提高，特别是在解决保温墙面裂缝质量问题上，仍有相当多的问题有待解决。

3. 以市场需求为导向，注重科技创新，不断研制开发新技术、新产品，有利于建筑节能跨越式发展

以市场需求为导向，建立以企业为主体的创新体系，促进建材产业、建筑业的产业结构调整和技术升级，是我国建筑节能工作的一个方向。目前，我国能够从事建筑节能所涉及的基础性研究、能够具有自主知识产权、形成主流产品与技术的骨干企业还是不多。政府主管部门要在制定相应的产业政策和技术政策的基础上，引导更多的企业进行科研攻关，形成原创能力，从整体上提高民族产业的竞争力。只有这样，才能促进建筑节能跨越式发展。

本书提出的外墙外保温"三大技术理念"，即"外墙外保温优于外墙内保温"、"柔韧变形量逐层渐变、逐层释放应力的抗裂技术路线"、"外墙外保温无空腔体系做法"，很有特色，对我国的建筑墙体保温理论的丰富和发展起了一定的作用，对于我国建筑节能事业发展也将起着积极的推动作用。

如何在不断提高室内舒适性的同时，提高能源利用效率，使建筑用能的总水平不断降低，走可持续发展之路，是实现我国国民经济和社会可持续发展的重要内容，同时也是保护资源、减少环境污染的重要举措。我相信，在国家节能政策与标准的推动下，在有志于建筑节能事业的厂家、专家和有识之士的努力下，我国的建筑节能工作会更加深入地发展。

是为序言。

姚　兵

第 二 版 前 言

2003 年 6 月，《外墙外保温技术百问》一书经中国建筑工业出版社出版发行以后，受到了广大读者的欢迎。有上万个单位或个人得益于此书，有的单位直接将其作为辅导教材使用，许多专家、学者、教授、工程技术人员和同行们针对书中的内容提出了许多建设性的中肯意见和修改建议。三年来，建筑节能技术也有了许多新的进步与创新，外墙外保温技术理念得到丰富和发展，新研制开发了多种保温材料的技术体系以及外保温防火构造技术，并对原外保温材料与技术体系进行了丰富和完善。因此，有必要对原书进行修改后再版，使其能反映我国建筑节能技术发展水平，并且更加实用，以奉献给广大的房地产商、工程技术人员和同行们。

经过十多次的修改，本书付梓印刷。为适应建筑节能的形势和外墙外保温技术的发展，我们将不断地、及时地将那些经工程实践验证为成熟可靠的外墙外保温技术介绍给同行，目的在于推广应用外墙外保温技术，并对外墙外保温知识进行宣传。

本书分为六章，全面反映了外墙外保温技术研究的前沿，满足建筑外墙保温隔热的需要。第一章是建筑节能基本知识，主要介绍了建筑节能方面的相关概念。第二章是建筑节能技术理念，确立了"外墙外保温优于外墙内保温"的技术理念；确立了"柔韧变形量逐层渐变、逐层释放应力的抗裂技术路线"，解决了外保温面层易出现裂缝的关键性技术难题，同时实现了涂料、粘贴面砖等保温饰面层做法的多样化；确立了"外墙外保温无空腔构造做法"。第三章是外墙外保温技术，提出了高层建筑外保温墙体的五种影响因素，以及外保温应采取的安全性措施；并简要地论述了外墙外保温相关的施工技术和验收技术，对外墙外保温系统基本组成材料技术进行了系统介绍；重点介绍了当前应用比较广泛、技术比较成熟的七种外墙外保温技术，并对正在研究的新型外墙外保温技术进行了简单介绍，本章综合介绍了外墙外保温技术的系统研究、材料研究、技术构造、技术应用、质量性能验证等方面，力图为读者展示外墙外保温技术的全貌。第四章是其他保温技术，简单介绍了外墙内保温技术、屋面保温技术、楼地面保温技术、顶棚保温技术、既有建筑节能改造技术、公共建筑保温技术等，供大家在建筑节能工作中作为参考。第五章是建筑节能检测技术，主要介绍了外墙外保温技术比较常用的几种检测技术。第六章是建筑节能技术的发展趋势，主要简单介绍了当前比较热门的低能耗建筑节能技术和其他建筑节能技术，并对建筑节能中的知识产权问题进行了探讨，目的是使人们对建筑节能技术有更深的了解，进而推动建筑节能工作的落实。

编委会
2007 年 2 月

第 一 版 前 言

2002 年 4 月，《ZL 胶粉聚苯颗粒保温材料外墙外保温技术百问》一书经中国建筑工业出版社出版发行以后，受到了建筑节能业的欢迎。有上万个单位或个人得益于此书，有的单位直接将其作为辅导教材使用，许多专家、学者、教授、工程技术人员和同行们针对书中的内容提出了许多建设性的中肯意见和修改建议。一年来，建筑节能技术也有了许多新的进步与创新，外墙外保温技术理念得到丰富和发展，新研制开发了岩棉、聚氨酯、泡沫玻璃等保温材料的技术体系以及外保温防火构造技术，并对原外保温材料与技术体系进行了丰富和完善。因此我们感到，有必要编写一本新的、能反映我国建筑节能技术发展水平的，适用面更广的、更实用的外墙外保温技术普及书籍，以奉献给广大的房地产商、工程技术人员和同行们。

经过十八次的修改，本书付梓印刷，在编委的提议下，本书再版时作为"工程建设百问丛书"中的一册，以满足广大读者对这类图书的需要。为适应建筑节能的形势和外墙外保温技术的发展，我们将不断地、及时地将那些经工程实践验证为成熟可靠的外墙外保温技术介绍给同行，并继本书之后将陆续出版外墙外保温技术体系与构造知识的第二辑、第三辑……，目的在于推广应用外墙外保温技术，并对外墙外保温知识进行宣传。

本书分为三个层次，反映了外墙外保温技术研究的前沿，满足建筑物围护结构保温隔热的需要。第一层次是外墙外保温技术理念。本书确立了"外墙外保温优于外墙内保温"的技术理念；确立了外墙外保温各构造层"柔韧变形量逐层渐变、逐层释放应力的抗裂技术路线"，解决了外保温面层易出现裂缝的关键性技术难题，同时实现了涂料、粘贴面砖等保温饰面层做法的多样化；确立了"外墙外保温无空腔体系作法"；提出了高层建筑外保温墙体的五种影响因素，以及外保温应采取的安全性措施；第二层次是外墙外保温技术的系统研究，包括材料研究、保温体系构造、技术应用、质量性能验证等方面，力图为读者展示外墙外保温技术的全貌；第三层次是外墙外保温质量控制和管理控制研究。目的是使人们对墙体保温工程有更深的了解，进而推动墙体保温工程的落实。

本书具有以下特点：一是知识性，是广大的房地产商、工程技术人员和我们的同行们学习和工作的参考书籍；二是全面性，共包括十二种外墙外保温技术，可供建筑工程墙体保温技术选用时参考；三是新颖性，凡在我国墙体保温领域中出现的主要新理论、新观点、新认识、新方法和新经验，都纳入其中并进行了阐述与分析；四是实用性，"实用"二字是本书的灵魂。

本书实为广大学者、教授、专家、工程技术人员和同行们的艰辛探索之收获、智力开发之成果，在此，谨对参与本书编撰的编委们和撰稿人诚表谢忱。由于编写时间仓促，书中难免存在一些错误和纰漏，希望广大读者不吝指教。

张庆风

目 录

第一章 建筑节能基本知识

第二章　建筑节能技术理念

第三章　外墙外保温技术

18

20

22

24

28

30

第四章　其他保温技术

第五章　建筑节能检测技术

第六章　建筑节能技术的发展趋势

第一章　建筑节能基本知识

1. 什么是建筑节能？为何要搞节能？

所谓建筑节能（energy efficiency of buildings），今天它的含义比字面上的意思要丰富、深刻得多。自 1973 年发生世界性的石油危机以后的 30 多年来，在发达国家，它的说法经历了三个阶段：最初就叫"建筑节能"；但不久改为"在建筑中保持能源"，意思是减少建筑中能量的散失。近来则普遍称作"提高建筑中能源利用效率"，也就是说，并不是消极的节省，而是从积极意义上提高能源利用效率。在我国，现在仍然通称为建筑节能，但其含义应该进行到第三层意思，即在建筑中合理使用和有效利用能源，不断提高能源利用效率。

因此，建筑节能是指在建筑工程设计和建造中依照国家有关法律、法规的规定，采用节能型的建筑材料、产品和设备，提高建筑物围护结构的保温隔热性能和采暖空调设备的能效比，减少建筑使用过程中的采暖、制冷、照明能耗，合理有效地利用能源。它改变了建筑物传统的构造形式，使之具有保温隔热的性能，从而在减少电、气的使用时间、频率或不用电、气时就可以满足舒适的需要。提高建筑物围护结构保温隔热性能的主要途径是在建筑体形、布局、朝向、间距和围护结构的设计上采取适合地方特点的措施以实现节能，如提高围护结构墙体、屋面的保温隔热性能及门窗的保温性和气密性；提高楼地板、分户墙、隔墙的保温隔热性能。提高采暖空调设备的能效比，要求合理提高锅炉的负荷率，改善锅炉运行状况，采用管网水平衡技术，以及加强供热管道保温等。

那么建筑用能的范围界定在哪里？国内过去较多的说法是建

筑用能包括建筑材料生产、建筑施工和建筑物使用方面的能耗，这种说法，把建筑用能跨越了工业生产和民用生活的不同领域，从而与国际上通行的说法不同。近来，经过认真研究，大家认为，我国建筑用能的范围，应该与发达国家取得一致，即建筑能耗应指建筑使用能耗，其中包括采暖、空调、热水供应、炊事、照明、家用电器、电梯等方面的能耗。在国际上，它是与工业、农业、交通运输能耗并列，属于民生能耗，一般占全国总能耗的30%~40%左右。由于建筑用能关系国计民生，量大面广，因此节约建筑用能，是个牵涉到国家全局，影响深远的大事情。

随着我国每年以 10 亿 m^2 的民用建筑投入使用，建筑能耗占全国总能耗的比例已从 1978 年的约 10% 上升到目前的 26.5%。我国近期建筑节能的重点是建筑采暖、空调节能，包括建筑围护结构节能和采暖、空调设备效率提高以及可再生能源利用等。

近年来，人们对居住舒适度的要求日益提高，但由于能源利用效率很低，建筑耗能迅速增长，已大大超过了能源增长的速度，能源供应紧张已严重制约了经济建设和人民生活水平的进一步提高，建筑节能成为一项长期而紧迫的战略任务。开展建筑节能，有着巨大的社会经济效益，还可以改善室内热环境，减少空气污染，提高人民居住环境水平，并能带动相关产业和经济持续发展。

（1）经济的发展，依赖于能源的发展，需要能源提供动力，能源短缺对我国的经济发展是一个根本性的制约因素。我们要可持续的发展经济，不能仅仅依靠"开源"，还要积极的"节流"。比如说，仅仅采暖用能一项，就已占到能源总消耗的 10% 左右，这还没有包括制冷和照明用能。如果我们能够达到国家要求的50% 节能的标准，大家想想看，能够产生多大的社会和经济效益？

（2）矿物燃料燃烧所排放的烟尘等颗粒物以及二氧化硫和氮氧化物都会危害人体健康，是产生许多疾病的根源；还会造成环境酸化，酸雨会破坏森林，损坏建筑物；而产生的二氧化碳会

2

造成地球温室效应，对地球环境造成巨大破坏。在青岛，冬季采暖期大气污染超标的根本原因，就是采暖燃煤排放的污染物。可见，如果采暖能耗不能大幅度地降低下来，不仅大气环境指标不可能改善，而且还会越来越恶化。因此，为了改善大气环境，也必须抓紧建筑节能工作。

（3）开展建筑节能，还可以改善室内热环境，使室内热环境不仅更稳定，而且更舒适，进而大大提高居住环境的水平。

2. 建筑能耗究竟有多大？

我国建筑耗能的数字非常惊人。在建造和使用过程中直接消耗的能源占全社会总能耗的 30%，使用的钢材、水泥等建材的生产能耗占 16.7%。两项相加，约占总能耗的一半。

通常我们将建筑能耗定义为建筑物建成后，在使用过程中的能耗，主要包括建筑采暖、空调、热水供应等方面的能耗，各部分能耗大体比例为：采暖空调占 65%，热水供应占 15%，电气占 14%，炊事占 6%。

我国建筑不仅耗能高，而且能源利用效率很低，单位建筑能耗比同等气候条件下发达国家高出 2~3 倍。仅以建筑供暖为例，北京市在执行建筑节能设计标准前，一个采暖期的平均能耗为 $30.1 \mathrm{W/m^2}$，执行节能 50% 标准后，一个采暖期的平均能耗为 $20.6 \mathrm{W/m^2}$，而相同气候条件的瑞典、丹麦、芬兰等国家一个采暖期的平均能耗仅为 $11 \mathrm{W/m^2}$。因建筑能耗高，仅北方采暖地区每年就多耗标准煤 1800 万 t，直接经济损失达 70 亿元。

3. 什么是节能建筑？

节能建筑（energy efficiency buildings）是指遵循气候设计和节能的基本方法，对建筑规划分区、群体和单体、建筑朝向、间距、太阳辐射、风向以及外部空间环境进行研究后，设计出的低能耗建筑，其主要指标有：建筑规划和平面布局要有利于自然通风，绿化率不低于 35%；建筑间距应保证每户至少有一个居住空间在大寒日能获得满窗日照 2h，最小日照距离不低于 1.1*H*；窗墙面积比不宜大于 0.35，建筑外墙传热系数 *K* 值小于该地区节能标准规定值；要求节能指标在 20 世纪 80 年代初砖混结构多层住宅达到舒适热环境效果的同时节能 50% 及以上等。由于节能建筑具有良好的保暖效果，即房间温度不会随着室外气温的变化而大幅度变化，有着自然的冬暖夏凉的效果，因此被专家称为自然"空调房"。

4. 什么是围护结构？

围护结构（building envelope）是指建筑及房间各面的围挡物。它分透明和不透明两部分：不透明围护结构有墙、屋顶和楼板等；透明围护结构有窗户、天窗和阳台门等。按是否同室外空气直接接触，又可分外围护结构和内围护结构。

外围护结构（outer building envelope）是指同室外空气直接接触的围护结构，如外墙、屋顶、外门和外窗等；内围护结构是指不同室外空气直接接触的围护结构，如隔墙、楼板、内门和内窗等。

5. 什么是建筑节能 50%？什么是建筑节能 65%？

建筑节能 50% 是指在当地 1980～1981 年住宅通用设计能耗水平的基础上节能 50%。

建筑节能 65% 就是指在节能 50% 的基础上再节能 30%，也就是在当地 1980～1981 年住宅通用设计能耗水平的基础上节能 65%。

6. 什么是保温材料？什么是建筑保温材料？

保温材料（thermal insulating material）是指对热流具有显著阻抗性的材料或材料复合体。材料保温性能的好坏是由材料导热系数的大小所决定的。导热系数越小，保温性能越好。

用于建造节能建筑的各种保温材料被称为建筑保温材料。主要有屋面、墙面保温材料及节能型窗。

保温材料的品种很多，按材质可分为无机保温材料、有机保温材料和金属保温材料三大类。按形态又可分为纤维状、多孔（微孔、气泡）状、层状等数种。目前在我国建筑市场上应用比较广泛的纤维状保温材料如岩矿棉、玻璃棉、硅酸铝棉及其制品，以木纤维、各种植物秸秆、废纸等有机纤维为原料制成的纤维板材；多孔状保温材料如膨胀珍珠岩、膨胀蛭石、微孔硅酸钙、泡沫石棉、泡沫玻璃以及加气混凝土，泡沫塑料类如聚苯乙烯、聚氨酯、聚氯乙烯、聚乙烯以及酚醛、脲醛泡沫塑料等；层状保温材料如铝箔、各种类型的金属或非金属镀膜玻璃以及以各种织物等为基材制成的镀膜制品。

7. 保温和隔热有何区别？

建筑物围护结构（包括屋顶、外墙、门窗等）的保温和隔热性能，对于冬、夏季室内热环境和采暖、空调能耗有着重要影响。围护结构保温和隔热性能优良的建筑物，不仅冬暖夏凉、室内热环境好，而且采暖、空调能耗低。随着国民经济的发展，人民生活水平的提高，人们对改善冬、夏季室内热环境和节约采暖和空调能耗问题日益重视，提高围护结构保温和隔热性能问题也日益突出。

围护结构的保温性能通常是指在冬季室内外条件下，围护结构阻止由室内向室外传热，从而使室内保持适当温度的能力。围护结构的隔热性能通常是指在夏季自然通风情况下，围护结构在室外综合温度（由室外空气和太阳辐射合成）和室内空气温度波作用下，其内表面保持较低温度的能力。两者的主要区别在于：

（1）传热过程不同。保温性能反映的是冬季由室内向室外的传热过程，通常按稳定传热考虑；隔热性能反映的是夏季由室外向室内以及由室内向室外的传热过程，通常按以 24h 为周期的波动传热来考虑。

（2）评价指标不同。保温性能通常用围护结构的传热系数 K

值 [W/(m² · K)] 或传热阻 R_0 值[(m² · K)/W] 来评价；隔热性能通常用夏季室外和室内计算条件下（即当地较热的天气），围护结构内表面最高温度 $\theta_{i.max}$（℃）来评价。如果在同样的夏季室外和室内计算条件下，其内表面最高温度 $\theta_{i.max}$ 低于或等于当地夏季室外计算最高温度 $t_{e.max}$，（大体上相当于 240mm 厚砖墙的内表面最高温度），则认为符合夏季隔热要求。

（3）构造措施不同。由于围护结构的保温性能主要取决于其传热系数 K 值或传热阻 R_0 的大小，而围护结构的隔热性能主要取决于夏季室外和室内计算条件下内表面最高温度 $\theta_{i.max}$ 的高低。对于外墙来说，由多孔轻质保温材料构成的轻型墙体（如彩色钢板聚苯或聚氨酯泡沫夹芯墙体）或多孔轻质保温材料内保温墙体，其传热系数 K 值较小，或其传热阻 R_0 值较大，亦即其保温性能较好，但因其是轻质墙体，热稳定性较差，或因其是轻质保温材料内保温墙体，其内侧的热稳定性较差，在夏季室外综合温度和室内空气温度波作用下，内表面温度容易升得较高，亦即其隔热性能较差。也就是说，保温性能通常受构造层次排列的影响较小，而隔热性能受构造层次排列的影响较大。相同材料和厚度的复合墙体，内保温构造，隔热性能较差；外保温构造隔热性能较好。造成上述情况的原因从保温和隔热性能指标的计算方法和计算结果中可以了解得更为清楚。

8. 什么是导热系数？

导热系数（thermal conductivity, thermal coefficient, heat conduction coefficient, heat conductivity）是指在稳态条件下，1m 厚的物体，两侧表面温差 1K，1h 内通过 1m² 面积传递的热量，用 λ 表示，单位是 W/(m · K)。材料导热系数在数值上等于热流密度除以负温度梯度。

$$\lambda = -\frac{\vec{q}}{\text{grad}T}$$

式中　λ——材料导热系数 [W/(m · K)]；

q——热流密度（W/m^2）；

T——温度（K）。

热流密度（q）是指垂直于热流方向的单位面积热流量，单位为 W/m^2。

$$q = \frac{d\Phi}{dA}$$

式中　Φ——热流量（W）；

A——面积（m^2）。

材料的导热系数，与其自身的成分、表观密度、内部结构以及传热时的平均温度和材料的含水量有关。一般地说，表观密度越轻，导热系数越小。但对松散的纤维材料而言，当表观密度小于最佳极限值时，其导热系数会随表观密度的减小而增大。在材料成分、表观密度、平均温度、含水量等完全相同的条件下，多孔材料单位体积中气孔数量越多，导热系数越小；松散颗粒材料的导热系数，随单位体积中颗粒数量的增多而减小；松散纤维材料的导热系数，则随纤维截面的减小而减小。当材料的成分、表观密度、结构等条件完全相同时，多孔材料的导热系数随平均温度和含水量的增大而增大，随温湿度的减小而减小。绝大多数建筑材料的导热系数介于 0.023 ~ 3.49W/(m·K) 之间，通常把 λ 值不大于 0.23 的材料称为绝热材料，而将其中 λ 值小于 0.14 的绝热材料称为保温材料。进而根据材料的适用温度范围，将可在 0℃ 以下使用的称为保冷材料，使用温度超过 1000℃ 者称为耐火保温材料。习惯上将保温材料分为三档，即低温保温材料，使用温度低于 250℃；中温保温材料，使用温度 250 ~ 700℃；高温保温材料，使用温度 700℃ 以上。

9. 什么是材料导热系数的修正系数？

材料用于不同的建筑部位时，因环境的影响，导致材料在紧密程度、含水率等无形参数方面发生变化，从而使材料的导热系数发生改变，改变后的导热系数与改变前的导热系数的比值就是材料导热系数的修正系数（correction factor for thermal conductivity of material）。

10. 什么是热阻？什么是传热阻？什么是最小传热阻？什么是经济传热阻？

热阻（thermal resistance, heat resistance）是表征围护结构本身或其中某层材料阻抗传热能力的物理量。在稳态状态下，与热流方向垂直的物体两表面温度差除以热流密度即为热阻，单位是$(m^2 \cdot K)/W$。

$$R = \frac{T_1 - T_2}{q}$$

式中 R——热阻$[(m^2 \cdot K)/W]$；

T_1、T_2——物体两表面温度（K）。

单一材料层的热阻等于材料层厚度除以材料的导热系数。

$$R = \frac{\delta}{\lambda}$$

多层围护结构的热阻等于各层材料热阻之和。

$$R = R_1 + R_2 + \cdots\cdots + R_n$$

式中 δ——材料层厚度（m）；

R_1、R_2……R_n——各层材料的热阻$[(m^2 \cdot K)/W]$。

传热阻（heat transfer resistance, total thermal resistance）是表征围护结构（包括两侧表面空气边界层）阻抗传热能力的物理量。为传热系数的倒数，单位为$(m^2 \cdot K)/W$。传热阻可按下式进行计算。

$$R_o = R_i + R + R_e$$

式中 R_o——传热阻$[(m^2 \cdot K)/W]$；

R_i——内表面换热阻$[(m^2 \cdot K)/W]$，通常取 0.11；

R_e——外表面换热阻$[(m^2 \cdot K)/W]$，通常取 0.04。

最小传热阻（minimal heat transfer resistance）特指设计计算中容许采用的围护结构传热阻的下限值。规定最小传热阻的目

8

的，是为了限制通过围护结构的传热量过大，防止内表面冷凝，以及限制内表面与人体之间的辐射换热量过大而使人体受凉。

经济传热阻（economical heat transfer resistance）是指围护结构单位面积的建筑费用（初次投资的折旧费）与使用费用（由围护结构单位面积分摊的采暖运行费和设备折旧费）之和达到最小值时的传热阻。

11. 什么是传热系数？什么是外墙平均传热系数？

传热系数（heat transfer coefficient）是指在稳态条件下，围护结构两侧空气温度差为 1K，1h 内通过 $1m^2$ 面积传递的热量，单位为 $W/(m^2 \cdot K)$。

传热系数的倒数即为传热阻。

$$K = \frac{1}{R_o}$$

式中　K——传热系数 $[W/(m^2 \cdot K)]$。

外墙主体部位传热系数与热桥部位传热系数按照面积的加权平均值，即为外墙平均传热系数（average heat transfer coefficieng of outer-wall）。

外墙主体部位和周边热桥部位如图 1-1 所示。

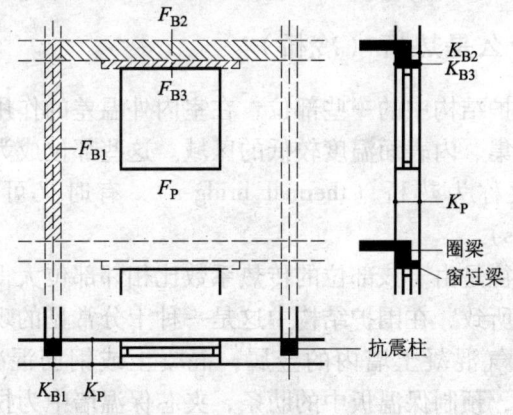

图 1-1　外墙主体部位和周边热桥部位示意图

当外墙中带有抗震柱、圈梁等热桥部位时，外墙平均传热系数 K_m 应按下式计算：

$$K_m = \frac{K_P \cdot F_P + K_{B1} \cdot F_{B1} + K_{B2} \cdot F_{B2} + K_{B3} \cdot F_{B3}}{F_P + F_{B1} + F_{B2} + F_{B3}}$$

式中　　　K_m——外墙平均传热系数 $[W/(m^2 \cdot K)]$；

　　　　　K_P——外墙主体部位的传热系数 $[W/(m^2 \cdot K)]$，应按《民用建筑热工设计规范》（GB 50176-93）的规定计算；

K_{B1}、K_{B2}、K_{B3}——外墙周边热桥部位的传热系数 $[W/(m^2 \cdot K)]$；

　　　　　F_P——外墙主体部位的面积（m^2）；

F_{B1}、F_{B2}、F_{B3}——外墙周边热桥部位的面积（m^2）。

12. 什么是围护结构传热系数的修正系数？

不同地区、不同朝向的围护结构，因受太阳辐射和天空辐射的影响，使得其在两侧空气温差同样为 1K 情况下，在单位时间内通过单位面积围护结构的传热量要改变。这个改变后的传热量与未受太阳辐射和天空辐射影响的原有传热量的比值，即为围护结构传热系数的修正系数（correction factor for overall heat transfer coefficient of building envelope）。

13. 什么是热桥（冷桥）？

建筑围护结构中的一些部位，在室内外温差的作用下，形成热流相对密集、内表面温度较低的区域。这些部位成为传热较多的桥梁，故称为热桥（thermal bridges），有时又可称为冷桥（cold bridges）。

热桥往往是由于该部位的传热系数比相邻部位大得多、保温性能差得多所致，在围护结构中这是一种十分常见的现象。如砌在砖墙或加气混凝土墙内的金属，混凝土或钢筋混凝土的梁、柱、板和肋，预制保温板中的肋条，夹芯保温墙中为拉结内外两片墙体设置的金属连接件，外保温墙体中为固定保温板加设的金属锚固件，内保温层中设置的龙骨，挑出的阳台板与主体结构的连接部位，保温门窗中的门窗框特别是金属门窗框等。

寒冷季节外墙角部散热面积比吸热面积为大，墙角内空气流动速度较低，接受室内热量比邻近的平直部位少，也是热流密集、内表面温度较低的热桥部位。

热桥可以通过热工计算、模拟测试或实测得出定量的结果。现在已有一些计算机模拟软件，可以显现出在不同条件下热桥部位的温度和热流状况。

由于热桥部位内表面温度较低，所以在寒冬期间，该处温度低于露点温度时，水蒸气就会凝结在其表面上，开成结露。此后，空气中的灰尘容易沾上，逐渐变黑，从而长菌发霉。热桥严重的部位，在寒冬时甚至会淌水，对生活和健康影响很大。

加强保温是处理热桥的有效办法。采用外墙内保温可以提高外墙内表面温度，但外墙与隔墙、外墙与楼板等连接处的热桥比较明显；内保温越好，经由热桥部位散失热量所占的比例就越大。采用外墙外保温则由于保温层覆盖住整个外墙面，有利于避免热桥的产生，但对于门窗口四周侧壁也应注意妥善保温，避免此处热量过多散失。至于铝窗框的热桥问题，可以通过在窗框内设置断桥热条的方法解决。

14. 什么是蓄热系数？什么是表面蓄热系数？

蓄热系数（thermal storage coefficient）是指当某一足够厚度单一材料层一侧受到谐波热作用时，表面温度将按同一周期波动，通过表面的热流波幅与表面温度波幅的比值。其值越大，材料的热稳定性越好。当无限大材料层表面在周期热作用下，通过材料表面的热流波振幅 A_q 与表面温度波振幅 A_t 的比值，即为蓄热系数，单位为 $W/(m^2 \cdot K)$。

$$S = A_q/A_t = \sqrt{2\pi \cdot \lambda \cdot C_P \cdot \rho / T}$$

式中　S——蓄热系数 $[W/(m^2 \cdot K)]$；

C_P——材料的比热容 $[J/(kg \cdot K)]$；

ρ——材料的密度（kg/m³）；

T——周期波的周期（s）。

表面蓄热系数（surface thermal storage coefficient）是指在周期性热作用下，物体表面温度升高或降低 1K 时，在 1 小时内，1m² 表面积贮存或释放的热量。

表面蓄热系数应按如下方法进行计算：

（1）多层围护结构各层外表面蓄热系数应按下列规定由内到外逐层（图 1-2）进行计算：

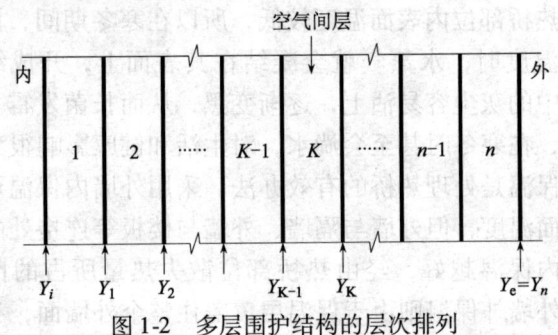

图 1-2　多层围护结构的层次排列

如果任何一层的热惰性指标 D≥1，则 Y＝S，即取该层材料的蓄热系数。

如果第一层的 D＜1，则：

$$Y_1 = \frac{R_1 S_1^2 + \alpha_i}{1 + R_1 \alpha_i}$$

如果第二层的 D＜1，则：

$$Y_2 = \frac{R_2 S_2^2 + Y_1}{1 + R_2 Y_1}$$

其余类推，直到最后一层（第 n 层）：

$$Y_n = \frac{R_n S_n^2 + Y_{n-1}}{1 + R_n Y_{n-1}}$$

式中　S_1、S_2……S_n——各层材料的蓄热系数［W/（m²·K）］；

　　　　R_1、R_2……R_n——各层材料的热阻［（m²·K）/W］；

Y_1、Y_2……Y_n——各层材料的外表面蓄热系数 $[W/(m^2 \cdot K)]$；

α_i——内表面换热系数 $[W/(m^2 \cdot K)]$。

（2）多层围护结构外表面蓄热系数应取最后一层材料的外表面蓄热系数，即 $Y_e = Y_n$。

（3）多层围护结构内表面蓄热系数应按下列规定计算：

如果多层围护结构中的第一层（即紧接内表面的一层）$D_1 \geq 1$，则多层围护结构内表面蓄热系数应取第一层材料的蓄热系数，即 $Y_i = S_1$。

如果多层围护结构中最接近内表面的第 m 层，其 $D_m \geq 1$，则取 $Y_m = S_m$，然后从第 $m - 1$ 层开始，由外向内逐层（层次排列见图1-2）计算，直至第一层的 Y_1，即为所求的多层围护结构内表面蓄热系数。

如果多层围护结构中的每一层 D 值均小于1，则计算应从最后一层（第 n 层）开始，然后由外向内逐层计算，直至第一层的 Y_1，即为所求的多层围护结构内表面蓄热系数。

15. 什么是热惰性指标？

热惰性指标（D 值，index of thermal inertia）是表征围护结构对温度波衰减快慢程度的无量纲指标。单一材料围护结构，$D = RS$；多层材料围护结构，$D = \sum RS$。式中 R 为围护结构材料层的热阻，S 为相应材料层的蓄热系数。D 值越大，温度波在其中的衰减越快，围护结构的热稳定性越好。

16. 什么是内表面换热系数及内表面换热阻？

内表面换热系数（inside surface coefficient of heat transfer）是指围护结构内表面温度与室内空气温度之差为 1K，1 小时内通过 $1m^2$ 表面积传递的热量，单位是 $W/(m^2 \cdot K)$。

内表面换热阻（inside surface thermal resistance）是内表面换热系数的倒数，单位是 $[(m^2 \cdot K)/W]$。

17. 什么是外表面换热系数及外表面换热阻？

外表面换热系数（outside surface coefficient of heat transfer）是指围护结构外表面温度与室外空气温度之差为1K，1h内通过1m² 表面积传递的热量，单位是 W/（m² · K）。

外表面换热阻（outside surface thermal resistance）是外表面换热系数的倒数，单位是（m² · K）/W。

18. 什么是窗墙面积比？

窗墙面积比（area ratio of window to wall）是指某朝向的外窗（包括透明幕墙）总面积与同朝向的墙面总面积之比。阳台不封闭时，某朝向的外窗总面积包括阳台门透明部分和外窗的洞口面积，同朝向的墙面总面积为建筑立面面积（即该朝向包括阳台门和外窗面积在内的墙面投影面积）。阳台封闭时，阳台的全部外窗均计入外窗总面积（阳台内的门窗不再计入），墙面总面积为同朝向建筑立面面积及阳台其他墙面面积之和。

19. 什么是建筑物体形系数？

建筑物体形系数（shape coefficient of building）是指建筑物与室外大气接触的外表面积与其所包围的体积的比值。外表面积中，不包括地面和不采暖楼梯间隔墙和户门的面积。它实质上是指单位建筑体积所分摊到的外表面积。体积小、体形复杂的建筑，以及平房和低层建筑，体形系数较大，对节能不利；体积大、体形简单的建筑，以及多层和高层建筑，体形系数较小，对节能较为有利。

20. 什么是设计计算用采暖期天数？

设计计算用采暖期天数（days of heating period for design and calculation）是指累年日平均温度低于或等于5℃的天数。这一天数仅用于建筑热工设计计算，故称设计计算用采暖天数。各地实际的采暖期天数，应按当地行政或主管部门的规定执行。

21. 什么是采暖期度日数？

采暖期度日数（degreedays of heating period）是指室内基准温度 18℃ 与采暖期室外平均温度之间的温差，乘以采暖期天数的数值，单位为 ℃·d，又称采暖度日数（heating degree days）。

采暖度日数是一个按照建筑采暖要求反映某地气候寒冷程度的参数。室外空气温度是随时随地变化的，每个地方每天都有一个不同的日平均温度，一年 365d 就有 365 个日平均温度。我们规定一个室内基准温度，例如 18℃，那么在某地的这 365 个日平均温度中，一定是有些高于 18℃，有些低于 18℃。将每一个低于 18℃ 的日平均温度与 18℃ 之间的差乘以 1d，得到一个以"度·日"（℃·d）为单位的数值，将所有这些数值累加起来，就得到了某地以 18℃ 为基准的采暖度日数，可以用 HDD18 表示。同样的道理，也可以统计出以其他温度为基准的采暖度日数，例如以 20℃ 为基准的 HDD20。

将统计的时间从一年缩短到一个采暖期，就得到采暖期的采暖度日数。

一个地方的采暖度日数大致反映了该地气候的寒冷程度，采暖度日数越大表示该地越寒冷，例如，哈尔滨的采暖度日数就远大于北京的采暖度日数。

22. 什么是比热容？

比热容（specific heat）是指 1kg 的物质，温度升高或降低 1K 所需吸收或放出的热量。

23. 什么是围护结构的热稳定性？什么是房间的热稳定性？

围护结构的热稳定性（heat stability of building envelope）是

指在周期热作用下，围护结构本身抵抗温度波动的能力。围护结构的热惰性是影响其热稳定性的主要因素。

房间的热稳定性（heat stability of home）是指在室内外周期性热作用下，整个房间抵抗温度波动的能力。房间的热稳定性主要取决于内外围护结构的热稳定性。

24. 什么是露点温度？

露点温度（dewpoint temperature）是指在大气压力一定、含湿量不变的情况下，未饱和的空气因冷却而达到饱和状态时的温度。

25. 什么是冷凝或结露？

冷凝或结露（moisture condensation）特指围护结构表面温度低于附近空气露点温度时，表面出现冷凝水的现象。

26. 什么是水蒸气分压力及饱和水蒸气分压力？

水蒸气分压力是指在一定温度下湿空气中水蒸气部分所产生的压力。饱和水蒸气分压力是指空气中水蒸气呈饱和状态时水蒸气部分所产生的压力。

27. 什么是空气相对湿度？

空气相对湿度是指空气中实际的水蒸气分压力与同一温度下饱和水蒸气分压力的百分比。

28. 什么是蒸汽渗透系数？什么是蒸汽渗透阻？

蒸汽渗透系数是指 1m 厚的物体，两侧水蒸气分压力差为 1Pa，1h 内通过 $1m^2$ 面积渗透的水蒸气量。

蒸汽渗透阻是指围护结构或某一材料层，两侧水蒸气分压力差为 1Pa，通过 $1m^2$ 面积渗透 1g 水分所需要的时间。

29. 什么是采暖期室外平均温度?

采暖期室外平均温度(outdoor mean air temperature during heating period)是指在采暖期起止日期内,室外逐日平均温度的平均值。

30. 什么是采暖能耗?

采暖能耗(energy consumed for heating)是指用于建筑物采暖所消耗的能量,主要指建筑物耗热量和采暖耗煤量。

31. 什么是建筑物耗热量指标?

建筑物耗热量指标(index of heat loss of building)是指在采暖期室外平均温度条件下,为保持室内计算温度,单位建筑面积在单位时间内消耗的、需由室内采暖设备供给的热量,单位为 W/m^2。

32. 什么是采暖耗煤量指标?

采暖耗煤量指标(index of coal consumption for heating)是指在采暖期室外平均温度条件下,为保持室内计算温度,单位建筑面积在一个采暖期内消耗的标准煤量,单位为 kg/m^2。

33. 什么是采暖设计热负荷指标?

采暖设计热负荷指标(index of design load for heating of building)是指在采暖室外计算温度条件下,为保持室内计算温度,单位建筑面积在单位时间内需由锅炉或其他供热设施供给的热量,单位为 W/m^2。

34. 什么是采暖供热系统?

采暖供热系统(heating system)是指锅炉机组、室外管网、室内管网和散热器等设备组成的系统。

35. 什么是建筑物耗冷量指标?

建筑物耗冷量指标 (index of cool loss of building) 是指按照夏季室内热环境设计标准和设定的计算条件, 计算出的单位建筑面积在单位时间内消耗的需要由空调设备提供的冷量。

36. 什么是空调年耗电量?

空调年耗电量 (annual cooling electricity consumption) 是指按照夏季室内热环境设计标准和设定的计算条件, 计算出的单位建筑面积空调设备每年所要消耗的电能。

37. 什么是采暖年耗电量?

采暖年耗电量 (annual heaing electricity consumption) 是指按照冬季室内热环境设计标准和设定的计算条件, 计算出的单位建筑面积采暖设备每年所要消耗的电能。

38. 什么是空调度日数 (CDD26)?

空调度日数 (CDD26) (cooling degree day based on 26℃) 是指一年中, 当某天室外日平均温度高于26℃时, 将高于26℃的度数乘以1d, 并将此乘积累加。

39. 什么是基准建筑?

选择建筑层数、体形系数、朝向和窗墙面积比等在某一地区具有代表性的住宅建筑, 以此作为基准, 将建筑物耗热量控制指标分解为各项围护结构传热系数限值, 以便从总体上控制该地区居住建筑能耗、此建筑称为基准建筑 (baseline building)。

40. 什么是设计建筑?

设计建筑 (designed building) 是指正在设计的、需要进行节能设计判定的建筑。

41. 什么是参照建筑？

参照建筑（reference building）是指对围护结构热工性能进行权衡判断时，作为计算全年采暖和空气调节能耗的假想建筑。

42. 什么是高层住宅？什么是中高层住宅？什么是多层住宅和低层住宅？

一般来说，高层住宅（high-rise residence）是指十层及以上的住宅；中高层住宅（semi high-rise residence）是指七层及九层的住宅；多层住宅（multistoried residence）是指四层至六层的住宅；低层住宅（low-rise residence）是指一层至三层的住宅。

43. 什么是外墙外保温系统？

外墙外保温系统（external thermal insulation system）是指由保温层、保护层和固定材料（如胶粘剂、锚固件等）构成并且适用于安装在外墙外表面的非承重保温构造总称。

44. 什么是外墙外保温工程？

外墙外保温工程（external thermal insulation on wall）是指将外墙外保温系统通过组合、组装、施工或安装固定在外墙外表面上所形成的建筑物实体。

45. 什么是遮阳系数及外窗的综合遮阳系数？

遮阳系数（shading coefficient）是指通过窗户（包括窗玻璃、遮阳和窗帘）投射到室内的太阳辐射量与照射到窗户上的太阳辐射量的比值。外窗的综合遮阳系数（overall shading coefficient of window）是指考虑窗本身和窗口的建筑外遮阳装置综合遮阳效果的一个系数，其值为窗本身的遮阳系数与窗口的建筑外遮阳系数的乘积。

第二章　建筑节能技术理念

第一节　外墙外保温技术优势

46. 外墙外保温与其他保温形式相比有哪些优点？

目前，我国墙体保温主要有三种形式，即外墙外保温、外墙内保温和夹芯保温，其特点如表2-1所示。

相比于外墙内保温和夹芯保温而言，外墙外保温技术解决了这两种保温形式带来的许多综合性的问题，具有热工性能好、保温效果高、综合投资低、可以延长主体结构寿命等优点，应将成为我国墙体保温的主要形式以及节能建筑保温墙体的发展方向。具体地说，外墙外保温主要有以下优点：

（1）适用范围较广

外保温适用于采暖和空调的工业与民用建筑，既可用于新建工程，又可用于旧房改造，适用范围较广。

（2）保护主体结构、延长建筑物的寿命

外墙内保温的保温层构造位置使得建筑物的外墙与内墙分别处于两个不同的温度环境。内墙及楼板处于室内的温度环境，其年温度差的变化在10℃范围内，而外墙处于室外的温度环境，其年温度差的变化会在60~80℃的范围。而环境温度每变化10℃会引起墙体万分之一的混凝土材料胀缩。外墙内保温使主体结构分别处于两个不同的环境温度而引发的不同形变，使主体结构常年不得安定。这种永远不安定的主体结构会导致在多处墙面产生裂缝，并破坏沿外墙的屋面防水，引起地下室防水的渗漏等。这些大大缩短建筑物结构寿命的现象，我们称之为"内保温技术综合症"。

外墙外保温、外墙内保温与夹芯保温的特点比较　表2-1

项　目	优　　　点	缺　　　点
外墙外保温	1. 适用范围广； 2. 保护主体结构延长建筑物寿命； 3. 基本消除了热桥的影响； 4. 使墙体潮湿情况得到改善； 5. 有利于室温保持稳定，改善室内热环境质量； 6. 有利于提高墙体防水和气密性； 7. 便于旧建筑物进行节能改造； 8. 可相对减少保温材料用量； 9. 不占用房屋的使用面积	1. 对保温系统材料的要求较严格； 2. 对保温材料的耐候性和耐久性提出了较高的要求； 3. 材料要求配套，对系统的抗裂、防火、拒水、透汽、抗震和抗风压能力要求较高； 4. 要有严格的施工队伍和技术支持
外墙内保温	1. 将保温材料复合在承重墙内侧，技术不复杂，施工简便易行； 2. 保温材料强度要求较低，技术性能要求比外墙外保温低； 3. 造价相对较低	1. 难以避免热桥的产生，在热桥部位外墙内表面易结露、潮湿甚至发霉和淌水； 2. 内保温须设置隔汽层，以防止墙体产生冷凝现象； 3. 防水和气密性较差； 4. 不利于建筑外围护结构的保护，会缩短建筑物的使用寿命； 5. 内保温板材出现裂缝比较普遍
夹芯保温	1. 将保温材料设置在外墙中间，有利于较好地发挥墙体本身对外界环境的防护作用； 2. 对保温材料的要求不严格	1. 易产生热桥； 2. 内部易形成空气对流； 3. 施工相对困难； 4. 内外墙保温两侧不同温度差使外墙主体结构寿命缩短，墙面裂缝不易控制； 5. 抗震性能差

　　同样这种"不同温度环境会产生不同形变"的原理也会发生在那些夹芯保温和保温层表面的刚性厚抹灰层上，保温层上湿贴石材等做法其保温层外侧部分都面临同样的形变破坏。在实施外保温的初期阶段容易被忽视的部位是那些主体结构出挑的部位，如阳台、空调机托板、排水沟、雨罩等，这些没做保温层的部位，其受温度影响而发生形变的状况与做了外保温的墙体是不同的，因而易引起这些部位与墙体交接之处的裂缝与破坏。

以往没有保温层构造的建筑，与增加了保温层的建筑，它们所处的温度场是有很大变化的，研究这种变化对主体结构的影响是非常必要的。外墙外保温做法的重要一点是使主体结构处于同一个温度环境，其温度形变主要受室内温度影响，避免室外年温差引起的主体结构不同部位形变不同的现象，因而使主体结构安定下来，建筑寿命也得以延长。

采用外墙外保温技术方案，由于保温层置于建筑物围护结构外侧，缓冲了因温度变化导致结构变形产生的应力，避免了雨、雪、冻、融、干、湿循环造成的结构破坏，减少了空气中有害气体和紫外线对围护结构的侵蚀。事实证明，只要墙体和屋面保温隔热材料选材适当、厚度合理，外保温可有效防止和减少墙体和屋面的温度变形，消除顶层横墙常见的斜裂缝或八字裂缝。因此，外保温既可减少围护结构的温度应力，又对主体结构起保护作用，从而有效地提高了主体结构的耐久性，故比内保温更科学合理。

内保温的保温块材易发生裂缝。处于室内温度环境影响的内保温块材附着在受室外年温差影响而发生形变的外墙上。内保温块材的板缝被由温度变化而产生的外墙变形应力拉开，经过几个年温差对外墙的形变影响，这种块材板缝裂缝是终归要发生的。

外保温墙体控制裂缝要比内保温墙体控制裂缝的发生容易得多。彻底的外墙外保温的做法是将建筑物的全部结构穿上一件棉袄，使其完全处于室内的温度环境下，年温差一般波动不大，可以忽略其形变产生的影响。受室外环境温度影响较大只是外保温的外表面。

（3）基本消除了"热桥"的影响

室内热量散失是与热桥的多少、大小相关的。内保温热桥面积较大，是低效率的节能形式。由于热的散失，使热桥部位的温度与非热桥部位产生很大的差异。红外线图像显示冬季在内墙表面会产生10℃以上的温差，外墙表面会产生5℃的温差，这种情况往往容易导致在热桥部位结露。

内保温做法的露点位置是在靠近外墙内侧的表面，外保温做法的露点位置是靠近在外墙外保温层的内表面。北方的冬季在内保温工程的热桥部位常常发生结露现象，南方的夏天在没有保温的外墙内表面受空调影响温度较低，外墙外表面温度较高，所以南方没有做外保温的建筑在外墙内表面常发生霉变。

采用外保温在避免"热桥"方面比内保温更有利，如在内外墙交界部位、外墙圈梁、构造柱、框架梁、柱、门窗洞口以及顶层女儿墙与屋面板交界周边所产生的"热桥"。经统计，底层房间"热桥"附加热负荷约占总热负荷的 23.7%；中间层房间占 21.7%；顶层房间占 24.3%。可见，"热桥"的影响比较大。上述"热桥"对内保温和夹芯保温而言，几乎难以避免，而外保温既可防止"热桥"部位产生的结露，又可消除"热桥"造成的附加热损失。计算表明，在厚度为 370mm 砖墙内保温条件下，周边"热桥"使墙体平均传热系数比主体部位传热系数增加 10% 左右；在厚度为 240mm 砖墙内保温条件下，周边"热桥"使平均传热系数比主体部位传热系数约增加 51% ~ 59%，而在厚度为 240mm 砖墙外保温条件下，这种影响仅为 2% ~5%。

（4）使墙体潮湿情况得到改善

一般情况下，内保温须设置隔气层，而采用外保温时，由于水蒸气渗透性高的主体结构材料处于保温层的内侧，用稳态传湿理论进行冷凝分析，只要保温材料选材适当，在墙体内部一般不会发生冷凝现象，故无需设置隔气层。同时，由于采取外保温措施后，结构层的整个墙身温度提高了，降低了它的含湿量，因而进一步改善了墙体的保温性能。

（5）有利于室温保持稳定，有利于改善室内热环境质量

室内热环境质量受室内空气温度和围护结构表面温度的影响。外保温墙体由于蓄热能力较大的结构层在墙体内侧，当室内受到不稳定热作用，室内空气温度上升或下降时，墙体结构层能够吸收或释放热量，故有利于室温保持稳定，从而有利于改善室

内热环境。

（6）有利于提高墙体的防水和气密性

加气混凝土、混凝土空心砌块等墙体，在砌筑灰缝和面砖粘贴不密实的情况下，其防水和气密性较差，采用外保温构造，则可大大提高墙体的防水和气密性能。

（7）便于旧建筑物进行节能改造

20世纪80年代以前，建造的工业与民用建筑一般都不满足节能要求。因此，对旧房进行节能改造，已提到议事日程。与内保温相比，采用外保温方式对旧房进行节能改造，其最大优点之一是无需临时搬迁，基本不影响用户的室内活动和正常生活。

（8）可减少保温材料用量

在达到同样节能效果的条件下，采用外保温墙体，由于基本消除了"热桥"的影响，故可以节约保温材料用量。据统计，以北京、沈阳、哈尔滨、兰州四个城市的塔式建筑为例，与内保温相比，保温材料分别可节省44%（北京）、48%（沈阳）、58%（哈尔滨）、45%（兰州）。

（9）增加房屋的使用面积

由于保温材料贴在墙体的外侧，其保温、隔热效果优于内保温和夹芯保温，故可使主体结构墙体减薄，从而增加每户的使用面积。据统计，以北京、沈阳、哈尔滨、兰州的塔式建筑为例：当主体结构为实心砖墙时，每户使用面积分别可增加 $1.2m^2$（北京）、$2.4m^2$（沈阳）、$4.2m^2$（哈尔滨）、$1.3m^2$（兰州）。当主体结构为混凝土空心砌块时，每户使用面积分别可增加 $1.6m^2$（北京）、$2.5m^2$（沈阳）、$4.6m^2$（哈尔滨）、$1.7m^2$（兰州）。可见，其经济效益是十分显著的。

从以上分析可以看出，无论从建筑节能的机理或从实际节能效果来衡量，外保温做法是最佳选择。在国外采用外墙外保温的建筑已有40余年的历史，近年来，在我国严寒地区、寒冷地区、夏热冬冷地区和夏热冬暖地区也相继建造了一大批外墙外保温的建筑，取得良好的经济效益、社会效益和环境效益。

47. 保温层的构造位置不合理会造成什么后果？

近些年我国的墙体保温做法有多种。为了降低造价，一些建筑师选择了内保温、夹芯保温、自保温等。以上这些做法使建筑物的围护结构形成了两个不同的温度环境，引发了不同温度环境的不同形变，形成了主体结构的不安定状态，造成了主体结构的裂缝发生（图2-1）。

图 2-1　内保温室内裂缝

目前国内应用于建筑保温的高效保温材料，其导热系数均在 0.06W/(m·K) 以下。这些高效保温材料有很强的热阻断能力。在这些高效保温材料的两侧建筑构造的不同部位有很大的温度差。以内保温这种墙体保温形式为例，保温层内侧的墙体、楼板因受室内温度环境影响，其年温差变化不大，一般在 10℃ 以内；保温层外侧的外墙受室外环境温度影响，其年温差变化较大，一般在 50～80℃ 左右。重质墙体材料在温度变化 10℃ 时约发生万分之一的形变。50m 高的内保温建筑受年温差形变影响内墙与外墙会发生 25～40mm 的形变差。

由于保温层两侧的温度环境变化，使建筑物形成新的温度场，做了保温与没做保温的建筑物相比，它们的运动状态存在很大差异。这种主体结构不同部位发生不同形变的结果会使墙体多处发生裂缝，并会破坏沿女儿墙的屋面防水层，也可能导致地下室渗漏。

48. 外墙内保温的主要缺陷是什么？

内保温是将保温系统置于外墙内侧从而使内、外墙体分处于两个温度场，主体结构受热应力影响始终处于不稳定状态下，致使寿命缩短。在相同气候条件下做内保温不仅比做外保温甚至比不做保温时，外墙与内部结构墙体的温差更大，受外界各种作用力的影响更直接。外墙更易遭受温差应力的破坏。

在冬季采暖、夏季制冷的建筑中，室内温度随昼夜和季节的变化幅度通常不大（约为 10℃ 左右），这种温度变化引起建筑物内墙和楼板的线性变形和体积变化也不大。但是，外墙和屋面受室外温度和太阳辐射热的作用而引起的温度变化幅度较大（昼夜温差可达 20～40℃，年温差可达 80～100℃）。当室外温度低于室内温度时，外墙收缩的幅度比内保温系统的速度快，当室外气温高于室内气温时，外墙膨胀的速度高于内保温系统，这种反复形变使内保温系统始终处于一种不稳定的墙体基础上。根据资料和实测证明，6m 开间的混凝土墙面在年温差 80℃ 的变化条件下约发生 4.8mm 的形变。这样的形变应力反复作用不仅使外墙易遭受温差应力破坏，也易造成内保温系统空鼓开裂。北京某内保温工程裂缝照片如图 2-2 所示。

另外，内保温结构冷（热）桥的存在会使局部温差过大导致结露，而结露水的浸渍或冻融易造成保温墙面发霉、开裂。

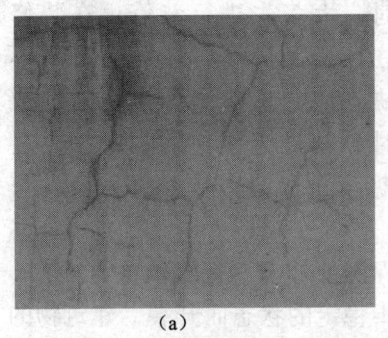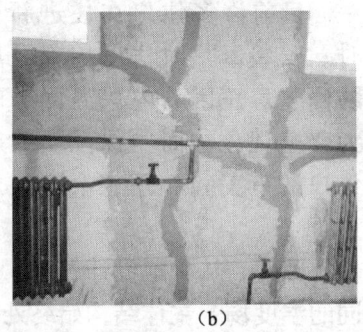

(a)   (b)

图 2-2　北京某内保温工程裂缝照片
(a) 内墙面裂缝；(b) 内墙窗口处裂缝

2002 年 1 月采用红外热像检测技术对北京某内保温住宅进行实测，见图 2-3。由图可知外墙与楼板交接处内表面温度仅仅 4.0℃，与主体墙内表面温差达 10℃ 以上，与室内空气温度差 15.1℃，从而造成结露。

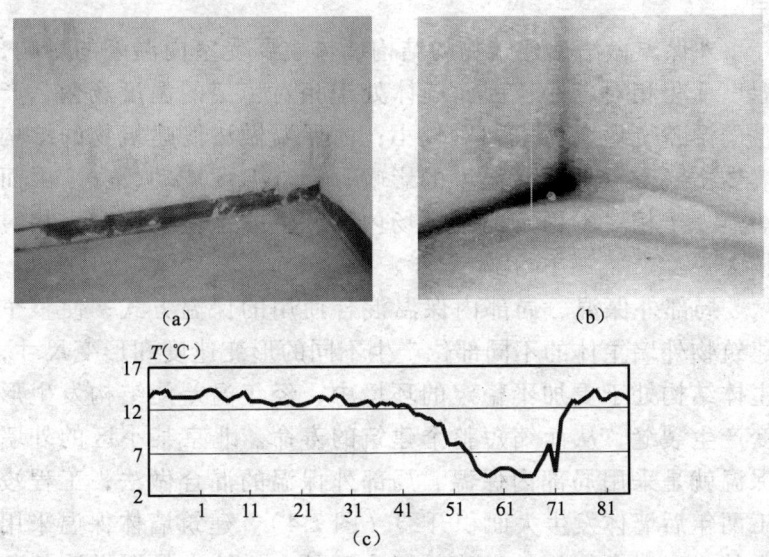

图 2-3　北京某内保温住宅外墙屋角红外热像测试结果
(a) 结露照片；(b) 红外热像图；(c) 温度分布图

目前许多住户在住进新房时，大多先进行装修。在装修时、安装家具时房屋内保温层往往遭到破坏，破坏后自身不易修复。正因为内保温固有的缺陷使内保温墙体出现裂缝成为普遍现象，而内保温裂缝时时刻刻处于住户的视野中，对住户的审美和心理也会产生长期和强烈的影响，成为投诉焦点。

因此，从构造设计上看，内保温使外墙、屋面和内墙处于不同的温度场，主体结构始终处于不稳定的状态而开裂，建筑物的寿命也因此而缩短。

49. 为什么内外保温混合做法是不合理的？

内外保温混合做法往往是由于在施工中为了方便操作，外保温施工操作方便的部位做外保温，外保温施工操作不方便的部位做内保温，结果造成整个建筑外墙内外保温混合使用。

外保温做法使建筑物的结构墙体主要受室内温度的影响，温度变化相对较小，因而墙体处于相对稳定的温度场内，产生的温差变形应力也相对较小；内保温做法使建筑物的结构墙体主要受室外环境温度的影响，室外温度波动较大，因而墙体处于相对不稳定的温度场内，产生的温差变形应力相对较大。

局部外保温、局部内保温混合使用的保温方式，使整个建筑物外墙主体的不同部位产生不同的形变速度和形变尺寸，主体结构处于更加不稳定的环境中，经年温差使结构发生形变产生裂缝，从而缩短整个建筑的寿命。北京某小区的外墙保温就是采用局部内保温、局部外保温的混合做法，工程竣工两年后墙体发生大面积开裂（图2-4）。建筑墙体保温采用内外保温混合使用的做法是不合理的，比纯内保温做法的危害性更大。

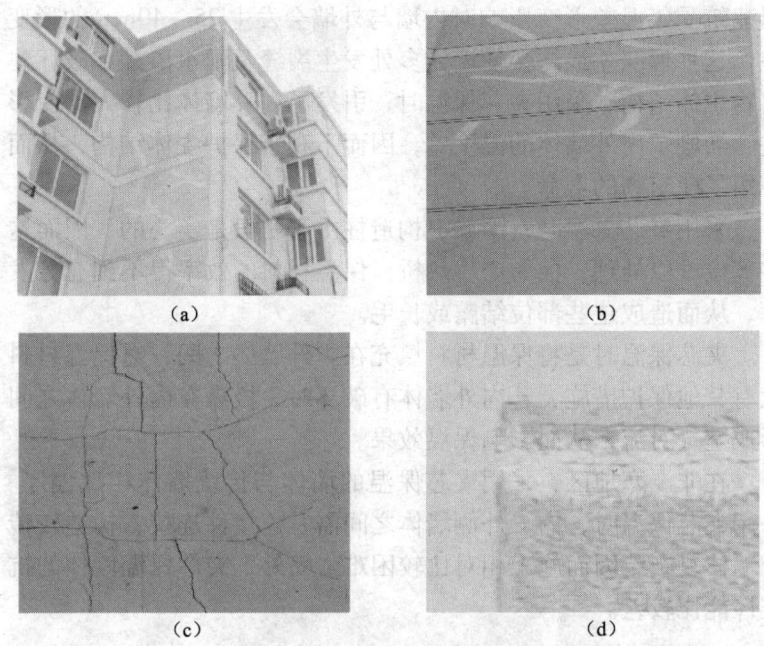

图 2-4　北京某小区内外保温混合做法墙面开裂照片
(a) 工程整体照片；(b) 外保温墙面裂缝；
(c) 内保温墙面裂缝；(d) 女儿墙面裂缝

50. 为什么夹芯保温做法是最不可取的？

夹芯保温做法就是将墙体分为承重和保护部分，中间留一定的空隙，内填无机松散或块状保温材料如炉渣、膨胀珍珠岩等，也可不填材料做成空气层。此种墙体有一定的保温性能，但其缺点也是非常明显的。

采用夹芯保温时保温材料两侧的墙体会存在很大的温度差，保温层内侧的墙体因受室内温度环境影响，其年温差变化不大，一般在 10℃ 以内；保温层外侧的外墙受室外环境温度影响，其年温差变化较大，一般在 50～80℃ 左右。一般来说重质墙体材料在温度变化 10℃ 时约发生万分之一的形变，50m 高的夹芯保温建筑受年温差形变影响时内墙与外墙会发生 25 ~ 40mm 的形变差，这种形变差最终会使墙体多处发生裂缝及雨水渗漏，破坏建筑物主体结构。采用夹芯保温时，引发了内外墙体比较大的变形差，加剧了内外墙体的温度差，因而不利于保护主体结构，从而缩短了建筑物的寿命。

采用夹芯保温时，圈梁、构造柱由于一般是实心的，因而这些部位难以处理，极易产生热桥，保温材料的效率得不到充分发挥，从而造成这些部位结露或长毛。

夹芯保温时是将保温材料填充在内外墙体之间，对保温材料没有其他保护措施，若内外墙体有破坏时，极易在内外墙体之间形成空气对流，从而影响保温效果。

在非严寒地区，采用夹芯保温的墙体与传统墙体相比偏厚。采用夹芯保温时，内、外侧墙体之间需有连接件连接，构造较传统墙体复杂，因而施工相对比较困难。另外，夹芯保温墙体的抗震性能比较差。

51. 为什么外墙外保温的保温面层不宜厚抹灰？

在外墙外保温做法中，对保温面层进行厚抹灰时实质上相当于夹芯保温，因而存在着夹芯保温的一些缺陷，保温层两侧材料存在着较大的温差，从而使保温层两侧材料产生较大的形变差，这种形变差会使厚抹面层开裂，从而造成雨水渗漏，严重时会破坏建筑物的主体结构。

另外，厚抹面层一般是普通水泥砂浆或掺有一定聚合物的水泥砂浆，其本身的抗裂性能就比较差，容易空鼓，极易产生收缩裂缝，不利于裂缝的控制。

52. 为什么在外墙外保温做法中，女儿墙和线性出挑部位也应进行保温？

外墙外保温的构造形式是合理的，它使建筑物避免了室外环境温度对主体结构的形变影响，使建筑物的主体结构处于相对安定的环境中，从而延长了建筑物的寿命。

但是，外墙外保温做法中容易被忽视的部位，是那些线性出挑部位，如阳台、雨罩、靠外墙阳台拦板、空调室外机搁板、附壁柱、凸窗、装饰线、靠外墙阳台分户隔墙、檐沟、女儿墙内外侧及压顶、排水沟、屋顶装饰造型的博士帽等。这些没做保温的部位，其受温度影响而发生形变的状况与做完外保温的墙体是不同的，热胀冷缩不一致，抹灰层易空鼓。经过几个年温差的形变破坏，会造成这些未做保温的部位与做了外保温的墙体交接处产生破坏裂缝，红外线测试显示这些被忽视的部位是明显的热桥（图2-5），与被保温的部位相比，其温度受环境影响十分明显，由此而产生的温差应力易引起该部位与主体部位相接处产生裂缝。同时这些热桥的存在对综合节能效果也会产生不利影响。

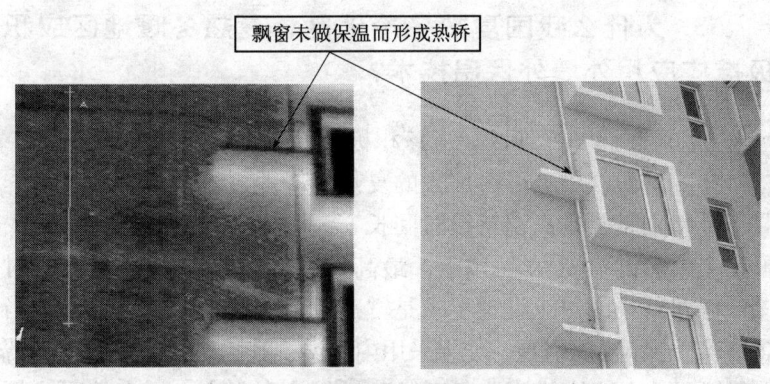

飘窗未做保温而形成热桥

图2-5 红外线测试出挑部位的热桥

对女儿墙内、外侧墙体也应进行完全的外保温，这样有助于女儿墙的稳定，并可避免女儿墙墙体易产生裂缝这一质量通病。图2-6是女儿墙的外侧采用了外保温而女儿墙内侧未采取保温措施而产生的裂缝。

图2-6 女儿墙内侧未做保温时的开裂照片

53. 为什么我国夏热冬冷地区、夏热冬暖地区应积极推广应用外墙外保温技术？

（1）夏热冬冷地区，应该积极推广应用外墙外保温技术

在我国长江中、下游广大的夏热冬冷地区，夏季炎热、冬季湿冷。特别是夏季高温持续时间长，太阳辐射照度大，包括了我国几个著名的"火炉"城市，最高温度超过43℃，国家标准对该地区建筑物的热工设计要求是"必须满足夏季防热要求，适当兼顾冬季保温"。但是，如果采用内保温，其隔热的效果较差，若把保温层放在墙体外侧，由于保温材料热阻很大，可有效阻止夏季室外热流进入墙体，从而有效地降低墙体的内表面温度（采用同样厚度保温材料的墙体，外保温要比内保温低1.5℃），达到改善室内热环境并节约空调能耗或取暖能耗的目的；另外，采用内保温，会使建筑物内外墙体分处于两个不同的温度场，从而受热应力影响导致结构失稳，使保温墙面出现裂缝，影响建筑物的使用寿命。因此，夏热冬冷地区应积极采用并推广外墙外保温技术。

（2）夏热冬暖地区，也应该积极推广应用外墙外保温技术

1）温度效应

在夏热冬暖地区，内外墙的温差是相当大的，采取内保温会使建筑物处于不安定的状态下；而且在夏季，外墙外表面温度也处于较大变化（可达50℃）中，例如在经过较长时间的曝晒后突然降下阵雨，产生类似上述温差时，外墙表面无疑会受到比较大的损害。采取外保温可以有效地控制主体结构受温度应力产生的变形，避免墙面出现裂缝。

2）雨水渗入与墙内结露

夏热冬暖地区雨水较多，通过墙体表面，如面层、接缝处、孔洞周边、门窗洞口周围等处，雨水容易进入墙体；同时由于夏热冬暖地区长年气温高，一年内有近10个月室内空调处于运行状态，室内外温差持续存在，加上该地区湿度大的因素，在不采取保温隔热的条件下室内水蒸气向室外迁移时常常出现墙内结露现象。采取内保温，结露点常出现在外墙内侧，容易造成结构的破坏，同时会使保温隔热层的性能下降。而采取呼吸性较强且耐候稳定性较好的外保温，会使结露点由墙内转移到外墙外侧，室外高温将使外墙外侧的凝结水气化，同时由于外保温具有良好的呼吸功能，可以阻止室外水的渗入，可以将保温隔热层中的水蒸气呼吸出去，使保温隔热层的含水率处于一种稳定的状态中，避免保温隔热性能的衰减。

3）砌块结构墙体

夏热冬暖地区砌块结构墙体应用得比较多，但这种墙体本身易受温度应力等影响而出现裂缝问题，采取外保温，可以保护这些砌块结构墙体，有效控制并解决裂缝问题。因此推广外墙外保温技术有利于该地区对砌块结构墙体的推广应用。

54. 在中国建筑科学研究院建筑物理研究所的"墙体传热的三维模拟分析"中，内、外保温墙体的传热系数计算结果是什么？其分析结论是什么？

在中国建筑科学研究院建筑物理研究所的"墙体传热的三维

模拟分析"中，对如下内、外保温墙体进行了计算分析：内保温墙体在垂直墙面方向分四层，第一层是 20mm 厚的水泥砂浆，导热系数取 0.93W/(m·K)；第二层是 180mm 厚的钢筋混凝土，导热系数取 1.74W/(m·K)；第三层是 40mm 厚的聚苯板，导热系数取 0.04W/(m·K)；第四层是 20mm 厚的水泥砂浆，导热系数取 0.93W/(m·K)。外保温墙体同样也是这四层材料，只是把聚苯板挪到了钢筋混凝土的外面。其传热系数的计算结果见表 2-2：

传热系数的计算结果 表 2-2

保温墙体	标准算法	窗靠里		窗居中		窗靠外	
	K	K	偏差	K	偏差	K	偏差
外保温墙体	0.77 (0.77)	1.36	77%	1.17	52%	0.80	4%
内保温墙体	1.05 (1.05)	1.35	29%	1.58	50%	1.75	67%

注：1. 表中括号中的传热系数是按三维面积加权方法计算的值；
    2. 表中的偏差都是以第二栏数值为基准求得的；
    3. 标准算法是指依据《民用建筑节能设计标准（采暖居住建筑部分）》（JGJ 26-95）而得出的。

通过分析，得出如下结论：

（1）窗口侧面传热损失占墙体总传热损失的比例相当高，因此内保温和外保温墙体均应尽可能考虑在窗口侧面采取保温措施。窗户在窗口侧面的安装位置也影响窗侧面传热损失的大小，外保温墙体窗户靠外有利，内保温墙体窗户靠里有利。

（2）外保温墙体能够有效地切断纵墙（或柱）和楼板（或梁）等结构性热桥，但窗口侧面的热桥作用仍然明显。在很好地处理了窗口侧面热桥的前提下，通过三维传热计算得到的墙体平均传热系数与用《民用建筑节能设计标准（采暖居住建筑部分）》（JGJ 26-95）算法得到的结果相差不大。

（3）内保温墙体很难有效地切断结构性热桥，窗口侧面的热桥作用也明显，即使在很好地处理了窗口侧面热桥的前提下，通过三维传热计算得到的墙体平均传热系数与用《民用建筑节能设计标准（采暖居住建筑部分）》(JGJ 26-95) 算法得到的结果相差仍然很大。在未对窗口侧面热桥作处理的情况下，两种算法的结果相差更大，应该引起足够地重视。

55. 什么是垃圾建筑？如何解决垃圾建筑？

垃圾建筑就是保温层构造位置不合理的建筑，保温层构造位置不合理会对建筑物的安定性造成不良影响，缩短建筑物的寿命。

我国《民用建筑设计通则》(GB 50352-2005) 规定，重要建筑和高层建筑以主体结构确定的耐久年限为 100 年，一般性建筑为 50~100 年。国家颁布的《建筑结构可靠度设计统一标准》(GB 50068-2001) 也规定，纪念性建筑和特别重要的建筑结构设计使用年限为 50 年。但实际上，我国城市住宅寿命低于 50 年的情况相当普遍。相当大的一部分楼房结构寿命缩短是因为保温层结构不合理，造成墙体开裂。

2000~2015 年是我国建筑发展鼎盛时期的中后期。据统计数字表明，我国 2000 年后新建建筑面积为 20 世纪 80 年代的 2 倍，即 16 亿~18 亿 m^2/年。如果按照这个速度递增，到 2020 年新增建筑面积会达到 200 亿 m^2。假设内保温及夹芯保温做法的建筑寿命以 20 年计算，内外混合保温建筑寿命以 10~15 年计算，如果新增建筑中有 50% 未采用合理的保温形式，那么 40 年之后，会有上百亿平方米的垃圾建筑产生。

近些年我国的外墙保温做法有多种。为了降低造价，一些建筑师选择了内保温、夹芯保温、自保温等。以上这些做法将建筑物的围护结构分别形成两个不同的温度环境，引发了不同温度环境的不同形变，形成了主体结构的不安定状态，造成了主体结构的裂缝发生，形成了垃圾建筑。

解决垃圾建筑的有效途径是采用外墙外保温做法，该保温做法有利于主体结构的稳定性，使建筑物避免了室外环境温度对主体结构的形变影响，使建筑物的结构相对安定，维护了主体结构，延长建筑物的寿命。

第二节　柔性渐变抗裂原理

56. 保温墙体裂缝应如何评定？

裂缝是固体材料中的某种不连续现象，在学术上属于结构材料强度理论范畴。通常把裂缝分为微观裂缝和宏观裂缝。肉眼可见的裂缝范围一般以 0.05mm 为界，小于 0.05mm 的裂缝称为微观裂缝，大于等于 0.05mm 的裂缝称为宏观裂缝，宏观裂缝是微观裂缝扩展的结果。

由于外保温系统是非承重复合墙面，其墙面裂缝的危害不至于影响结构安全而主要是对住户的审美和心理的影响以及由于裂缝存在有可能对保温系统造成的破坏（如水的渗透、冻融破坏等）。从水的渗透看，水分子的直径约 $(0.3 \times 10^{-6} mm)$，可穿过任何肉眼可见的裂缝，所以从理论上讲是不允许有裂缝的。由于裂缝具有发展性，因此对裂缝的判定和分级应包含时间、裂缝宽度和长度以及面积发生率。拟定的外墙外保温面层有害裂缝和无害裂缝的评级标准见表2-3。

外墙外保温面层有害裂缝与无害裂缝评级标准　表2-3

等级	检验时间（月）	裂缝长度（含分格缝中发生的裂缝）（mm）	宽度（mm）	面积发生率		空鼓状况（处/40m²）	经一冬一夏保温墙面评定标准（升一级）
				局部（条/40m²）	占总面积（%）		
1 优	3	0~19	不可见	—	—	0	优
2 良	3	20~49	0.05~0.09	≤5	≤10	1	优
					>10		良
3 中	3	50~99	0.1~0.19	≤5	≤10	2	良
					>10		中

等级	检验时间（月）	裂缝长度（含分格缝中发生的裂缝）(mm)	宽度(mm)	面积发生率		空鼓状况（处/40m²)	经一冬一夏保温墙面评定标准（升一级）
				局部（条/40m²)	占总面积（%)		
4 差	3	100～199	0.2～0.49	≤5	≤10	3	中
					>10		差
5 劣	3	≥200	≥0.5	5	—	4	差

注：1. 本分级标准适用于内、外保温面层发生的裂缝等级评定；
　　2. 判定裂缝宽度应用带刻度的 10 倍放大镜观察，一般肉眼可见的裂缝缝宽约为 0.03～0.05mm。判定裂缝长度：每条肉眼可观察的裂缝不论宽窄应按宽缝延续计算；
　　3. 裂缝宽度经一冬一夏后稳定后再评定；
　　4. 每处空鼓应不大于 0.20mm×0.20mm；
　　5. 外墙裂缝评估等级参照《混凝土结构设计规范》(GB 50010-2002) 的规定提出；
　　6. 等级 4、5 应视为不合格。

57. 我国早期的外保温墙体防护面层产生裂缝的材料技术误区是什么？

　　我国对外墙保温材料及施工技术的探索已经有十几年的历史。但在相当长的一个时期内，有许多的工程都存在着保温墙面开裂的问题，究其原因在于保温层做法及防裂做法在选材及工艺上均受"刚性防裂技术路线"的影响。在这种技术路线的影响下，采用的材料为预应力、高强、高弹性模量的材料，没有留给温度应力充分释放的出路。实践证明，在以往外保温墙体的构造方案中，对温度应力的产生及释放考虑不充分，缺少能够合理释放温度应力的材料及构造做法，因而最终导致外保温墙体面层产生裂缝。

58. 外墙外保温防裂设计的"放"、"抗"原则是什么？成功解决外墙外保温裂缝应采用的技术路线是什么？其构造设计要点是什么？

外墙外保温裂缝控制原则主要有两种：即以"放"为主的原则和以"抗"为主的原则。

（1）采用以"放"为主的柔性防裂机理

根据应力-应变关系的推导，可知变形变化引起的约束应力有它的特点。它首先要求材料所处的环境能给材料以变形的机会，如果变形能得到满足，则不会产生约束应力，即呈完全自由状态（既无外约束，又无内约束），因此也不会产生裂缝。

如以空间（三维）应力-应变关系为例，则有如下的关系：

$$\varepsilon_x = \varepsilon_y = \varepsilon_z = \alpha T = \varepsilon_{max}$$

$$\sigma_x = \sigma_y = \sigma_z = \tau_{xy} = \tau_{yz} = \tau_{zx} = 0$$

式中　ε_x、ε_y、ε_z——各方向上的极限拉伸（mm/mm）；

　　　　α——线性膨胀系数（mm/mm）；

　　　　T——温差（℃）；

　　　　ε_{max}——最大极限拉伸（mm/mm）；

　　　　σ_x、σ_y、σ_z——各方向上的约束应力（N）；

　　　　τ_{xy}、τ_{yz}、τ_{zx}——各方向上的剪切应力（N）。

二维及一维问题也具有与上式相同的应力状态。在这种状态下给材料创造了自由变形的条件，因此不会产生约束应力，材料可以随着温度的变化自由变形，即材料可以向空间自由发展，可以有任意的长度，可以处在任意温差条件下。这就是控制变形引起裂缝的"放"的原则。在保温构造系统中采用"放"的原则时，控制变形开裂的关键性要求是材料有良好的适应变形的能力。

（2）采用"抗"的刚性防裂机理

这种防裂思路是要求材料的变形是不自由的，材料会受到内外约束应力的作用，而且约束得完全不动，即处于全约束状态，仍以空间问题为例（其他类推），有如下的关系即：

$$\varepsilon_x = \varepsilon_y = \varepsilon_z = \gamma_{xy} = \gamma_{yz} = \gamma_{zx} = 0$$

$$\sigma_x = \sigma_y = \sigma_z = -\frac{E\alpha T}{1-2\mu} = \sigma_{max}$$

$$\tau_{xy} = \tau_{yz} = \tau_{zx} = 0$$

式中　ε_x、ε_y、ε_z——各方向上的极限拉伸（mm/mm）；

　　　γ_{xy}、γ_{yz}、γ_{zx}——各边夹角变位（mm/mm）；

　　　　　　　α——线性膨胀系数（mm/mm）；

　　　　　　　T——温差（℃）；

　　　　　　σ_{max}——最大约束应力（N）；

　　　σ_x、σ_y、σ_z——各方向上的约束应力（N）；

　　　　　　　E——弹性模量（MPa）；

　　　τ_{xy}、τ_{yz}、τ_{zx}——各方向上的剪切应力（N）。

在这种状态下时材料具有最大约束应力，该约束应力与长度无关，只要材料的强度能超过最大约束应力：

$$R \geqslant \sigma_{max}$$

或者材料的极限拉伸大于最大约束拉伸变形：

$$\varepsilon_p \geqslant \varepsilon_{max}$$

也就是说只须所选用的材料具有足够的抗拉强度和极限拉伸，则不会产生开裂现象，该设计原则称为控制裂缝的"抗"原则。

（3）成功解决外墙外保温开裂的技术路线

在外墙外保温工程中，可以采用极限拉伸与约束拉伸之比作为"保温系统抗裂度因子 K_0"，借以定量评比抗裂能力：

$$K_0 = \frac{\varepsilon_p}{(\alpha T + \varepsilon_y + \varepsilon_s)R}$$

式中　ε_p——极限拉伸（mm/mm）；

　　　αT——温差变形（mm/mm）；

　　　ε_y——自由收缩相对变形（mm/mm）；

ε_s——相对拉伸变形（mm/mm）；

R——约束系数（轻微约束取 $0.1 \sim 0.2$，中等约束取 $0.4 \sim 0.6$，强约束取 $0.8 \sim 1.0$）。

一般情况下，当 $K_0 > 1.0$ 时，保温系统具有较高的抗裂能力，在保温材料系统中看不到宏观裂缝出现。

同时材料的温度应力、抗拉强度与时间存在如图 2-7 的关系曲线，如果材料的温度应力曲线低于抗拉强度曲线时，则该温度应力为安全应力，不会产生温度裂缝；若温度应力曲线与抗拉强度曲线有交叉，在一定时间会出现温度应力曲线高于抗拉强度曲线，则会出现开裂现象。因此采用"放"的原则时，要求材料必须有足够的柔性，使温度应力曲线始终位于抗拉强度曲线之下；而采用"抗"的原则时要求材料必须有足够大的抗拉强度，以使抗拉强度曲线在温度应力曲线之上。

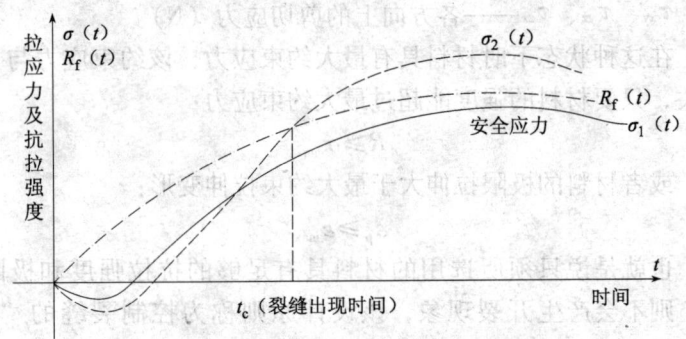

图 2-7 温度应力与抗拉强度随时间的增长
$\sigma(t)$ —温度应力；$R_f(t)$ —抗拉强度；t—时间

因此，在设计和施工以及生产维护中都应从施工到生产全过程尽力控制强度曲线高于应力曲线，同时要保证保温系统抗裂度因子 $K_0 > 1.0$。

在采用"放"的原则进行外墙外保温的裂缝控制时，要求采用无空腔的构造设计，即要求保温层与结构层之间不存在空腔。同时，在保温系统各构造层的设计中，要采用"柔性渐变逐层释放应力"的抗裂技术路线，即要求各层材料的性能要逐层渐变，各层材料之间的性能指标要有一定的联系，不允许相邻层材料的性能发生突变。这些性能指标主要有：材料的变形量指标、柔韧性指标、压折比指标、弹性模量指标等。各层材料的性能指标要求如下：

1）各构造层变形量设定

①涂料饰面层

基层混凝土墙体的变形量为 0.2‰（温差 20℃）；

保温层的变形量为 1‰～3‰（线性收缩率≤3‰）；

抗裂防护层的变形量为 5%～7%；

柔性腻子层的变形量为 10%～15%；

涂料装饰层的变形量为≥150%。

②面砖饰面层

基层混凝土墙体的变形量为 0.2‰（温差 20℃）；

保温层的变形量为 1‰～3‰（线性收缩率≤3‰）；

抗裂防护层的变形量为 5%～7%；

面砖粘结层的变形量为 5%～7%；

面砖的变形量为 0.15‰（线性收缩率≤0.3%）。

2）弹性模量设定

保温层材料的弹性模量要小于 150MPa；

抗裂防护层材料的弹性模量要小于 1500MPa；

面砖粘结层材料的弹性模量要小于 7000MPa。

3）强度变化趋势

要求从保温层开始到饰面层各层材料的抗压强度要逐层增大。

4）柔韧性设定

抗裂防护层：绕直径 100mm 圆棒无裂纹；

柔性腻子层：绕直径 50mm 圆棒无裂纹；

弹性涂料层：绕直径 1mm 圆棒无裂纹（耐老化 2000h后）。

通过以上各层材料性能指标的设定，使保温系统能满足随时分散应力和释放应力的需要，从主体结构层、保温层一直到饰面层各层材料的变形均未受到约束，各层材料的变形都可得到满足，各层材料都能满足一定的变形；同时，在构造设计中还利用软配筋（耐碱涂塑玻璃纤维网布或热镀锌钢丝网）和多种纤维来改变应力传递方向，充分分散各层材料所产生的应力，防止了各种变形应力集中发生的可能。在采取了这样的设计后，保证了各层材料的温度应力曲线始终位于抗拉强度曲线之下，同时，各构造层的设计又能满足逐层渐变、柔性释放应力的原则，外层材料的变形能力高于内层材料的变形能力，从而保证了整个保温系统不会出现开裂现象。当然，在实际工程应用中，要完全达到全"放"的状态是很难做到的，因此，主要是采用以"放"为主的原则，在"放"的基础上适当地加入了一些"抗"的思路，从而使"放"的原则在保温工程得到了很好的体现，并能够充分地发挥"放"的作用。

在采用"抗"的原则进行外墙外保温的裂缝控制时，不仅要求保温层材料要有一定的抗拉强度和极限拉伸，也要求抗裂防护层材料要有足够大的抗拉强度，该层材料不仅要约束自身材料的变形，还要约束保温层材料的变形，也就是说各层材料要相互约束，使各层材料的变形都受到约束，使其基本上无法发生变形，从而达到使各层材料不开裂的目的。但是在实际应用中，这种防裂原则是很难达到的。由于目前广泛应用的保温层材料强度都不高，均是一种柔性材料，在抗裂防护层材料强度很高时，保温层与抗裂防护层的强度和柔韧性均发生了突变，保温层材料的变形是得不到约束的，同时，保温层材料在设计中也没有考虑约束变形这一原则，因此在保温层材料的允许变形与抗裂防护层材料的限制变形的双重矛盾下，很难达到矛盾的统一，因而也难以控制整个保温系统的裂缝。在发生温度变化时，保温层材料会产生很大的温度应力，这些温度应力会使保温层材料产生一定的变形，而这些变形必然会对抗裂防护层产生作用，使抗裂防护层的应力曲线处于抗拉强度曲线之上，这时抗裂防护层必然会开裂。为了防止这种现象发生，则要求更进一步的提高抗裂防护层材料的强度，但这一点是很难做到的。实际上，在保温材料系统中是做不到使各层材料的变形都受到约束而不产生变形的，因为在柔性保温层材料上做强度很大的抗裂防护层材料，必然增大保温层材料面层的荷载，这对整个保温系统的稳定性是不利的。同时，要使保温层材料不变形，则要求增大保温层的抗拉强度，但是在保证保温材料的保温性能及其他性能不受影响的情况下，这一点是难以做到的。所以，如果不能使整个保温系统的各层材料的变形都受到约束限制，则难使"抗"这一原则充分发挥作用，因而也不能保证整个保温系统不开裂。所以，在采用"抗"的刚性防裂原则的保温工程中，还未发现有成功的实例。其原因就在于在保温工程中根本无法使其处于全"抗"状态中，即使让其处在以"抗"为主的状态中也难以做到。所以，在钢筋混凝土防裂工程中采用在"抗"的原则中适当地加入一些"放"的措施，是会起到很好效果的，但将这种以"抗"为主的防裂思路应用在具有相当柔性的保温材料系统中，却不能达到防裂的目的，因为保温层材料的强度实在太低，无法与混凝土材料的强度相比。

通过以上分析，在保温工程中采用以"抗"为主的刚性防裂原则时，是达不到防裂目的的，因为不能保证各层材料的变形都能得到约束。而采用以"放"为主的柔性防裂原则，则是保温工程的最佳防裂原则，它可以保证各层材料的变形都能得到满足，可以保证各层材料的性能指标逐层渐变，可以使各层材料所产生的应力能得到充分的释放，使应力对材料系统的影响减到最小，从而不会引起开裂现象。

59. 墙体保温面层产生裂缝的主要原因是什么？

保温墙体裂缝大体可分为：结构墙体裂缝、保温层裂缝、防护层裂缝以及装修层裂缝等。形成保温墙体开裂的因素有温度、干缩以及冻融破坏；有设计构造的不合理性；有材料、施工质量原因；有外力引起的（如地基不均匀沉降引起结构墙体变形、错位造成墙体开裂）；还可能由风压、地震力等引起的机械破坏等原因。保温系统是复合在外围护结构墙体之上的，属于非承重结构，其裂缝发生的原因、系统抗裂机理及抗裂性能的评价均与结构有所不同。从保温材料及其保温墙体构造来看，保温墙面产生裂缝的原因主要有：

（1）内保温板缝的开裂主要由外围护墙体变形引发，外保温面层的开裂主要由保温层和饰面层温差和干缩变形而致；

（2）玻纤网布抗拉强度不够或玻纤网布耐碱强力保持率低或玻纤网布所处的构造位置有误；

（3）钢丝网架聚苯板中水泥砂浆层厚度及配筋位置不易控制形成裂缝；

（4）保温层面层腻子强度过高；

（5）聚合物水泥砂浆柔性、强度不相适应，有机材料耐老化指标低等。

60. 控制裂缝宽度的经验公式是什么？

控制裂缝宽度的经验公式为：

$$L = 4dR/\eta$$

其中：L——裂缝可控宽度；

d——弹性层厚度；

R——弹性材料伸长能力；

η——防裂层与基层的粘结强度。

61. 外墙外保温产生裂缝的基本原因是什么？

由于外保温系统被置于外墙外侧，直接承受来自自然界的各种因素影响，因此对外墙外保温系统提出了更高的要求。就太阳辐射及环境温度变化对其影响来说，置于保温层之上的抗裂防护层只有 3～20mm，且保温材料具有较大的热阻，因此在得热量相同的情况下，外保温抗裂防护层温度变化速度比无保温情况下主体外墙温度变化速度提高 8～30 倍。因此抗裂防护层的柔韧性和耐候性对外保温系统的抗裂性能起着关键的作用。在外保温构造设计中应充分考虑热应力、水、风、火及地震力的影响。

（1）保温材料自身缺陷引起开裂

膨胀聚苯板在自然环境中的自身收缩变形时间长达 60d。试验证明在自然环境条件下 42d 或 60℃蒸汽养护条件下 5d 的自身收缩变形已完成 99% 以上，因此要求膨胀聚苯板应在自然环境条件下 42d 或 60℃蒸汽养护条件下 5d 后再上墙。但在实际情况中很少有达到以上要求的。一是膨胀聚苯板长时间的养护需要占用大量的场地。二是生产企业由于资金占用、成本控制等因素通常是以销定产，有了定单后才生产，因此大量工程的膨胀聚苯板自然养护不到一个星期就已上了墙。结果造成膨胀聚苯板上墙后继续收缩，而这种收缩应力均集中在板缝处，对粘附在膨胀聚苯板上的防护层产生拉应力而造成面层开裂。另外膨胀聚苯板在昼夜及季节变化发生热胀冷缩、湿胀干缩时也会在板缝处集中产生变形应力，因此该类系统板缝处裂缝是比较常见的现象。

挤塑聚苯板比膨胀聚苯板密度大、强度高，由于自身变形及温差变形而产生的变形应力也大，与膨胀聚苯板相比更易造成板缝处开裂。

预制好的带有涂料或面砖饰面的保温板材没有处理好板的收缩问题，致使预制板在安装上墙后受温度及湿度变化而发生热胀冷缩、湿胀干缩现象，对板缝反复挤压造成板缝开裂。

采用以膨胀珍珠岩及海泡石为主保温材料的浆料由于吸水率高、干缩变形及温湿变形大易开裂脱落。

另外，使用的保温系统材料不配套也容易造成开裂现象。

（2）构造设计不合理引起开裂

粘贴聚苯板做法通常采用纯点粘或框点粘，采用纯点粘时，系统存在整体贯通的空腔。而框点粘时由于必须留有排气孔，每块板的空腔通过排气孔及板缝仍是贯通的，当建筑物垂直度偏差通过粘结点粘结砂浆厚度来调整时，特别是墙体偏差较大时，空腔的大小是不确定的。由于存在整体贯通的空腔，正负风压对保温墙面产生巨大的挤拉力，而这些力的释放点均在板缝处，因此极易造成板缝处开裂。极端情况下负风压甚至会将保温板掀掉。

从抗裂防护层受热应力的因素上看，保温层外仅是 3~5mm 的抗裂砂浆复合网布，保温层的导热系数在 0.04W/(m·K) 左右，而抗裂砂浆的导热系数为 0.9W/(m·K) 左右，两材料的导热系数相差 20 多倍。由于保温层热阻很大从而使防护层的热量不易通过传导扩散，因此当受太阳直射时热量积聚在抗裂防护层，其表面温度将高达 50~70℃，部分地区甚至可达 80℃，遇突然降雨降温则温度会降至 15℃ 左右，温差可达 35~65℃，这样的温差变化以及受昼夜和季节室外气温的影响，对抗裂防护层砂浆的柔韧性和网布的耐久性提出了相当高的要求。另外一个应考虑的因素是当保温层材料的温度超过 70℃ 时，部分保温层材料会产生不可逆热收缩变形造成较为严重的开裂变形，这种情况在高温干燥地区更为明显。

钢丝网架聚苯板面层采用水泥砂浆厚抹灰找平钢丝网架做法时，开裂现象较为普遍，原因如下：

1）普通水泥砂浆自身易产生各种收缩变形，并且存在强度增长周期短（主要强度在 10 多个小时便已完成）、体积收缩周期长（几个月甚至上百天，收缩率为 8%~10%）的矛盾，在约束条件下，当体积收缩形成的拉应力超过水泥砂浆的抗拉强度时，就会出现裂缝。处于保温层保护下的主体结构受温度变形影响较小，而 20~30mm 的找平砂浆处于热阻很大的聚苯板的外侧，因此受环境温度影响而产生较大变形。聚苯板两侧的水泥材质受环境温差影响而产生较大相对变形差，引起开裂。

2）配筋位置不合理引起裂缝

钢丝网架在水泥砂浆中的位置相当于单面配筋方式，且靠近保温层。而正负风压、热胀冷缩、干缩湿胀及地震等作用力都是双向或多向。该种方式的配筋对靠近外饰面应力的分散作用很有限，起不到应有的抗裂作用。

四角钢网配筋对抵抗和分散与钢丝网网丝同向的应力具有良好的效果，但在网孔对角线方向无筋，因此对抵抗和分散网孔对角线方向的应力作用有限，从而易产生沿四角网对角线方向的裂缝。另外，四角钢网的十字交叉处水泥砂浆不易完全充分握裹，使水泥砂浆与钢网不能成为一共同受力体。

3）荷载过大产生挤压开裂

在钢丝网架聚苯板外保温实际工程中，由于平整度较差找平砂浆很厚，每平方米荷载可达 80kg 甚至 100kg 以上，在这样的荷载长期作用下聚苯板会产生徐变，使整个硬质面层产生重力挤压造成裂缝。钢丝网不穿透聚苯板后锚固工艺的保温层承受荷载的能力较现浇的更差，面层的开裂、脱落更加严重。

（3）不合理施工引起开裂

外墙外保温系统通常是在建筑工程的施工现场完成，施工质量的优劣关系到外墙外保温系统的质量，也是造成系统面层开裂的重要因素。

62. 局部节点保温设计不合理时会产生什么缺陷？

（1）不完全的外保温导致主体结构不同部位因形变差异而产生裂缝

女儿墙外侧墙体的保温在设计中往往忽视了对女儿墙内侧的保温。对女儿墙的内外侧采取保温措施有助于女儿墙的稳定，避免了女儿墙墙体裂缝这一质量通病的发生。

在保温设计中也常常忽视对主体结构线性出挑部位如阳台、雨罩、靠外墙阳台拦板、空调室外机搁板、附壁柱、凸窗、装饰线、靠外墙阳台分户隔墙、檐沟、女儿墙内外侧及压顶等部位的保温。这些部位是明显的热桥，与被保温的部位相比，其温度受环境影响十分明显，由此而产生的温差应力易引起该部位与主体部位相接处产生裂缝。同时这些热桥的存在对综合节能效果也会产生不利影响。

（2）保温截止部位材质变换处节点设计

在保温层与其他材料的材质变换处，因为保温层与其他材料的材质的密度相差过大，这就决定了材质间的弹性模量和线性膨胀系数也不尽相同，在温度应力作用下的变形也不同，极容易在这些部位的面层产生裂缝。同时还应该考虑这些部位的防水处理，防止水分侵入到保温系统内，避免因冻胀作用而导致系统的破坏，影响系统的正常使用寿命和系统的耐久性。

（3）老虎窗的保温处理

近几年在建筑设计中对屋面倡导平改坡，为了加强顶层房间的采光效果，同时为了体现建筑物的立面形式和层次变化，多在坡屋面上设置老虎窗。老虎窗周围的装饰线条变化和墙体的转折比较复杂，而且在这部分墙体和装饰线条的处理一般都采用现浇混凝土来处理，因混凝土的导热系数较高，在该部分的围护结构进行保温处理的时候，常出现因保温方案处理的不完善在冬季内墙面出现返霜、结露现象，恶化了居民的居住环境。出现这个问题的主要原因是由于老虎窗处的线条过多，而在设计中这些线条又多以混凝土挑出，线条的比例关系已经确定，在其上如果再加保温层势必导致线条既定比例关系的失调，所以为不破坏建筑的立面表现形式，只能放弃对该部分的保温处理，由于未对裸露部位的混凝土采取保温处理而导致室内出现返霜、结露现象。老虎窗根部与坡屋面的交接处如果保温处理不好也容易出现保温断点，导致返霜、结露现象发生。

（4）将增强网直接铺设在保温层上，没起到抗裂作用反而形成了隔离作用。

（5）窗口周边及墙体转折处等易产生应力集中的部位未铺网布来分散其应力，从而产生裂缝。

63. 保温材料和粘结材料有问题会造成什么后果？

过于松软的保温层使得防护层无所依靠，抗冲击及承受荷载能力差；过于高强的保温层自身柔韧性差易开裂，所以过于松软和过于高强的保温材料均不利于整个系统的稳定和抗裂性能。由于保温材料的两侧形成了不同的温度场，保温效果越好的材料两侧温度差越大，所以越是导热系数小的材料对其面层保护材料的综合性能要求越高。

（1）膨胀聚苯板

用于外墙保温的聚苯板主要是密度在 $18.0 \sim 22.0 \text{kg/m}^3$、尺寸稳定性 $\leqslant 0.30\%$ 的阻燃型膨胀聚苯板（模塑聚苯板）。由于材料因素造成开裂的原因有：

1）聚苯板密度过低：采用 15kg/m^3 以下的聚苯板作为墙体保温层材料，由于密度低、易变形、抗冲击性差，造成保温墙面开裂。

2）陈化时间不够：聚苯板应经自然条件下陈化 42 天或在 $60 ℃$ 蒸汽中陈化 5 天，为了赶工期生产出来就上工地，结果聚苯板尺寸稳定性不够，在保温系统施工完成后继续收缩变形，引起保温墙面开裂。

3）材料粉化：由于工期长或隔年施工等原因，造成聚苯板表面粉化，导致聚苯板粘贴不牢或抹面砂浆粘结不牢，引起保温层脱落、抹面砂浆开裂等事故。

4）热熔缩：聚苯板受热会发生不可逆热熔缩，引起保温面层开裂、空鼓。

5）直接抹在聚苯板上的抹面砂浆与聚苯板的导热系数相差过大，对面层抗裂材料的柔性指标要求更高，否则易发生裂缝，这种现象在温差变化大的严寒地区普遍存在。膨胀聚苯板的导热系数为 0.042W/(m·K)，抗裂砂浆的导热系数为 0.93W/(m·K)，两层材料的导热系数相差 22 倍，当夏季太阳直射在抗裂砂浆表面时，由于抗裂砂浆只有 3mm，当保温层材料的导热系数越低时，其阻隔热量的能力越强，使抗裂砂浆的温度急剧升高，表面温度将高达 $50 \sim 70 ℃$，遇突然降雨则温度会降至 $15 ℃$ 左右，温差可达 $40 \sim 65 ℃$，这样的温差变化以及受昼夜和季节室外气温的影响，导致面层发生形变的量差很大，抗裂砂浆易产生裂缝。

（2）挤塑聚苯板

挤塑聚苯板具有良好的闭孔结构，吸水率和导热系数都很低，因此近一段时期有应用量加大的趋势。但在已完成的外保温工程中开裂现象比较普遍，开裂程度也较为严重。除了与膨胀聚苯板薄抹灰外墙外保温系统有类似的原因外，还有以下原因：

1）整个系统材料不配套，未通过大型耐候性试验验证。挤塑聚苯板虽然具有良好的保温防水性，但由于其强度较高、变形应力较大、表面光滑、疏水、难以粘结等原因在国外主要用于屋面及地面 ±0mm 以下墙面的保温。目前国内未经系统研究就用于墙面保温时，如不对材料性能严格控制并通过大型耐候性试验验证，必然出现较为严重的质量事故。

2）挤塑聚苯板比膨胀聚苯板密度大、强度高，由于自身变形及温差变形而产生的变形应力也大，相对于每条板缝来说，相临两块板自身的应力变化是反向的，对板缝处进行挤或拉，造成板缝处开裂。

3）挤塑聚苯板具有更小的导热系数，为 $0.029W/(m \cdot K)$，而抗裂砂浆的导热系数为 $0.93W/(m \cdot K)$，两层材料的导热系数相差32倍，比膨胀聚苯板与抗裂砂浆的导热系数相差更大，因此更易产生裂缝。

挤塑聚苯板具有优良的保温防水性，但用于墙面保温还缺乏大型耐候性试验及成功的工程实例验证，还有很多问题需要解决。

（3）粘结材料

保温板一般由粘结材料固定到墙面上形成保温层。因此当粘结材料不能将保温板平整的、牢固的固定时，也是导致防护层开裂的主要因素之一。

1）粘结材料本身粘结性能不能满足相应保温系统的要求，从而造成保温板固定不牢，引起防护层开裂。

2）粘结材料与保温板不相容、不匹配，从而造成保温板固定不牢，引起防护层开裂。

3）粘结材料粘结力太大、强度高、收缩大，也会将保温板拉裂，引起防护层开裂。

（4）保温浆料

尽管浆体材料避免了保温板材板缝处易产生裂缝的缺陷，但从材料性能上不同保温浆料存在很大差异。

1）以海泡石及珍珠岩为主要原料的保温浆料

从材料性能上存在以下缺陷：海泡石属于海洋沉积无机矿、分子呈六角空腔结构、吸水不易干、软化系数小，温湿变化对其强度影响较大，适用于热力管道，不适用于墙体。珍珠岩通常有两种情况，一种是未充分搅拌时，颗粒完整的珍珠岩保温浆料虽保温性能相对较好但和易性差、强度低；另一种是搅拌时间超过5min后把珍珠岩搅碎了，保温浆料虽和易性好、强度高，但导热系数高，保温性能相对较差，通常使用的是具有良好操作性的浆料即后一类浆料。以上两种材料的共同特点是强度高、变形性差、易空鼓开裂，尤其是温湿变化会对其产生较大影响。即便是内保温也会存在问题。内保温系统因外墙胀缩易引起空鼓、开裂；前些年的工程表明，珍珠岩、海泡石保温浆料的导热系数较大，保温性能相对较差，而对其产品保温性能不切实际的夸大造成保温厚度达不到要求，内保温的露点位置发生在外墙内侧，造成保温材料中结露。结露不仅造成材料的保温性能进一步降低，同时也造成保温材料温湿变形而开裂。

2）以聚苯颗粒为主要原料的保温材料

①纯水泥与聚苯颗粒制成的保温浆料和易性差、易滑坠、强度高、干缩大、易空鼓、易开裂。

②采用石膏类胶凝材料与聚苯颗粒制成的保温浆料浸水后会失去强度和体积稳定性，从而引起开裂脱落。

③采用了安定性不合格的水泥或氢氧化钙易引起保温层开裂。

④在珍珠岩或海泡石浆料中加入少量聚苯颗粒，仍具有珍珠

岩或海泡石浆料的缺陷。

64. 抗裂防护层材料存在问题时会对保温系统产生哪些不利影响?

由抹面砂浆与增强网构成的防护层对整个系统的抗裂性能起着关键的作用。抹面砂浆的柔韧极限拉伸变形应大于最不利情况下的自身变形(干缩变形、化学变形、湿度变形、温度变形)及基层变形之和,从而保证防护层抗裂性要求。

复合在抹面砂浆中增强网(如玻纤网布)的使用,一方面能够有效地增加防护层的拉伸强度,另一方面由于能有效分散应力,可以将原本可能产生的较宽裂缝(有害裂缝)分散成许多较细裂缝(无害裂缝),从而形成其抗裂作用。目前通常采用经表面涂塑的玻纤网布,对于玻纤网布我们不仅应规定其断裂强力值,而且应规定耐碱强力保留率,以确保玻纤网布长期有效地发挥作用。玻纤网布的耐碱性由玻纤品种、表面涂塑材质及涂塑量所决定。研究表明,表面涂覆材料及涂覆量对玻纤网布的早期耐碱性具有较重要的意义,而玻纤品种对长期耐碱性具有决定意义。对耐碱玻纤网布、中碱玻纤网布和无碱玻纤网布的耐碱试验表明:

(1) 无碱网布虽然初期强度很高,但浸入碱液中1d,其强力保留率就下降到22%,时间越长,强力保留率越低,直至最后被碱液腐蚀失去强力。不能用于外墙外保温系统。

(2) 耐碱玻璃纤维网布的耐碱性能尤其是长期耐碱性能优于中碱网布。

抗裂防护层材料存在问题,也会引起保温墙面开裂,主要原因有:

(1) 直接采用水泥砂浆做防护层:强度高、收缩大、柔韧变形性不够,引起砂浆层开裂。

水泥砂浆收缩是引起墙面裂缝最常见的因素之一,它主要包括化学减缩、干燥收缩、自收缩、温度收缩及塑性收缩。每种收缩都有其自身特点，在引起抹灰墙面开裂时表现各不相同。

1）化学减缩，又称水化收缩。水泥水化会产生水化热，使固相体积增加，但水泥-水体系的绝对体积减小。所有胶凝材料水化后都有这种减缩作用。大部分硅酸盐水泥浆体完全水化后体积减缩量为 7% ~ 9%，在硬化前，抹灰砂浆水化所增加的固相体积填充原来被水所占据的空间，使水泥石密实，而宏观体积减缩；硬化后的抹灰砂浆宏观体积不变，而水泥-水体系减缩后形成许多毛细孔缝，影响了抹灰砂浆的性能。

2）干燥收缩是指抹灰砂浆停止养护后，在不饱和空气中失去内部毛细孔和凝胶孔的吸附水而发生的不可逆收缩。

3）自收缩是指抹灰砂浆初凝后，水泥继续水化，在没有外界水分补充的情况下，抹灰砂浆因自干燥作用产生负压引起的宏观体积减小。自收缩从初凝开始，主要发生在早期。

4）抹灰砂浆的温度收缩又称冷缩，是抹灰砂浆内部由于水泥水化温度升高，最后又冷却到环境温度时产生的收缩。温度收缩的大小与热膨胀系数、抹灰砂浆内部最高温度和降温速率等因素有关。

5）抹灰砂浆的塑性收缩是指抹灰砂浆硬化前由于表面的水分蒸发速度大于内部从上至下的泌水速度，而发生塑性干燥收缩。抹灰砂浆表面发生塑性干缩受时间、温度、相对湿度及抹灰砂浆自身泌水特征的影响。一旦抹灰砂浆具有一定的强度，不能通过塑性流动来适应塑性收缩，此时就会发生塑性收缩开裂，抹灰砂浆的塑性收缩缝，无论是否可见，都会影响抹灰砂浆的耐久性。

由于水泥砂浆的这些收缩，产生了强度增长周期短（主要强度在 10 多个小时便已完成）与体积收缩周期长（几个月甚至上百天，收缩率为 8% ~ 10%）的矛盾，将使抹灰墙体中产生拉应力，当拉应力超过水泥砂浆的抗拉强度时，就会出现裂缝。

（2）配制的抗裂砂浆虽然也用了聚合物进行改性，但柔韧性不够也易开裂。

（3）抗裂砂浆层过厚：砂浆层收缩大易开裂。

（4）使用了不合格的玻纤网布：由于断裂强力低、耐碱强力保留率低、断裂应变大等原因造成起不到长期有效分散应力的作用，引起防护层裂缝。

65. 饰面层材料引起开裂的原因是什么？

（1）涂料饰面层材料

涂料饰面层材料应具有良好的防水及抗裂性能，当采用涂料饰面时，复合在抹面砂浆之上的腻子和涂料应着重考虑柔韧变形性而不是强度。显然从抹面砂浆→腻子→涂料，变形性逐层增加是保证系统抗裂性能的理想模式。由于饰面层材料引起的裂缝原因如下：

1）采用刚性腻子：由于腻子柔韧性不够，无法满足抗裂防护层的变形而开裂。

2）采用不耐水的腻子：由于腻子不耐水，当受到水的常浸渍后起泡开裂。

3）采用不耐老化的涂料：由于该类涂料不耐老化，刚涂上去很好，但经过两年就会开裂、起皮。

4）采用与腻子不匹配的涂料：如在聚合物改性腻子上面使用了某种溶剂型涂料，而该涂料中的溶剂同样会对腻子中的聚合物产生溶解作用，最后使腻子的性能遭到破坏而引起起皮、开裂。

（2）面砖饰面层材料

从材料方面考虑，引起面砖饰面层开裂、脱落的原因如下：

1）在以玻纤网为增强材料的抗裂防护层上粘贴面砖，由于玻纤网网孔小，与砂浆握裹不好，玻纤网会形成隔离层，所以易引起面砖饰面层开裂、脱落。

2）使用水泥砂浆或聚灰比达不到要求的聚合物砂浆粘贴面砖，砂浆柔韧性小满足不了柔性渐变释放应力的原则，面砖饰面层则易开裂、空鼓、脱落。

3）使用水泥砂浆或聚灰比达不到要求的聚合物砂浆进行面砖勾缝，砂浆柔韧性小无法释放面砖及砂浆本身由于温湿变化产生的变形应力，勾缝砂浆处也可能开裂，从而造成环境水或雨雪水渗漏，使面砖饰面层空鼓、脱落。

4）使用吸水率大的面砖，吸水后易遭受冻融破坏引起开裂、空鼓、脱落。

5）使用不带槽的平板面砖时不易粘贴牢固，易脱落。

66. 饰面砖脱落常发生的部位及主要原因有哪些？

通过对保温墙面面砖饰面质量问题的研究发现，面砖饰面破坏通常有三个破坏部位两个断裂层。面砖掉落现象通常是成片发生，或者是一掉一趟，往往发生在墙面边缘和顶层建筑女儿墙沿屋面板的底部，以及墙面中间大面积空鼓部位。这是因为，保温系统受温度影响在发生胀缩时，产生的累加变形应力将边缘部分面砖挤掉或中间部分挤成空鼓，特别是当面砖粘结砂浆为刚性不能有效释放温度应力时，这种现象更加普遍。当面砖粘结砂浆强度较高时通常有两个破坏层：基层为黏土砖时，面砖与粘结砂浆同时脱落，破坏层发生在黏土砖基层；基层为混凝土墙时，面砖自身脱落，破坏部分发生在粘结面砖的砂浆层表面。

墙体饰面砖层出现脱落和开裂主要有以下原因：

（1）温度变形：不同季节，白天黑夜，墙体内外由于温差的变化，饰面砖会受到三维方向温度应力的影响，在饰面层会产生局部应力集中，如在纵横墙体交接处；墙或屋面与墙体连接处；大面积墙中部等位置应力集中，饰面层开裂引起面砖脱落，也有相邻面砖局部挤压变形引起面砖脱落。

（2）反复冻融循环，造成面砖粘结层破坏，引起面砖脱落。

（3）砂浆抹灰层变形空鼓，造成大面积面砖脱落。

（4）外力引起的面砖脱落：如组合荷载作用、地基不均匀沉降等引起结构物墙体变形、错位造成墙体严重开裂、面砖脱落，还可能发生由风压、地震力等引起的机械破坏等。

67. 在粘贴聚苯板外墙外保温系统中，为什么不能直接在玻纤网布复合抹面砂浆层上粘贴面砖？

从构造设计上看，在粘贴聚苯板外墙外保温系统中，直接在玻纤网布复合抹面砂浆层上粘贴面砖是不合理的，应加以限制。原因如下：

（1）从受力状况看，应用于外保温的聚苯板通常采用点粘法，粘结面积35%，而聚苯板本身具有受力变形性，由聚苯板来直接承受 $30kg/m^2$ 面砖饰面层（含粘结砂浆）荷载，必然会发生徐变，短期或许不会发生严重事故，但长期变形将导致受力失衡从而引发开裂甚至脱落。整个面砖层是粘贴在抹面砂浆复合玻纤网形成的抗裂层上，而与基层没有任何连接。因此整个系统形成两张皮，面砖荷载不能传到结构上，存在面砖层及抗裂层整体脱落的危险。拉拔试验表明：以玻纤网布增强的抗裂防护层，拉拔试验后断面层均在玻纤网布层，耐候试验后拉拔强度达不到《建筑工程饰面砖粘结强度检验标准》（JGJ 110）标准规定的要求。这是因为玻纤网布与砂浆握裹力不够，形成隔离层。以钢丝网增强（通过试验认为孔径 12.7mm、丝径 0.9mm 的钢丝网增强效果最好）的抗裂防护层，拉拔试验后断面层均在抗裂砂浆中，拉拔强度大于 0.4MPa，达到《建筑工程饰面砖粘结强度检验标准》（JGJ 110）规定的要求。

（2）从抗风压性上看，粘贴聚苯板外墙外保温系统存在空腔，抗风压尤其是抗负风压的性能差，即使在聚苯板上采用锚固措施负风压也会把聚苯板掀落，若再在其上粘贴面砖则整个保温系统的安全性将更无法得到保障。

（3）从防火性上看，系统本身就存在整体连通的空气通道，火灾时很快形成"引火风道"使火灾迅速蔓延。聚苯板在高温辐射下很快收缩、熔结，在明火状态下发生燃烧，也就是说在火灾发生时（有明火或较高的热辐射），粘贴聚苯板外墙外保温系统将很快遭到破坏。从这个意义上说在粘贴聚苯板外墙外保温系统面层粘贴面砖的做法是非常危险的，火灾状态下聚苯板在受热后严重变形，使面砖饰面层丧失依托，引起面砖层的整体脱落。

68. 为什么不宜在钢丝网架聚苯板水泥砂浆抹面层上粘贴面砖？

从构造设计上看，钢丝网架聚苯板外饰面粘贴面砖做法要比直接在薄抹灰聚苯板外墙外保温外饰面粘贴面砖安全，但 20～30mm 厚的水泥砂浆找平层的开裂及自重，大大降低了该系统的整体安全性。采用该系统满足第三步节能时，由于需大大增加保温层厚度，从而使力矩成倍增加，增加了系统的不安全性。

（1）由于水泥砂浆收缩或厚度不均，温差应力不均容易引起裂缝和面砖脱落。

（2）单面钢丝网架构造设计不合理易引起裂缝。

正负风压、热胀冷缩、湿胀干缩、正弦拍波地震力等均产生两个方向的作用力，单面钢丝网架在水泥砂浆中的位置如图 2-8 所示。该种方式的配筋对抵抗和分散 a 方向的应力具有良好的效果，但对抵抗和分散 b、c、d 三个方向的应力作用十分有限，从而产生裂缝。

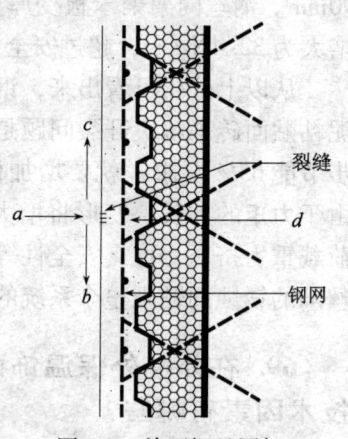

图 2-8 单面钢丝网架在水泥砂浆中的位置

由于水泥砂浆的收缩以及钢丝网架在水泥砂浆中位置的不一致等原因，造成水泥砂浆找平层开裂，此类现象十分普遍。由于砂浆层产生裂缝处变形应力较大易引起此处面砖勾缝胶产生裂缝甚至连面砖也被拉裂。如果水从裂缝处渗入会直接对钢丝网产生锈蚀。

（3）荷载过大产生挤压裂缝且对抗震安全产生不利影响。

经抗震试验发现，当采用50mm厚的钢丝网架聚苯板，整个硬质面层（找平砂浆层＋粘结砂浆层＋面砖勾缝胶及面砖层）荷载为41.5kg/m²，当试验进行到加速度达到0.5g时传出钢丝网斜插丝切割聚苯板的声音，表明整个硬质面层发生了位移。即在粘贴瓷砖时，必须保证聚苯板面层的荷载要小于40kg/m²。依据力矩＝面层荷载×重力加速度×力臂，50mm厚的聚苯板面层荷载要求小于40kg/m²，力矩为40×10×0.05＝20N·m，即：力矩必须小于20N·m。

在北京地区，要达到第三步建筑节能要求，则需外墙平均传热系数不大于0.6W/(m²·K)。对于基层为200mm厚的钢筋混凝土墙体，根据热工计算，采用钢丝网架聚苯板进行外保温，用20mm厚的水泥砂浆进行找平时，则需钢丝网架聚苯板的厚度为90mm。钢丝网架聚苯板变厚，穿透聚苯板的斜插丝加长，力矩增大为32.4N·m，超过安全力矩要求。

从以上分析可看出来，钢丝网架聚苯板外墙外保温系统靠水泥粘贴面砖来解决开裂问题是存在安全隐患的。如果要满足第三步节能65%要求，就要增加保温层厚度，此时采用同样的插丝由于力矩的加长，变形将增大，那么以上问题（保温材料徐变、荷载重力挤压、抗震安全性等）将变得更加突出。如果再考虑钢丝网的锈蚀问题则整个系统的安全性将变得异常严峻。

69. 在外墙外保温饰面层粘贴面砖需要考虑的关键技术因素有哪些？

在高层建筑外墙外保温墙面上粘贴面砖，其安全性要求较高。由于外墙外保温系统垂直荷载为零，一般情况下饰面粘贴面砖主要应考虑保温系统内各层材料的粘结强度是否满足国家规范标准规定值。但是，与重质墙体基层不同，外保温系统由于内置密度小、强度低的保温层，其形成的复合墙体往往呈现软质基底的特性。同时，由于外保温系统置于主体结构的外层，热应力、火、水或水蒸气、风压、地震等外界作用力直接作用于其表面，需要采取相应的安全加固措施，使建筑物和保温系统本身保持必要的安定性，防止出现饰面开裂、饰面砖起鼓、脱落等质量事故。

在外墙外保温墙面上粘贴面砖，需要考虑的关键技术因素主要有：

（1）要在保护保温层的前提下，使外保温系统形成一个整体，转移面砖饰面层负荷作用体，改善面砖粘贴基层的强度，达到标准规定要求。

（2）要考虑外保温粘结材料的压折比、粘结强度、耐候稳定性等指标以及整个外保温系统材料变形量的匹配性，以释放和消纳热应力或其他应力。

（3）要考虑外保温材料的抗渗性以及保温系统的透汽性，避免冻融破坏而导致面砖掉落。

（4）要提高外保温系统的防火等级，以避免火灾等意外事故出现后产生空腔，外保温系统丧失整体性在面砖饰面的自重重力的影响下大面积塌落。

（5）要提高外保温系统的抗震和抗风压能力，以避免偶发事故出现后的水平方向作用力对外保温系统的巨大破坏。

（6）要考虑外保温系统的面层荷载。

70. 为什么在保温层上粘贴面砖，要选用专用的面砖胶结砂浆和面砖勾缝胶粉？

为满足外保温饰面的多样化，一些业主选择外保温贴面砖的做法。由于在外墙外保温面层上进行粘贴面砖与在坚实的混凝土基层上粘贴面砖使用条件是不同的，面砖的热膨胀系数与外保温层的热膨胀系数有很大的差异，相应地，受气温和太阳辐射影响而产生变形应力差异也很大，并集中反应在外保温的表层。因此，在外保温表面粘贴面砖，在选择面砖胶结砂浆时，除要考虑耐候性、耐水性、耐老化性好、常温施工等因素外，还必须考虑两种硬度、密度不同的材料在使用过程中由温度变化而引起的不同变形差而造成的内应力。选用的面砖粘结砂浆应能通过自身的变形消除两种质量、硬度、热工性能完全不同材料的变形差异，才能确保硬度大、密度高、弹性模量大、可变形性低的面砖不脱落。

同理，在镶填砖缝时，选用的面砖勾缝胶粉，除考虑耐候性、抗渗性等因素外，也要考虑一定的柔韧性，以确保其变形能力能够满足每块面砖像鱼鳞一样独立地释放温度应力的要求，从而避免累加的变形应力将面砖挤掉或造成空鼓脱落。

71. 保温墙体的施工裂缝是怎样产生的？

外墙外保温系统通常是在建筑工程的施工现场完成，施工质量的优劣关系到外墙外保温系统的质量，也是造成系统面层开裂的重要因素。

（1）基层处理及保温层在基层上的粘贴或固定

基层处理及保温层在基层上的粘贴或固定施工中，以下问题易造成保温系统质量问题：

1）基层表面的平整度不符合质量要求，平整度偏差过大。

2）基层表面含有妨碍粘贴的物质，没有对其进行界面处理。

3）所用的胶粘剂达不到外保温技术对产品的质量、性能要求或采用机械固定时锚固件的埋设深度和锚固数量不符合设计规范要求。

4）粘结面积不符合规范要求，粘结面积过小，未达到粘结面积的质量规范要求。

5）基层墙面过于干燥，在粘贴保温板时没有对基层进行掸水处理，或雨后墙面含水量过大还没有等到墙面干燥就进行保温板的粘贴，造成粘贴失败。

（2）涂料饰面时外保温施工因素

由于施工因素造成涂料饰面外保温墙面开裂的原因有：

1）网布干搭接或搭接不够，在搭接处形成裂缝。

2）网布铺设位置贴近保温层，起不到抗裂作用，抹面砂浆层易产生裂缝。

3）门窗洞口的四角处沿45°未加铺玻纤网布，在应力集中的门窗洞口的四角处沿45°易出现裂缝。

4）采用冬施时易出现开裂、空鼓、脱落。

5）粘贴聚苯板时，一端翘起，引起另一侧的板面虚贴、空鼓。在施工时敲、拍、振动板面引起胶浆脱落。

6）墙面平整度不好又没进行基层找平时，采用以下方法粘贴聚苯板，存在缺陷：

①通过调整点粘粘结砂浆厚度来调整，造成板后空腔大小不一。

②用不同厚度的板或多层板来调整平整度，造成荷载不均，施工不规范，易出现问题。

③采用打磨方法找平，破坏了聚苯板表面致密结构，影响与抹面砂浆的粘结，且打磨厚度过大时也降低了保温层的保温效果。

7）当面层的增强网材料为钢丝网时，若不采用抗裂砂浆作为面层抹灰材料，而是采用普通水泥砂浆或仅掺加少量纤维的水泥砂浆作为面层抹灰材料，则会因为面层钢筋、水泥砂浆、聚苯板、冷拔钢丝这几种材料的线性膨胀系数相差过大、变形不一致引起开裂。

8）施工面层时在太阳暴晒下进行或在高温天气下面层保水性能不足，导致面层失水过快引起开裂。

9）在腻子层尚未干燥或刚淋过雨的情况下，直接在上面涂刷透汽较差的高弹性面层涂料，造成面层涂料起鼓。

（3）面砖饰面时外保温施工因素

由于施工因素造成面砖饰面层开裂脱落的原因有：

1）基体未清理干净、有脱膜剂。

2）墙体表面垂直度、平整度偏差大，靠增加粘结砂浆厚度的办法调整饰面的平整度，造成粘结砂浆超厚，因自重作用下坠，引起粘结不良。

3）粘结前需要面砖浸水而未浸水，表面积灰，砂浆不宜粘结，而且由于面砖吸水，把砂浆中的水分很快吸收，使粘结砂浆与砖的粘结力大为降低。

4）由于需要浸水的面砖浸水后粘结前未擦干或晾干，粘结面形成水膜，消弱了粘结砂浆与砖的粘结力。

5）当采用密缝粘贴面砖时，由于面砖饰面层受热应力影响而产生的变形应力得不到释放，易发生空鼓开裂。同时由于密缝粘贴面砖时形成"瞎缝"，砖缝无法勾缝易形成雨水渗漏；女儿墙檐口、雨篷、窗台、阳台栏板等具有上平面和水平阳角的部位以及水落管出水口的下部等易发生问题。主要原因是角部砖缝对接不良，上平面易积存雨雪水，这些水分会浸入缝隙中；面砖吸水率过大时，水通过面砖被吸入到砖坯中；以上这些浸入水经日夜或季节冻融作用使粘结层受到破坏，发生开裂、脱落，并向大面积发展。

72. 外墙保温系统面层裂缝控制的原则有哪些?

（1）优先选用抗裂性能好的外保温系统

外保温系统有利于建筑物建立一个更加合理的温度场。采用外保温，内部的砖墙或混凝土墙等结构受到保护，使保温层以里的主体结构冬季温度提高，湿度降低，温度变化较为平缓，夏季结构温度稳定性增加，墙体结构热应力减少，从而主体墙产生裂缝、变形、破损的几率大为减小，建筑寿命得以大大延长。由于裸露的结构如混凝土排水挑檐、女儿墙等与保温后的结构墙体温度环境不同易引发破坏，因此完善的外保温应是对结构的骨架彻底包覆，这样雨、雪、冻、融、干、湿等对主体墙的影响也会大大减轻。因此，外保温系统对主体结构的保护、防止裂缝的发生优于内保温系统，更优于内、外保温混合做法。

（2）坚持"逐层渐变、柔性释放应力"的抗裂技术路线

急剧变化的温差产生的热应力集中发生在外保温的外表面，

解决外保温裂缝应遵循给温度应力、变形能量释放的原则。采用"逐层渐变、柔性释放应力的抗裂技术"可以有效地控制保温层表面裂缝的产生。逐层渐变、柔性释放应力抗裂技术理念的构造设计要点是：保温系统各相邻构造层性能、弹性模量变化指标相匹配、逐层渐变，抗裂砂浆应保证一定的柔韧性以便释放变形应力。同时，在抗裂防护层中采用软配筋和多种纤维改变应力传递方向，防止各种变形应力集中发生的可能。涂料饰面时，理想的模式应为从抗裂砂浆层→腻子层→涂料层的柔韧变形性逐渐增大；面砖饰面时，应采用具有柔性的粘结胶和勾缝胶。

（3）普通水泥砂浆不应作为保温系统表面的找平层及保护层材料

在保温层的表面使用普通水泥砂浆不符合"柔性渐变、逐层释放应力的抗裂技术"路线。用它作为保温层的找平层或保护层，极易产生裂缝，厚度愈厚愈严重。因为，普通水泥砂浆不仅自身易产生各种收缩裂缝，同时由于柔韧性较差而无法适应自身温差变形及相邻层温度变形而产生的应力，而普通水泥砂浆的抗拉强度又明显不足，变形能量的集中释放极易形成裂缝。

（4）采用无空腔或小空腔构造提高系统的稳定性

风荷载是长期作用于建筑物外保温隔热层的破坏力量之一。风荷载的大小主要与近地风的性质、风速、风向有关，与建筑物所在地的地貌及周围环境有关，同时也与建筑物本身的高度、形状有关。由于风荷载对建筑物的破坏力与建筑物的高度成正比例变化，高层建筑要比多层建筑承受更大的风荷载，因而高层建筑外保温要考虑风压、特别要考虑负风压对保温层的影响。工程结构偏差会导致保温空腔大小不一，当保温墙面局部所受负风压较大时，空腔内的气体膨胀，从而造成对保温层的疲劳破坏。因此风荷载往往是造成有空腔保温墙面开裂的因素之一。

采用无空腔构造可以提高系统稳定性，提高系统抗风荷载和重力的能力。无空腔构造做法使得外保温系统具有抗风压能力强、系统整体性好、应力传递稳定、安全性好等优势。高层建筑采用外保温方案的风压安全系数应大于5。在高层建筑工程做外保温，应充分重视风荷载对外保温的破坏作用，应尽可能地提高粘结面积，采用无空腔构造，以满足抗风压破坏的要求。采用无空腔构造系统还可以有效地传递外保温面层荷重引起的应力，保持系统的稳定性。随着建筑节能标准的提高，保温层的厚度会不断增加，由于面层荷重引起的力矩和剪应力也不断加大，无空腔构造系统有利于力的传递和释放。

（5）防护层的抗裂能力是控制裂缝的主要矛盾

置于保温层外的防护层的抗裂能力，对外保温系统的抗裂性至关重要，实践证明传统的水泥砂浆抹在保温层上，不能解决抗裂问题，必须采用专用的抗裂砂浆并辅以合理的增强网，各种系统做法均十分重视防护层的抗裂性，根据国外及国内的经验，应规定抗裂砂浆的压折比小于3；另外在砂浆中加入适量的纤维对控制裂缝的产生是十分有效的。采用多种纤维复合配制的抗裂技术，能够更好地吸收受外界自然条件影响产生的膨胀、收缩变形，并均匀地将温差变形应力向四周分散，从而有效地防止裂缝的产生。正确的做法应是将采用由抗碱玻纤编织的经耐碱涂塑的玻纤网布铺贴在柔韧性良好（压折比≤3）的抹面砂浆中，并靠近面层一侧。抹面砂浆的柔韧极限拉伸变形应大于最不利情况下的自身变形（干缩变形、化学变形、湿度变形、温度变形）及基层变形之和，从而保证防护层抗裂性要求。如外饰面是面砖，在水泥抗裂砂浆中也可以加入钢丝网片，但是应对钢丝网的丝径、孔距通过试验来确定，面砖的短边应至少覆盖在两个以上网孔上，钢丝网应采用防腐（锈）好的热镀锌钢丝网。

（6）所有外保温系统应通过大型耐候性试验验证

在外保温工程中，外保温材料面层的防护层材料及饰面层材料要长期经受冷热、温湿、冻融等气候变化，因此为了验证外保温系统的稳定性及使用寿命，最好的办法就是进行耐候性试验。如：挤塑聚苯板外保温的应用开裂现象比较普遍，对该类外保温系统应增加系统材料性能研究及材料匹配性研究，使其构造满足抗裂的基本原则，并经耐候性等大型系统试验验证后再进入市场，以利于推广、减少损失。

（7）应尽量选择涂料外饰面

在可能的情况下应尽量选择涂料外饰面外保温系统，因该系统若产生裂缝比较直观，有利于裂缝的控制。在选择粘贴面砖外饰面时保证其安全性是头等大事。面砖墙体的裂缝往往比较隐蔽，防止面砖饰面墙体开裂比较困难。对于面砖饰面研究表明：

1）除了应有系统组成材料的试验验证，整个系统必须经过抗震试验、耐候性试验、火反应性试验等大型试验验证。

2）胶粉聚苯颗粒外保温外饰面粘贴面砖系统满足系统粘结安全性、辅助机械锚固安全性、柔性释放应力安全性、耐候及防火安全性等综合性能，是首选的外保温面砖饰面系统。

3）钢丝网架聚苯板外保温系统饰面粘贴面砖时，用传统水泥砂浆找平的单网结构具有较大不合理性（荷载大、易开裂），表面受正负风压、热胀冷缩、干缩湿胀均为双向受力。应采用收缩率小的轻质砂浆找平并采用双网构造，实现柔性渐变、减轻荷载、增加抗裂性。

（8）应充分考虑各层材料的相容性及匹配性

由于保温系统是由多层材料复合构成，就抗裂性能来说，除应考虑各层材料自身功能外还应充分考虑材料的相容性及匹配性。

（9）加强保温截止部位材质变换处的密封

应加强保温截止部位材质变换处的密封、防水和防开裂处理，因为在保温层与其他材料的材质变换处，保温层与其他材料的材质密度相差过大，从而引起材质间的弹性模量和线膨胀系数也不尽相同，在温度应力作用下的变形也不同，极易在这些部位产生面层裂缝。同时还应该考虑这些部位的防水处理，防止水分浸入到保温系统内，避免因冻胀作用而导致系统的破坏，影响系统的正常使用寿命和耐久性。外墙外保温系统应具有防雨水和地表水渗透性能，雨水不得透过保护层，不得渗透至任何可能对外保温复合墙体造成破坏的部位。

（10）外墙保温系统材料供应商应对系统材料进行成套供应

外墙保温系统是一个有机整体，组成的各相关层协同作用不仅要求柔性渐变，而且应有一定的相容性、协同性，形成一个复合整体。因此，外墙保温系统材料供应商在经过质量系统认证和子系统材料系统性能试验检验合格后成套供应，以保证系统材料的匹配性及有利于抗裂技术路线的实现，并有利于明确外墙保温系统材料供应商应对外保温工程质量负责。

（11）提高保温系统的质量保证率

保温系统材料生产中的质量波动是不可避免的，实际上，由于原材料、试样检验差异、施工条件等许多复杂因素的影响，必然造成墙体保温质量的波动。因此，为了保证墙体保温的质量，必须提高保温系统的质量保证率。在正常生产、施工条件下，用数理统计的方法，求出多组保温材料导热系数平均值、标准差，根据其离散程度，确定可靠的保证率。

73. 外墙保温系统面层裂缝控制指南是什么？

（1）构造设计

1）外墙内保温构造设计

内保温不利于重质结构墙体的保护，我国的建筑结构多为重质墙体，应避免采用内保温设计。

2）聚苯板薄抹灰外保温构造设计

①有空腔的聚苯板薄抹灰外保温

该类外保温已有比较固定的构造设计形式。由于存在空腔、隔热及防火性能较差等不足之处，该系统的适用范围受到一些限制，国外出于防火性的考虑将其限制在 18m 或 22m 以下的建筑。建议该构造做法的适用范围应为：建筑高度 30m 以下、对防火性没有特殊要求的外墙保温。

②无空腔的聚苯板复合胶粉聚苯颗粒外保温

采用满粘聚苯板以形成无空腔系统，也减少了板缝的应力集中，有利于板缝裂缝的控制。将门窗口用胶粉聚苯颗粒保温浆料作口以增加门窗口的防火性，建筑高度超过 30m 时，在 30m 以上的部位按垂直方向每隔三层（或 8~10m）设置一道防火隔离带，隔离带在水平方向的长度应是建筑物水平通长，位置应设置在上下窗间，高度宜等于上下窗距，如上下窗间距小于 0.9m，则除了按窗槛墙的高度做胶粉聚苯颗粒保温浆料防火隔离带外还应在下窗的上檐增设挑出宽度不小于 70cm 的不燃烧体水平挑檐。聚苯板保温层上采用 10mm 胶粉聚苯颗粒保温浆料进行整体找平及过渡保温，使板缝应力得到分散，提高面层砂浆的抗裂性能及耐候性，提高了防火性及隔热性能。建议该构造做法的适用范围应为：建筑高度 60m 以下、对防火性没有特殊要求的外墙保温。

3）硬质聚氨酯复合胶粉聚苯颗粒外墙外保温构造设计

①该保温构造由聚氨酯防潮底漆层、无溶剂硬质聚氨酯保温层、聚氨酯界面砂浆层、胶粉聚苯颗粒找平层、抗裂砂浆复合耐碱网布或热镀锌钢丝网保护层、涂料或面砖饰面层组成。

②基层墙体采用水泥砂浆进行抹灰找平，满涂聚氨酯防潮底漆，用滚刷将聚氨酯防潮底漆均匀涂刷，应无漏刷、透底现象。

③应吊垂直厚度控制线，在大阳角、大阴角或窗口处，要安装预制的聚氨酯模块，以达到标准要求。

④对于墙面宽度大于 2m 处，需增加水平控制线，做厚度标筋。喷涂硬质聚氨酯保温层厚度达到 10mm 时按 300mm 间距、梅花状分布插入厚度标杆，密度宜控制在 9~10 枚/m²，然后继续喷涂至设计厚度。

⑤喷涂 20min 后清理、修整突出部位，满涂界面砂浆。

⑥用胶粉聚苯颗粒保温浆料对聚氨酯保温层进行找平。

⑦抗裂防护层采用压折比 <3 的柔性抗裂砂浆铺贴网布（涂料饰面）或热镀锌钢丝网锚固措施（面砖饰面）进行抗裂防护处理。

该技术系统的优势为：无空腔构造，整体性好，粘结牢固；满足逐层渐变、柔性释放应力的要求，耐久性好；保温性能优异，防火性能好，抗湿热性能优良；对主体结构变形适应能力强，抗裂性能好；具有良好的施工性能；环保性能好。

4）现浇混凝土模板内置聚苯板外保温构造设计

①通过采用具有拉结槽并经界面砂浆处理的聚苯板解决聚苯板与混凝土基墙结合力不够的问题

聚苯板经界面砂浆处理后与混凝土具有良好的粘结性能，而拉结槽由于部分嵌入混凝土中，拉结作用非常明显，增强了整个系统安全性。目前采用拉结槽槽型多为燕尾形、凹凸形，从受力因素考虑燕尾槽更为合理。有竖向槽和横向槽，由于横向槽在浇筑时不易灌满且易被破坏，因此竖向槽较为合理。而在现场组合浇筑过程中，使用塑料卡钉可防止跑浆发生并有助于浇筑平整度的控制，与金属锚固件相比减轻了局部非柔性现象。

②通过胶粉聚苯颗粒保温浆料找平及辅助保温解决平整度、垂直度、热桥、局部破损及裂缝问题

通常在绑扎聚苯板时采用上松下紧及调整模板倾角的办法来控制平整度，但其效果有限、个体差异较大，难以彻底解决问题。还有一种方法是打磨，即将突出的聚苯板打磨一部分以满足平整度要求。该类做法也有不足：一是打磨后保温层厚度无法保证，二是由于打磨破坏了聚苯板粘结性并产生粉末，从而无法保障抹面砂浆与聚苯板的粘结力。该类工程垂直度控制较好的偏差在20mm以内，大部分工程垂直度偏差在20~40mm，个别也有40~60mm。

比较好的做法是保温板与混凝土一次浇筑成型后采用胶粉聚苯颗粒保温浆料进行处理。根据平整度及垂直度可采用10~30mm胶粉聚苯颗粒保温浆料进行整体找平。该方法解决了上下层聚苯板台阶、整体平整度及垂直度问题。可以方便地对门窗洞口、施工时留下的穿墙孔、聚苯板局部破损处进行保温、修补，同时对难以避免的"热桥"可以灵活地采用20~30mm胶粉聚苯颗粒保温浆料进行断桥处理。

板缝处是应力集中释放区，易产生裂缝，当板缝处出现台阶

时由于抹面砂浆在此处存在厚度差异，易产生裂缝。采用胶粉聚苯颗粒保温浆料整体找平后，起到了均质化作用，避免了板缝易开裂的问题，具有良好的抗裂性能。

该做法整个系统满足"无空腔"、"逐层渐变柔性释放应力"等抗裂原则，该系统适用范围应为：以现浇混凝土剪力墙高层或超高层建筑、对防火性没有特殊要求的以涂料为饰面的外墙保温。

5）现浇混凝土模板内置钢丝网架保温板外保温构造设计

①普通钢丝网架保温板外保温构造设计

由于该类系统采用 20～30mm 厚普通水泥砂浆找平，开裂现象较为普遍，因此几乎不敢做涂料饰面，而是粘贴面砖，这样由于荷载过大加大了不安全性。尤其是节能 65% 工作开展后，由于保温层厚度加大使力矩远超出安全力矩要求。

②改进型钢丝网架保温板外保温构造设计

在浇筑完成后的钢丝网架聚苯板表面，采用 20～30mm 胶粉聚苯颗粒保温浆料找平，既可大大减少荷载，同时可阻断热桥，起到良好的补充保温作用，又减少了力矩，增加了安全性。

采用双网构造提高抗裂性能。涂料饰面时，在胶粉聚苯颗粒保温浆料找平层上做抗裂砂浆复合耐碱玻纤网布作为抗裂防护层。面砖饰面时，在胶粉聚苯颗粒保温浆料找平层上做抗裂砂浆复合热镀锌钢丝网作为抗裂防护层。

由于改进后的构造减轻了荷载、增强了保温并满足"逐层渐变柔性释放应力"的原则，因此其抗裂性及抗震安全性大大提高。

6）带饰面预制保温块材外保温构造设计

该类产品具有可在工厂连续生产、现场干作业等优点，市场对其有期待。但预制板受温度及湿度变化发生热胀冷缩、湿胀干缩变形是不可避免的，而变形应力通常集中在板缝处易造成板缝开裂。因此如何在技术可行、经济合理的条件下解决裂缝问题还有许多工作要做。

7）保温浆料外墙外保温系统设计

保温浆料外墙外保温系统种类较多，质量参差不齐，优质的外保温系统已超过德国同类产品，但质量低劣的系统也在充斥市场，应从政府、行业等各个方面来规范市场，反对不正当竞争，使行业规范有序地发展。

8）面砖饰面外墙外保温系统设计

①面砖饰面系统时要保证满足以下条件：

a. 有与基层墙体具有可靠联接的面砖粘结基层；

b. 系统构造应充分考虑对温度应力及其他变形应力的消纳和释放；

c. 保温材料应具有较好的防热辐射及防明火性能；

d. 系统应具有较强的抗风压、耐候性能，系统必须经过大型耐候性试验及抗震试验验证合格。

②在外保温系统粘贴面砖时应注意：

a. 不宜直接在聚苯板薄抹灰系统上粘贴面砖；

b. 不宜在芯板厚度超过 75mm 的厚抹普通水泥砂浆钢丝网架聚苯板外保温系统饰面粘贴面砖；

c. 可在采用胶粉聚苯颗粒保温浆料找平的双网构造的钢丝网架保温板外保温系统中粘贴面砖；

d. 宜选用胶粉聚苯颗粒外墙外保温粘贴面砖饰面系统。

9）细部节点设计

①为避免屋面板变形过大，不应采用将保温层做在屋面板下面的做法；应在屋面板上面做好保温层，宜延伸至挑檐板尽端。

②外墙外保温层应包覆门窗框洞口外侧、封闭阳台、女儿墙以及屋顶挑檐等热桥部位，以减小室外气候温差引起的变形。

③对于砌体结构外墙，即便保温性能符合节能指标，但由于混凝土框架梁柱与砌体胀缩速度及胀缩量的差异，对防止外墙面裂缝极为不利。当采用内保温时，这些差异更加显著。因此，对这类墙体，采用完全外保温来减小墙体变形差异同时对外墙进行均质化，是解决外墙裂缝的正确途径。

④在材质变换处，因为材质的密度、弹性模量、线胀系数相差过大，易引起开裂。因此应做好过渡部位（如面砖饰面与涂料饰面过渡）的节点设计，参见图2-9，以防止裂缝的出现。

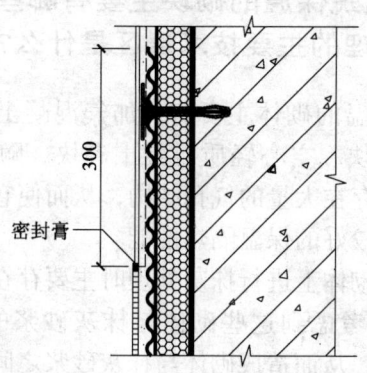

图2-9 涂料与面砖过渡部位构造

⑤窗口周边及墙体转折处等易产生应力集中的部位应设增强网布以分散其应力。

（2）材料因素

1）材料宜由系统材料供应商成套供应，并经国家认可的检测机构检测合格。

2）外墙外保温系统材料应符合《膨胀聚苯板薄抹灰外墙外保温系统》（JG 149-2003）、《胶粉聚苯颗粒外墙外保温系统》（JG 158-2004）、《外墙外保温工程技术规程》（JGJ 144-2004）、《胶粉聚苯颗粒复合型外墙外保温系统》（CAS 126-2005）等相关行业（协会）标准的要求。

3）对柔韧性指标要求高和有压折比要求的材料宜使用聚合物乳液为主要成膜物质，不宜单独采用可再分散乳液粉末。

（3）施工因素

确保作业环境满足规程要求，严格按施工技术规程分层作业，尽量避开冬期、雨期施工，施工环境温度不应低于5℃，风力不大于5级。做好中间工序的检查，不合格工序应及时返工。

应确保进入施工现场的材料满足材料要求的存放条件。对施工进行筹划，施工中要特别注意所有的中断点及终端等处。

74. 用于建筑保温的砌块主要有哪些？在这些砌块上进行抹灰处理的主要技术误区是什么？

用于建筑保温的砌体主要有：加气混凝土砌块、轻质多孔砖、多孔灰砂砌块、空心轻质混凝土砌块、陶粒砖及石膏砌块等，这些砌体都存在大量的气孔结构，从而使它们的导热系数比较低，因而有比较好的保温隔热性能。

我国在这些砌体上进行抹灰处理时主要存在以下技术误区：

（1）未充分考虑到这些砌体与抹灰砂浆的导热系数差异、线膨胀系数差异，从而造成砌体与抹灰砂浆之间有较大的温度应力，以致产生温度裂缝。

（2）未充分考虑砌体与抹灰砂浆自身的收缩以及各自线性收缩系数的差异，从而产生干燥裂纹。

（3）采用的是"刚性防水的技术路线"，高强、高密实度、高弹性模量的材料，没有留给温度应力充分释放的出路，最终导致抹灰层开裂。

75. 砌体结构墙面抹灰层开裂的主要原因是什么？

砌体结构墙面开裂的主要原因有：

（1）砌体和抹灰砂浆自身存在各种收缩，如化学收缩、干燥收缩、自收缩、温度收缩及塑性收缩。

（2）砌体和抹灰砂浆的导热系数相差过大，从而在两种材料之间产生较大的温差而形成很大的温度应力。

（3）砌体和抹灰砂浆的线膨胀系数差异较大，使得两种材料在温度的作用下热胀冷缩的变形量以及吸湿膨胀、干燥收缩的变形量不一致。

（4）抹灰砂浆的刚度、强度、密实度过大，阻碍了温度应力的释放。

（5）砌体本身的质量不合格或设计和施工不当。

76. 框架填充墙抹面层为什么容易开裂？

不同材料的升降温速度，会导致不同的热胀冷缩形变速度。相邻材料的变形速度差，会导致两种材料的界面处产生热应力，而变形速度差又与导热系数存在着联系。对于框架填充墙，框架结构若为钢筋混凝土时，导热系数为 1.74W/(m·K)，而轻质填充墙若为加气混凝土砌块时，导热系数约为 0.2W/(m·K)，两者相差约为 8 倍，抹面水泥砂浆的导热系数为 0.93W/(m·K)，其与加气混凝土砌块相差 4~5 倍，因此会引起不同的形变速度，这种不同形变速度的两类材料界面处会因温差的变化产生裂缝、空鼓现象，特别是经过一两个年温差的形变破坏后，钢筋混凝土框架与轻质填充墙之间、轻质填充墙（如加气混凝土砌块）与水泥砂浆抹面层之间会产生严重的裂缝，这样不仅有损墙体的保温效果和外观，严重时会危及建筑物的寿命。

77. 解决加气混凝土墙面抹灰层开裂问题的技术方案是什么？

（1）用专用砌筑砂浆进行砌筑。

（2）做好墙面基层的处理，浇上适量的水以满足加气混凝土含水量的要求，再喷一层界面砂浆封闭加气混凝土墙面上的部分气孔以及增强抹灰砂浆与加气混凝土墙面的粘结能力。

（3）选用专用的抹灰砂浆进行抹灰处理。对于加气混凝土内墙面，可选用专用的内墙抹灰砂浆或粉刷石膏进行抹灰。

（4）抹抗裂砂浆压耐碱玻璃纤维网布进行防裂处理，对于内墙面可以免除这一步。

（5）刷弹性底层涂料，刮抗裂柔性耐水腻子及刷涂面层涂料进行饰面层处理。

（6）选材时要求保温层、抹灰层、防裂层、饰面层各层材料的柔性及变形能力要由里向外逐层渐变、逐层加强，各层弹性模量变化指标相匹配逐层渐变，各构造层满足允许变形、限制变形相统一原则，各层材料性能满足随时分散和释放应力的要求，从而达到防裂的目的。各种材料主要性能指标要求见表2-4。

加气混凝土墙面抹灰材料主要性能指标要求 表2-4

项　目	加气混凝土	内墙抹灰砂浆（粉刷石膏）	外墙抹灰砂浆	抗裂防护层	柔性腻子层
密度（kg/m³）	400～700	≤1000（600）	≤250	—	—
吸水率（%）	35～50	≥20	≥20	—	—
保水率（%）	0.081～0.29	≥75	≥75	≥50	≥50
导热系数 [W/(m·K)]	$(1.5～2.5) \times 10^3$	≤0.40（0.35）	≤0.06	—	—
弹性模量（MPa）	8×10^{-6}	≤5×10^3	106	1100	—
线膨胀系数 [mm/(m·℃)]	≤0.8	≤5×10^{-5}	≤1×10^{-6}	≤5×10^{-5}	≤1×10^{-5}
线性收缩率（mm/m）	2～8	≤1.05（0.8）	≤3	≤3	≤3
抗压强度（MPa）	—	5.0～8.0（2.0～6.0）	≤0.5	≤7	—
柔韧性	—	—	—	5%弯曲变形无裂纹	直径50mm，无裂纹
允许变形量	—	1‰	1‰	5%	10%

第三节　无空腔构造的优越性

78. 高层建筑采用外墙外保温方案的风压安全系数如何？应采取什么措施提高其抗风压性能？

高层建筑采用外墙外保温方案的抗风压值应不小于风荷载设

计值，外墙外保温系统的抗风荷载安全系数不应小于1.5。在高层建筑工程做外墙外保温时，应充分重视风荷载对外墙外保温的破坏作用，应尽可能地提高粘结面积，采用无空腔做法或减小空腔，并在此基础上还要做补充的机械固定防护措施，以满足上述要求。

79. 什么是风荷载？为什么说负风压会对有空腔保温墙面带来不利影响？

建筑物的风荷载是指空气流动形成的风遇到建筑物时，在建筑物表面产生压力或吸力。风荷载的大小主要与近地风的性质、风速、风向有关，与建筑物所在地的地貌及周围环境有关，同时也与建筑物本身的高度、形状有关。

作用在保温层表面上的风荷载标准值应按下式计算：

$$w_k = \beta_{gz}\mu_s\mu_z w_0$$

式中，w_k——作用在保温层表面上的风荷载标准值（kN/m^2）；

β_{gz}——高度 z 处的阵风系数，按《建筑结构荷载规范》（GB 50009-2001）取值；

μ_s——风荷载体型系数，按《建筑结构荷载规范》（GB 50009-2001）取值；

μ_z——风压高度变化系数，按《建筑结构荷载规范》（GB 50009-2001）取值；

w_0——基本风压（kN/m^2），按《建筑结构荷载规范》（GB 50009-2001）取值。

在北京市区，若 $H = 100m$，基本风压 $w_0 = 0.45kN/m^2$；

风荷载值为 $w_k = 1.78 \times 1.3 \times 1.27 \times 0.45 = 1.32kN/m^2$；

即每平方米面积会产生 1.32kN 的拉力或推力。

风荷载作用于建筑物的压力分布是不均匀的，迎风面所受的为推力，为正风压；侧风面和背风面所受的为吸力，为负风压。对有空腔的外墙外保温系统来说，当保温墙面局部所受负风压较大时，空腔内与外表面的压力差必然会提高，从而向外产生一个推力，加大风荷载作用于保温墙面向外的吸力，由于内外压力差造成的对保温层向外的推力，往往是造成有空腔保温墙面破坏的主要因素之一。一般地说，风荷载作用随着建筑物高度的增加而增加，所以在高层建筑结构中，要特别重视风荷载对外墙外保温层的影响。

80. 为什么被风刮掉的外保温墙面易发在两个接近的建筑物的相邻部位？

在风荷载作用下，一定流量的风，在通过两个相邻接近的建筑物时，按照流体力学的定律，风速就会加快，产生的负风压就会加大，建筑物外墙面内产生的推力与同方向的吸力也就会增大，并随风速成正比变化。在正、负风压往复作用下，往往会造成粘结层空腔内空气膨胀、材料疲劳破坏，酿成保温墙面整体脱落。

第三章 外墙外保温技术

第一节 总述

一、技术特征

81. 如何选择一个好的外墙外保温系统?

外墙外保温系统是一种科学合理的保温形式,但由于外墙外保温技术复杂,施工难度大,安全要求严格,并且直接暴露于大自然恶劣环境条件之下,易受风霜雨雪侵蚀,因此对保温系统的耐候性、耐久性及安全可靠性都有较高的要求。外墙外保温系统在变形作用下容易开裂,造成外墙面渗水、脱落,丧失保温功能,威胁着整个系统的寿命。所以,在选择外墙外保温系统时应遵循如下的原则:

(1)选择具有多年建筑节能研发经验且规模较大的企业提供的保温产品,这些企业对组成材料的性能及其相容性一般具有较为系统的研究,工程量大,经验较多,能够根据工程实际提供合理细部节点设计和合理保温材料。

(2)选择经过耐候性检验及其他相应性能检验的外墙外保温系统。

(3)选择较为成熟的、有大量工程实践的外墙外保温系统。

82. 采用外墙外保温方案的墙体需要解决的关键技术问题主要有哪些?

外墙外保温是由功能分明的墙体结构层、保温层、保护层及饰面层四部分组成。做好外保温墙体的关键技术问题包括:

77

（1）安全。保温层与结构层、保温层与保护层以及保护层与饰面层应有良好的粘结性能和安全的构造措施。

（2）防裂。防止和消除保护层和饰面层出现裂缝，采取减少保温层及其保护层应力集中和收缩变形的措施。

（3）耐久。解决好保温层、保护层与饰面层的抗老化和耐候性问题。

83. 外墙外保温系统的设计要求主要有哪些？

（1）材料性能要求

1）主墙体材料应为非燃烧体，并能满足建筑设计防火规范中耐火极限的要求，具有较高的强度（能满足承重或自承重的要求），易于施工，有利于环保，并可再生。

2）保温材料应为阻燃或非燃烧体，并具有一定的强度，吸水率低，无毒、无污染，有利于环保。

3）建筑饰面（内外）材料能与主体墙或保温材料结合安全可靠，并具有良好的耐久性和耐候性，视觉感观效果较好。

（2）外墙构造类型

1）应符合建筑热工传热传湿机理，以获得最佳保温效果。

2）有利于避免围护结构中混凝土柱、圈梁、悬挑结构、抗震柱等部位的热桥产生，确保外墙内表面不产生结露。

3）建筑构造较简单，便于施工并能确保施工质量。

4）工程造价适中，即建筑节能所增加的投资能控制在较合理的范围之内。

84. 外墙外保温系统的性能指标要求是什么？

外墙外保温系统经耐候性试验后，不得出现饰面层起泡或剥落、保护层空鼓或脱落等破坏，不得产生渗水裂缝。具有薄抹面层的外墙外保温系统，抹面层与保温层的拉伸粘结强度不得小于0.1MPa，并且破坏部位应位于保温层内。对于面砖饰面外保温系统，还应经抗震试验验证并确保其在设防烈度地震作用下面砖饰面及外保温系统无脱落。应用于高层、超高层的外墙外保温系统，还应有防火性能方面的指标。

外墙外保温系统的主要性能指标要求见表 3-1。

外墙外保温系统性能要求 表 3-1

检验项目	性 能 要 求
抗风荷载性能	系统抗风压值 R_d 不小于风荷载设计值。聚苯板薄抹灰外墙外保温系统、胶粉聚苯颗粒保温浆料外墙外保温系统、现浇混凝土模板内置聚苯板外墙外保温系统和现浇混凝土模板内置钢丝网架聚苯板外墙外保温系统安全系数 K 应不小于 1.5，机械固定钢丝网架聚苯外墙外保温系统安全系数 K 应不小于 2
抗冲击性	建筑物首层墙面以及门窗口等易受碰撞部位：10J 级；建筑物二层以上墙面等不易受碰撞部位：3J 级
吸水量	水中浸泡 1h，只带有抹面层和带有全部保护层的系统的吸水量均不得大于或等于 $1.0kg/m^2$
耐冻融性能	30 次冻融循环后，保护层无空鼓、脱落，无渗水裂缝；保护层与保温层的拉伸粘结强度不小于 0.1MPa，破坏部位应位于保温层
热阻	复合墙体热阻符合设计要求
抹面层不透水性	2h 不透水
保护层水蒸气渗透阻	符合设计要求

注：水中浸泡 24h，只带有抹面层和带有全部保护层的系统的吸水量均小于 $0.5kg/m^2$ 时，不检验耐冻融性能。

85. 外墙外保温系统的质量要求主要有哪些？

（1）保温性能

保温性能是外墙外保温质量的一个关键性指标。为此，应按所用材料的实际热工性能，经过热工计算得出足够的厚度，以满足节能设计标准对当地建筑的要求。与此同时，还应采取适当的建筑构造措施，避免某些局部产生热桥问题。一般来说，永久性的机械锚固、临时性的固定以至于穿墙管道，或者外墙上的附着物的固定，往往会造成局部热桥。在设计和施工中，应力求使此

79

种热桥对外墙的保温性能不会产生明显的影响，也不致产生影响墙面外观的痕迹（如锈斑）。在采用钢丝网架与聚苯乙烯或岩棉板组合的保温板材时，其热工性能参数，应根据实际测试结果计算出必要的厚度。

（2）稳定性

与基层墙体牢固结合，是保证外保温层稳定性的基本环节。对于新建墙体，其表面处理工作一般较易做好，但对于既有建筑，必须对其面层状况进行认真的考察检查。如果面层存在疏松、空鼓情况，必须认真清理，以确保保温层与墙体紧密结合。外保温系统应能抵抗下列因素综合作用的影响，即在当地最不利的温度与湿度条件下，承受风力、自重以及正常碰撞等各种内外力相结合的负载，在如此严酷的条件下，保温层仍不会与基底分离、脱落，并能在潮湿状态下保持稳定性。胶粘剂必须是耐水的，机械锚固件应不致被腐蚀。

（3）防火性能

尽管保温层处于外墙外侧，防火处理仍不容忽视。在采用聚苯板作外保温材料时，必须采用有阻燃性能的板材；其表面及门窗口等侧面，必须全部用防火材料严密包覆，不得有敞露部位；在建筑物超过一定高度时，需有专门的防火构造处理，例如每隔三层设一防火隔离带；在每个防火隔断处或门窗口，网布及防护面层砂浆应折转至砖石或混凝土墙体处并固定，以保护聚苯板，避免在着火时蔓延；采用厚抹灰面层有利于提高保温层的耐火性能。

（4）湿热性能

1）水密性

外保温墙体的表面，其中包括面层、接缝处、孔洞周边、门窗洞口周围等处，应采取严密的措施，使其具有良好的防水性能，避免雨水进入内部造成危险。国外许多工程的实践证明，多孔的面层或者面层中存在缝隙，在雨水渗入和严寒受冻的情况下，容易遭受冻坏。

2）墙内结露

在墙体内部或者在保温层内部结露都是有害的，应采取适当的技术措施加以避免。在新建墙体干燥过程中，或者在冬季条件下，室内温度较高的水蒸气向室外迁移时墙内可能结露。在室内湿度较低，以及室内墙面隔湿状况良好时，可以避免由于墙内水蒸气湿迁移所产生的结露。通过结露计算，可以得出在一定气候条件下（室内外空气温度及湿度）某种构造的墙体在不同层处的水蒸气渗透状况。当外保温系统用于长期保持高湿度房间的外墙时，特别要做好墙体的构造设计，避免墙内结露的形成。

3）温度效应

外保温墙体应能耐受当地最严酷的气候及其变化。无论是高温还是严寒的气候，都不应使外保温系统产生不可逆的损害或变形。外墙外表面温度的剧烈变化（达50℃），例如在经过较长时间的曝晒后突然降下阵雨，或者在暴晒后进行遮阴，产生类似上述温差时，对外墙表面都不应造成损害。为避免表面温度变化产生的变形使表面出现裂缝，应设置伸缩缝。伸缩缝的设置，可根据建筑物立面情况，按双向@7000mm 的间距设置。应采取措施避免墙体的变形缝及抹灰接缝的边缘处（如门窗洞口、边角处、穿墙管道周边等）产生裂缝。

（5）耐撞击性能

外墙外保温系统应能耐受来往人体及搬运物品产生的碰撞。在经受一般性的属于偶然或者故意的碰撞时，不致对外保温系统造成损害。在其上安装空调器时或用常规方法放置维修设施时，面层不会开裂或者穿孔。

（6）受主体结构变形的影响

当所附着的主体结构产生正常变形，诸如发生收缩、徐变、膨胀等情况时，外保温系统应不会产生任何裂缝或者脱落。

（7）耐久性

外墙外保温系统的平均寿命，在正常使用与维修的条件下，应达到25 年以上，外墙外保温系统的各种组成材料，应该具有化学与物理的稳定性。所有的材料所具有的性能，或通过防护处理，应做到在结构的寿命期正常使用条件下，由于干燥、潮湿或电化腐蚀以及由于昆虫、真菌或藻类生长，或者由于啮齿动物的破坏等种种侵袭，都不致造成损害。所有的材料相互间应该是彼此相容的。

（8）解决结构施工偏差

对于结构施工难以避免的偏差，包括施工时的气温、工人的技艺、所用材料等方面存在的偏差，外保温系统应能有效纠正，并仍能正常地施工完成。

（9）易于维修

外墙外保温系统在受到损坏时应易于维修，特别是变形缝、管线入口、配件固定点、门窗周边等处易于维修。

86. 外墙外保温系统对保温材料有哪些性能要求？

外墙外保温系统对保温材料的性能要求主要有：

（1）耐冻融、耐暴晒、抗风化、抗降解，耐老化性能高，即具有良好的耐候性。

（2）基层变形适应性强，能够及时传递和释放变形应力，不脱落、不开裂。

（3）导热系数低，热稳定性能好。

（4）憎水性好，透汽性强，能有效避免水蒸气迁移过程中出现墙体内部的结露现象。

（5）耐火等级高，在明火状态下不应产生大量有毒气体，在火灾发生时延缓火势蔓延。

（6）柔性强度相适应，抗冲击能力强。

87. 国家现行外墙外保温技术标准中主要有哪些强制性条文？

（1）《外墙外保温工程技术规程》（JGJ 144-2004）中的强制性条文主要有：

4.0.2　外墙外保温系统经耐候性试验后，不得出现饰面层起泡或剥落、保护层空鼓或脱落等破坏，不得产生渗水裂缝。具有薄抹面层的外保温系统，抹面层与保温层的拉伸粘结强度不得小于 0.1MPa，并且破坏部位应位于保温层内。

4.0.5　EPS 现浇混凝土外墙外保温系统现场粘结强度不得小于 0.1MPa，并且破坏部位应位于 EPS 板内。

4.0.8　胶粘剂与水泥砂浆的拉伸粘结强度在干燥状态下不得小于 0.6MPa，浸水 48h 后不得小于 0.4MPa；与 EPS 板的拉伸粘结强度在干燥状态和浸水 48h 后均不得小于 0.1MPa，并且破坏部位应位于 EPS 板内。

4.0.10　玻纤网经向和纬向耐碱拉伸断裂强力均不得小于 750N/50mm，耐碱拉伸断裂强力保留率均不得小于 50%。

5.0.11　外保温工程施工期间以及完工后 24h 内，基层及环境空气温度应不低于 5℃。夏季应避免阳光暴晒。在 5 级以上大风天气和雨天不得施工。

6.2.7　现场取样胶粉 EPS 颗粒保温浆料干密度不应大于 250kg/m³，并且不应小于 180kg/m³。现场检验保温层厚度应符合设计要求，不得有负偏差。

6.3.2　无网现浇系统 EPS 板两面必须预喷刷界面砂浆。

6.4.3　有网现浇系统 EPS 钢丝网架板厚度、每平方米腹丝数量和表面荷载值应通过试验确定。EPS 钢丝网架板构造设计和施工安装应考虑现浇混凝土侧压力影响，抹面层厚度应均匀，钢丝网应完全包覆于抹面层中。

6.5.6　机械固定系统锚栓、预埋金属固定件数量应通过试验确定，并且每平方米应不小于 7 个。单个锚栓拔出力和基层力学性能应符合设计要求。

6.5.9　机械固定系统金属固定件、钢筋网片、金属锚栓和承托件应做防锈处理。

（2）《膨胀聚苯板薄抹灰外墙外保温系统》（JG 49-2003）中的强制性条文主要有：

膨胀聚苯板应为阻燃型。

（3）《胶粉聚苯颗粒外墙外保温系统》（JG 158-2004）中的强制性条文主要有：

5.1.1 外保温系统应经大型耐候性试验验证。对于面砖饰面外保温系统，还应经抗震试验验证并确保其在设防烈度等级地震下面砖饰面及外保温系统无脱落。

88. 不同外墙外保温材料的保温隔热、防火、透气性能如何？

（1）保温隔热性能见表3-2。

保温隔热性能　　　　　　　　　　　　　　表3-2

保温材料	聚苯板	胶粉聚苯颗粒保温浆料	聚氨酯	岩棉板	腹丝穿透型钢丝网架聚苯板
导热系数 $\lambda[\mathrm{W}/(\mathrm{m \cdot K})]$	0.042	0.060	0.025	0.045	0.042
蓄热系数 $S[\mathrm{W}/(\mathrm{m^2 \cdot K})]$	0.36	0.95	0.36	0.75	0.36
修正系数	1.2	1.25	1.1	1.3	1.55
导热系数计算值 $\lambda_c[\mathrm{W}/(\mathrm{m \cdot K})]$	0.504	0.075	0.0275	0.059	0.065
蓄热系数计算值 $S_c[\mathrm{W}/(\mathrm{m^2 \cdot K})]$	0.432	1.188	0.396	0.975	0.558

（2）防火性能见表3-3。

防火性能　　　　　　　　　　　　　　表3-3

保温材料	岩棉板	胶粉聚苯颗粒保温浆料	聚氨酯	聚苯板
防火性能	不燃 A 级	难燃 B₁ 级	阻燃型	阻燃型
系统防火性能	复合体 A 级	复合体 A₂ 级	复合难燃体	复合难燃体

（3）透气性能见表3-4。

透气性能 表3-4

保温材料	胶粉聚苯颗粒保温浆料	聚氨酯	岩棉板	聚苯板
水蒸气渗透系数 $\mu[\mathrm{g}/(\mathrm{m}\cdot\mathrm{h}\cdot\mathrm{Pa})]$	0.000000098	0.0000234	0.0004880	0.0000162

89. 我国外保温防火技术的发展现状如何？外墙外保温系统应该如何进行防火设计？

（1）我国外保温防火技术发展现状

外墙外保温系统复合在结构墙体外侧，其本身的燃烧性能和耐火极限无论是抵抗相邻建筑火灾的侵害还是阻止本身建筑火势的进一步蔓延都是很重要的。在国家技术政策和节能标准的推动下，我国外墙外保温技术正在迅速发展，但对防火技术的发展重视十分不够。主要表现在以下三个方面：

1）我国现行的《高层民用建筑设计防火规范》（GB 50045-1995）没有针对外墙外保温的防火设计规范，对不同防火等级的外墙外保温系统缺乏分级标准和使用范围的限制。

2）我国现行的外墙外保温系统的国家或行业产品标准及相关技术规范，对燃烧性指标要求不严。

3）外墙外保温施工技术中缺少竖向防火分区技术的应用。

因此，目前在国内占有主导地位的外墙外保温系统在防火方面存在如下现象：

1）聚苯板薄抹灰外墙外保温系统在欧美等发达国家由于建筑防火要求对使用范围是有限制要求的，但在国内没有任何规范或标准对此提出规定。几乎所有聚苯板薄抹灰外墙外保温系统的生产单位都对其火灾隐患不管不顾，甚至一些国际著名的外墙外保温公司进入中国市场后也利用我国外墙外保温市场不规范的现状，在高层甚至超高层上依然采用易燃的聚苯板薄抹灰外墙外保温系统，而不再考虑其所在国的使用范围限制，这对高层建筑、超高层建筑来说是相当危险的。

2）另外，国内高层甚至超高层建筑上采用聚苯板薄抹灰玻纤网布贴砖的外墙外保温做法也相当普遍，这种做法的危险性在于：一旦火灾发生，不仅有机保温板燃烧时候释放出来的有毒气体和火焰给逃生者带来巨大危险，同时瓷砖坠落伤害逃生人员和救助人员的潜在危险也是相当致命的。

正是由于在外墙外保温施工过程中和施工完毕后对防火问题的忽视，由易燃外墙外保温材料导致火灾发生的案例比比皆是。如 2003 年北京东直门当代万国城、2004 年北京新源大厦、2005 年上海汤臣一品、2006 年江苏无锡某建筑的火灾均是由易燃的外墙外保温系统引起的，而且还通过窗口向上及周围蔓延。

（2）外墙外保温系统防火应进行的工作

高层住宅建筑比多层住宅建筑的防火等级要求更高。高层住宅建筑的保温层应具有良好的抗火灾功能并应具有在遇火灾情况下有防止释放有毒烟雾的能力，材料强度和体积也不能损失降低过多，否则，就会给住户或消防人员产生伤害，会对施救工作造成巨大的困难。我们做好以下三项工作对于克服火灾威胁、保护人民的生命财产安全具有十分重要的意义。

1）参考国外外墙外保温系统产品标准建立起我们自己的保温系统产品国家标准，按《建筑材料不燃性试验方法》（GB 5464）、《建筑材料难燃性试验方法》（GB 8625）和《建筑构件耐火试验方法》（GB 9978）的规定对国内目前采用的外墙外保温系统作单一绝热材料和整个系统的燃烧性能和耐火极限试验，把耐火性指标列为必备指标并加以分级。

2）参考国外外墙外保温系统技术规范建立起我们自己的保温系统技术规范并依据耐火性等级规定不同系统的应用范围。

3）应大力提倡和加快不燃性材料外墙外保温复合系统的开发和应用，加快利用不燃性材料做垂直方向的耐火分隔材料来阻挡和延缓火灾蔓延技术的开发和应用。目前，应用范围比较广泛的一些外墙外保温系统的耐火性应引起足够警惕，由于是点粘（粘贴面积通常不超过40%），系统本身就存在整体连通的空气层，火灾时很快形成"引火风道"使火灾迅速蔓延；同时由于材料的可燃性，燃烧放出的毒气使人中毒而亡或先中毒昏迷而后烧死，燃烧时高发烟性使能见度大受影响，造成心理恐慌、逃生困难，也影响消防人员的扑救工作。

（3）外墙外保温系统防火设计的基本思路

在欧美等发达国家，对重要建筑、高层建筑进行外墙保温均有严格的防火要求，一般都要求保温系统和绝热材料作燃烧性能及耐火极限试验（并考虑燃烧时烟气及毒性），且分为若干等级，不同等级的系统和材料适用不同建筑防火要求范围。到目前为止，聚苯板薄抹灰外墙外保温系统由于防火问题在美国有20多个州禁止使用；在英国，18m以上建筑不允许使用聚苯板薄抹灰外墙外保温系统；在德国，22m以上建筑不允许使用聚苯板薄抹灰外墙外保温系统。而岩棉外墙外保温系统能成为目前世界应用范围最广的外墙保温做法之一主要源于岩棉外墙外保温系统的高耐火性，岩棉外墙外保温系统在欧美等国所占比例约在50%以上。

参考欧美等发达国家的经验，我国外墙外保温系统防火设计时应遵循如下基本思路：

1）点粘有机保温板系统不能应用于高层建筑中，即只能应用于10层以下的普通建筑，最好仅应用于22m以下的普通建筑；

2）满粘有机保温板系统、喷涂硬泡聚氨酯系统、现浇混凝土模板内置有机保温板系统等由于不存在"引火通道"，应用高度可以适当放宽一些，但在保温层面层必须抹至少10mm厚的胶粉聚苯颗粒防火浆料进行防火处理；

3）胶粉聚苯颗粒外墙外保温系统（火反应试验表明为A级不燃体）、泡沫玻璃外墙外保温系统以及岩棉外墙外保温系统为难燃或不燃的外墙外保温系统，可不再进行防火设计，使用高度不受防火限制。

90. 在对建筑设计外墙外保温时，应考虑的外界破坏力量主要有哪些？

在对建筑设计外墙外保温层时，应考虑五种外界破坏力：

（1）热应力

由温差变化导致的热胀冷缩，会引起非结构构造的体积变化，从而使之始终处于一种不稳定状态，因此，热应力是高层建筑外墙外保温层的主要破坏力量之一。相对于多层或平房建筑，高层建筑由于外层接受阳光照射更强，热应力更大，变形也更大，因而在保温抗裂构造设计时，首先要考虑保温层能使建筑结构完全处于同一温度场内，选用保温材料时应满足"柔韧变形量逐层渐变"的原则，以逐层消纳变形应力。

（2）风压

一般地说，正风压产生推力，负风压产生吸力，对高层建筑外保温层均会造成很大的破坏，这就要求外保温层应具备相当的抗风压能力。实践证明，保温层采取无空腔构造，杜绝空气层，可以有效避免风压特别是负风压导致保温层内空气层的体积膨胀而造成对保温层的破坏。

（3）地震力

地震力会导致高层建筑结构和保温面层的挤压、剪切或扭曲变形，而保温面层刚性越大，承受的地震力就越大，引起的破坏就可能越严重。这就要求高层建筑外墙外保温材料在有相当附着力的前提下，必须满足"柔韧变形量逐层渐变"的原则，以分散和消纳地震应力，尽量减轻保温层表面的荷载，防止在地震力的影响下保温层出现大面积开裂、剥离甚至脱落。

（4）水或水蒸气

为避免水或水蒸气对高层建筑的破坏，应选用憎水性好、水蒸气渗透性好的外保温材料系统，避免水或水蒸气在迁移过程中出现墙体结露或保温层内部含水率增高的现象，提高高层建筑外保温层的耐雨水侵蚀以及抗冻融能力。

（5）火

高层建筑比多层建筑的防火等级要求更高，高层建筑的保温层应具有更好的抗火灾功能并应具有在火灾情况下防止火灾蔓延和防止释放烟尘或有毒气体的特性，材料强度和体积也不能损失降低过多，面层无爆裂、无坍落，否则，就会给住户或消防人员造成伤害，对施救工作造成巨大的困难。

91. 为什么我国进行外墙外保温比国外难度大？

我国是一个地少人多的国家，城市人口居住密度高，居住建筑以多层和高层为主，而国外发达国家的居住建筑多为低层别墅和少量多层建筑，很少见到目前在国内大量出现的全现浇混凝土剪力墙以及混凝土框架轻质砌块填充墙高层居住建筑。由于国内建筑结构的单体面积大，建筑高度比国外的高许多，建筑结构也相当复杂，因此在国内进行外墙外保温比国外的难度大，可借鉴的经验和技术也比较少。

92. 什么是压折比指标？为什么要强调外保温组成材料压折比指标？

抗压强度是指材料受压力破坏时单位面积所受到的压力；抗折强度是指材料受弯曲力破坏时单位面积所受到的弯曲力。抗压强度与抗折强度的比值即为压折比。

压折比是反映材料柔韧性的物理量。某一外保温组成材料压折比较大，即抗压强度高、抗折强度低，也就是说该材料具有脆性，易断裂。考虑到热应力等外界作用效应的影响，为保证外保温材料具有一定的抗弯曲断裂性，应尽量减小材料的压折比。国内外大量试验数据表明，当抗裂砂浆、面砖粘结砂浆以及面砖勾缝胶粉的压折比小于 3 时，材料具有良好的抗裂性能。

93. 外墙外保温系统的面层荷载限值是多少？在什么情况下可以粘贴面砖？

根据抗震试验和压剪胶接强度试验的结果分析，外墙外保温涂料饰面系统的保温材料面层荷载不应大于 $20kg/m^2$，外墙外保温面砖饰面系统的保温材料面层荷载不应大于 $60kg/m^2$。

外保温粘贴面砖具有比涂料耐玷污能力强、色泽耐久性好、装饰档次高等优点。当外保温材料与基层墙体之间没有空腔、外保温材料强度比较高且进行了必要的加固措施、外保温材料面层荷载允许超过 $40kg/m^2$ 时可以贴面砖，但必须严格施工操作；而对于那些带有空腔的外保温系统、外保温材料强度不高的系统以及保温材料面层可以承受的荷载不高的系统则不宜贴面砖。

94. 外墙外保温饰面粘贴面砖技术在进入工程应用前后应进行验证的大型试验有哪些？

考虑到技术的复杂性及安全性，高层外墙外保温面层粘贴面砖应慎重开展。为确保安全、可靠，面砖饰面外保温技术系统进入工程应用阶段前，应进行系统试验验证，包括耐候性试验、火反应试验、抗震试验、抗风压试验等。工程应用完成后还应进行粘结强度现场拉拔试验。

（1）耐候性试验应满足《外墙外保温工程技术规程》（JGJ 144）的要求。

（2）抗震试验应满足《建筑抗震设计规范》（GB 50011）的要求。

（3）抗风压试验应满足《外墙外保温工程技术规程》（JGJ 144）的要求。

（4）现场拉拔试验应满足《建筑工程饰面砖粘结强度检验标准》（JGJ 110）等标准规范要求。

（5）外墙外保温材料火反应性能应按《建筑材料燃烧性能分级方法》（GB 8624）确定其燃烧等级，并按《采用耗氧热计测定材料及产品的热与可见烟雾释放速度标准试验方法》（ASTM E 1354-97）验证其点火性、热释放、烟及有毒气体的产生等性能。

95. 在新疆等严寒地区应用外墙外保温技术必须要考虑哪些因素？

在新疆等严寒地区应用外墙外保温技术必须考虑漫长的严冬带来的冻融破坏及施工周期较短等因素。本年度不能完成的工程应考虑外墙外保温的防护问题：涂料外饰面的工程，应做到抗裂层，最好能做到腻子层；面砖外饰面的工程，应做到抗裂层，粘贴完面砖的部位，必须立即勾缝，否则等到来年再勾缝，容易与原有的勾缝粉发生色差，而且极易发生冻融等破坏导致面砖脱落。新疆等严寒地区，每年有两三个月的冰冻期，墙体突出部位及墙角部位容易堆积大量积雪，并且反复冻融，形成冰凌、滴水，对这些部位的耐候能力具有较严苛的考验，设计时须考虑这些因素。

96. 挤塑聚苯板在外墙外保温系统中的应用现状和前景如何？

挤塑聚苯板（XPS）是通过挤塑压出成型而制造的硬质泡沫塑料板，它具有完美的闭孔蜂窝结构，具有优异和持久不变的保温性能，具有极低的吸水率、较高的抗压强度、加工容易和便于安装等特点，突破了过去大量保温材料的弱点，一经面世便迅速在世界范围内得到广泛应用，是目前世界上公认的理想保温材料。但在国外挤塑聚苯板很少应用在外墙外保温工程中，在国内却有不少应用。但是，由于没有解决好挤塑聚苯板透汽性比较差、难以粘贴以及面层防护层易开裂脱落等问题，因而在使用过程中出现了不少问题，因而部分专家也认为挤塑聚苯板不宜应用在外墙外保温工程中。

在外墙外保温工程中，主要采用点粘法用胶粘剂把挤塑聚苯板固定在基层墙体上，并辅以锚栓固定；或采用挤塑聚苯板与混凝土现浇成型固定；最近又发明了用胶粉聚苯颗粒粘结找平浆料满粘挤塑聚苯板做法，挤塑板上开有透汽的小孔，小孔中填塞胶粉聚苯颗粒粘结找平浆料，挤塑聚苯板面层再用胶粉聚苯颗粒粘结找平浆料找平进行过渡，该做法比较成功地解决了挤塑聚苯板的粘贴与透汽问题，提高了防护层的抗裂性能。

通过大量的试验和实践证明，挤塑聚苯板是可以应用在外墙外保温工程上的，但不是所有类型的挤塑聚苯板都适合于外墙外保温工程，必须通过先进的生产工艺、严格的质量控制，确保该产品能够达到合理的抗压强度（150～250kPa）和较小的线膨胀系数、较高的产品外形精度，同时还必须控制系统各项材料的相容性及面饰材料的匹配性、保温方案设计的可行性以及施工的可控性，才能够完善的应用。

通过不断努力研究，挤塑聚苯板将在外墙外保温工程具有比较好的应用前景。

97. 外墙外保温系统涂料外饰面做法中涂层是怎样构成的？

外墙外保温系统涂料饰面做法的涂层一般由腻子层、底涂层、主涂层、面涂层组成。

（1）所用涂料按表面装饰效果分为：平壁状装饰涂料、薄质装饰涂料、复层装饰涂料。

（2）按主要成膜物性质分为：溶剂型涂料、水性涂料。

（3）按面涂光泽高低分为：高光、半光、亚光。

因所用涂料不同，其涂层的基本构成也有所不同。

98. 外墙外保温系统涂料外饰面做法中对饰面层材料的性能要求有哪些?

（1）对柔性腻子层的要求

1）腻子层的柔韧性应大于抗裂砂浆的柔韧性;

2）腻子层的耐水能力要好;

3）腻子层要和抗裂层及饰面层之间有很好的粘结性（即亲和性）。

（2）对面层涂料的要求

1）面层涂料要有很好的延展性、柔韧性，不能使用漆膜坚硬的无机类涂料;

2）面层涂料不易老化，漆膜不发脆，不坚硬，并有一定的耐污染、自清洁能力;

3）面层涂料和柔性腻子之间要有较好的附着能力;

4）面层涂料具有很好的防水性和透汽性。

（3）对涂层外观的要求

不宜选用平涂方法，宜选用凹凸花纹的浮雕涂料，因采用平涂做法时材料收缩的方向为一条线，涂料收缩时易把漆膜拉裂，而凹凸浮雕涂料的变形方向具有多向性，避免了漆膜拉裂现象。如确需选用平涂，应选用桔纹状涂料，桔纹状涂料应满足与腻子层的亲和性、柔性、透汽性、自清洁能力等方面的要求。

99. 外墙外保温系统涂料外饰面做法中可选用的面层涂料主要有哪些?

外墙外保温系统可选用的涂料主要有：弹性涂料、反射太阳能涂料、有机乳液外墙料涂等多种涂料，但均需选用柔性涂料。

外墙外保温饰面涂料必须与外保温系统相容，其性能除应符合国家及行业相关标准外，还应满足表 3-5 的抗裂性要求：

外墙外保温饰面涂料抗裂性能指标　　　表 3-5

项　　目		指　　标
抗裂性	平涂用涂料	断裂伸长率≥150%
	连续性复层建筑涂料	主涂层的断裂伸长率≥100%
	浮雕类非连续性复层建筑涂料	主涂层初期干燥抗裂性满足要求

100. 外墙外保温系统涂料外饰面做法中的涂料饰面基层应如何处理？

对涂料饰面基层应进行如下处理：

（1）检查基层干燥程度及碱性，一般控制含水率≤10%，pH＜10。

（2）清除基层表面污染及粘附杂物。

（3）填补缺损部位、孔眼，应选用柔韧性好、具有抗裂功能的抗裂砂浆进行填补。

（4）刮抹腻子，找平基层表面凹陷部，找平用腻子应选用柔韧性好、粘结强度高、耐水、耐碱的柔性耐水腻子，以满足柔性渐变、应力分散的要求，防止面层出现开裂、脱落等不良现象。

（5）打磨残留的刮痕及轻微凸出处。

对于步骤（3）、（4），因饰面涂层系统不同，其涂层厚度、表面纹理花饰效果就不同，故对基层的平整度要求不一样。一般来说，平壁状装饰涂料基层平整度要求较高，特别是平壁状高光涂料更高；薄质装饰涂料基层平整度要求次之；复层装饰涂料基层平整度要求不高，只作一般的找平即可。

101. 外墙外保温系统涂料外饰面做法中为什么要选用弹性底层涂料？选用弹性底层涂料需考虑哪些因素？

外墙外保温系统涂料外饰面做法时需要配套选用一种弹性底

层涂料来改变基层表面性质并分散应力，避免开裂、剥落、鼓泡、起皮、泛碱等不良现象。这是因为：

（1）大多数新墙面的 pH 值都比较高；

（2）因赶工期在基层干燥不完全的情况下进行下道工序；

（3）外墙外保温系统还存在基层柔软、强度不高的问题。

外墙外保温系统的弹性底层涂料与普通外墙底漆相比有其特殊之处，选用不当，不仅起不到应有的作用，还会给饰面层造成不良后果。选用时要考虑以下方面的因素：

（1）柔韧性好，富有弹性；

（2）具有呼吸性，能有效消除水蒸气的影响；

（3）能增强附着力；

（4）能提高饰面层的装饰效果；

（5）具有抗碱性。

102. 外墙外保温系统涂料外饰面做法中的主涂层应具有哪些性能？

外墙外保温系统涂料外饰面做法中主涂层应具有一定的柔性变形能力，即弹性，以缓和从面层及基层传递来的应力变形影响，起到良好的防裂作用。同时还应具有良好的呼吸性，以促进墙体水分排出，抑制 CO_2 等酸性气体通过，并保护基层水泥系材料。

103. 为什么要进行外墙外保温系统外饰面粘贴面砖技术的研究？

外墙贴面砖工程在我国 20 世纪 70 年代末 80 年代初已开始应用，按制作方式分可分为：施工现场粘贴和预制粘贴；预制粘贴又分为二次粘贴和一次成型（一次成型主要是反打工艺）。按外墙材料分，绝大多数主要是在抹灰墙体表面或混凝土墙体表面粘贴；近年来随着保温墙体的应用已发展到在墙体保温层上粘贴面砖。但是随着保温层面砖应用的广泛和时间的推移，面砖饰面工程也出现了不少质量问题，主要问题有沿面砖缝出现开裂、面砖大面积脱落和局部脱落。

为了解决这些质量问题，人们围绕抹灰层的质量、面砖的粘结强度以及施工工艺等方面进行了研究，并取得了一定效果，如面砖不宜粘贴在强度高的砂浆抹面层上；面砖粘结要有一定的粘结拉拔强度（主要分析相应的拉拔试验工艺和强度指标）等。但是由于不同结构物的变形以及施工质量等原因，仍出现部分面砖饰面层开裂和局部面砖脱落等现象。因此不少人认为在保温层上贴面砖难度大，不宜采用，但客观现实是，我国建筑陶瓷的产量居世界第一，面砖装饰具有比涂料装饰耐玷污能力强、防水性能好、色泽耐久性更好等优点，国内用面砖作为外饰面的建筑比例又相当高，因而外墙外保温饰面层不可能单一停留在以涂料为主的做法上，市场希望有多品种、多效果的装饰面层问世。为更深入地推进建筑节能工作，进行外墙外保温系统外饰面粘贴面砖技术的研究是非常有必要的。

104. 外墙外保温系统外饰面层粘贴面砖技术主要研究的内容有哪些？

（1）外墙外保温粘贴面砖的技术理念：包括柔性渐变、逐层释放应力理念；提高抹灰面层抗裂能力及与面砖结合力的理念；形成无空腔系统、避免风压破坏的理念；以及材料具有防水和透汽性的理念等。

（2）技术构造措施：要粘结与机械锚固相结合；控制面层的单位重量，减少剪切应力；合理安排面砖缝；消除板块挤压变形；适当分块出装饰变形缝等。

（3）加固措施：包括保温层与基底的粘结性能研究；保温层与保护层的粘结性能研究；保温系统自身的整体性、单层玻纤网、双网和单层镀锌网的对比研究；以及保护层与面砖的粘结性能研究等。

96

（4）各构造层材料的研究：包括抗裂砂浆的研究、四角网及锚固件的研究、面砖胶粘剂的研究、勾缝胶粉的研究、饰面砖的性能研究以及不同面层的稳定性研究等。

（5）主要施工工艺研究：包括施工流程、主要施工方法以及质量检验与控制等。

（6）面砖系统性能试验研究：包括抗震试验、抗风压试验、耐候性试验、系统拉拔强度试验、系统防水透汽试验以及系统防火性能试验等。

105. 作用于外墙外保温系统外饰面面砖上的荷载主要有哪些？

外墙外保温系统外饰面面砖上的荷载可分为不变荷载和可变荷载，不变荷载是指重力荷载（SG），包括保温材料自重（G_1）、抗裂砂浆复合钢丝网重力（G_2）、面砖粘结砂浆和勾缝砂浆重力（G_3）以及面砖自重（G_4）；可变荷载为风荷载（SW）、地震作用（SE）和温差应力（ST）作用等产生的组合效应。

按《建筑结构荷载规范》（GB 50009-2001）、《建筑抗震设计规范》（GB 50011-2001）等规范进行计算可知，外墙外保温系统外饰面粘贴面砖，单位面积的系统组合荷载的理论数据仅为 $3kN/m^2$，而在外墙外保温系统外饰面粘贴面砖技术中，按最保险计算，其加固保险措施本身的拉伸力超过 $6.3kN/m^2$，高于理论值。这一加固保险措施与材料的粘结强度（大于 $100kN/m^2$）一道构筑起两道保护屏障，对外墙外保温系统外饰面粘贴面砖起到了双重保险作用。

106. 为什么说外墙外保温系统外饰面粘贴面砖技术的加固措施宜采用"镀锌四角网增强结构"，而不宜采用"耐碱玻纤网布增强结构"？

实验表明，外墙外保温系统外饰面粘贴面砖时，采取"镀锌

97

四角网增强结构"优于"耐碱玻纤网布增强结构"。这种结构能有效地兼顾抗裂性能及面砖对基层强度的要求，可使加固系统抗拉强度≥0.4MPa，满足保温系统的稳定性、安全性和耐久性的需要。

（1）耐碱玻纤网布增强结构

成型特点：保温层完工后，在其表面抹3～5mm的抗裂砂浆，同时压入耐碱玻纤网布，构成抗裂防护层，再于其上粘贴面砖。

本结构以耐碱玻纤网布为增强材料，虽有效地提高了抗裂防护层的抗裂效果，但当外饰面为面砖时，其对基层强度的增强作用不大，也不能有效分散面砖装饰层荷载对基层的作用。荷载仍然直接作用在强度较低的保温层上，整个系统存在安全隐患。

不仅如此，耐碱玻纤网布只是增强了平行方向的抗拉强度，对垂直方向的强度无明显改善。拉拔试验显示，破坏面均集中在网布表面，而且拉拔强度偏低，如图 3-1 所示。试验表明，本结构的拉拔强度在经过 3～7d 的快速增长，达到 0.25MPa 左右时，再继续做拉拔试验，强度增长基本不会超过 0.3MPa，龄期与拉拔强度曲线基本成水平直线状，拉拔破坏面均在网布表面，这说明了结构的薄弱环节在网布处，因此，采取本结构运用于粘贴面砖系统，难以保证整个系统的稳定性、耐久性和安全性。

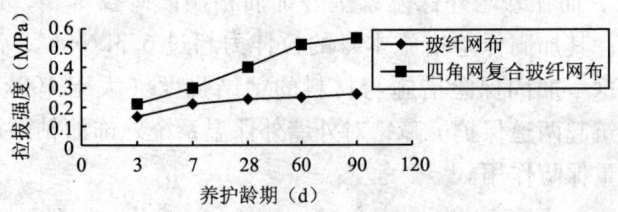

图 3-1　四角网复合玻纤网布与玻纤网布增强结构拉拔试验对比

（2）四角网复合耐碱玻纤网布增强结构

成型特点：按"耐碱玻纤网布增强结构"的成型要求压入耐碱玻纤网布后，再在其上挂一层四角网，采用射钉（尼龙胀栓）、镀锌钢丝透过保温层直接固定在墙体基层上，然后用抗裂砂浆将表面抹平，使四角网含在抗裂砂浆中，形成"双网结构"的抗裂防护层。

本结构改善了整个系统的稳定性。由于四角网的增强作用，以及四角网直接与墙体基层的锚固，使得面砖装饰层的负荷作用体不再是薄弱的保温层，而是具有独立性质的"双网结构"抗裂防护层，从根本上改变了面砖粘贴基层的性质。而且"双网结构"的抗裂防护层存在，阻断了面层负荷对保温层的直接作用，将负荷的作用力通过四角网、镀锌钢丝、射钉（尼龙胀栓）传递到稳定的基层墙体上，有效地保护了薄弱的保温层，提高了装饰面层的稳定性、安全性。

四角网的设计不仅使整个系统获得了平行方向的强度，也获得了垂直方向的抗拉强度，但存在三个缺陷：

1）本结构由于耐碱玻纤网布的存在，对抗裂防护层拉拔强度的副作用较大。拉拔试验（图3-1）表明，本结构拉拔强度在经过7d的快速增长后，随着养护时间的延续，强度仍在增长，在经过28d后，能达到系统拉拔强度（≥0.4MPa）的需要，当养护时间达到90d后，系统抗拉强度达到0.55MPa，并基本稳定下来。但由于耐碱玻纤网布的存在，本结构的拉拔破坏面往往发生在耐碱玻纤网布表面，其拉拔强度值较低，只能达到稳定值的60%～70%，整个系统的稳定性、安全性也存在着隐患。

2）本结构由于在锚固四角网的时候首先要穿透耐碱网布，施工十分不便。

3）本结构由于采取了"双网构造"，工程造价也有所提高。

（3）镀锌四角网增强结构

成型特点：保温层完工后，抹抗裂砂浆2～3mm，然后铺设四角网，用锚固在墙体基层的射钉或锚固螺栓端部预留出镀锌钢丝绑扎，也可用尼龙胀栓直接锚固固定四角网，每平方米不少于1个锚固点，然后再在其上抹抗裂砂浆，使四角网置于抗裂砂浆之中，施工完后在其上粘贴面砖。

　　本结构同样通过四角网保护了保温层，转移了面层负荷作用体，同时由于四角网与水泥抗裂砂浆良好的握裹力，增强了水平方向与垂直方向的抗拉强度，极大改善了面砖粘贴基层的强度。拉拔试验（图3-2）表明，本结构能够在满足防护层抗裂作用的同时，也能满足粘贴面砖对基层强度的需要，保证整个系统稳定性、安全性、耐久性的需要。

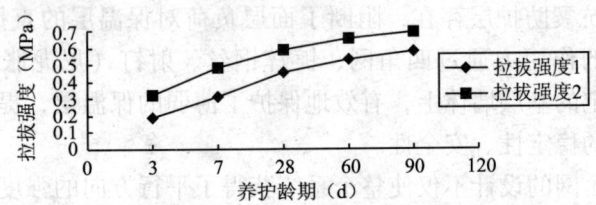

图3-2　镀锌四角网增强结构的拉拔试验对比
注：拉拔强度1曲线为1:3水泥砂浆基层，
拉拔强度2曲线为钢丝网抗裂砂浆。

107. 外墙外保温系统外饰面粘贴面砖技术中的锚固方式有哪些？

　　外墙外保温系统外饰面粘贴面砖技术中锚固方式主要有使用射钉或膨胀螺栓进行先锚固、使用尼龙胀栓进行后锚固及预埋锚筋等多种方式。一般来说，射钉主要用于钢筋混凝土、实心砖等强度比较大的墙体，在进行保温层施工前将射钉固定在基层墙体上，并在射钉的尾孔穿好绑扎钢丝以便绑扎钢丝网；尼龙胀栓不仅可用于钢筋混凝土、实心砖等强度比较大的墙体，也可用于强度比较低的砌块墙体，在抗裂防护层施工时，先铺好钢丝网，然后钻孔固定带有圆盘的尼龙胀栓，通过塑料圆盘卡住钢丝网，对于砌块墙体，应尽量使锚固点位于砌缝上，可在做保温层前做好标记，以便锚固的位置准确；预埋锚筋主要用于强度比较低的填充砌块墙体，在砌筑砌块时将锚筋连同砌块一起砌筑好，预留出一定的长度以便绑扎钢丝网。使用的锚固件应有比较好的防腐措施，锚固过程中应避免破坏基层墙体。

108. 外墙外保温系统外饰面粘贴面砖技术中的四角网是如何确定的?

外墙外保温系统外饰面粘贴面砖技术采用热镀锌工艺的四角钢丝网，丝径为 0.9mm、孔径 12.7mm×12.7mm，其含钢量应控制在 0.8kg/m²，比表面积系数取值为 0.46m²/m²。

（1）四角网的含钢量确定

在抗裂防护层中，四角网的作用是显著的，单位面积中四角网的重量不一样，整个抗裂防护层的性能也就不一样。一般情况下，可用含钢量这个指标来衡量。

所谓含钢量就是指抗裂防护层单位面积中四角网重量，单位为 kg/m²。从理论上说，含钢量越高，抗裂防护层的强度越能得到增强，承载负荷的能力越高。但在具体操作上，由于受到成本与施工适应性等因素的制约，含钢量并不是越大越好。

对孔径 10mm×10mm ~ 20mm×20mm、不同形状、不同含钢量的四角网进行试验（图 3-3），结果表明，在抗裂防护层厚度相同的前提下，含钢量较小时，系统的拉拔强度也小，说明四角网对抗裂防护层的增强作用未达到预期效果；随着含钢量的增加，四角网的增强作用越来越大，拉拔强度也越来越高。当含钢量增加到 0.8kg/m²，拉拔强度达到最高峰值。当含钢量继续升高时，拉拔强度却呈现下降趋势。

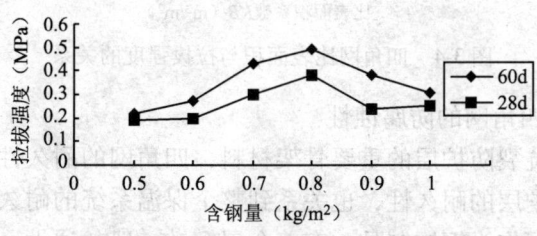

图 3-3　含钢量对拉拔强度的影响

（2）四角网规格的确定

分散配筋是抗裂防护层在构造上区别于钢筋混凝土的一个主要特征，也是使抗裂防护层获得优良性能的重要条件。在含钢量相同的情况下，配筋的分散性对抗裂防护层的极限延伸值、抗裂强度、弹性模量、长期荷载下的徐变及其组成材料间的粘结性能均有重要影响，因而确定四角网的规格就显得尤为重要。

四角网在抗裂防护层的作用，不仅表现在受力时对周围抗裂砂浆变形和压力抑制的有利效应，同时也表现为在材料组合过程中对抗裂防护层的强化。一般情况下，当四角网的含钢量相同时，孔径越小，丝径就越小，比表面积就越大，四角网与抗裂砂浆的接触面积就越大，其握裹力也就越大，四角网对抗裂防护层的增强作用就越显著。但是，同一含钢量的四角网孔径越小，四角网表面的平整度就越差，在铺设四角网时，施工难度就越大。因而，在选择四角网的规格时，应考虑到施工适应性等因素的影响。

通过对四角网比表面积系数 KB 的试验分析表明（图3-4），当系统将含钢量控制在 $0.8kg/m^2$ 时，抗裂防护层厚度控制在 5mm 时，四角网比表面积取值为 $0.46m^2/m^2$ 时，四角网对抗裂防护层的增强作用较高，抗裂防护层的拉拔强度也较高。

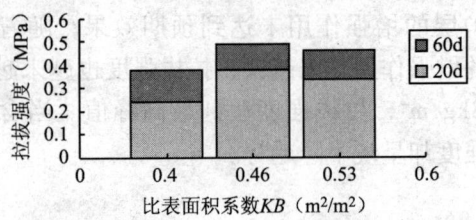

图3-4 四角网比表面积与拉拔强度的关系

（3）四角网的防腐蚀性

作为抗裂防护层的重要骨架材料，四角网的耐久性不仅关系到抗裂防护层的耐久性，也关系到整个保温系统的耐久性与稳定性。四角网作为钢铁制品，有着金属钢铁一般的通性。由于钢铁的热力学不稳定性，钢铁的氧化腐蚀是必然的趋势，是不可避免的。因而四角网的防腐蚀问题在本系统中也是一个需要研究和解决的重要问题。

在国外，伊朗的 Ramesht 在英国曼彻斯特理工学院对钢丝网防腐蚀性能进行了最典型的研究。其试验过程是：将预先加载造成微裂缝的镀锌与未镀锌钢丝网水泥试件（水灰比为 0.4 的 1:2 水泥砂浆），湿养护 28d 后，在 6% NaCl 溶液（60℃）干浸交替（每小时一次），半年后进行腐蚀检测。试验结果表明：

1）将钢丝网紧扎后布置在试件中部，其保护厚度为 9～12mm，可显著降低腐蚀速度。

2）预裂缝即使微裂，也会加剧钢丝网腐蚀，受拉试件表面腐蚀破坏较重。

3）尽管镀锌与未镀锌的钢丝网都有不同程度的腐蚀破坏，但镀锌层显然给钢丝网提供了显著的保护作用。为提高钢丝网水泥结构的耐久性，钢丝网镀锌是十分必要的。

我国对四角网的选择、布置以及防腐蚀处理与国外专家的研究成果是一致的。

1）在抗裂防护层的构造上，将四角网包裹在水泥抗裂砂浆层内，从而增强了四角网的防腐蚀性。

2）采用的水泥抗裂砂浆，性能突出，可有效地防止抗裂防护层出现开裂，提高了抗裂防护层对水及酸性气体的防护能力，有效地保护了四角网不受腐蚀。

3）采用的四角网为热镀锌工艺钢丝网，其防腐蚀性能满足系统耐久性的需要。

表 3-6、表 3-7 为不同碱性状态、不同盐度状态下不同工艺四角网的腐蚀情况。

不同碱性状态下、不同工艺的四角网的腐蚀情况　　表 3-6

工艺 \ pH 值	7～9	9～11	11～13	≥13
热镀锌	无锈蚀	无锈蚀	无锈蚀	无锈蚀
冷镀锌	严重锈蚀	轻度锈蚀	轻度锈蚀	严重锈蚀

不同盐度状态下、不同工艺的四角网的腐蚀情况　表3-7

工艺 \ NaCl 值	3%	6%	9%	12%
热镀锌	无锈蚀	无锈蚀	轻度锈蚀	轻度锈蚀
冷镀锌	无锈蚀	轻度锈蚀	轻度锈蚀	严重锈蚀

从表中数据可以看出，在四角网镀锌中，热镀锌较冷镀锌防腐蚀性能优。这是因为，由于镀锌工艺不同，四角网获得的镀锌层厚度是不一样的。一般情况下，热镀锌极易达到 $200\mu m$ 的锌层厚度，而冷镀锌只有 $10\mu m$ 的锌层厚度，冷镀锌层厚度满足不了 pH 值低于 13.3 时临界值下钢丝钝化的需要，对钢丝网的防腐蚀帮助不大。而热镀锌钢丝网锌层厚，防腐蚀能力强，能有效提高钢丝网在水泥砂浆中的防腐蚀能力。

（4）四角网的抗拉强度

四角网的抗拉强度由焊点强度和钢丝抗拉强度两部分构成。焊点强度表示了四角网抵抗垂直方向荷载作用力的能力；钢丝抗拉强度表示了四角网抵抗平行于抗裂防护层方向荷载作用力的能力，是荷载的主要作用方向。

本系统采取规格为丝径 0.9mm、孔径 12.7mm × 12.7mm 的四角网，其焊点强度和钢丝抗拉强度的试验数据如表3-8所示。

热镀锌四角网焊点、钢丝拉伸力试验数据　表3-8

项目 \ 序号	1	2	3	4	平均
焊点拉伸力（N）	195	187	192	190	191
钢丝拉伸力（N）	325	316	341	305	322

四角网单位面积焊点强度：$FH = 0.191 \times 81 \times 81 = 1253.2kN$

四角网单位面积钢丝拉伸力：$FW = 0.322 \times 81 = 26.1kN$

上述数据表明，四角网的力学性能满足系统强度的需要。

109. 在外墙外保温系统外饰面粘贴面砖技术中，四角网在抗裂砂浆层的配筋位置是怎样的？

四角网的配筋位置是指四角网在抗裂防护层中的位置布置。四角网在抗裂砂浆中的位置不同，对抗裂防护层的影响就不同，特别是对保温层的隔离保护作用影响很大（图3-5）。

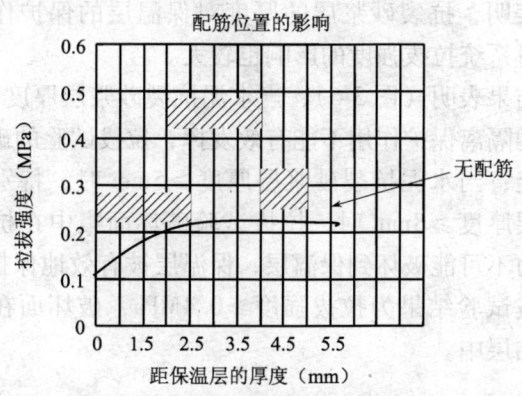

图3-5　不同配筋形式的拉拔试验数据

（1）当四角网直接与保温层接触时，或者四角网部分包裹在水泥抗裂砂浆中，部分与保温层接触，都会降低四角网的加强保护作用。当外力作用在抗裂防护层时，破坏极易发生在保温层。

（2）当四角网铺设在水泥抗裂砂浆中间位置时，抗裂防护层能得到有效加强，保温层也能得到有效保护，当受到外力作用时，破坏发生在抗裂防护层并被抗裂防护层所吸收。

（3）当四角网铺设在抗裂防护层表面位置时，这种形式虽然对保温层的保护能力有所提高，但由于四角网上表面水泥抗裂砂浆厚度偏低，对钢丝网的握裹力较弱。当外力作用时易破坏在钢丝网表面，且抗拉强度较低。

因此，四角网应该铺设在抗裂防护层中间偏外的位置上。

110. 在外墙外保温系统外饰面粘贴面砖技术中，抗裂防护层宜控制在多厚？

抗裂防护层发挥着承上启下的特殊功效，它将密度小、强度低的保温层与面砖装饰层有机的结合起来，将不适宜粘贴面砖的保温层基底过渡到具有一定强度又具有一定柔韧性的防护层上。试验数据表明，抗裂砂浆层的厚度对保温层的保护作用影响较大，同时对系统拉拔强度的影响也较大。

试验结果表明（图3-6），当水泥抗裂砂浆层厚度<5mm时，对保温层的隔离保护作用不能有效发挥，拉拔试验的破坏面集中在保温层上；当水泥抗裂砂浆层厚度≥5mm时，特别是当水泥抗裂砂浆层厚度≥8mm时，拉拔试验破坏面集中在抗裂防护层中，外应力不可能破坏到保温层，保温层被有效地保护起来；28天后的拉拔试验结果为拉拔强度≥0.4MPa，破坏面在抗裂防护层中或粘结层中。

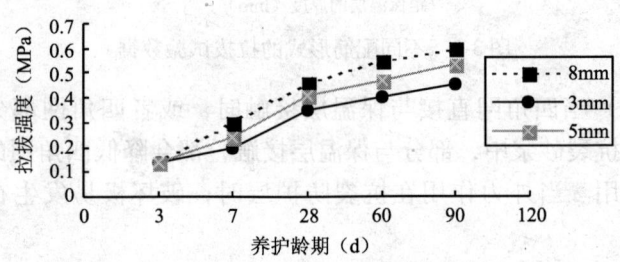

图3-6 抗裂砂浆厚度与拉拔强度的关系

本系统抗裂防护层的厚度宜控制在10mm左右，过低不能起到应有的保护增强作用，过高则增加工程造价。

二、施工要点

111. 外墙外保温工程的施工管理包括哪些内容？

外墙外保温工程的施工管理包括合同管理、计划管理、成本管理、劳动管理、物资管理、设备管理、技术管理、质量管理、安全管理、信息管理等。每项管理都应按照 PDCA 循环的原则开展。

112. 外墙外保温系统的施工作业条件是什么？

（1）外墙面的垂直度、平整度应达到国家现行有关主体施工质量检验评定标准的要求。

（2）采用先塞口施工时，还应做到外檐门窗安装完毕，并经有关部门检查验收，门窗边框与墙体连接应预留出保温层的厚度，缝隙应分层填塞密实，并做好了门窗框表面的保护。

（3）外墙面上的雨水管卡、预埋铁件、设备穿墙管道等应提前安装完毕，并预留出外保温层的厚度。

（4）施工用外脚手架、吊篮等应搭设牢固，且必须经安全检验验收合格后方可施工，横竖杆距离墙面、墙角适度，脚手板铺设与外墙分格相适应，脚手架的搭设应考虑到保温层厚度。

（5）预制混凝土外墙板接缝处应提前处理好。

（6）作业时环境温度不应低于5℃，风力不应大于5级，风速不宜大于10m/s，遇雨雪天气禁止施工。雨期施工应编制雨季施工方案，严禁冬施。

113. 外墙外保温系统有哪些施工工具或机具？

（1）强制式砂浆搅拌机、垂直运输机械、手推车、手提式搅拌器、电锤、喷斗等。

（2）常用抹灰工具及抹灰的专用检测工具、经纬仪及放线工具、水桶、手锯、剪刀、滚刷、铁锹、手锤、钳子、壁纸刀、扫帚、聚苯板开孔器等。

（3）电动吊篮或脚手架。

（4）高压无气聚氨酯双组分现场发泡喷涂机（简称高压无气喷涂机）、专用喷枪、浇注枪、料管等。

114. 外墙外保温系统如何进行现场文明施工？

（1）搭设搅拌棚，所有材料必须在搅拌棚内机械搅拌，防止固体微粒飞散而影响现场文明施工。搅拌棚的搭设应满足如下要求：搅拌棚的地点应选择背风向；搅拌棚应尽量靠近垂直运输机械；搅拌棚三侧封闭，一侧作为进出料通道，应有顶棚，地面应平整坚实；远离砂石料场，并尽量使其处于砂石料场的下风向。

（2）聚苯颗粒轻骨料应有良好的保护，防止包装的破坏。

（3）对在楼及搅拌棚周围露天存放的砂石料，用苫布或细目安全网覆盖。

（4）在小推车高度范围内的门框，要用铁皮进行包裹，以防止门框被小推车破坏。

（5）窗框下框处应有扣板保护，扣板可用 10mm 厚木板钉成 ∩形，扣板的顶板比框高 20mm 左右。

（6）落地灰及时清理，脚手板、脚手管也应及时清扫，大风雨天应停止施工。

（7）进行喷涂施工时，门窗洞口等部分应提前遮挡好，并有相应防风措施。

115. 外墙外保温系统的安全管理和成品保护措施主要有哪些？

（1）机械设备、吊篮必须由专人操作，经检验确认无安全隐患后方可使用。

（2）操作人员必须遵守高空作业安全规定，系好安全带，不许往下丢东西。

（3）进场前，必须进行安全培训，注意防火，现场不许吸烟、喝酒。

（4）遵守施工现场制定的一切安全制度。

（5）严禁在地面上直接倒施工材料，施工完的墙面、色带、滴水槽、门窗口等处残存的砂浆，应及时清理干净。

（6）翻拆架子或升降吊篮应防止碰撞已完成的保温墙体，其他工种作业时不得污染或损坏墙面，严禁踩踏窗口。

（7）保温层、抗裂防护层、装饰层在干燥前应防止水冲、撞击、振动。

116. 耐碱玻纤网布有何搭接要求？抗裂防护层施工时耐碱玻纤网布为何不能干搭接？

耐碱玻纤网布是以含锆玻璃纤维网布为基布、涂覆耐碱橡塑材料制成的，是抗裂防护层的配套产品。其搭接要求是：

（1）将耐碱玻纤网布剪去毛边裁好，长度不超过3m，在保温层上抹抗裂砂浆，厚度控制在3~5mm，立即用铁抹子将耐碱玻纤网布压入抗裂砂浆内，网眼砂浆饱满度应为100%。

（2）耐碱玻纤网布搭接宽度不应小于50mm，耐碱玻纤网布的边缘严禁干搭接，必须嵌在抗裂砂浆中。

（3）阴角处的耐碱玻纤网布要压茬搭接，其宽度不应小于50mm；阳角处应压茬搭接的宽度不应小于150mm；搭接处的网眼砂浆饱满都应为100%，同时要抹平、找直，保持阴阳角处的方正和垂直度。

（4）在门窗洞口的四角处必须沿45°加贴一道耐碱玻纤网布，洞口四个阴角必须加铺一道网布。

（5）在阴阳角处的耐碱玻纤网布，预先折出一道棱角，以便于抹抗裂砂浆。

（6）首层必须铺贴双层耐碱玻纤网布，第一遍耐碱玻纤网布搭接处采用对接，第二遍搭接做法同一般做法。

抗裂防护层施工时，如果耐碱玻纤网布进行干搭接，就会导致耐碱玻纤网布不能与抗裂砂浆进行复合或有效粘合，不能形成抗变形性能良好的抗裂防护层，影响变形应力传递以及抗裂、抗冲击性能，因此严禁耐碱玻纤网布干搭接。

117. 在洞口四角沿 45°方向为何要加贴耐碱玻纤网布？

在保温层的温度发生变化时，在洞口的长度方向上发生纵向变形，形成纵向应力，在洞口的宽度方向上发生横向变形，形成横向应力，在横竖交接处，产生应力集中，相应的易形成沿洞口对角线延长线上的裂缝，而大面的耐碱玻纤网布在此处的 45°线上非径向受力，固应加贴一道垂直于裂缝发展方向的耐碱玻纤网布，使耐碱玻纤网布受径向力，从而能够有效分散应力，减少裂缝的发生。地基的不均匀沉降，地震的纵向波等原因都能使应力在门窗洞口四角处形成应力集中，为减少此原因引起的裂缝，也应加贴一道沿 45°方向的耐碱玻纤网布。

118. 抗裂砂浆在使用过程中应注意哪些问题？

抗裂砂浆应按配制比例用强制式砂浆搅拌机或手提式搅拌器搅拌均匀，乳液型抗裂砂浆配制的加料顺序为：先加入抗裂剂后加入中砂搅拌均匀后，再加入水泥继续搅拌，搅拌时不得加水；干拌型抗裂砂浆在使用时按比例加入适量水搅拌均匀即可。抗裂砂浆配制好后应在 2h 内用完。拌制乳液型抗裂砂浆时，必须先加入抗裂剂和砂子后加入水泥，这是因为：抗裂剂的黏度较大，对细颗粒物易形成包裹，所以在拌合抗裂砂浆时，应先把抗裂剂与砂子拌合均匀，达到抗裂剂均匀离散包裹单个砂粒。加入水泥时，在砂粒间水泥与抗裂剂进行正常的水化反应硬化后形成水泥抗裂防护层，否则，易形成水泥干粉团，影响抗裂防护层的质量。

119. 如何保证抗裂防护层的平整度？

（1）抗裂防护层的平整度控制首先要求保温隔热层的平整度达到标准要求，达不到平整质量标准要求应事先用胶粉聚苯颗粒保温浆料找平。

（2）窗角、阴阳角等部位的耐碱玻纤网布应先用抗裂砂浆贴好，接着连续施工大面，掌握先施工细部，后施工整体，整片的耐碱玻纤网布压住分散的耐碱玻纤网布。

（3）在耐碱玻纤网布搭接时，应先将底层耐碱玻纤网布压入抗裂砂浆内，随即再压入面层耐碱玻纤网布。

120. 干拌抗裂砂浆施工时需要注意哪些问题？

（1）施工温度不应低于5℃，风力小于5级。

（2）干拌抗裂砂浆应随搅随用，搅拌好的砂浆必须在2h内用完，严禁过时使用。

（3）配料投放顺序应为：先加水，再加干拌抗裂砂浆。

（4）搅拌好的砂浆应避免暴晒，以防砂浆迅速失水。

（5）雨雪天不宜施工。施工中忽遇雨雪，应采取有效措施防止雨雪损坏未凝结的砂浆。

（6）抗裂砂浆的配料人员应固定，以保证搅拌时间及加水量配比准确。

121. 干拌抗裂砂浆的施工方法是什么？

保温层固化干燥约5天后进行抗裂防护层施工，基层平整度、垂直度需验收合格；在聚苯板基层施工时，聚苯板表面必须先涂好界面砂浆，对于干燥基层应适当喷水处理。

现场用砂浆搅拌机或手提式搅拌器制备砂浆，按照厂家给定的比例先加水后投料，将称量好的水倒入搅拌机中，开机后缓慢均匀倒入称好的抗裂砂浆，搅拌5min后静置5min。使用前若有反稠现象，再适当加水搅拌一下即可使用。

122. 干拌抗裂砂浆作为钢丝网架聚苯板的找平抗裂层时是怎样施工的？

干拌抗裂砂浆抹灰最好分多遍完成，一般分三遍完成，超厚部位可增加抹灰次数。每次抹灰厚度不宜大于10mm。第一遍应将钢丝网架聚苯板表面的梯形槽抹平，注意抹平压实，最后一遍抹灰厚度约5mm左右，使其与灰饼平齐，并用大杠刮平，去高补低。修补时用抹子搓麻，要求面层平整，但不要求光滑。

123. 如何施工色带？

（1）按照设计要求及建筑物立面效果图，弹出色带位置的控制线及色带宽度（色带间距可分层设置或隔层设置，一般分层设置约为 50 ~ 120mm，隔层设置约为200mm）。

（2）根据色带控制线用壁纸刀及专用工具开出色带凹槽，深度一般为 10 ~ 15mm，要求阴阳角方正、凹槽平整。

（3）在抹抗裂砂浆时，色带与平面抹灰同时进行，耐碱玻纤网布搭接应搭接在色带中部，上压下搭接尺寸 ≥50mm。色带抹灰要用专用工具，做到阴阳角方正、色带平直、美观大方。

124. 怎样做滴水槽？

（1）保温层施工完后，根据设计要求弹出滴水槽控制线。
（2）用壁纸刀沿线划开设定的凹槽。
（3）用抗裂砂浆填满凹槽，将滴水槽嵌入凹槽与抗裂砂浆粘结牢固，收去两侧沿口浮浆，滴水槽应镶嵌牢固。
（4）要求滴水槽在一个水平面上，且到窗口外边缘的距离相等。

125. 如何进行窗户塞口的保温施工？

窗户采用后塞口施工时，从外墙面顶部的檐口处沿洞口两侧吊垂直控制通线，同层窗口拉水平控制通线。控制通线的位置应考虑外窗肩、窗沿、窗台等保温抹灰后压住窗框的距离。保温抹灰压住窗框周边尺寸宜为 10mm。根据控制通线做好窗口周边的灰饼，抹灰面与窗框接触面应留直口，留茬应在同一个平面上。

窗户采用先塞口施工时，其窗框四周应填塞密实，窗户经验收合格后方可进行保温抹灰层施工，保温抹灰层包裹住窗框宜为

10mm，注意保温面层到窗框内侧的距离一致；在抗裂防护层施工前应在窗框与保温层之间放一预制长条薄板，其尺寸为厚3mm、宽5mm，待抗裂防护层施工完后取出，在留茬口及时注入硅酮胶等密封胶。

126. 脚手眼等施工孔洞应如何修补？

施工孔洞修补主要难点在抗裂防护层修补上，其做法如下：

（1）在大面施工抗裂防护层时，在孔洞的周边应留出30mm左右的位置，不抹水泥抗裂砂浆，耐碱玻纤网布沿对角线裁开，形成四个三角片。

（2）在修补孔洞时，用胶粉聚苯颗粒保温浆料填平孔洞，使孔洞周围200mm×200mm的保温层厚度略低于其他保温层厚度3～5mm。

（3）保温层干燥后，抹抗裂砂浆，并将原预留耐碱玻纤网布压入水泥抗裂砂浆中，在孔洞周围另加贴一200mm×200mm的耐碱玻纤网布压平。

127. 外墙柔性腻子施工时应注意些什么？

外墙柔性耐水腻子一般是膏状或者是双组分产品，是由高分子聚合物乳液、助剂和粉料等制成的具有一定柔韧性和耐水性的腻子。外墙柔性耐水腻子不但有找平基层作用，还能防止墙面细微裂纹和裂缝（不包括结构裂缝）的产生。

外墙柔性腻子施工前要保证基层坚实、干燥、平整、清洁、无浮灰、无油迹。新墙一般需保养28d左右。腻子须均匀无结块。

在批刮腻子前须先涂一层弹性底涂封底，起防水透汽作用。

外墙柔性耐水腻子一般需要刮涂2～3遍，在刮下一遍时要保证上一道腻子已干，不影响刮涂。严禁在腻子涂膜未干时进行施工。

因为外墙柔性耐水腻子中有弹性乳液，有最低成膜温度限制，因此应在被涂物表面及环境温度高于5℃、相对湿度低于85%的条件下施工。

128. 外墙外保温系统外饰面粘贴面砖施工的注意事项是什么？

（1）在粘贴面砖前，应准备喷水器对所粘贴的基层进行喷水湿润，以不流淌为宜。

（2）在每一分段或分块内的面砖均为自下向上粘贴，从最下一层砖下皮的位置线先隐好靠尺，以此托住第一皮面砖，在面砖外皮上口拉水平通线作为粘贴的标准。

（3）挂线时，应横竖向均匀甩缝5mm，竖向缝隙挂双线，水平向挂单线，但要棱上跟线，在铺贴过程中及时垂吊，防止出现垂直偏差。超过3m时（水平距离）或中间腰线层高超过3m时，应用3m杠检查。

（4）常温施工时，24h后要喷水养护，水喷不宜过多，不得流淌。

（5）先做样板，甲方业主检验认可后，并取得甲方及监理提供的大面积施工许可证，方能大面积施工。

（6）口角砖交接处呈45°，面砖粘结砂浆厚度3～5mm左右，面砖粘贴时用灰铲柄轻轻敲打，使之附线，再用开刀调整竖缝，并用小杠通过标准点调整平面垂直度。

（7）采用专用勾缝胶粉勾缝，先勾水平缝再勾竖缝，勾好后凹进面砖外表面2mm，面砖缝勾完后用布或棉丝擦洗干净，勾缝完毕对大面积外墙面进行检查，局部清洗后应大面积实施清洗，保证整体工程的清洁美观。

（8）不宜冬期施工。按国家标准，连续七昼夜平均气温低于5℃时不得进行外墙外保温粘贴面砖施工。

（9）面砖粘结砂浆现场搅拌应采用小桶机械搅拌，这样才能更好发挥材料的活性及其工作性。

129. 外墙外保温系统外饰面粘贴面砖的抗裂防护层如何施工？

先在保温面层（或找平面层）上薄抹一层抗裂砂浆，厚度为3mm左右，用杠尺搓去抹痕，要求平整，待抗裂砂浆凝固后即可铺贴固定热镀锌钢丝网，然后再在其上抹一遍抗裂砂浆找平，局部钢丝网漏网部位用U型卡子卡住，并补抹抗裂砂浆。

在钢丝网上抹抗裂砂浆应适当增加稠度，抹时要求上杠找平，最后可用抹子搓平，达到设计强度时进行下道工序，但必须经过有关方面对基层的验收。采用射钉进行先锚固法或预埋锚筋施工时抹第一遍抗裂砂浆时注意不要把预留的绑扎铅丝覆盖住。

130. 如何铺贴热镀锌钢丝网？

（1）铺贴热镀锌钢丝网应按从上而下，从左至右的顺序进行施工，首先将热镀锌钢丝网在墙面就位，热镀锌钢丝网张开后弯曲面向墙面用约50~60mm长的撅成U形的钢丝插入保温层（或找平层）内将热镀锌钢丝网临时固定，然后立即用电动冲击钻在临时固定的热镀锌钢丝网上部打孔，在孔中插入尼龙胀栓，用手锤将胀钉钉牢，尼龙胀栓按双向@500mm梅花型分布，每平方米5~6个，尼龙胀栓要钉入结构墙体，钉入深度应不小于25mm。在轻体填充砌块墙上施工时应尽可能地将尼龙胀栓打入砌块砂浆缝中，具体做法是：在钉尼龙胀栓前先将砌块宽度标于施工墙体构造柱两侧，然后拉水平线将胀钉打在水平控制线内，以确保胀钉的拉拔强度。

（2）铺钉热镀锌钢丝网施工时要尽量使热镀锌钢丝网贴近墙面，对于热镀锌钢丝网局部翘起的部分应再用50~100mm长的撅成U形的12号钢丝插入保温层（或找平层）内压平固定，要求热镀锌钢丝网局部翘起应小于2mm。热镀锌钢丝网边相互搭接宽度应在40mm左右（3格网格），搭接部位以不大于300mm的距离用镀锌铅丝将两网绑扎在一起。也可用尼龙胀栓锚固好。

（3）为使热镀锌钢丝网铺钉门窗口角和墙面阴阳角部位施工质量得到保证，可将门窗口角和墙面阴阳角部位的热镀锌钢丝网在施工前预先折成直角，再进行锚固施工。

（4）窗洞等侧口部位热镀锌钢丝网收口处的尼龙胀栓数每延米不应少于 3 个，门窗口的热镀锌钢丝网边应直接固定于墙体基层并紧靠辅框处进行锚固施工，锚入胀钉距基层墙体外侧的距离不宜小于 30mm。

（5）在裁剪热镀锌钢丝网过程中不得将钢丝网形成死折，检查热镀钢丝网铺钉要紧贴墙面保证平整度达到 ±2mm 的要求。

131. 外墙外保温系统外饰面粘贴面砖与喷刷涂料施工时，其工艺做法有何区别？

主要区别在抗裂防护层施工，粘贴面砖时由于表面装饰层为面砖面层，其自重较大，而保温层的强度又较低，在保温层上粘贴面砖，考虑到对面砖的卸载，应在施工工艺上作了一些调整。

（1）面砖饰面时抗裂防护层分两遍施工成活，厚度 8 ~ 10mm，涂料饰面时只抹一遍抗裂砂浆，厚度 3 ~ 5mm。

（2）面砖饰面时抗裂防护层中包裹的为热镀锌钢丝网而非耐碱玻纤网布，热镀锌钢丝网用锚固件固定好。

（3）面砖粘贴和勾缝时，应采用专用的面砖胶粘剂和面砖勾缝胶粉。

（4）涂料饰面时在抗裂防护层上刷弹性底涂，然后刮柔性耐水腻子，最后刷饰面层涂料。

132. 面砖粘结砂浆在拌制过程中应注意哪些问题？

因面砖粘结砂浆施工要求的干黏性及施工较慢的特点，大的砂浆搅拌机不太适合这类砂浆的搅拌，宜根据施工速度，采取手提电动搅拌器随搅随用，禁止使用过时灰。不能采用手工或铁锹混合，因材料较黏较硬，必须加过量的水才能比较好地混合，但材料中的有机成分很难混合均匀，还有可能出现结块，这样就会影响材料原本的使用效果。

133. 纸面砖或马赛克应怎样粘贴?

对于整片纸贴面砖或马赛克,应将搅拌均匀的面砖粘结砂浆用齿状镘刀均匀涂抹在基层上面,再用齿状镘刀的齿面刮出凹凸槽,然后在面砖背面薄抹面砖粘结砂浆后进行粘贴面砖,并用抹子按平压实,粘结砂浆厚度控制在 3~5mm,每次涂抹小于 $1m^2$,并在 20min 之内,将面砖上面粘附的纸张擦掉,并将面砖摆正调直,这个过程必须特别注意砂浆的胶粘性及适用期。

134. 外墙外保温系统外饰面粘贴面砖时应怎样进行排砖?

根据排砖图、墙体尺寸和面砖尺寸进行横竖方向排砖,应注意保证面砖缝均匀,大墙面、通天柱子部位应排整砖。在同一墙面不允许出现一行以上的非整砖,非整砖要出现在阴角、窗间墙等不明显部位,砖缝宽度不应小于 5mm,严禁采用密缝排砖。

135. 外墙外保温系统外饰面粘贴面砖施工时如何进行分格及弹线?

抗裂砂浆基层验收合格后即可按图纸要求进行分段分格弹线,同时在面层进行粘标准控制面砖的作业,以控制面砖出墙尺寸和垂直度或平整度,注意每个立面的控制线应一次弹完。每个施工单元的阴阳角、门窗口、柱中、柱角都要弹线,控制线应用墨线弹制,验收合格后才能进行局部放细线施工。

136. 外墙外保温系统外饰面粘贴面砖施工时如何进行贴砖施工?

贴砖作业一般从上而下进行,高层建筑大面积贴砖应分段进行。每段贴砖施工应由下至上进行。根据大墙面的控制线贴控制面砖，控制面砖一般要贴在控制线的交角处，贴好控制面砖后应用水平线或垂直线检查合格后再拉细部控制线施工。

贴砖前墙面应充分浇水，待浇水层风干至潮湿无明水时即可施工。

贴砖时背面打灰要饱满，粘结灰浆中间略高四边略低，粘贴时要轻轻揉压，压出的灰浆用铁铲剔除。粘结灰浆厚度宜控制在3~5mm左右，面砖的垂直度及平整度应与控制面砖一致。

137. 外墙外保温系统外饰面粘贴面砖时应如何进行勾缝？

面砖勾缝施工应用压折比小于3的专用勾缝胶，将勾缝胶粉加入清洁中性饮用水中，用手提式搅拌器搅拌均匀无结块，静置5分钟后再稍加搅拌即可使用。注意配制勾缝胶时严禁使用含盐量高的地下水进行搅拌，否则易出现勾缝层发花现象。

勾缝施工应在面砖粘贴施工检查合格后进行，勾缝时应先横缝再竖缝，缝深2~3mm，缝隙要顺直，轮廓要方正，颜色要一致。

缝勾完后应立即用棉丝、海绵蘸水或清洗剂擦洗干净，勾缝后的面砖层严禁用盐酸等各种酸性物质清洗墙面，以免造成勾缝材料泛白。面砖粘贴后应及时勾缝，严禁在接近冬期施工时面砖粘贴后不做勾缝处理而越冬的施工现象发生。

138. 为什么面砖勾缝胶施工之后需浇水养护？

面砖勾缝时，勾缝胶失水较快，对其粘结性能影响较大，因此进行适当的水养护是相当必要的，也是保证其粘结强度的有益措施之一。

试验表明，勾缝胶在水养护下，抗压强度与抗折强度普遍较高，同时其压折比相对较低。因而，一定的水养护对提升勾缝胶的粘结强度、降低其压折比是非常有益的。

139. 面砖勾缝胶的施工稠度应该如何确定？

面砖勾缝胶的施工稠度应该根据砖的厚度、表面光洁程度具体来定。带釉面瓷砖一般稠度调得稍稀一点，采用满涂法进行，并及时进行清洗；宽缝勾缝粉、非釉面瓷砖操作时，一般稠度调得稍稠一点，尽量不采用满涂法进行，可采取局部勾、边勾边擦的方法进行。

140. 面砖勾缝应该选择什么时间进行最佳？

面砖勾缝应在面砖粘结砂浆固化24h后进行，应该让面砖粘结砂浆充分地干燥、固化，提供对面砖良好的粘结，其强度应该在勾缝时满足施工的要求。

141. 如何减少及避免面砖勾缝胶施工时易出现色差的问题？

面砖勾缝胶施工时易出现色差的原因有以下几点，控制这几个因素可有效减少色差问题的出现。

（1）同一个工地、同一栋楼、同一种颜色的勾缝胶粉，应相对准确地确定其用量，并根据设计要求购进同一生产厂家、同一锅配制的同一颜色勾缝胶粉。

（2）施工现场勾缝胶粉加水量要有效控制，并注意掌握料浆的使用时间。

（3）施工现场勾缝胶粉的拌制，应采用手提搅拌器进行，力求搅拌均匀，注意加入水质的清洁，并注意及时清理搅拌器、搅拌桶的卫生，避免带入其他杂质。

（4）勾缝后的清洗：勾缝胶必须完全固化后，方可清洗；应禁止酸洗，以免破坏勾缝胶，造成颜色不一致；水洗时应采用清洁中性的水源，不能大面积的冲洗，宜采用海绵蘸水或清洗剂进行清洗，清洗时应注意将海绵拧干后使用。

142. 面砖清洗应该选择什么时间进行最佳?

一般在勾缝胶初凝后（约2h）必须进行初步擦洗，宜采用海绵蘸水或清洗剂进行清洗，清洗时应注意将海绵拧干后使用。终凝后（约24h）再用海绵进一步彻底清洁。如时间长不清理，会形成坚硬的胶结层，非常不利于面砖层的清洗。

第二节 外墙外保温系统组成材料

一、界面层材料

143. 界面处理剂主要有哪些种类?

界面处理剂分为基层墙体界面处理剂和保温板界面处理剂。基层墙体界面处理剂有基层墙体界面砂浆和聚氨酯防潮底漆等。保温板界面处理剂主要有膨胀聚苯板界面砂浆、挤塑聚苯板界面砂浆、聚氨酯界面砂浆、岩棉板界面砂浆等。

144. 基层墙体界面砂浆有什么作用? 其主要性能指标是什么?

基层墙体界面砂浆是由高分子聚合物乳液与助剂配制成的界面剂与水泥和中砂按一定比例拌合均匀制成的砂浆。基层墙体界面砂浆主要用于处理钢筋混凝土墙或砌体墙表面，解决由于墙体表面吸水过强或光滑而引起界面粘结不牢，抹灰层易空鼓、开裂、剥落等问题，以增强新旧混凝土之间以及混凝土与保温抹灰材料之间的粘结力。采用基层墙体界面砂浆，可替代传统混凝土表面的凿毛工序，也可改善加气混凝土表面的抹灰粘结性能，从而提高工程质量，加快施工进度，降低劳动强度。

基层墙体界面砂浆的主要性能指标见表3-9。

项　目		单　位	性能指标
压剪粘结强度	原强度	MPa	≥0.7
	耐水	MPa	≥0.5
	耐冻融	MPa	≥0.5

145. 为什么要对聚苯板进行界面处理？

对聚苯板进行界面处理后，可以起到如下作用：

（1）可有效改善与混凝土的结合能力。

（2）可有效改善聚苯板的低吸水性及附着较难的问题，使粘结材料及找平材料与聚苯板都能更好地粘结。

（3）可提高聚苯板的耐候性，避免堆放或上墙时间较长，聚苯板易粉化而产生不利的疏松层，从而影响粘结性能。

146. 什么是保温板界面处理剂？其主要性能指标是什么？

保温板界面处理剂主要有聚苯板界面砂浆、聚氨酯界面砂浆、岩棉板界面砂浆等。

聚苯板界面砂浆是由水泥、骨料、高分子聚合物粘结材料及各种助剂配制而成的与聚苯板具有良好粘结性能的界面砂浆，涂覆于聚苯板表面用以提高聚苯板与粘结层、找平层的粘结力，分为膨胀聚苯板界面砂浆和挤塑聚苯板界面砂浆。

聚氨酯界面砂浆是由与聚氨酯具有良好粘结性能的合成树脂乳液为主要粘结剂复合各种助剂、砂子和填料配制成的界面处理剂，使用时与水泥按比例混合配制成界面砂浆，涂覆于聚氨酯保温层上用于提高与找平层的粘结力。

岩棉板界面砂浆是由防水乳液、填料、助剂与中砂按一定比例混合制成的砂浆，用以提高岩棉板的表面硬度、粘结能力、防水性能以及提高钢丝网的防腐粘结能力。

保温板界面处理剂的主要性能指标见表3-10。

保温板界面处理剂性能指标   表 3-10

项 目			性 能 指 标			
			膨胀聚苯板界面砂浆	挤塑聚苯板界面砂浆	聚氨酯界面砂浆	岩棉板界面砂浆
拉伸粘结强度	与水泥砂浆试块	标准状态 7d	≥0.30MPa			
		标准状态 14d	≥0.50MPa			
		浸水后	≥0.30MPa			
	与聚苯板、聚氨酯或岩棉板试块（标准状态或浸水后）		≥0.10MPa 或膨胀聚苯板破坏	≥0.15MPa 或挤塑聚苯板破坏	≥0.15MPa 或聚氨酯破坏	岩棉板破坏
	与胶粉聚苯颗粒粘结找平浆料试块（标准状态）		≥0.10MPa 或胶粉聚苯颗粒粘结找平浆料试块破坏			

147. 挤塑聚苯板界面砂浆应有哪些基本要求?

挤塑聚苯板因其表观密度较大、抗拉强度较高、表面光洁致密程度较高且吸水率过低等，其外墙外保温系统容易产生空鼓、脱落、开裂等现象，因此挤塑聚苯板界面砂浆的设计必须综合考虑上述因素。外墙外保温配套材料绝大多数为水泥基的聚合物砂浆，挤塑聚苯板界面砂浆的设计必须起到与水泥砂浆、挤塑聚苯板都能很好的粘结作用，拉拔试验时破坏界面位于挤塑聚苯板内，并考虑其耐水、耐温变、耐冻融后的性能也能满足要求，并且具有一定的柔韧性。

148. 挤塑聚苯板的界面处理有哪几种方法?

挤塑聚苯板的界面处理主要有以下四种方法：

（1）滚涂聚合物乳液或底漆进行界面处理，是一种不太成功的方法，容易起皮，其与水泥砂浆、挤塑聚苯板不能很好的粘结。

（2）用环氧类胶浆进行界面处理，该方法能解决与挤塑聚苯板良好的粘结，但因界面胶浆本身硬度较高、光洁程度较高，其与水泥砂浆的粘结就显得不是很理想，另外其耐候性也存在一定的问题，加上其生产工艺较复杂及成本太高，也是一种不太成功的方法。

（3）用单组分的界面砂浆处理，因施工时稠度要求较稀，水灰比较大，要解决与挤塑聚苯板的粘结，其胶粉掺量必须加大，相对成本会较高，其性能应作相应的实地验证。

（4）用双组分的界面砂浆处理，该砂浆设计较为合理，成本适中，其无机复合有机配方的设计，能同时有效解决与水泥砂浆、挤塑聚苯板良好的粘结，并且具有较好的柔韧性和耐候性。

149. 喷涂或浇注聚氨酯时为什么要使用聚氨酯防潮底漆？其主要性能指标是什么？

喷涂或浇注聚氨酯，虽然聚氨酯本身对基层墙面具有极佳的附着力，但当基层墙面湿度过大时，会对聚氨酯发泡效果产生不良的影响，严重时甚至会出现起泡、脆化、粉化、分层起鼓等质量问题。这不仅会影响到聚氨酯的保温效果，而且会对聚氨酯保温层的持久性、稳定性带来危害。因而对基层墙面如钢筋混凝土墙面、砌体墙面等进行处理是必要的。

聚氨酯防潮底漆是由高分子树脂及各种助剂、稀释剂配制而成的。聚氨酯防潮底漆具有防潮、封闭液态水的作用，特别是在潮湿的雨期、基层新墙体完工后风干不彻底以及基层墙体有流水残痕等情况下，更具效果；另一方面，这种底漆渗透性极佳，附着力牢固，能有效防止基层墙面上残留的浮灰对聚氨酯附着力的影响。其作用机理如下：通过聚氨酯树脂链段上含有的 – NCO – 基团，与墙面或空气中的水发生反应，交联固化成致密的防水保护膜，从而有效地阻止墙体所含水对聚氨酯发泡过程的影响。

聚氨酯防潮底漆的主要性能指标见表 3-11。

项　　目	单位	性　能　指　标
原漆外观	—	淡黄至棕黄色液体、无机械杂质
施工性	—	刷涂无困难
干燥时间	h	表干≤4，实干≤24
涂层附着力（干燥基层及潮湿基层）	级	≤1
耐碱性	—	48h 不起泡、不起皱、不脱落

150. 聚氨酯表面为什么要使用聚氨酯界面砂浆？

聚氨酯发泡成型之后，表面会形成一薄层致密坚硬的结皮，对提高聚氨酯强度、提高抗冲击性、降低吸水率、维持导热系数稳定等均大有好处。但另一方面，这样的表面作为下一步工序的基层表面，特别是浇注成型的部分，表面还残留大量的脱膜剂，因此不利于面层以无机胶凝材料为主的找平材料的粘结。所以，对聚氨酯表面进行界面处理是必不可少的，否则，找平材料直接抹在聚氨酯表面，易出现分层起鼓、脱落、开裂等不良现象。

聚氨酯界面砂浆对聚氨酯表面及以无机材料为主的找平材料均具有良好的粘结效果，可以将聚氨酯保温层与找平层牢固地复合在一起，同时也对聚氨酯表面起到一定的保护作用，防止聚氨酯表面暴露在阳光照射中发生黄变、粉化等不良现象。

151. 为什么要对岩棉板表面进行界面处理？

新工艺生产的岩棉板虽然进行了比较好的防水设计，在其表面没有被破坏时吸水率很低，但由于岩棉板的表面强度比较低，很容易被破坏，因而在施工过程中岩棉板表面就不可避免地会被破坏，岩棉板表面破坏后其防水设计也就被破坏了，其吸水率就会显著上升，所以在岩棉板上墙固定后很有必要再对岩棉板表面进行一次处理。

其次，岩棉板表面破坏后，裸露的岩棉纤维与岩棉板的结合强度很低，因而这时若直接对岩棉板表面进行抹灰处理，抹灰材料会随岩棉纤维一起从岩棉板上脱落，这给抹灰施工造成很大的困难。对岩棉板表面进行再处理后，增强了岩棉板的表面强度，有利于抹灰层的施工，而且也可增加抹灰层材料与岩棉板之间的结合力。

岩棉板界面砂浆施工到岩棉板上后，可在岩棉板表面形成一薄层致密坚硬的壳，这对提高岩棉板的表面强度、抗冲击性、降低吸水率、维持导热系数稳定等均大有好处，同时也有利于找平抹灰层的施工。

二、胶粘层材料

152. 什么是聚苯板胶粘剂？其主要性能指标是什么？

聚苯板胶粘剂是专用于把膨胀聚苯板粘接到基层墙体上的工业产品。产品形式有两种：一种是在工厂生产的液状胶粘剂，在施工现场按使用说明加入一定比例的水泥或由厂商提供的干粉料，搅拌均匀即可使用。另一种是在工厂里预混合好的干粉状胶粘剂，在施工现场只需按使用说明加入一定比例的拌合用水，搅拌均匀即可使用。

聚苯板胶粘剂的主要性能指标见表 3-12。

聚苯板胶粘剂性能指标   表 3-12

项　　目		单位	性　能　指　标
拉伸粘接强度 （与水泥砂浆）	原强度	MPa	≥0.60
	耐水	MPa	≥0.40
拉伸粘接强度 （与膨胀聚苯板）	原强度	MPa	≥0.10，破坏界面在膨胀聚苯板上
	耐水	MPa	≥0.10，破坏界面在膨胀聚苯板上
可操作时间		h	1.5～4.0

153. 什么是胶粉聚苯颗粒粘结找平浆料？有哪些作用？其主要性能指标是什么？

胶粉聚苯颗粒粘结找平浆料由专用粘结找平胶粉料和细聚苯颗粒复合轻骨料组成的浆体材料，用于保温板的粘结或保温层面层的找平，兼起保温作用，对整个保温系统的耐候性、透汽性及防火性有重大贡献。

（1）找平抗裂

在聚苯板薄抹灰外墙外保温系统中，如果聚苯板面层平整度没有控制好的话，在抹面层砂浆时将出现薄厚不均的现象，尤其是聚苯板板缝处，这样就极易导致面层随温度变化收缩或膨胀不一致而产生裂缝。而采用亚弹性的胶粉聚苯颗粒粘结找平浆料找平，可起到过渡层的作用，有效地防止裂缝的产生，从而提高整个保温系统的稳定性和持久性。

（2）防火

胶粉聚苯颗粒粘结找平浆料采用了无机胶凝材料包复有机轻骨料的技术，因此具有良好的防火性能，浆料固化后燃烧等级为难燃 B_1 级。胶粉聚苯颗粒贴砌聚苯板外墙外保温系统采用聚苯板作为主体保温材料，双面复合防火性能较好的胶粉聚苯颗粒粘结找平浆料，其防火性能近似于胶粉聚苯颗粒外墙外保温系统。采用胶粉聚苯颗粒粘结找平浆料满粘聚苯板，与条粘或点框粘聚苯板相比阻断了火焰的蔓延，同时也分担了部分温度的压力，缓解了高温对聚苯板的稳定性影响。因此胶粉聚苯颗粒粘结找平浆料与聚苯板形成复合保温层后有利于提高保温层的耐火性能及高温辐射稳定性，适用于防火等级要求更高的高层建筑。

（3）延缓聚苯板保温层老化

聚苯板为有机成分，老化问题不可避免。胶粉聚苯颗粒粘结找平浆料含有大量无机材料，其抗老化性能优于聚苯板。利用胶粉聚苯颗粒粘结找平浆料在聚苯板保温层表面做 10mm 厚的找平层，可有效防止紫外线对保温层的损害。同时，由于胶粉聚苯颗粒粘结找平浆料本身具有一定的保温作用，能有效缓解冬季、夏季冷热作用对保温层的影响，使保温层处于相对恒温的环境中，减少了冷热对聚苯板保温层的老化影响。胶粉聚苯颗粒粘结找平浆料的高憎水性、极佳的透汽性能可以改善保温层外表面的湿度环境，使之处于一个相对稳定的状态中，减少了水汽对保温层的影响。

（4）增加保温效果

胶粉聚苯颗粒粘结找平浆料本身的导热系数比较低，用它粘结、砌筑和找平聚苯板后，可以提高保温系统的保温隔热性能，可满足节能65%或更高节能标准对外墙保温的要求。

胶粉聚苯颗粒粘结找平浆料的主要性能指标见表3-13。

胶粉聚苯颗粒粘结找平浆料性能指标　　　表 3-13

项　　目		单位	性　能　指　标
湿表观密度		kg/m³	≤520
干表观密度		kg/m³	≤300
导热系数		W/(m·K)	≤0.07
抗压强度（56d）		MPa	≥0.3
燃烧性能		—	难燃 B_1 级
拉伸粘结强度（标准状态56d）	与带基层界面砂浆的水泥砂浆试块	MPa	≥0.12
	与带保温层界面砂浆的聚苯板、聚氨酯或岩棉板试块	MPa	≥0.10 或聚苯板、聚氨酯或岩棉板试块破坏

154. 小颗粒型胶粉聚苯颗粒粘结找平浆料的主要优势有哪些？

粘结层和找平层的厚度与胶粉聚苯颗粒粘结找平浆料中聚苯颗粒轻骨料的粒径成正比，轻骨料粒径越大，粘结层和找平层的厚度就越大，浆料找平施工就越困难。采用小颗粒型（直径

3mm 左右）胶粉聚苯颗粒粘结找平浆料施工时容易找平压光，找平层平整密实，可以降低找平层厚度，提高其密实性，从而节约胶粉聚苯颗粒粘结找平浆料及其外侧的抗裂防护层材料。

155. 什么是聚氨酯胶粘剂？其主要性能指标是什么？

聚氨酯胶粘剂是以合成树脂为胶粘料，现场加入固化剂等添加剂而制得的双组分胶粘剂，用于聚氨酯预制件或聚氨酯板材与基层墙体的粘结。

聚氨酯胶粘剂的主要性能指标见表3-14。

聚氨酯胶粘剂性能指标　　　　　表 3-14

项　　目		单位	性　能　指　标
容器中状态	A 组分	—	均匀膏状物，无结块、凝胶、结皮或不易分散的固体团块
	B 组分		均匀棕黄色胶状物
干燥时间	表干时间	h	≤4
	实干时间		≤24
拉伸粘结强度（与水泥砂浆试块）	标准状态	MPa	≥0.50
	浸水后		≥0.30
拉伸粘结强度（与聚氨酯）	标准状态	MPa	≥0.15 或聚氨酯试块破坏
	浸水后		≥0.15 或聚氨酯试块破坏

三、保温层材料

156. 保温材料在建筑节能中的作用是什么？

（1）保温材料具有比较低的导热系数，保温隔热性能比较好，可以代替大量传统建筑材料。如可替代黏土砖，从而减少生产时占用大量耕地，消耗大量能源，污染大气，破坏生态环境等。

（2）保温材料可以改善工作生活环境，改善室内舒适度，节约能源。

（3）保温材料用于建筑的外围护结构，可改变建筑结构的运动状态，延长建筑的使用寿命。

（4）保温材料具有绝热保温或保冷的作用，能阻止热交换、热传递的进行。

（5）可减轻建筑物的自重。

157. 常用保温材料有哪些？

保温材料的品种很多，按材质可分为无机保温材料、有机保温材料和金属保温材料三大类。按形态又可分为纤维状、多孔（微孔、气泡）状、层状等。

（1）无机纤维状保温材料主要有：岩矿棉及其制品、玻璃棉及其制品、硅酸铝纤维及其制品等，这类材料在外观上具有相同的纤维状形态和结构，密度小、绝热效果好，具有不燃烧、耐腐蚀、化学稳定性强、吸声性能好、无毒、无污染、防蛀、价廉等优点。

（2）无机多孔状保温材料主要有：膨胀珍珠岩及其制品、膨胀蛭石及其制品、微孔硅酸钙、泡沫硅酸钙、泡沫石棉、焙烧硅藻土制品、泡沫混凝土制品、轻质烧结黏土制品等。

（3）泡沫塑料保温材料主要有：聚苯乙烯泡沫塑料、聚氨酯泡沫塑料、聚氯乙烯泡沫塑料、聚乙烯泡沫塑料、脲醛泡沫塑料、酚醛泡沫塑料、环氧树脂泡沫塑料等。

（4）玻璃类保温材料主要有：中空玻璃、热反射玻璃、吸热玻璃、泡沫玻璃等。

（5）反射型保温材料主要有铝箔波形纸保温隔热板、反射型保温隔热卷材、玻璃棉制品铝箔复合材料等。

（6）轻质保温墙及屋面材料主要有：加气混凝土砌块与板材、石膏砌块与板材、轻质混凝土砌块与板材、粉煤灰墙体材料、纤维增强水泥板材、钢丝网夹芯复合板材（钢丝网泡沫塑料水泥砂浆复合墙板、岩棉夹芯板等）、有机纤维板与有机复合板（硬质纤维板、刨花板、定向木片层压板、纸面草板、稻壳板、有机复合板等）、塑料板材（钙塑板、塑料护墙板和屋面板等）、新型金属复合板材（聚氨酯夹芯复合板、聚苯乙烯复合夹芯板、岩棉夹芯复合板、铝塑复合板等）等。

158. 耐火保温材料有哪些？

耐火保温材料主要是指无机保温材料和复合型保温材料。按形态可分为：纤维状的石棉、矿渣棉、岩棉、玻璃棉、硅酸铝棉、陶瓷纤维等，微孔状的硅藻土、硅酸钙、膨胀珍珠岩、膨胀蛭石、加气混凝土等，气泡状的泡沫玻璃、火山灰玻璃、泡沫黏土、发泡混凝土等，膏浆状的胶粉聚苯颗粒保温浆料等。它们的共同特点是难燃防火，可用于防火等级要求高的建筑物，其中硅酸钙、硅酸铝、石棉等还可用于温度高的输热管道保温。

159. 保温材料的选取原则有哪些？

按生产用原料、应用目的、应用部位、施工方法、性能指标等不同因素，可制成各种类型、形状各异的多种保温材料，以满足各类保温工程的需要。在选择保温材料时可参考下列内容：

（1）按温度范围选择保温材料

在建筑上应用时，应根据当地历年的最高气温、最低气温条件决定，选择最小经济厚度的保温材料，保证在规定的使用寿命之内满足节能要求。

（2）优先选用具有低导热系数的保温材料

在满足保温效果的条件下，应优先选用具有最小导热系数的保温材料，这样不仅满足设计要求、施工方便、减少运输等费用，而且占用空间小。

（3）选择的保温材料应有良好的化学稳定性

（4）选择的保温材料应有足够的机械强度

保温材料应能承受一定荷载并能抵抗外力撞击。

（5）应选择具有合理性价比的保温材料

用保温材料单位热阻价格比较来选用相对低价的保温材料。

（6）应优选阻燃保温材料

在建筑结构中，防火要求高的区域应优选阻燃型保温材料。

（7）应优选吸水率低或不吸水的保温材料

保温材料吸水后导热系数会增加，因此应该选用吸水率低或不吸水的保温材料，避免保温材料吸水而增加其导热系数。

（8）应优选低密度的保温材料

低密度的保温材料可以减轻荷载，施工方便。

（9）选择的保温材料应具有良好的施工性，并且容易维修

保温材料应具有施工方便、操作简便、易保证质量等特点，并且维修方便。

（10）应选择有较长使用寿命的保温材料

建筑上外用保温材料，常年经受自然界冻融循环的影响，随着时间的延长，保温材料的物理性能难免出现下降，节能效果也会降低，因此，应选择物理性能指标稳定、耐老化性好的保温材料，以保证节能效果，延长使用寿命。

（11）选择的保温材料应具有环保性

160. 什么是胶粉聚苯颗粒保温浆料？其主要性能指标是什么？

胶粉聚苯颗粒保温浆料是由胶粉料和聚苯颗粒组成并且聚苯颗粒体积比不小于80%的保温灰浆。

胶粉聚苯颗粒保温浆料具有导热系数低、干密度小、软化系数高、耐水性好、干缩率低、干燥快、施工方便、触变性好、整体性强、无接缝、配比准确、防火等级高、耐冻融、耐候等特点。

胶粉聚苯颗粒保温浆料的主要性能指标见表3-15。

项　　目	单　　位	性能指标
湿表观密度	kg/m³	≤420
干表观密度	kg/m³	180～250
导热系数	W/(m·K)	≤0.060
蓄热系数	W/(m²·K)	≥0.95
抗压强度	kPa	≥200
压剪粘结强度	kPa	≥50
线性收缩率	%	≤0.3
软化系数	—	≥0.5
难燃性	—	B_1 级

161. 胶粉聚苯颗粒保温浆料与其他保温浆料的区别是什么？

胶粉聚苯颗粒保温浆料与海泡石纤维保温浆料、水泥珍珠岩保温浆料的区别如下：

(1) 胶粉聚苯颗粒保温浆料采用胶粉料预混合干拌技术和聚苯颗粒轻骨料分装工艺，工地现场只需按包装比加水搅拌后即可使用，解决了传统保温浆料由于工地称量不准确而造成的热工性能不稳定的问题。由于胶粉料中掺加有大量保水性外加剂，解决了保温浆料由于和易性不良、施工性能差的问题，一次施工厚度可达 40mm 以上，大幅度提高了施工速度。

(2) 胶粉聚苯颗粒保温浆料的胶凝材料采用粉煤灰—硅灰—石灰等复合材料体系代替传统的石膏水泥体系，具有耐水性能好、保温性能佳、固化时间快等优势。

(3) 胶粉聚苯颗粒保温浆料采用废聚苯颗粒作为轻骨料，占总体积含量的 80% 以上，在确保保温性能的同时净化了环境，而且聚苯颗粒在砂浆搅拌机中进行拌合时，不会出现破碎，克服了珍珠岩保温浆料中常出现的随着搅拌强度加大、珍珠岩破碎程度高、材料干密度变大、保温性能下降的缺陷。

162. 胶粉聚苯颗粒保温浆料与水泥砂浆的根本区别是什么？

胶粉聚苯颗粒保温浆料与水泥砂浆相比，具有干密度小、导热系数低、粘结强度/干密度比值大等特点，见表3-16。

胶粉聚苯颗粒保温浆料与水泥砂浆的主要性能比较 表3-16

项　　目	单位	胶粉聚苯颗粒保温浆料	水泥砂浆
干密度	kg/m³	≤230	≥1800
线收缩系数	mm/m	≤3	≤0.03
导热系数	W/(m·K)	≤0.059	≥0.93
压缩强度	MPa	≥0.25	≥1.00
粘结强度/干密度	—	260	55.6

同时，由于胶粉料中含有多种纤维及有机粘结材料，与聚苯颗粒定量加水搅拌混合，就使得胶粉聚苯颗粒保温浆料比水泥砂浆具有很好的柔性及变形性。

163. 为什么胶粉聚苯颗粒保温浆料强度不宜增长过快且强度不宜过高？

胶粉聚苯颗粒保温浆料的胶粉料中普通硅酸盐水泥的含量比较低，所含二氧化硅的活性比较低，因此材料的强度增长比较慢，但经过较长时间的反应也能达到比较高的强度。若胶粉聚苯颗粒保温浆料的强度增长过快，其变形应力就比较大，从而易造成整个保温系统不稳定，严重时会引起保温系统开裂而渗水，最终影响到保温效果。

胶粉聚苯颗粒保温浆料作为保温材料，强度不宜过高，强度太高，其抵抗变形应力的能力就比较差，因而耐候能力就不强，还易出现大面积空鼓现象。

164. 在胶粉聚苯颗粒保温浆料中，为什么将聚苯颗粒轻骨料的指标确定为 95% 以上通过 5mm 筛，堆积密度控制在 $8.0 \sim 21.0 \text{kg/m}^3$？

作为保温材料的聚苯颗粒轻骨料，在保温层中占有 80% 的体积，其粒度和堆积密度技术指标的制定具有严密的科学依据。

（1）若粒度相对过大，聚苯颗粒不能均匀离散在净浆中，浆料易产生分层，状态发散，保水性差，和易性不好。施工时影响粘结性，在保温层施工完后聚苯颗粒排列暴露在表面。

（2）若粒度相对较小，则聚苯颗粒间的空隙率和总的比表面积增加，浆料虽然均匀细腻，粘结性好，但其密度太大，而且成本增加，其导热系数也大大增加，影响热工性能。

综合考虑上述因素，经大量试验，最后选用不同粒度级配的聚苯颗粒，粒度 95% 以上通过 5mm 筛，轻重均混。而将堆积密度控制在 $8.0 \sim 21.0 \text{kg/m}^3$，既可控制粒径比较小的聚苯颗粒数量，又可控制粒径比较大的聚苯颗粒数量，从而确保了聚苯颗粒粒径的均匀性，保证了保温浆料的各项指标及施工要求。

165. 胶粉聚苯颗粒保温浆料的保温热工性能是如何进行保证的？

胶粉聚苯颗粒保温浆料是一种创新的干拌灰浆，该灰浆中的聚苯颗粒轻骨料是将回收的废聚苯乙烯经工厂严格筛选、粉碎并按一定体积包装，其总体积比保持在 80% 以上；该灰浆中的胶粉料是高分子有机粘结材料—无机材料—多弹性模量的多种纤维的材料复合，采取预混合干拌技术并经特殊配制，其堆集密度为 600kg/m^3，比石膏 $700 \sim 800 \text{kg/m}^3$ 还要轻，从而保证了该灰浆的保温效果。

经反复现场跟踪检测，胶粉聚苯颗粒保温浆料随搅拌器的功率有所不同，其最终的湿密度与干密度略有波动，湿密度基本稳

定在 $350 \sim 420\text{kg}/\text{m}^3$，干密度基本稳定在 $190 \sim 230\text{kg}/\text{m}^3$。胶粉聚苯颗粒保温浆料的导热系数取值 $0.06\text{W}/(\text{m}\cdot\text{K})$，是根据其干密度 $250\text{kg}/\text{m}^3$ 的取值的，有相当大的余量，可确保了该灰浆的热工性能达标。

166. 从材料构成角度分析，降低胶粉聚苯颗粒保温浆料导热系数有哪些有效措施？

材料的导热性能主要与材料的结构及其成分、孔隙率、含水量、湿表观密度、试体表面平整度、颗粒粒径大小等因素相关。降低胶粉聚苯颗粒保温浆料导热系数的主要措施主要有：

（1）在选取胶凝材料时，避免采用密度过大的水泥作为胶凝材料，而采用氢氧化钙、粉煤灰及不定型二氧化硅等材料取代水泥。

（2）采用发泡稳泡技术，确保保温浆料固化后的干密度稳定在 $230\text{kg}/\text{m}^3$ 以下。

（3）准确控制聚苯颗粒加入量，确保聚苯颗粒在保温浆料中的体积比，从而保证保温浆料的干密度和导热系数。

167. 与其他保温材料相比，为什么说胶粉聚苯颗粒保温浆料具有更好的隔热性能？

对外围护结构进行隔热，是指对屋面、外墙特别是西墙采取隔热材料进行隔热处理，减少传进室内的热量，以降低围护结构的内表面温度。由于夏季室外综合温度 24h 呈周期性变化，隔热性能的好坏以衰减倍数和总延迟时间等指标来衡量。所谓衰减倍数，是指室外综合温度的振幅与内侧表面强度的振幅之比，衰减倍数越大，隔热性能越好；而总延迟时间是指室外综合温度出现的最高值的时间与内表面温度出现的最高值的时间之差，延迟时间越长，隔热性能越好。

由于在升温和降温过程中材料的热容作用，以及热量传递中，材料层的热阻作用，温度波在传递过程中会产生衰减和延迟的现象，因此在选择隔热材料时，应选择导热系数较低、蓄热系数偏大的材料，并按隔热要求保证围护结构达到对应的传热系数。相对于聚苯板、聚氨酯等其他保温材料，胶粉聚苯颗粒保温浆料热容量大，在相同热阻条件下内表面温度振幅减小，出现温度最高值的时间延长，因此，胶粉聚苯颗粒保温浆料具有更好的隔热性能。

168. 胶粉聚苯颗粒保温浆料的节能环保性主要体现在哪些方面？

胶粉聚苯颗粒保温浆料的节能环保性主要体现在：

(1) 原材料节能环保

胶粉聚苯颗粒保温浆料利用了大量的粉煤灰。粉煤灰是热电厂排放的固体废弃物，堆积排放占用大量的耕地，污染环境，胶粉聚苯颗粒保温浆料中利用粉煤灰代替部分水泥，既消纳了大量的固体废弃物，又减少了因生产水泥对环境的破坏（排放粉尘和温室气体）。胶粉聚苯颗粒保温浆料的轻骨料是利用回收聚苯板粉碎的聚苯颗粒，既减少了白色污染，又利用其保温性能。从原材料的角度，胶粉聚苯颗粒保温浆料是资源再生、节能环保的保温材料。

(2) 施工过程环保

胶粉聚苯颗粒保温浆料是采用定量包装的保温胶粉料和定量包装聚苯颗粒轻骨料现场加水配制而成，计量准确，施工适应性强，随配随用，无废料产生，并且胶粉聚苯颗粒保温浆料的施工性很好，与基层墙体粘结力强，落地灰很少，保证了施工现场的干净整洁。

(3) 使用过程节能

胶粉聚苯颗粒保温浆料最终形成的胶粉聚苯颗粒保温层具有优良的保温隔热性能，降低了建筑物使用过程中的采暖和空调能耗，提高了居住环境的舒适度。另外，其耐久性好，抗裂性优，减少了维修费用。

169. 膨胀聚苯板应用于外墙外保温时，需要满足哪些性能要求？

膨胀聚苯板应用于外墙外保温时，应为阻燃型。其性能指标除应符合表 3-17 的要求外，还应符合《绝热用膨胀聚苯板》（GB/T 10801.1-2002）第Ⅱ类的其他要求。膨胀聚苯板出厂前应在自然条件下陈化 42d 或在 60℃蒸汽中陈化 5d。

膨胀聚苯板的性能要求　　　　　　　　表 3-17

项　目	单　位	性能指标
表观密度	kg/m³	18.0~22.0
导热系数	W/(m·K)	≤0.041
垂直于板面方向的抗拉强度	MPa	≥0.10
尺寸稳定性	%	≤0.30

170. 膨胀聚苯板的生产工艺是怎样的？

膨胀聚苯板的生产工艺为：EPS 原料预发泡→发泡颗粒在熟化仓熟化 6~8h→板材成型机模压成型→烘干室烘干 6~8h→板材切割→包装入库。

171. 膨胀聚苯板的燃烧性能指标是什么？

对于阻燃型膨胀聚苯板要求氧指数不小于 30% 或按燃烧分级达到 B_2 级。常规的测试方法只要求测试膨胀聚苯板的氧指数。

172. 影响膨胀聚苯板氧指数的主要因素有哪些？

膨胀聚苯板中发泡剂的含量、制品储存时间和储存条件对膨胀聚苯板的氧指数起到决定性影响作用。为了获得一定等级的阻燃性能，必须给予制品一定的储存时间让残留的发泡剂从泡体中扩散出去。

173. 测试膨胀聚苯板的氧指数对膨胀聚苯板的陈化时间和放置条件有哪些要求？

测试膨胀聚苯板的氧指数要求试验样品应放置 28 天，在自然通风的条件下进行放置，此时膨胀聚苯板内的发泡剂已基本挥发完全，对测试聚苯板燃烧性能的准确性不会产生太大影响。陈化时间主要根据残留发泡剂含量、表观密度以及制品尺寸来决定。储存条件为自然通风条件，非自然条件会影响制品中发泡剂的挥发，这样就会造成膨胀聚苯板氧指数过低，达不到标准要求。

174. 影响膨胀聚苯板尺寸稳定性的主要因素有哪些？

膨胀聚苯板的尺寸变化可分为热效应和后收缩两种。

（1）热效应引起的尺寸变化

每延米膨胀聚苯板热膨胀系数为 $0.05 \sim 0.07$mm/℃，这就是说大约 17℃ 的温度变化就会引起 0.1%（1mm/m）的（可逆的）尺寸变化。

此外，由于受冷膨胀聚苯板也会产生收缩，例如在温度从 20℃ 降至 −20℃ 时，400mm 长的物件大约会收缩 1mm。

（2）后收缩引起的尺寸变化

后收缩是指由于膨胀聚苯板中残留发泡剂向外扩散而导致进一步的尺寸变化。这个过程可能需要几天或几周，取决于膨胀聚苯板的表面积与体积之比。残留发泡剂的含量越高，膨胀聚苯板后收缩越大。残留发泡剂的含量是与加工条件相关的，比如：一次或二次预发泡。

开始时，收缩速率比较快，根据加工条件和原料的密度，膨胀聚苯板的后收缩量为 $0.3\% \sim 0.5\%$，其后便减小到一极限值。

对于膨胀聚苯板，尤其重要的是考虑可能发生的模制后收缩，以防止板与板之间收缩间隙。所以板材一般应该在残留模制后收缩值低于 3mm/m （≤0.3%） 时才能安装使用。对于几乎所有应用于房屋建筑的膨胀聚苯板，这些尺寸上的变化是允许的，与温度引起的尺寸变化比较，它则是不可逆的。若要求很小的后收缩量，则在投入使用前必须先将板材存放相当长的一段时间。

175. 影响膨胀聚苯板导热系数的主要因素有哪些？

膨胀聚苯板的含水量对导热系数影响显著，每吸收 1% 体积的水，导热系数上升 4%。因此，在任何墙体结构里，隔热层必须放在远离可能产生冷凝水的地方。随着环境温度的下降，膨胀聚苯板的导热系数将随之下降，这说明膨胀聚苯板适用于温度较低的环境中。除了 EPS 泡沫塑料的密度以外，EPS 的分子量、EPS 的颗粒大小、发泡成型后粘结的良好程度以及 EPS 发泡以后其本身的孔径等因素也对膨胀聚苯板的导热系数有所影响。

176. 影响膨胀聚苯板制品质量的因素有哪些？

EPS 颗粒大小、发泡颗粒的熟化程度、制品密度、制品模具尺寸、制品成型时的蒸汽压力、加热和冷却时间等因素对膨胀聚苯板制品的质量起着决定性的影响。EPS 颗粒不均匀，制品成型时密度较难控制，发泡颗粒的熟化程度不够或蒸汽压力过低，制品成型时易产生开裂变形等质量问题；制品模具尺寸过大易造成加热或冷却不完全，从而影响制品的质量。合理选择 EPS 颗粒等级，保证发泡颗粒的熟化时间，严格控制蒸汽压力，减小制品模具尺寸，能够快捷稳定地生产出质量优良的膨胀聚苯板制品。

177. 膨胀聚苯板在生产过程中易产生的质量问题有哪些？

膨胀聚苯板制品在模压成型生产过程中受发泡颗粒熟化时

间和熟化程度、蒸汽压力、制品加热和冷却时间及制品出模后所处的养护环境等因素的影响易造成制品出现开裂、收缩、生心等质量问题。严格控制发泡颗粒的熟化时间和效果，控制好模压成型机内的蒸汽压力，对模压机内的制品进行充分加热和冷却，制品出模后要及时放入烘干室内，避免在温度过低的环境下长时间放置，这样可避免膨胀聚苯板制品出现上述质量问题。

178. 刚从模压成型机中加工出来的膨胀聚苯板模块为何要放置在热养护室中进行养护?

由于刚加工出来的膨胀制品成型件表面潮湿，并且制品内部尤其是制品的中心温度约 90~105℃，含有少量加热时产生的水蒸气凝结水 5%~15%，因此，必须对制品进行干燥处理才能保证制品的质量。干燥内部含有水分的制品需要 5~6h，如果只要求干燥表面水分或制品为薄壁时，通常只需要 1~2h。

从成型机取出的膨胀聚苯板制品将其存放在室内则会产生制品的收缩或变形现象，并且，室内温度越低，收缩或变形程度越严重。从防止膨胀聚苯板制品收缩、变形及进行适当的干燥处理出发，60℃的温室内，成型制品的温室滞留时间宜为 5~6h。

179. 膨胀聚苯板的使用温度宜为多少?

正如所有热塑性塑料一样，EPS 泡沫最大容许使用温度主要取决于在热条件下所受应力的时间和大小。在不受任何应力的情况下，EPS 泡沫最大可使用温度为 85℃。在不受破坏应力的前提下，EPS 泡沫短时间可以耐高温达 95℃以上。然而，在某些情况下，比如沥青铺摊或别的什么热熔胶粘剂，在很短的时间里，接触温度可高达 110℃，EPS 泡沫也是可以承受的，随着膨胀密度的提高，其热稳定性提高，而最大容许使用温度没有改变。

泡沫结构的聚苯乙烯是一种非结晶塑料，从 -180℃到玻璃化转变温度95℃，不会表现出根本上的结构变化。因此，EPS板可以长期在极低的温度下使用。

180. 影响膨胀聚苯板吸水率的主要因素有哪些？

与其他许多泡沫塑料不一样，EPS泡沫塑料是不吸湿的。即使将它浸没在水中，也仅仅吸很少量的水，由于构成膨胀聚苯板的EPS颗粒的蜂窝壁是不透水的，水仅能从熔融的蜂窝之间微小通道透入泡沫塑料，不言而喻，吸收的水量（透入的水量）取决于EPS泡沫塑料原材料在加工时的熔结性能，对一定密度的膨胀制品而言，珠粒间熔结越好，水蒸气扩散阻力越大，吸水率就越低。

181. EPS中发泡剂的含量对膨胀聚苯板的抗压强度有何影响？

膨胀聚苯板制件只有在生产两天后才能达到它的承载能力。刚刚出模的制件对压力很敏感，因为泡孔中蒸汽和残留的发泡剂的冷凝会导致部分真空，这得等到泡孔吸入空气后才能达到压力平衡。放置一段时间可以使残留的发泡剂发散出去，因为发泡剂对制件有软化作用。

182. 什么是挤塑聚苯板？其主要用途是什么？

挤塑聚苯板是以聚苯乙烯树脂或其共聚物为主要成分，添加少量添加剂，通过热挤塑成型而制得的具有闭孔结构的硬质泡沫塑料。

挤塑聚苯板因其表观密度较大、吸水率较低、导热系数低、抗压强度较高等特点，其主要用于屋顶、地面等有承重要求的部位，另外也用于冷库等气候条件比较恶劣的部位。但由于挤塑聚苯板自身的某些缺陷，外墙外保温的应用受到一定的限制，必须有效地解决这些弊病，才能更好地发挥其在墙体保温中的作用。

183. 挤塑聚苯板应用于外墙外保温时，需要满足哪些性能要求？

挤塑聚苯板应用于外墙外保温时，应具有导热系数低、抗压强度高、抗拉强度高、吸水率低及阻燃性好等特点。

挤塑聚苯板为阻燃型的，其性能指标除应符合表 3-18 的要求外，还应符合《绝热用挤塑聚苯乙烯泡沫塑料（XPS）》（GB/T 10801.2-2002）的要求。

挤塑聚苯板性能指标　　　　　表 3-18

项　　目	单位	性能指标
表观密度	kg/m³	28~45
导热系数	W/(m·K)	≤0.030
垂直于板面方向的抗拉强度	MPa	≥0.15
尺寸稳定性（70℃，48h）	%	≤1.0

184. 影响挤塑聚苯板在外墙外保温中大量应用的技术瓶颈是什么？

（1）未能很好解决挤塑聚苯板界面光滑、低吸水而带来的难以与配套的产品粘结造成的开裂、脱落的弊病。

（2）未能很好解决挤塑聚苯板透汽性差易形成板印而带来的整个体系水蒸气渗透受阻造成的开裂、脱落的弊病。

（3）未能很好解决挤塑聚苯板与临近配套材料导热系数相差过大而带来热胀冷缩过快，容易开裂的弊病。

185. 挤塑聚苯板的生产工艺是怎样的？

挤塑聚苯板的生产工艺如下：

混料→搅拌→上料→塑化挤出发泡剂注入→低温挤出→模具→正压定型→牵引→冷却→切割→（废边造粒挤出）→产品。

186. 挤塑聚苯板是如何分类的?

挤塑聚苯板的分类与膨胀聚苯板不同,不采用按质量大小划分类别,挤塑聚苯板的分类有两种类别,第一种是按制品压缩强度和表皮进行分类,另一种是按制品边缘结构进行分类。

按第一种分类方法共分十类:对于带有表皮的制品,压缩强度从150kPa开始,压缩强度每增加50kPa为一类,直至压缩强度增至500kPa,共八类;对于不带有表皮的制品,压缩强度分为200kPa和300kPa两类。

按第二种分类方法共分四类:SS平头型产品;SL型产品(搭结);TG型产品(榫槽);RC型产品(雨槽)。

187. 挤塑聚苯板的燃烧性能指标是如何规定的?

挤塑聚苯板的燃烧性能按《建筑材料燃烧性能分级方法》(GB 8624-1997)分级应达到B2级,测试方法按《建筑材料可燃性试验方法》(GB/T 8626-1988)进行测试。

188. 挤塑聚苯板在生产过程中易产生的质量问题是什么?

制品厚度不均匀;表面有裂纹;塑化不完全,制品中存在硬胶疙瘩;冷却不充分,制品发软,强度不够;工艺控制不到位,制品发硬发脆等现象。要避免上述问题的发生在上料前就应充分搅拌原料,合理添加发泡剂,充分冷却,严格控制工艺的操作。

189. 影响挤塑聚苯板制品的质量因素有哪些?

挤塑聚苯板生产线的塑化效果和二次挤出机冷却效果都会严重影响制品质量,塑化不完全,制品中易存在硬胶疙瘩;冷却不充分,制品发软,强度不够,包装后制品通过自然冷却变得又硬又脆,甚至尺寸规格也发生很大变化。

190. 常见的挤塑聚苯板制品规格有哪些？

常见的挤塑聚苯板板材规格为：厚度 20 ~ 100mm；长度 1000 ~ 3000mm；宽度 600mm、900mm、1200mm。

191. 在现浇混凝土模板内置聚苯板外墙外保温系统中，聚苯板的板型应该怎样设计？

聚苯板与钢筋混凝土的结合面应开有齿形槽，齿形槽可以是矩形槽、梯形槽、圆弧形槽、燕尾槽等。

矩形槽、梯形槽、圆弧形槽等虽然也能增加聚苯板与混凝土的接触面积，但增加的比例不大，且与混凝土的咬合力比较差，因此对于聚苯板与混凝土的结合力帮助不大。试验表明，在界面处理剂作用失效或没有界面处理剂时，聚苯板会被完好无缺地拉下来，这说明聚苯板与混凝土的结合力不够，因此在现浇混凝土模板内置聚苯板做法中，采用这种板槽是存在安全隐患的。另外，由于槽是横向的，在浇筑过程中无法保证混凝土能完全填充满板槽，而且横向的板槽还不可避免的在浇筑过程中被振动棒或砂石破坏，从而失去板槽应有的作用。

因此，考虑到聚苯板与钢筋混凝土的结合强度及便于浇筑施工操作，聚苯板的齿形槽应设计为与高度方向平行的竖向燕尾槽，这样混凝土浆可顺着竖向燕尾槽填满整个板槽，浇筑过程中振动棒也不易损坏到板槽。该聚苯板可称为燕尾槽聚苯板，其板型图如图 3-7。

燕尾槽聚苯板的质量及规格尺寸应符合表 3-19 ~ 表 3-21 的要求。

燕尾槽聚苯板的质量要求　　　　　　　　表 3-19

项　　目	质　量　要　求
燕尾槽	燕尾槽角度为 60° ±10°，槽宽 90 ~ 110mm，槽中距 200mm，槽深 10 ±2mm，间距 100mm，与高度方向平行

项 目	质 量 要 求
企口	聚苯板两长边设高低槽，宽20～25mm，深1/2板厚，要求尺寸准确
界面处理	聚苯板双面均匀喷涂聚苯板界面砂浆，聚苯板界面砂浆与聚苯板的粘结牢固，涂层均匀一致，不得露底，干擦不掉粉

燕尾槽聚苯板的规格尺寸（mm）　　　　　　表 3-20

层 高	长	宽	厚
2800	2825～2850		
2900	2925～2950	1220	40～150
3000	3025～3050		
其 他	其他规格可根据实际层高协商确定		

注：聚苯板的厚度包括燕尾槽部分的厚度，使用时应根据保温要求经热工计算后确定聚苯板的平均厚度。

燕尾槽聚苯板的规格尺寸允许偏差（mm）　　　表 3-21

项 目		允许偏差	项 目		允许偏差
长度宽度	<1000	±5	厚度	<50	±2
	1000～2000	±8		50～75	±3
	2000～4000	±10		75～150	±4
	>4000	正偏差不限，－10	两对角线偏差		≤10

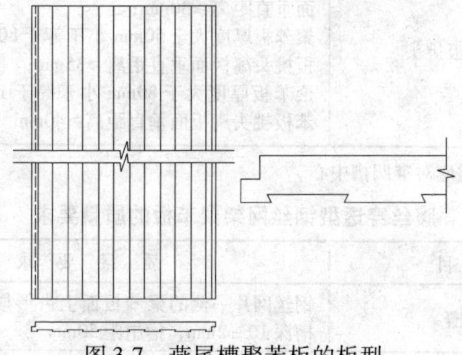

图 3-7　燕尾槽聚苯板的板型

192. 腹丝穿透型钢丝网架聚苯板用于外墙外保温时，需要满足哪些要求？

腹丝穿透型钢丝网架聚苯板用于外墙外保温时，除膨胀聚苯板要满足相关要求外，还应满足表3-22、表3-23的质量要求。

钢丝网架的质量要求　　　　　　　　　　　　　表 3-22

项　　目	质　量　要　求
镀锌低碳钢丝	用于钢丝网片的镀锌低碳钢丝的直径为2.00mm、2.20mm，用于斜插丝的镀锌低碳钢丝的直径为2.20mm、2.50mm，误差为±0.05mm，其性能指标应符合《钢丝网架夹芯板用钢丝》（YB/T 126-1997）的要求
焊点强度	抗拉力≥330N，无过烧现象
焊点质量	网片漏焊、脱焊点不超过焊点数的8‰，且不应集中在一处，连续脱焊点不应多于2点，板端200mm区段内的焊点不允许脱焊、虚焊，斜插丝脱焊点不超过2%
斜插钢丝（腹丝）密度	（100～150）根/m²
斜插钢丝与钢丝网片所夹锐角	60°±5°
钢丝挑头	网边挑头长度≤6mm，插丝挑头≤5mm
穿透聚苯板挑头	聚苯板厚度小于等于50mm，穿透聚苯板挑头离板面垂直距离≥30mm；聚苯板厚度大于50mm小于等于80mm，穿透聚苯板挑头离板面垂直距离≥35mm；聚苯板厚度大于80mm小于等于150mm，穿透聚苯板挑头离板面垂直距离≥40mm

注：横向钢丝应对准凹槽中心。

腹丝穿透型钢丝网架聚苯板的质量要求　　　　表 3-23

项　　目	质　量　要　求
齿形槽	钢丝网片一侧的聚苯板面上齿形槽宽20～30mm，槽深10±2mm，槽中距50mm
企口	聚苯板两长边设高低槽，宽20～25mm，深1/2板厚，要求尺寸准确

项　目	质　量　要　求
界面处理	聚苯板的两面均匀喷涂聚苯板界面砂浆，聚苯板界面砂浆与聚苯板的粘结牢固，涂层均匀一致，不得露底，干擦不掉粉
聚苯板对接	≤3000mm 长板中聚苯板对接不得多于两处，且对接处需用胶粘剂粘牢
钢丝网片与聚苯板的最短距离	10±2mm

193. 胶粉聚苯颗粒贴砌聚苯板外墙外保温系统中聚苯板的板型是怎样设计的？

（1）聚苯板的尺寸设计

经过调研分析，粘贴聚苯板的做法出现空鼓裂缝的因素很多，其中之一即为板块太大，虽然施工速度可以大幅度提升，但是当进行保温层的施工时压板的一端很容易造成另一端翘起，引起另一侧的板面虚贴、空鼓，在粘贴时难以达到100%的饱满度。因此我们认为板材最佳尺寸应为600mm×450mm的规格。

（2）聚苯板单面横槽设计

研究表明，聚苯板开槽增大了胶粘剂与聚苯板的粘结面积，理想状态下燕尾槽的面积增加24%，直角槽也能增加10%，梯形槽面积增加5%，因而粘结力也相应增加，而且如果切割的是横槽，那么当胶粘剂固化后每块聚苯板单元都将有一定数量的横向条状胶粘剂对聚苯板产生自下而上的托力，机械结合力进一步提高了聚苯板与粘结层的粘结性能，所以开槽是非常必要的，而且要开横向槽。

但是在粘贴聚苯板时燕尾槽的两个斜角和直角槽的两个直角不易被胶粘剂100%浸润粘实，留有死角，产生空腔；另外，制作燕尾槽的切割工艺较难控制，易导致聚苯板燕尾槽间距大小不一，产生薄弱部位。通过试验验证，同等粘贴手法对不同开槽方式聚苯板粘贴面积及拉拔强度的影响如表3-24所示，从表中可以看出最合理、粘结性最好的开槽方式为内窄外宽的梯形槽。另外，为了增加聚苯板的透汽功能，并进一步提高粘结效果，需要在板上开出两个透汽孔。贴砌用聚苯板的板型如图 3-8 所示，对于挤塑聚苯板，由于开槽比较困难，可以不开槽。

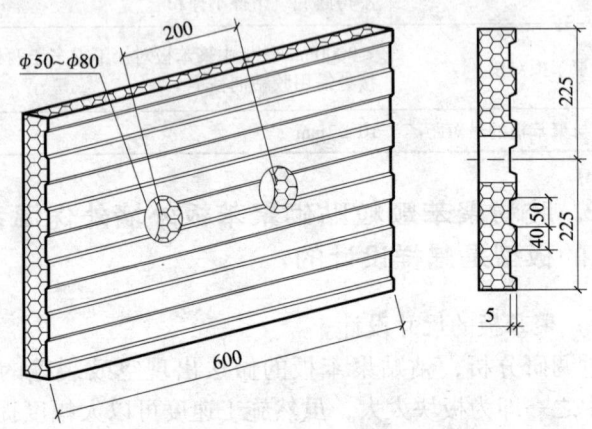

图 3-8　贴砌用聚苯板的板型

不同开槽方式聚苯板粘贴面积及拉拔强度比较　　　表 3-24

项　　目	无槽	直角槽	梯形槽	燕尾槽
面积增加比例 A	0	10%	5%	24%
EPS 板-胶粘剂粘实比例 B	90%	80%	90%	75%
粘结面积[（1＋A）×B]	90%	88%	94.5%	93%
28d 平均拉拔强度（MPa）	0.11	0.11	0.12	0.12
聚苯板破坏部位的破坏比例	100%	80%	100%	75%

贴砌用聚苯板的质量要求应满足表 3-25 的规定。

贴砌用聚苯板的质量要求　　　表 3-25

项　　目		单位	指标	允许偏差
通孔	孔径	mm	50～80	±3
	孔中心距	mm	200	±5

148

项　目		单位	指标	允许偏差
梯形槽	槽宽	mm	30～60	±2
	槽深	mm	5	±1
	槽间距	mm	30～60	±2
板长		mm	600	±5
板宽		mm	450	±5
板厚		mm	40～150	±4
界面处理		—	聚苯板双面均匀喷涂聚苯板界面砂浆，聚苯板界面砂浆与聚苯板的粘结牢固，涂层均匀一致，不得露底，干擦不掉粉	

注：聚苯板的厚度包括梯形槽部分的厚度，使用时应根据保温要求经热工计算后确定聚苯板的平均厚度。

194. 硬质聚氨酯泡沫塑料应用于外墙外保温时，需要满足哪些性能要求？

硬质聚氨酯泡沫塑料应用于外墙外保温时，其性能指标除符合表3-26的要求外，还应符合《建筑物隔热用硬质聚氨酯泡沫塑料》（QB/T 3806-1999）中类型Ⅱ的要求。

硬泡聚氨酯的性能指标　　　　表3-26

项　目		单　位	性能指标
密度		kg/m³	30～50
抗拉强度		kPa	≥150
导热系数		W/(m·K)	≤0.025
燃烧性（垂直燃烧法）	平均燃烧时间	s	≤30
	平均燃烧高度	mm	≤250

195. 聚氨酯泡沫塑料保温板在使用前应存放多久？

在聚氨酯保温板的生产过程中，多元醇和异氰酸酯发生化学反应，放出热量。在连续不断的层合机压制成期间，该硬质泡沫内部的温度可以达到约160℃。

由于温度的原因，材料尺寸的变化也相应地增大。为了加速生产周期，聚氨酯保温板经冷却工段冷却，最后切割、裁边，然后再包装出厂。

为了保证这种聚氨酯保温板的高质量，在建筑工地使用之前应存放约10d。届时，任何物理和化学反应基本上都反应结束了，这样，这种聚氨酯保温材料的优良技术性能便长期保存。

196. 在各种各样的应用中压制成型的聚氨酯保温板使用哪一种贴面？

聚氨酯保温板是通过几种基本的液体原料制作的。譬如它在连续的生产中，这些原料混合在一起，最终以一种液体形式浇注到各种贴面材料上，然后再膨胀到一定的厚度。

由于生产原因，根据聚氨酯保温板在建筑中的具体应用不同，由纸片、矿物纤维垫或铝箔等柔性面材贴面的保温板，经证明已经取得成功。

硬性贴面如粒度板、金属面等同样也可应用。

纸张贴面最经济，并且可以用在60mm厚的板材上。因为这种贴面气体可以渗透，空气可以进入泡沫层，所以增加了导热性。这种纸张贴面不防潮，也就是说如果存放不正确，纸张贴面的聚氨酯保温板易损坏。这种聚氨酯保温板一般应用在地面保温中。

矿物纤维垫通常用作保温厚度为60mm以上的板材上贴面。这种矿物纤维垫是由玻璃垫加了一种矿物覆盖层，这种贴面气体能渗透扩散，它比纸张贴面更加耐用，对潮湿更敏感。这种用矿物垫贴面的硬质聚氨酯保温板主要应用于平屋面保温。

铝箔贴面是在层压板上面铺了0.05mm厚的铝箔做密封，能防止气体扩散，空气不能进入。这种铝箔贴面的硬质聚氨酯泡沫塑料制品具有最佳的导热系数，对潮湿不敏感，主要应用于室内地面或屋顶上。

197. 生产 1m³ 硬质聚氨酯泡沫塑料需要多少能量?

硬质聚氨酯泡沫塑料在生产中所需的能量值大约为 100MJ/kg（从使用基本原料一直到泡沫塑料生产再到运输到建筑工地），即聚氨酯密度为 $30kg/m^3$ 时总能量需求约 $834kW \cdot h/m^3$。

采用聚氨酯对建筑进行绝热保温，可明显降低热损失，与应用中产生的潜在节能相比，生产中所消耗的能量则可忽略不计。$1m^3$ 导热系数为 $0.025W/(m \cdot K)$ 的聚氨酯在建筑中应用时可超过 50 年，节约能源约为 $65500kW \cdot h$，而生产时所需消耗的总能量只有 $834kW \cdot h/m^3$。

198. 硬质聚氨酯泡沫塑料保温材料应如何保存?

为了获得高质量的产品，对硬质聚氨酯泡沫塑料保温材料在生产和包装过程中都要严格保护，包装时用薄膜打包，以防风化、老化及损坏。

这种保温材料在存放时最好盖上保护膜，以防止长期的紫外线辐射引起聚氨酯泡沫的泛黄。长期存放时，聚氨酯表面会发生褪色灰化，使用时应将表面灰化层除去。

聚氨酯保温板保存在高湿度的空气中（下雨或严寒等）时，不会破坏其物理性能，但对于纸张贴面的聚氨酯保温板长期存放时，纸张贴面会松弛或变软。

因此，硬质聚氨酯泡沫塑料保温板应存放在一个平整的基体上，如长期存放，应叠加堆放，而不应浸在水中。

199. 在硬质聚氨酯泡沫塑料保温材料的生产中使用各种发泡剂的作用是什么?

目前，任何一种用于硬质聚氨酯泡沫塑料保温材料生产的发泡剂都不会对我们的环境产生负面影响，而对绝热保温效果以及对加热节能、对减少 CO_2 的排放却具有积极的意义。使用这些发泡剂后其特别性能就是其本身的导热系数优于空气的导热系数 $[\lambda_{空气} = 0.025W/(m \cdot K)]$。

硬质聚氨酯泡沫塑料保温材料优良的绝热保温性能是绝热保温节能的一个重要部分，它减少了来自加热设备产生的 CO_2 排放量以及能源消耗。

过去第一代用于硬质聚氨酯泡沫塑料保温材料生产的发泡剂的导热系数 $\lambda = 0.008W/(m \cdot K)$，生产成铝箔贴面层压的硬质聚氨酯泡沫保温板后，经计算其导热系数 $\lambda = 0.020W/(m \cdot K)$。

现在，在欧洲，这种有利于环保的不含 CFC 和 HCFC 的戊烷发泡剂主要用于硬质聚氨酯泡沫塑料保温材料的生产，同样也用于其他保温材料的生产，如用于 EPS（发泡聚苯乙烯）的生产。戊烷对臭氧层没有破坏作用，它的 ODP（对臭氧层消耗资源）实际为零。戊烷在大气中迅速分解，它具有很低的半衰期。戊烷的导热系数为 $0.013W/(m \cdot K)$，在德国，聚氨酯保温板的生产使用戊烷发泡剂，并且用铝箔贴面层压，它可以密封而防止气体扩散，生产后的保温板材导热系数为 $0.028 \sim 0.030W/(m \cdot K)$。

200. 在生产聚氨酯泡沫塑料保温材料时，以前使用何种发泡剂？现在使用何种发泡剂？

在生产聚氨酯泡沫塑料保温材料时，以前使用的是含有 CFC 的发泡剂，因为当时人们还未清楚认识到其对臭氧层的影响。

后来，人们找到了替代 CFC 的发泡剂 HCFC，它的 ODP（对臭氧层消耗资源）比 CFC 低 95%。而戊烷作为生产硬质聚氨酯泡沫塑料保温材料的发泡剂也有多年历史，它消除了最后 5% 的 ODP。

如今，人们仍大量使用戊烷作为发泡剂，它是一种低沸点、天然存在的碳氢化合物，对臭氧层没有不良的影响。另外，还可利用其他烃类或水作为生产聚氨酯泡沫塑料保温材料的发泡剂。

201. 硬质聚氨酯泡沫塑料保温材料是否防老化？

硬质聚氨酯泡沫塑料保温材料在使用过程中是会老化的，其导热系数也会增大，但通过贴面后的聚氨酯保温板材尺寸稳定性好，抗压强度高，能防止气体扩散，能有效防止老化。

202. 硬质聚氨酯泡沫塑料是否阻燃？由此在建筑业中是否被限制使用？

硬质聚氨酯泡沫塑料因为是有机材料，所以是易燃品。如果我们正确使用，和其他材料如木材一样，可以作为建筑材料，并且可以满足阻燃法规的要求。通过处理的硬质聚氨酯泡沫塑料燃烧性能等级是可以达到 B_1 级的，因此在建筑业中可以广泛使用，只是在紧急出入通道区域及其他防火等级要求比较高的区域限制使用。

203. 小火种能否引起硬质聚氨酯泡沫塑料保温材料的燃烧？

小的低强度的火种如闷烧的烟头和打磨、切断引起的火花，其火种本身不能充分地导致硬质聚氨酯泡沫塑料燃烧。在有火种的情况下，通常仅仅引起局部焦化（碳化）。

204. 硬质聚氨酯泡沫塑料保温材料是否耐化学品？与其他建筑材料是否兼容？

在建筑应用中，由硬质聚氨酯泡沫塑料制成的保温材料，是能耐绝大部分化学品的。

硬质聚氨酯泡沫塑料能耐大多数溶剂，例如粘合剂、沥青料和密封胶等。硬质聚氨酯泡沫塑料同样能耐密封薄膜中的增塑剂、耐燃料、矿物油、稀酸和稀碱，并且不受废气和有刺激的工业大气的影响。

硬质聚氨酯泡沫塑料不腐烂，抗塑、防腐、无味，并且在工程建设中应用无毒。

硬质聚氨酯泡沫塑料呈中性化学反应，紫外线会引起其表面泛黄，过期会出现表面少量的粉化。化学品会影响其性能。强酸和强碱会腐蚀硬质聚氨酯泡沫塑料，并且会引起化学降解。极性溶剂会严重侵蚀硬质聚氨酯泡沫塑料。

205. 硬质聚氨酯泡沫塑料保温材料是否能经受长期的压缩应力？

硬质聚氨酯泡沫塑料能经受长期的压缩应力，它在高压强下尺寸是稳定的，是抗蠕变的。这种材料在连续的压缩应力作用下20年，压缩变形量小于2%，这是10%压缩变形下的压缩强度的1/5。如果采用硬质聚氨酯泡沫塑料的厚度为80mm，2%的压缩意味着厚度变化仅为1.6mm。

206. 作为轻质材料的硬质聚氨酯泡沫塑料保温材料能否同样承受重负荷？

硬质聚氨酯泡沫塑料保温材料是可以承受重负荷的。试验表明，密度低于$30kg/m^3$的硬质聚氨酯泡沫塑料能经受住100～150kPa的抗压强度。最小压缩强度在100kPa的硬质聚氨酯泡沫塑料保温板，可以应用于斜屋面保温。最小压缩强度在150kPa的硬质聚氨酯泡沫塑料保温板，可应用于停车场的平台。而高密度的保温板，则可应用于有高抗压强度的场合。

207. 硬质聚氨酯泡沫塑料保温材料与硬质酚醛树脂泡沫塑料保温材料的差异是什么？

硬质酚醛树脂泡沫塑料保温材料是一种很好的具有闭孔结构的硬质泡沫，它是由酚醛树脂加上发泡剂和固化剂制成的，成型时可加热也可不加热。一般用异丙基氯和戊烷作为发泡剂。

硬质酚醛树脂泡沫塑料的生产工艺十分复杂，通常采用软性贴面、连续工艺的层合机生产或采用间歇工艺，经后道加工，采用合适的贴面做成板。

硬质聚氨酯泡沫塑料与酚醛树脂泡沫塑料在机械性能上非常相似，都是热固性塑料，并具有较高的热稳定性。它们都能承受热的沥青，都能耐溶剂和化学品或清洁剂、粘结剂以及染料，可接触其他建筑材料和一些辅助材料。

硬质酚醛树脂泡沫塑料主要用于室内地面和平屋面的铺设，而硬质聚氨酯泡沫塑料实际上可用于建筑业中的所有场合。

硬质酚醛树脂泡沫塑料的密度一般在 $40kg/m^3$ 以上，材料脆性大，现场施工时边角易发生断裂，在潮湿的空气中易腐蚀。

208. 硬质聚氨酯泡沫塑料保温材料是否耐热？

用硬质聚氨酯泡沫塑料制成的保温材料可在一个较宽的温度范围内使用。它长期的耐热使用温度在 $-30 \sim 90℃$ 的范围之内，短期使用温度超过250℃时没有任何损坏。所以，硬质聚氨酯泡沫塑料是一种耐热性能良好的保温材料。

209. 硬质聚氨酯泡沫塑料保温材料是否具有抗热变性？

任何材料在温度作用下都会发生尺寸改变，硬质聚氨酯泡沫塑料保温材料也不例外。在泡沫中，密封在气泡结构中的气体在冷却时会产生真空，在加热时会增加压力，这会导致气泡结构冷却时的收缩和加热时的膨胀。

硬质聚氨酯泡沫塑料保温材料的膨胀特性是因为温度变化引起的，它与密度、贴面有关，也与安装的基体有关。无贴面的硬质聚氨酯泡沫塑料密度在 $30 \sim 60kg/m^3$ 时的热膨胀系数为 $(5 \sim 8) \times 10^{-5}/K$，即当材料温度上升，如从10℃上升到30℃，1m长的硬质聚氨酯泡沫塑料保温材料能够膨胀 $1 \sim 1.6mm$。不过这种小的尺寸变化可以在材料形状设计时解决，如在设计边时采取接合和坡口。

210. 硬质聚氨酯泡沫塑料与聚苯板和矿物纤维比较，它们的热容量是否不相同？

建筑材料的热容量是通过比热容来表示的，也就是表示 1kg 材料当温度升高 1K 时吸收了多少能量。一般来说，硬质聚氨酯泡沫塑料与膨胀聚苯板、挤塑聚苯板的比热容是相同的，均为 1500J/(kg·K)，矿物纤维的比热容为 1000J/(kg·K)。大尺寸的建筑材料具有高效率的热容量，在夏季的绝热保温中将发挥更重要的作用。

211. 硬质聚氨酯泡沫塑料保温材料是否吸水？吸水后是否失去优良的保温性能？

硬质聚氨酯泡沫塑料保温材料具有封闭的泡孔结构，不会通过毛细管作用吸收水分。

在建筑中，硬质聚氨酯泡沫塑料几乎不吸水。但若将硬质聚氨酯泡沫塑料长期浸泡，则可能通过扩张和冷凝作用引起水分吸收。

吸水后材料的导热系数会上升。由于硬质聚氨酯泡沫塑料吸水量很小，同样它的导热系数也仅增加一点点。一般来说，每增加 1% 的体积吸水量，硬质聚氨酯泡沫塑料的导热系数仅增加 3%。

不正确的施工会引起硬质聚氨酯泡沫吸水，如安装或切割时破坏了闭孔结构，但吸水量比较小，不会对材料的导热系数产生明显的影响，因而材料不会失去优良的保温性能。

212. 硬质聚氨酯泡沫塑料保温材料为何有比较低的导热系数？

在所有商业化保温材料中，硬质聚氨酯泡沫塑料具有最低的导热系数，其导热系数可以达到 0.024W/(m·K) 以下，其他保温材料的导热系数一般都在 0.03 ~ 0.05W/(m·K) 之间，即硬质聚氨酯泡沫塑料具有最佳的保温效果。

硬质聚氨酯泡沫塑料具有封闭的气泡结构，闭孔率超过 90%，仅有 3% 的泡孔骨架，其余 97% 的气泡气体，这种高的闭孔结构及密封在气泡中的发泡剂保证了该材料的优良保温性能，它的导热系数低于空气的导热系数。

213. 硬质聚氨酯泡沫塑料保温材料是否适宜用作外墙保温？

就建筑物而言，墙体保温的最好布局是采用外墙保温，可以防止内部支撑结构温度发生比较大的变化，将应力和任何裂缝产生的可能性降至最低。

硬质聚氨酯泡沫塑料可采用下列方法用于外墙保温：

（1）作为空心的墙体保温

做外墙空心保温是将该聚氨酯保温材料置于两堵墙之间，有承重支撑的内墙最小厚度为 115mm，而无承重的外墙最小厚度为 90mm，这两堵墙连接采用金属连接件，两堵墙剖面之间的间隙不应大于 150mm。

（2）直接复合在外墙上

硬质聚氨酯泡沫塑料被粘接或机械固定到外墙上，面层用砂浆进行防护。

（3）作为周边保温

当地下室越来越流行作为居住的时候，建筑物剖面与地面接触的保温，通常作周边保温变得越来越普遍，而选用硬质聚氨酯泡沫塑料是最合适的，因为其还具有一定的防水功能。

214. 硬质聚氨酯泡沫塑料保温材料会产生有害挥发物吗？

硬质聚氨酯泡沫塑料保温材料是由多元醇、异氰酸酯以及多种添加剂为原料制成的。这些主要液体原料相互间发生化学反应，并且膨胀形成硬质聚氨酯泡沫塑料。

经过多年测试表明，即使在现场空气条件恶劣的室内，也没有发现由于异氰酸酯的挥发而导致室内空气的污染。

215. 硬质聚氨酯泡沫塑料保温材料与聚苯板相比有哪些优点？

硬质聚氨酯泡沫塑料与聚苯板相比具有更低的导热系数，因而要达到同样的保温效果，所需的材料厚度也相对较薄，因而不仅少用建筑材料，节省空间，而且还更加经济。

216. 聚氨酯粉尘对人体有危害吗？

聚氨酯在切割等操作中，会生产聚氨酯粉尘。这种聚氨酯粉尘具有磨耗特性，所以会侵蚀皮肤和黏膜，达到一定程度后碰到眼睛会引起疼痛。在许多国家有专门的生产车间，对化学无反应的粉尘有限定值，如果产生粉尘，用机器抽吸，让粉尘容易粘附。

当聚氨酯粉尘在空气中浓度特别高（大于 $6mg/m^3$），并且现场有火源存在时，会引起爆炸。所以，和其他有机材料（如煤和面粉）产生的粉尘在性质上是没有差别的。防止粉尘爆炸采取的预防措施是：消除任何粉尘的积累，并且避免任何明火或火花（如吸烟、静电释放）。

测试表明，硬质聚氨酯泡沫塑料保温材料在机械条件下（锯、钻孔、切割、研磨）没有细的粉尘产生，消除了硅肺类的职业病危害。

217. 硬质聚氨酯泡沫塑料保温材料是否有利于环境保护？

保温材料要满足技术和施工标准，还应有利于环境保护。

生产硬质聚氨酯泡沫塑料保温材料的原材料主要是多元醇和多异氰酸酯组分，而它们是由原油生产的。发泡剂通常采用低沸点的液体如戊烷，也可采用水与异氰酸反应产生的 CO_2 作为发泡剂。

生产硬质聚氨酯泡沫塑料保温材料是一种比较成熟的技术，对有害物质的限量相当严格。生产过程中不释放任何与生理相关的化学类物质，甚至在切割表面也是如此，因此，它对人类身体健康无任何危害。

在生态平衡方面，保温材料还没有统一的甚至强制的标准去参考。在能源平衡方面，硬质聚氨酯泡沫塑料保温材料由于它优良的保温隔热性能，从而显示了高的节能潜力，这种保温材料生产所需能源实际很少，可以忽略不计。

硬质聚氨酯泡沫塑料保温材料不含甲醛，也不含甲醛残留物。生物试验表明，它对生命有机体呈绝对中性效应，色谱分析表明，不存在挥发的有机物或残留物。

218. 如何处理被污染的或旧的硬质聚氨酯泡沫废料？

被污染的聚氨酯保温材料废弃物，如建筑物拆毁工作中拆下来的覆盖有沥青或粘贴有顶板的材料，最佳的处理方案是在有烟卤气体净化的现代化垃圾焚烧工厂焚烧，并且同时还可发电。其燃烧热值大约为 $765MJ/m^3$，接近于硬煤的热值。

219. 可以回收清洁的硬质聚氨酯泡沫废料吗？

清洁的硬质聚氨酯泡沫废料是可以回收的，经过处理后还可生产硬质聚氨酯泡沫塑料或生产聚氨酯压力板。

废旧聚氨酯主要包括生产厂的边角废料、模具溢出料，报废汽车、冰箱中的聚氨酯泡沫及弹性体，废旧鞋底和废旧聚氨酯革、氨纶旧衣物等。当前聚氨酯的回收利用主要有三种方法：物理法、化学法、能源法。

物理法已有许多报道和实用技术，该方法回收的聚氨酯生产的制品性能较差，只适用于低档制品。物理方法回收利用聚氨酯废旧料是指改变废旧料的物理形态后直接利用的方法。物理回收利用方法有热压成型、粘合加压成型、挤出成型和用作填料等，而以粘合加压成型为主。

（1）粘合加压成型

此法是废旧聚氨酯回收利用中最普遍的方法。其要点是：先将废旧硬质聚氨酯泡沫粉碎成细片状，涂撒聚氨酯粘合剂等，再直接通入水蒸气等高温气体，使聚氨酯粘合剂熔融或溶解后对粉状的废旧聚氨酯粘接，然后加压固化成一定形状的泡沫。

（2）用作填充料

废旧硬质聚氨酯泡沫塑料粉常用作聚氨酯建筑材料的填料，如作屋顶的绝热层，将水泥、砂、水和废硬质聚氨酯泡沫粉混合铺于房顶面的底层，材料的绝热性能优良，质量轻（几乎是不加废硬质聚氨酯泡沫的水泥层密度的 1/2），材料可以锭钉。另外，据美中化学公司报导，废聚氨酯可作为填料用于生产 RIM（反应注塑）制品、吸能泡沫和隔声泡沫。文献报导，如果将得到的废聚氨酯粉末投加到生产原部件的原料中，再次生产相同部件，则由于粉末具有与原料相同的结构，用量可达 20%，而最终制品的机械性能没有明显的削弱。在日本，已将废硬质聚氨酯泡沫塑料用作灰浆的轻质骨料。

（3）挤出成型

挤出成型是通过热力学作用把分子链变成中等长度链，将聚氨酯材料转变成软塑性材料，这种材料适合作强度高、硬度高，但对断裂伸长率要求不高的塑料件。

能源回收是通过将废料焚烧来回收热量，这种方式会造成二次污染，基本不再使用。

当物理回收方法受到技术和经济上限制时，就需要采取化学法回收。因此化学法回收聚氨酯一直是化学家们研究的热点和发展方向。聚氨酯的化学回收技术，是指聚氨酯树脂在化学降解剂的作用下，降解成低相对分子质量的成分。由于所用降解剂的不同，化学降解又分许多种类型。不同类型降解剂所得降解产物不同，物化性能及作用也不同，因此可根据使用目的采用相应的降解剂和降解工艺。聚氨酯的降解反应主要有醇解法、氨解法、热解法、碱解法、磷酸酯法等。各种方法都有各自的优缺点，但无论哪种方法，其原理都是将聚氨酯大分子中含有的大量氨基甲酸酯键、酯键、脲基和醚键等断键，使其形成相对分子质量较小的含聚酯或聚醚多元醇或聚氨酯多元醇及少量胺的液体混合物。

由于聚氨酯的聚合反应是可逆的，控制一定的反应条件，聚合反应可以逆向进行，会被逐步解聚为原反应物或其他的物质，然后再通过蒸馏等设备，可以获得纯净的原料单体多元醇、异氰酸酯、胺等。用化学方法处理聚氨酯废旧料，回收多元醇等作为原料再制备聚氨酯的工艺路线，已有多套装置投入试运行，是当前回收利用废旧聚氨酯的主要努力方向之一。

220. 什么是岩棉？具有什么特性？分为哪些类型？

岩棉是以精选的玄武岩、辉绿岩为主要原料，外加一定数量的辅助料，经高温熔融喷吹制成的人造纤维，具有不燃、无毒、质轻、导热系数低、吸声性能好、绝缘、化学稳定性能好、使用周期长等特点，是国内外公认的理想保温材料。其主要类型有岩棉板、岩棉毡、岩棉带、岩棉管壳等。

221. 当前岩棉板的具体类型有哪些？各有什么特点？其成型机理是什么？

按生产工艺分，岩棉板可分为沉降法岩棉、摆锤法岩棉和三维法岩棉。各自特点见表3-27。

不同类型的岩棉的成型机理如下：

（1）沉降法岩棉是将原材料和燃料一并加入冲天炉内熔化后，经高速离心机的离心辊旋转切向离心力将熔流分散牵引，形成很细的纤维，再借助高压风的压力将纤维吹入吸棉室，同时在集棉室提供的高压状态下，使形成的纤维均匀分布沉积在传送带上而制成的。

（2）摆锤法岩棉也是将原材料和燃料一并投入冲天炉经高温熔化后，在离心力作用下将熔流牵伸成纤维，并将纤维送至集棉机，纤维在集棉机负压风抽吸作用下，落到高速运行的集棉带上，形成很薄的棉毡，棉毡经过输送机被送入摆锤输送机，经摆锤带往复摆动铺设在与其成90°布置的二次输送机上，最后制成成品岩棉。

（3）三维法岩棉的生产工艺与摆锤法岩棉相似，只是在最后成型时使很薄的棉毡不像摆锤法岩棉一样平行铺贴，而是各层相互弯曲绕制而成，棉毡呈三维分布，所以其抗压强度和剥离强度都比摆锤法岩棉要高。

不同类型岩棉的性能特点　　　　　　　　表 3-27

项　　目	单位	岩　棉　类　型		
		沉降法岩棉	摆锤法岩棉	三维法岩棉
密度	kg/m³	≤150	≥150	≥150
纤维平均直径	μm	≤7	4～7	4～7
渣球含量 （颗粒直径＞0.25mm）	%	≤12.0	≤6.0	≤6.0
有机物含量	%	≤4.0	≤4.0	≤4.0
导热系数（70℃）	W/(m·K)	≤0.044	≤0.041	≤0.041
不燃性	—	A级	A级	A级
吸湿率	%	≤5	≤1.0	≤1.0
憎水率	%	≥98	≥98	≥98
抗压强度 （10%压缩量）	kPa	＜30	≥40	＞50
剥离强度	kPa	＜10	≥14	＞18
热荷重收缩温度	℃	≥600	≥650	≥650
负荷等级	—	小	中	大

222. 不同类型岩棉板的导热系数有何差异? 其原因是什么?

沉降法岩棉的导热系数比较大,而摆锤法岩棉和三维法岩棉的导热系数都比较小,这是由于沉降法岩棉渣球含量比较大,在相同纤维含量下,沉降法岩棉的密度最大,而岩棉的导热系数是随着密度的增大而增大的,所以沉降法岩棉的导热系数较大,摆锤法岩棉和三维法岩棉由于渣球含量低而导热系数也比较低。

223. 不同类型的岩棉板在建筑物外墙外保温中适用的高度范围是什么? 其计算依据是什么?

沉降法岩棉适用于 20m 以下的建筑保温,摆锤法岩棉适用于 60m 以下的建筑保温,三维法岩棉适用于 100m 以下的建筑保温。其计算应根据各种岩棉自身的抗压强度和剥离强度并参照了《民用建筑节能设计标准》、《建筑抗震设计规范》、《玻璃幕墙工程技术规范》和《建筑结构荷载规范》等规范。

224. 什么是泡沫玻璃? 它有什么特点?

泡沫玻璃是一种以废平板玻璃和瓶罐玻璃为原料,经高温发泡成型的多孔无机非金属材料,具有防火、防水、防蛀、无毒、耐腐蚀、不老化、无放射性、绝缘、防磁波、防静电等特性,机械强度高,与各类泥浆粘结性好,具有良好的保温性能,密度仅 $130 \sim 180 kg/m^3$,是一种性能稳定的建筑外墙和屋面隔热、隔声、防水材料。泡沫玻璃还可以运用于烟道、窑炉和冷库的保温工程,各种气、液、油输送管道的隔热、防水、防火工程,地铁、图书馆、写字楼、歌剧院、影院等各种需要隔声、隔热设备的场所,基础设施建设的隔离、隔声工程,河渠、护栏、堤坝的防漏、防蛀工程等多种领域,甚至还具有用于家庭清洁、保健的功能。用泡沫玻璃保护暖气输送管道与传统保护材料相比,可减少热损耗约25%。

四、抗裂防护层材料

225. 什么是聚合物砂浆？聚合物砂浆是如何分类的？

聚合物砂浆是指用无机和有机胶结材料、砂以及和其他外加剂等配制而成，用作外保温系统的粘结剂和抹面砂浆，按物理形态分为：

（1）单组分聚合物砂浆：由工厂预制的包括可再分散乳胶粉在内的干拌砂浆，到施工现场按说明书规定比例加水搅匀后使用。

（2）双组分聚合物砂浆：由工厂预制的聚合物乳液（或聚合物胶浆）和干拌材料（或水泥）组成的双组分料，在施工现场按说明书规定的比例搅匀后使用。

（3）膏状聚合物砂浆：由工厂预制的包括聚合物乳液、添加剂和填料在内的膏状材料，在施工现场直接使用，也可以加入颜料做最终装饰层的膏状材料。

226. 抗裂砂浆的主要性能是什么？

抗裂砂浆是由聚合物乳液或聚合物粉末、多种外加剂和抗裂物质与普通硅酸盐水泥、中砂按一定比例配制成的具有一定柔韧性的砂浆。其主要性能指标见表3-28。

抗裂砂浆性能指标　　　　　　　　表 3-28

项　　目	单位	性能指标
可操作时间	h	≥1.5
在可操作时间内拉伸粘结强度	MPa	≥0.7
拉伸粘结强度（常温28d）	MPa	≥0.7
浸水拉伸粘结强度（常温28d，浸水7d）	MPa	≥0.5
压折比	—	≤3.0

227. 抗裂砂浆的应用机理是什么?

抗裂砂浆采用了弹性乳液（粉末）、助剂以及纤维等材料，解决了保温层受温度和湿度变化影响造成的外型尺寸不稳定问题。弹性乳液（粉末）给水泥砂浆增添了柔性变形的新性能，改变了水泥砂浆易开裂的弱点；助剂和不同长度、不同弹性模量的纤维可以控制抗裂砂浆的变形量，并使其柔韧性得到明显提高。

228. 双组分抗裂砂浆的稠度对抗裂性能有何影响?

双组分的抗裂剂主要是以聚合物乳液、保水剂和不同种类纤维等多种材料复配而成，以液料形式存在。水泥、砂、抗裂剂按照一定比例配制成抗裂砂浆，抗裂砂浆具有柔韧性好、耐候能力强的突出优点。

在抗裂砂浆的使用中，使用者往往以抗裂砂浆的稀稠度作为评价抗裂砂浆的优劣指标，这种做法是不科学的。抗裂砂浆的稠度与抗裂性能并无直接关系，首先，影响抗裂砂浆性能的主要成分是聚合物乳液、保水成分以及各种纤维。一般来说，聚合物乳液含量大，保水成分和纤维适量，配制的抗裂砂浆抗裂性能就好；聚合物乳液种类也是影响抗裂砂浆性能的重要方面，一般用丙烯酸类乳液，不同乳液的稀稠度不同，抗裂砂浆的稀稠度也受到影响。保水增稠剂、吸水性材料含量高的抗裂砂浆比较稠，但是这种抗裂砂浆的抗裂性能并不一定好。

检验抗裂砂浆性能比较简单的方法是将抗裂砂浆抹在聚苯板上压入网布，3d 后弯曲聚苯板，检测抗裂砂浆有无裂纹，裂纹少或没有表示抗裂砂浆性能较好。

229. 现场搅拌双组分抗裂砂浆需要注意哪些问题?

为了避免质量隐患，应该注意以下问题：
（1）尽量做到配比准确，现场要配有称量器具。

（2）使用的砂、水泥符合厂家要求。砂注意含水、含泥量，水泥符合类别和强度等级。

（3）搅拌时间符合要求，充分搅拌。

（4）搅拌好的砂浆应盛放在专门的容器内，不要倒在地上，避免暴晒。

（5）配制好的砂浆严禁加水，避免过时使用。

230. 什么是抹面砂浆？其性能指标是什么？

抹面砂浆是指抹在粘贴好的聚苯板外表面的聚合物砂浆，用以提高外保温系统的机械强度和耐久性。抹面砂浆与胶粘剂可以是同一种材料，也可是不同材料。可以是水泥基，也可以是非水泥基的膏状材料。可以是单组分料，也可以是双组分料。其主要性能指标见表 3-29。

抹面砂浆性能指标　　　　　　　　　　表 3-29

项　目		单位	性能指标
拉伸粘结强度（与水泥砂浆）	常温常态	MPa	≥0.70
	耐温		≥0.50
	耐水		≥0.50
	耐冻融		≥0.50
拉伸粘接强度（与膨胀聚苯板）	常温常态	MPa	≥0.10 或聚苯板破坏
	耐水		≥0.10 或聚苯板破坏
	耐冻融		≥0.10 或聚苯板破坏
柔韧性	28d 压折比（水泥基）	—	
	开裂应变（非水泥基）	%	≥1.5
可操作时间		h	≥2
水蒸气透过湿流密度		g/(m²·s)	≥1.00
抗裂性（厚度 5mm 以下）		—	无裂纹
透水性（24h）		mL	≤3.0
24h 吸水量		g/m²	≤1000

231. 耐碱玻纤网布的作用是什么？

耐碱玻纤网布在饰面为涂料做法的外保温系统中发挥着软配筋作用。为了使保温系统有良好的耐冲击性，抗裂防护层由抗裂砂浆复合耐碱玻纤网布组成。抗裂砂浆中的耐碱玻纤网布经纬向抗拉强度一致，能使所受变形应力均匀向四周分散，既限制沿耐碱玻纤网布方向的变形，又取得了垂直耐碱玻纤网布方向的最大变形量，从而使复合于抗裂砂浆中的耐碱玻纤网布长期稳定地起到抗裂和抗冲击作用。实践证明，选用网眼尺寸为（4×4）mm的耐碱玻纤网布，有利于提高与抗裂砂浆的结合力，方便施工抹灰操作，同时有较好的抗冲击、抗冻融能力。

复合在抗裂砂浆中软配筋（耐碱玻纤网布），一方面能够有效地增加抗裂防护层的拉伸强度，另一方面由于能有效分散应力，可以将原本可能产生的较宽裂缝（有害裂缝）分散成许多较细裂缝（无害裂缝），因此可增加保温墙体的抗裂作用。但是，耐碱玻纤网布能否持续有效地在保温墙体内稳定地起抗裂作用，取决于其耐碱强力保留率。

232. 高分子乳液弹性底层涂料的主要作用是什么？对水蒸气渗透性指标有什么作用？

高分子乳液弹性底层涂料是选用漆膜细密、粒径较小的乳液做为底漆，含有大量有机硅树脂，该树脂可在涂刷表面形成单分子憎水排列，对液态水的较大分子具有很强的排斥作用，外界雨水会在其表面形成"水珠"，但不会润湿外表面，同时具有良好的透汽性能。高分子乳液弹性底层涂料的拒水性与透汽性，避免了墙体排湿不畅、出现结露或者保温层水分增多的现象。

保温系统面层涂覆高分子乳液弹性底层涂料后，保温系统的含水率逐年下降，基本稳定在 1%～1.5% 左右，同时传热系数也得到了保证，提高了外保温系统的抗冻融性、耐久性及抗裂性。

水是对建筑物外保温表层损坏最大的因素之一，其危害性在于对建筑物外表层的冻融损坏。当水渗入建筑物外表层后，冬季结冰，由于冰比水的体积约增加9%，从而产生膨胀应力，造成对建筑物外表层的损坏。但如果墙面被完全不透水的材料封闭，水蒸气扩散受阻，就会妨碍墙体排湿，同样会产生膨胀应力造成面层材料起鼓，甚至开裂。当然墙体排湿不畅，水蒸气会在保温层中结露，也影响建筑保温效果。为保护外保温防护面层，延长建筑物保温层使用寿命，就必须有效地控制表面材料的拒水性与透汽性。

国外研究表明，只有当透汽性和吸水性达到某一合适的比值时，建筑物保温层、防护面层才具有良好的保护功能。通常国外用吸水系数来表示材料的吸水性，即

$$K = w/(s \cdot \sqrt{t})$$

式中：K——吸水系数$[kg/(m^2 \cdot h^{0.5})]$；

w——吸水量（kg）；

s——吸水面积（m^2）；

t——吸水时间（h）。

建筑物外保温中往往用水蒸气渗透系数 μ 来表明材料的透汽能力，材料孔隙率越高，透汽性越强，静止空气的水蒸气渗透系数为 $\mu = 6.08 \times 10^{-4} g/(m \cdot s \cdot Pa)$，$\mu$ 值越高，透汽性越好。

从表面防护的角度来说，吸水性越小越好，而透汽性越大越好，理想的外墙保温系统表面既没有吸水性、又没有水蒸气的扩散阻力，但这是不可能的。国外通常要求吸水性与透汽性较为理想的范围为：$K \leqslant 0.5 kg/(m^2 \cdot h^{0.5})$。

上述数据是对一般建筑用砂浆的吸水性要求，对于混凝土材料，其吸水性是达不到上述要求的。表3-30列出部分建筑外墙材料的吸水系数。从表中可以看出，上述材料若不进行拒水防护是不能达到表面耐冻融要求的，进而必然会造成外墙出现裂纹。

部分建筑外墙材料的吸水系数　　　　　表 3-30

材料名称	吸水系数 $[kg/(m^2 \cdot h^{0.5})]$
水泥砂浆	2.0~4.0
混凝土	1.1~1.8
实心黏土砖	2.9~3.5
多孔黏土砖	8.3~8.9
加气混凝土砌块	4.4~4.7

将高分子乳液弹性底层涂料涂刷在保温防护层之上，在保持水蒸气渗透系数基本不变的前提下，能够有效地使面层材料的表面吸水系数大幅度下降。表 3-31 为试验对比数据。

涂刷高分子乳液弹性底层涂料的对比试验数据　　表 3-31

项　　目	单位	涂有高分子乳液弹性底层涂料的样品	对照样品
吸水系数 K	$kg/(m^2 \cdot h^{0.5})$	0.12	1.11
水蒸气渗透系数 μ	$g/(m \cdot s \cdot Pa)$	9.89×10^{-9}	10.72×10^{-9}

表 3-31 的数据表明，保温防护面层涂刷 $100\mu m$ 厚左右的分子乳液弹性底层涂料后，表面吸水系数大幅度降低，而材料的水蒸气渗透系数基本不变，达到了提高拒水性能，同时保持了透汽性能的目的。

五、饰面层材料

233. 外墙柔性腻子的柔性指标是什么？

外墙柔性腻子的柔性指标是指腻子膜在绕直径 50mm 的圆柱时，无裂纹。按《腻子膜柔韧性测定法》（GB/T 1748-79）规定测试，制板要求两次成型，第一道刮涂厚度约为 0.5mm，第二道刮涂厚度约为 0.5mm，每道间隔 5h。

234. 外墙柔性腻子在涂抹时为什么会起泡？

建筑涂料饰面质量与建筑腻子有着密切关系，从许多涂饰工程实践中验证了这一点，要提高涂饰工程质量，首先要提高腻子产品质量。涂饰工程是一个系统工程，包括基材处理、腻子、底漆、涂料及相应的施工技术，一环套一环，缺少哪一步都不能获得理想的效果，而在众多环节中，腻子质量的好坏起着决定性作用。

但是在涂装过程中因为现场施工人员对腻子不够重视导致了很多工程问题，如起泡、空鼓、针眼、脱落等。导致这些问题产生的主要原因有：

（1）基层吸水量过小时，腻子的水分全靠表面挥发，会产生起泡现象；基层吸水量过大时，基层把水吸入而把空气赶出来，也会产生起泡现象。

（2）基层处理不干净，有油污杂质导致产生起泡现象。

（3）腻子本身的透气性不好，自身气泡排不出来，产生气泡、空鼓。

（4）在上一层腻子还未干时直接涂抹下一道腻子导致的起泡、针眼。

遇到这类情况往往需要将起泡部分腻子刮除，用砂纸将衔接处打磨成坡状均匀过渡，再将基层处理干净涂抹腻子，涂装时一定要严格按照产品说明执行。

235. 影响面砖粘结砂浆柔韧性和粘结性的主要因素有哪些？

影响面砖粘结砂浆的柔韧性和粘结性能的主要因素有：聚灰比、养护条件、可使用时间、面砖吸水率以及施工预处理（墙面湿水或面砖浸水）。其影响如下：

（1）聚灰比对粘结砂浆柔韧性的影响

柔韧性是面砖粘结材料一个十分重要的指标，影响面砖粘结材料柔韧性的因素很多，但影响最大的因素当属聚灰比。不含聚合物的普通水泥粘结砂浆，强度高、变形量小，其压折比一般在5～8范围内。这种粘结砂浆用于外保温粘贴面砖时，在基层受到热应力作用发生形变时，粘结砂浆不能通过相应的变形来抵消这种作用，往往容易发生空鼓或脱落。

外保温面砖粘结砂浆应在确保其粘结强度的前提下，改善其柔韧性指标，使压折比≤3，以使面砖能够与保温系统整体统一，并消纳外界作用效应尤其是热应力带来的影响，满足外墙外保温饰面粘贴面砖的需要。

（2）养护条件对粘结性能的影响

一般来说，水泥基材料施工完后，需采取一定的手段进行养护。因此，从面砖粘贴完后 24h 开始，应连续 7d 对饰面进行湿水养护，每天两次，这样面砖粘结砂浆的粘结强度要比不养护的粘结砂浆高出 20% 左右。外墙外保温面砖粘结砂浆通过聚合物乳液进行了改性，不经养护也能满足粘结强度要求，但采取一定的养护手段可获得更佳的粘结效果。

（3）可使用时间对粘结性能的影响

随着可使用时间的延长，面砖粘结砂浆的粘结性能呈现一个下降趋势，并且幅度很大。如果面砖粘结砂浆在规定的 4h 内使用完毕，抗拉强度可达 0.4MPa 以上；超过规定使用时间继续使用，其抗拉强度急剧降至 0.2MPa 以下，从而造成面砖粘贴的失败。

（4）面砖吸水率对粘结砂浆的粘结性能影响

吸水率大小是外墙面砖的一个十分重要的指标。面砖的吸水率越小，表明面砖的烧结程度越好，其弯曲程度、强度、耐磨性、耐急热急冷性、耐化学腐蚀等性能就越好，反之则差。

外墙面砖按吸水率（E）大小划分为以下几类：

1）$E \leqslant 0.5\%$；

2）$0.5\% \leqslant E \leqslant 3\%$；

3）$3\% \leqslant E \leqslant 6\%$；

4）$6\% \leqslant E \leqslant 10\%$。

面砖的吸水率对面砖粘结砂浆的粘结性能有很大影响，面砖吸水率不同，粘结砂浆的粘结效果也不同。造成这种现象的主要原因在于粘结机理的不同，通常情况粘结砂浆与面砖的粘结，有两种不同的机理：

①物理机械锚固机理。在这种机理下，粘结砂浆对面砖的粘结力来自粘结砂浆对面砖表面的小孔及凹坑的渗透填充，从而形成一种"爪抓"作用。显然，多孔性材料或表面粗糙的材料，这种作用机理占主导地位，带有燕尾槽的面砖正是基于这种原理。

②化学键作用机理。这种作用机理是粘结砂浆与面砖通过分子间的范德华力或可反应官能团之间的化学键形成粘结效果。

当面砖吸水率小、烧结程度好、空隙率低时，其物理机械锚固机理作用减弱，对于主要依靠物理机械锚固的纯水泥粘结砂浆来说，粘贴面砖的粘结强度是不高的；而对于聚合物改性面砖粘结砂浆而言，由于聚合物分子链上的官能团与面砖表面材料分子之间形成的范德华力或部分官能团之间新的价键组合，就使得这种聚合物砂浆对即使是光洁的面砖表面也能形成牢固粘结。

（5）施工预处理工艺对粘结性能的影响

根据《外墙饰面砖工程施工及验收规程》的要求，在面砖粘贴前应对面砖进行挑选，浸水 2h 后，待表面晾干后方可粘贴；同时基层含水率宜为 15%～25%，如墙体干燥须进行湿水处理。从理论上讲，上述规范要求对面砖粘贴质量的保证是有好处的，但在实际施工过程中，很难保证面砖浸水 2h，晾干后再使用。有些工程往往浸水后，立即使用，从而在面砖表面生成一层水膜，影响面砖粘结砂浆的粘结性能。

试验表明，当面砖表面不浸水时，粘结强度较相同养护条件下浸水后的面砖粘结强度高；当墙体作预处理时，墙体湿水比不湿水粘结强度高；进行养护比不进行养护粘结强度高。因此，面砖粘贴前，对基层墙体进行湿水处理是必要的；粘贴施工完后24h 进行水养护也是提高粘结强度的有效手段。

236. 面砖勾缝胶粉为什么要确定柔韧性指标？

面砖勾缝材料采用干拌砂浆的形式，以硅酸盐水泥为主要胶凝材料，通过掺加再分散乳液粉末和其他助剂配制而成。其性能设定要满足柔韧性方面的指标要求（压折比≤3.0），其目的在于有效释放面砖及粘结材料的热应力，避免饰面层面砖的脱落。同时勾缝材料亦应具有良好的施工性、防水性、防泛碱性。

237. 如何处理面砖勾缝胶粉的泛碱？

（1）泛碱的形成

水泥中的主要成分是硅酸钙，它是一种弱酸强碱盐，在遇水的情况下，硅酸钙水解呈碱性。其碱性的高低与硅酸钙的含量成正比。在水大量存在的情况下，水便成为流动载体，将大量的 Ca^{2+}、OH^- 通过石材的毛细孔和缝隙渗透到面砖表面，这个过程称之为毛细孔现象。根据有关试验表明：毛细孔现象可将含盐的水提升到 10cm 以上。当 Ca^{2+}、Na^+、K^+、OH^- 等离子到达面砖表面后，由于水分的蒸发，形成白色粉末的盐类结晶，这些粉末（有时呈灰黑色）则通常称之为泛碱。

（2）泛碱的治理

泛碱一经出现，我们必须迅速采用正确有效的办法来进行治理，才能避免病症进一步恶化，影响到面砖的装饰性能。可采用以下方法治理泛碱：

1）要确定产生泛碱的主要原因是施工时水泥中的水分引起还是由于墙体漏水引起。如果是由漏水引起，应先堵住漏源，然后再进行泛碱清理工作。

2）泛碱可以采用清除剂来进行处理。清除剂对面砖表面会有腐蚀作用，使用时应特别注意。

3）面砖上的泛碱清理干净以后，应用养护剂对表面和缝隙进行防水处理，然后再用防水型的填缝剂进行密封处理。杜绝再次发生。

（3）泛碱的预防

针对泛碱产生的条件、过程及其规律，我们认为从以下几个方面着手预防具有比较好的效果：

1）减少勾缝粉配方中水泥的用量，使用硅灰、粉煤灰等酸性细填料；尽量采用低碱水泥进行施工。

2）尽量减少水泥中水分的含量，建议采用在水泥中加入减水剂以达到减水目的。

3）面砖安装完成后，应尽快用填缝剂将所有缝隙密封。

4）做好墙体的防水工作。

238. 不同厚度、大小、重量的面砖对面砖粘结砂浆有什么要求？

不同厚度、大小、重量的面砖对面砖粘结砂浆有以下的要求：

（1）面砖粘结砂浆的粘贴厚度：较大尺寸的面砖，为获得更大面积的粘结，厚度应相应的增大。

（2）面砖粘结砂浆的抗滑坠性：较大尺寸的面砖，重量较大，面砖的滑移较为严重，提供初始粘结力的砂浆的抗滑坠性也应相应的提高。

（3）面砖粘结砂浆的柔韧性：较大尺寸的面砖，覆盖的外保温面积也较大，其适应整个体系动态应力应变的能力相对要求也较高，为更好满足这一要求，一方面要求材料的柔韧性相应地提高，另一方面要求勾缝的宽度也应适当地调宽，以便更好地分解、释放系统产生的应力应变带来的破坏。

（4）面砖粘结砂浆的保水性：较大尺寸的面砖，由于粘结面积较大，其施工操作的时间也较长，因此要求砂浆必须有较长的可操作时间以及开放时间、调整时间。

239. 外墙外保温系统外饰面粘贴面砖技术中对面砖的性能要求是什么?

外保温饰面砖应采用粘贴面带有燕尾槽的产品并不得带有脱模剂,其性能指标应满足《陶瓷砖》(GB/T 4100)、《陶瓷劈离砖》(JC/T 457)、《玻璃马赛克》(GB/T 7697) 及表3-32 的要求。

饰面砖性能指标　　　　　　　　　　表 3-32

项　　目		单位	指标
尺寸	6m 以下墙面	表面面积	cm^2	≤410
		厚度	cm	≤1.0
	6m 及以上墙面	表面面积	cm^2	≤190
		厚度	cm	≤0.75
单位面积重量		kg/m^2	≤20
吸水率	Ⅰ、Ⅵ、Ⅶ气候区	%	≤3
	Ⅱ、Ⅲ、Ⅳ、Ⅴ气候区		≤6
抗冻性	Ⅰ、Ⅵ、Ⅶ气候区	—	50 次冻融循环无破坏
	Ⅱ气候区		40 次冻融循环无破坏
	Ⅲ、Ⅳ、Ⅴ气候区		10 次冻融循环无破坏

注:气候区划分级按《建筑气候区划标准》(GB 50178-1993) 中一级区划的Ⅰ ~
　　Ⅶ区执行。

第三节　胶粉聚苯颗粒外墙外保温技术

一、技术内涵

240. 胶粉聚苯颗粒外墙外保温系统的基本构造是什么?

胶粉聚苯颗粒外墙外保温系统由界面层、保温层、抗裂防护层和饰面层组成。保温层由胶粉料和聚苯颗粒轻骨料，加水搅拌成胶粉聚苯颗粒保温浆料，抹于墙体表面形成。抗裂防护层增强了面层柔性变形、抗裂及防水性能。在该系统中，饰面层可以是弹性涂料（图 3-9），也可以粘贴面砖（图 3-10），还可干挂石材。该系统采用了逐层渐变、柔性释放应力的技术及无空腔的构造措施，可适用于 100m 以下的各类建筑（含既有建筑节能改造）。

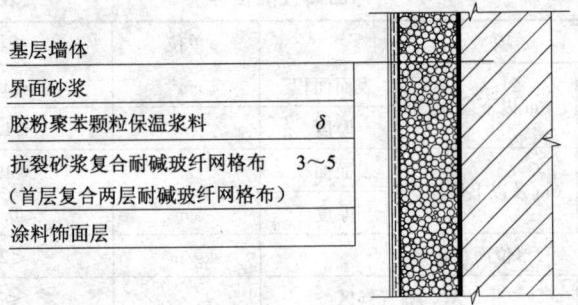

图 3-9 胶粉聚苯颗粒外墙外保温系统涂料饰面基本构造

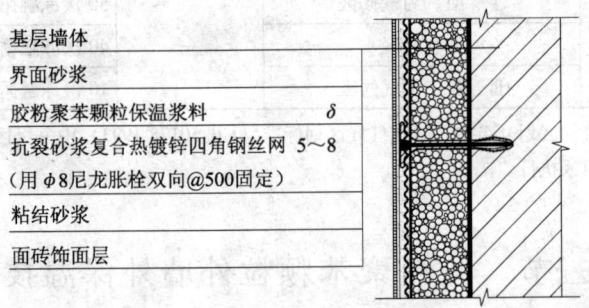

图 3-10 胶粉聚苯颗粒外墙外保温系统面砖饰面基本构造

胶粉聚苯颗粒外墙外保温系统外饰面粘贴面砖时应慎重，但采用如下技术措施后，可以粘贴面砖：

（1）胶粉聚苯颗粒外墙外保温系统外饰面粘贴面砖时粘结强度经中国建筑科学研究院大型耐候性试验实测值为 220kN/m²，考虑到最不利的情况该系统的粘结强度可保证在 100kN/m²。在考虑了系统所有材料自重、100m 高度处风荷载及地震作用的情况下，其组合荷载为 3.0kN/m²。也就是说在不采取加固保险措施的情况下，系统粘结强度远远满足抵抗组合荷载的要求。

（2）由于高层建筑外墙外保温系统外饰面粘贴面砖时必须充分考虑热应力、火、水或水蒸气、风压、地震等自然破坏力的影响，并应考虑局部损坏不至于很快影响到整个系统的完整性。为确保饰面粘贴面砖的安全可靠性，本系统进一步采取了加固保险措施：即在保温层施工完后，先抹抗裂砂浆 2～3mm，然后铺设热镀锌钢丝网，并用尼龙胀栓固定，尼龙胀栓每平方米不得少于 4 个，热镀锌钢丝网不平整部位要用 U 型卡子卡平，然后再抹一层抗裂砂浆。对于不宜锚固的墙体，应采用预埋锚筋或其他加固措施。通过尼龙胀栓和热镀锌钢丝网的作用，可将面层面砖负荷的作用力传递到稳定的基层墙体上，对保温层进行了隔离保护；同时由于热镀锌钢丝网与抗裂砂浆良好的握裹力，增强了水平方向与垂直方向的抗拉强度，极大改善了面砖粘贴基层的强度。本加固保险措施本身的拉伸力满足饰面层粘贴面砖的需要，与材料的粘结强度一道构筑起两道保护屏障，起到了双重保险的作用。

（3）本技术系统采取粘结强度和抗冻融性能均达到标准规范要求、压折比≤3 的面砖粘结砂浆及面砖勾缝胶粉，可适应面砖在温度变形时形成的内应力；粘贴面砖时，面砖缝不得小于5mm，每六层楼要留一条 20mm 宽的面砖缝，并用硅酮胶填缝，以便能有效地释放应力，保证面砖不会脱落及面砖缝不会开裂。

（4）由于采取"柔韧变形量逐层渐变"的无空腔构造和加固保险措施，系统防火等级高、呼吸性好、透气性强，使得整个保温系统与高层建筑结构有机地成为一个整体，并处于一种较为安定的状态中。这种状态会有效地消解和释放热应力、火、水或水蒸气、风压、地震等外界作用效应。

241. 胶粉聚苯颗粒外墙外保温系统外饰面粘贴面砖技术的设计机理是什么?

设计机理如下:

(1) 从保温系统来说,由于胶粉聚苯颗粒外墙外保温系统外饰面粘贴面砖技术采取逐层渐变的柔性无空腔构造,能够使得整个保温层与高层建筑结构有机地成为一个整体,并均处在一种较为安定的状态中。这种状态使得通过保温系统传导到饰面砖的热应力变形减小,并被变形量较大的面砖粘结砂浆吸纳,从而不会使热应力从四周累加而使面砖掉落。

(2) 从各层构造看,由于面砖粘结砂浆是与保温系统的抗裂防护层和面砖粘结,各构造层的变形指标为:

抗裂防护层为 5‰;

面砖粘结剂为 5‰;

面砖为 0.15‰。

上述各层弹性模量变化指标相匹配,同样满足逐层渐变的柔性抗裂原则,面砖粘结砂浆的可变形量小于抗裂砂浆而大于面砖的温差变形量,完全能够通过自身的形变消除两种质量、硬度、热工性能完全不同材料的形变差异,从而进一步确保了每块面砖像鱼鳞一样独立地释放应力,不会因温差形变而造成脱落。

242. 胶粉聚苯颗粒外墙外保温系统是如何进行抗裂设计的?

(1) 保温隔热层的抗裂设计

在胶粉聚苯颗粒保温浆料层的抗裂构造设计中,采用多种纤维复合配制的抗裂技术,将多种无机与有机粉料及不同弹性模量、长短不一的纤维复合在一起,并配套采用先进的生产技术和设备,使胶凝材料能够均匀地复合在本身具有一定弹性的聚苯颗粒上,形成一层具有一定强度的亚弹性体,能够很好地吸收受外界自然条件变化产生的膨胀、收缩变形，并均匀地将温差变形应力向四周扩散，从而有效地防止了裂缝的产生。

（2）抗裂防护层的抗裂设计

1）在抗裂防护层的构造设计中，采用聚合物乳液或聚合物粉末并掺加多种纤维及外加剂与水泥、砂子一起混合制成抗裂砂浆，增加了柔性变形的性能。

2）耐碱玻纤网布采用耐碱玻璃纤维编织，面层涂以耐碱防水高分子材料，其含锆量合理，经纬向抗拉强度一致，耐碱强力保留率高，网眼尺寸合理，耐冻融好。

3）抗裂砂浆复合耐碱玻纤网布后，其垂直墙面方向变形能力增加，沿墙面方向变形受限，从而形成一层能适应墙体变形、避免产生裂缝的抗裂防护层。

同时，抗裂防护层材料在设计时，还考虑了以下四个因素：

①保温层密度低，内含气体比例高，受温度和湿度变化影响，保温层外型尺寸不稳定；

②面层防护材料要满足基层变形，防护层的不同材料考虑变形指标的相匹配；

③面层防护材料应具有良好的耐冲击性，材质耐候年限要与结构寿命同步；

④面层防护材料还应具有良好的防潮性和透气性。

（3）高分子乳液弹性底层涂料和抗裂柔性耐水腻子

抗裂柔性耐水腻子的柔性设定合理，高分子乳液弹性底层涂料的呼吸性良好，柔性耐水腻子与弹性底层涂料两者的配套使用，不仅满足面层的变形的要求，而且还具有良好的憎水、透气、耐冻融、装饰作用。

（4）中层涂料和外墙涂料

中层涂料具有合理的柔性，与本构造系统变形量设计相协调；此外，中层涂料和外墙涂料同时为本系统饰面层的防裂、防水、防玷污、防老化性能提供了较为理想的支持。

（5）面砖胶结砂浆与面砖勾缝胶粉

面砖胶结砂浆与面砖勾缝胶粉充分考虑了耐候性、抗渗性、常温施工等因素，同时考虑了柔韧性指标，其压折比控制在 3 以下，可以确保饰面粘贴面砖时系统消纳外界作用效应等安全性要求。

243. 胶粉聚苯颗粒外墙外保温技术的先进性及创新点是什么？

胶粉聚苯颗粒外墙外保温技术能够有效地解决保温、隔热、抗裂、抗风压、抗震、耐火、憎水、耐候、透气等问题。其技术的先进性和创新点主要表现在以下六个方面：

（1）胶凝材料的技术构成综合了古今中外合理的技术内核

该技术中保温材料的胶凝材料采用氢氧化钙、粉煤灰以及不定型的二氧化硅等材料取代水泥，避免因水泥密度过大而造成导热系数值增大的问题，也避免了水泥强度增长过快、体积收缩周期长易引发墙面开裂的问题；参考了古长城粘结材料技术，在无机胶凝材料中加入了多种有机高分子材料，通过大分子互穿增稠技术使胶凝材料的粘稠性增强，抗滑坠能力增强；并掺入了复合高粘度的有机保水剂、多种纤维材料以及再分散粉末外加剂等，采用了发泡与稳泡技术和无机材料包覆有机材料的微量材料预分散技术，增强了保温层材料的稳定性，进一步提高了材料的粘结力和粘结强度。因其静剪切力强，触变性好，现场操作特别省力，施工速度快。这种不以水泥和石膏为主胶凝材料，而选用古罗马人造混凝土成分配比做胶结的新型保温材料，耐冻融、耐老化、抗风化、抗降解，具有极好的耐候稳定性，导热系数低，吸水率低而水蒸气渗透性强，耐火等级高，基本可做到与建筑结构寿命同步。

（2）柔性渐变防裂构造设计解决了保温墙面裂缝的技术瓶颈

在很长一个时期内，保温墙面裂缝一直没有得到解决，形成技术瓶颈长期困扰着我国的建筑节能工作。通过多年的理论研究和技术应用后发现，常规刚性防水技术路线的影响是保温墙体防裂失败的主要原因，在这种技术路线的影响下，采用的材料为预应力、高强、高弹性模量的，没有留给热应力充分释放的出路。

在保温构造设计上，该技术摒弃了"刚性防水技术路线"，而采取"柔韧变形量逐层渐变、逐层释放应力的抗裂技术路线"。

实践证明，经过柔性抗裂设计的保温墙面能够有效地吸收和消纳热应力变形，可确保外保温墙面不会出现有害裂缝，该柔性抗裂设计是目前外保温主要抗裂思路。

（3）无空腔构造做法提高了外墙外保温系统抗风压的能力

风压是长期作用于外墙外保温层的破坏力量之一。由于风压对建筑物的破坏力与建筑物的高度成正比例变化，高层建筑要比多层建筑承受更大的风压，因而高层建筑外保温要考虑风压，特别要考虑负风压对保温层的影响。

该技术采用无空腔构造做法，内无接缝，与基层墙体形成了一个整体；粘贴面砖时，在抗裂砂浆层采用尼龙胀栓等固定热镀锌钢丝网于基层墙体上，同时采用专用面砖粘结砂浆和勾缝胶粉，大幅度提高了外墙外保温系统抗风压的能力，减少了风压特别是负风压对高层建筑外墙外保温系统的破坏。

（4）轻质材料的柔性软联接保证了外保温层在地震力影响下的整体稳定性

地震力的作用会导致外墙外保温系统挤压、剪切、扭曲变形，且保温面层材料刚性越大，引起的破坏越严重。抗震试验表明：采用轻质材料以减轻保温面层荷载，保温系统各构造层材料满足柔韧变形量逐层渐变的原则，逐层分散和消解地震力的传导是一种积极的抗震选择，可以保证外墙外保温系统在正常使用条件下，在地震力等偶然事件发生时或发生后，仍具备保持必要的整体稳定性的能力。

（5）拒水性与透气性设置提高了外墙外保温系统的耐冻融、耐候能力该技术在构造中了设置一道防水层，放置于防护面层之上，在保持水蒸气渗透系数基本不变的前提下，大幅度地将面层材料的表面吸水系数降低，避免了当水渗入建筑物外表面后，冬季结冰时产生的膨胀应力对建筑物外表面的损坏；同时提高了面层材料的透气性，避免了墙面被完全不透水的材料封闭，从而妨碍墙体排湿，导致水蒸气扩散受阻产生膨胀应力造成面层材料起鼓，甚至开裂或者水蒸气在保温层中结露，影响保温效果。这种拒水性与透气性设置，提高了外墙外保温系统的耐冻融、耐候及抗裂能力，延长了建筑物保温层使用寿命。

（6）采取难燃或不燃材料作为保温材料，有效地控制火灾、热辐射和次生烟尘灾害

外墙外保温系统复合在结构墙体外侧，其本身的燃烧性能和耐火极限无论是抵抗相邻建筑火灾的侵害还是阻止本身建筑火势的进一步蔓延都是很重要的。该技术采用难燃 B_1 级、无次生烟尘胶粉聚苯颗粒保温浆料作为保温材料，能有效地控制火灾、热辐射和次生烟尘灾害，提高了高层建筑外墙外保温系统的安全性。

244. 为什么说胶粉聚苯颗粒外墙外保温技术是南方地区健康住宅最适宜选用的技术之一？

（1）良好的保温隔热性能

胶粉聚苯颗粒保温浆料是一种创新的干拌灰浆材料，该材料中的聚苯颗粒轻骨料是将回收的废聚苯乙烯经工厂严格筛选、粉碎并按一定体积包装，其总体积比保持在80%以上；该材料中的胶粉料是高分子有机粘结材料—无机材料—多弹性模量的多种纤维的材料复合，采取预混合干拌技术并经特殊配制，其堆积密度为 $600kg/m^3$，比石膏 $700 \sim 800kg/m^3$ 还要轻，湿密度基本稳定在 $350 \sim 420kg/m^3$，干密度基本稳定在 $230kg/m^3$ 以下，从而保证了该材料的保温效果。

相比较聚苯板材料而言，胶粉聚苯颗粒保温浆料热容量大，

在相同热阻条件下内表面温度振幅减小，出现温度最高值的时间延长，其蓄热系数大于 $0.95W/(m^2 \cdot K)$，而聚苯板的蓄热系数为 $0.36W/(m^2 \cdot K)$，前者约为后者的 3 倍，因此，胶粉聚苯颗粒保温浆料具有更好的隔热性能。

根据《夏热冬冷地区居住建筑节能设计标准》及《夏热冬暖地区居住建筑节能设计标准》，采用 20~40mm 厚的胶粉聚苯颗粒保温浆料进行外墙外保温就可确保各类外墙的保温隔热要求。

（2）良好的抗裂和防潮性能

胶粉聚苯颗粒外墙外保温技术采用了各构造层"柔韧变形量逐层渐变、逐层释放应力的抗裂技术路线"，其柔性指标包括：材料的变形量指标、柔韧性指标、压折比指标、弹性模量指标等，彻底解决了保温墙面裂缝的质量通病，并实现了涂料、干挂石材以及粘贴面砖等饰面多样化。

采用胶粉聚苯颗粒外墙外保温系统可有效解决主体墙内侧潮湿发霉等问题。

1）防止外部水渗透

当阴雨天时，如果墙体长期直接暴露在雨水中，雨水就可能慢慢渗透进墙体，使墙体潮湿发霉。采用胶粉聚苯颗粒外墙外保温系统时，由于该系统具有良好的抗裂性能，可确保外墙面不会产生雨水可渗入的裂缝；同时由于该系统采用了防水性能良好的饰面层材料及高分子乳液弹性底层涂料的合理构造，可确保防止雨水的渗透。

2）防止水蒸气在围护墙体内表面结露

一般情况下，透过围护结构的水蒸气可以忽略不计。但在南方的雨季，由于室外温度高、湿度大，而室内由于使用空调温度较低，就需要考虑通过围护结构渗透的水蒸气。当围护结构两侧空气的水蒸气分压力不相等时，水蒸气将从分压力高的一侧向分压力低的一侧转移。如果围护结构内任一断面上的水蒸气分压力大于该断面温度所对应的饱和水蒸气分压力，在此断面就会有水蒸气凝结。

不做外保温时，围护墙体内外表面的温差较大，露点处在外墙内侧，从而会造成内墙面潮湿发霉。采取内保温形式，热应力容易造成结构的不安定，结露点常出现在外墙内侧，会使保温隔热层的性能下降。而采用胶粉聚苯颗粒外墙外保温系统时，结露点出现在外保温层外侧，一方面，室外高温将使外保温墙外侧的凝结水汽化，另一方面，由于外保温具有良好的呼吸功能，可以阻止室外水的渗入，同时可以将保温隔热层中的水蒸气呼吸出去，从而使实际水蒸气分压力小于饱和水蒸气分压力，避免结露现象的出现，同时也避免了保温隔热性能的衰减。

所以采用胶粉聚苯颗粒外墙外保温系统可有效地防止由于阴雨季节雨水的渗透及水蒸气在围护墙体内侧结露而造成的墙体潮湿发霉。要达到这一点，外保温系统的防水透气性是至关重要的。当然还应注意室内除湿并配套使用具有防水防霉功能的涂料。

（3）良好的隔声减振性能

对电梯井及空压机房内表面、对楼梯间隔墙、室内屋顶及外墙做胶粉聚苯颗粒外墙外保温系统既可起到保温隔热作用又起到隔声减振作用。当然除了采用胶粉聚苯颗粒外墙外保温系统进行隔声减振外，还应采用隔声和密闭性优良的门窗，以减少噪声的绕射现象，还可利用绿化带起到吸声降噪的作用。其减振机理如下：胶粉聚苯颗粒外墙外保温系统复合在主体围护结构上，相当于在基板上附加了阻尼层，当基板受激发而产生振动时，阻尼层随之产生周期性压缩与拉伸，由阻尼层的高黏滞性来消耗能量，从而起到阻尼减震的作用。

245. 为什么说胶粉聚苯颗粒保温浆料是一种耐火性能可达高层防火规范要求的材料？

按照《建筑材料燃烧性能分级方法》（GB 8624）的规定，建筑材料燃烧性能可分为不燃性、难燃性、可燃性和易燃性四级。不燃性建筑材料是指建筑材料在遇火灾时，不起火、不微燃、不碳化，即使熔融也不发生燃烧的材料；难燃性建筑材料是指在火灾发生时，难起火、难微燃、难碳化，可推迟发火时间或缩小火灾蔓延，当火源移走后燃烧会立即停止的材料；可燃性建筑材料是指在火灾发生时，立即起火或微燃，且火源移走后仍能继续燃烧或微燃的材料；易燃性建筑材料是指发生火灾时，立即起火，火焰传播速度快的材料。

建筑耐火等级是按组成建筑物构件的燃烧性能与耐火极限确定的，普通建筑物的耐火等级为四级；高层建筑划分为两级，按建筑物的重要性、建筑物的高度以及使用性质来划分等级。高层建筑构件最低防火要求是二级，二级防火材料要求在火灾条件下，构件不爆裂、不燃烧、不蔓延。聚苯板材料在未加阻燃剂之前为易燃材料，加了阻燃剂之后为可燃材料，在100℃高温条件下，即使有外防护层也很难做到保温层面层不爆裂、不燃烧、不蔓延的要求。与聚苯板不同，胶粉聚苯颗粒保温浆料通过无机胶凝材料包覆易燃聚苯颗粒的方式来实现其耐火性能，固化后为 B_1 级（难燃级）建筑材料，包覆5mm以上的水泥砂浆作为防护层后，完全可以达到在火灾状态下不爆裂、不蔓延、不燃烧的要求，为 A 级不燃体，因而可以说，胶粉聚苯颗粒保温浆料是可达到高层防火规范要求的保温材料。

246. 胶粉聚苯颗粒外墙外保温系统各构造层的 pH 值是多少？其设计意图是什么？

胶粉聚苯颗粒外墙外保温系统各构造层的 pH 值见表 3-33。

胶粉聚苯颗粒外墙外保温系统各构造层的 pH 值　表 3-33

构造层材料	界面砂浆	胶粉聚苯颗粒保温浆料	抗裂砂浆	高分子乳液弹性底层涂料	柔性耐水腻子	面层涂料
pH 值	7~9	≥11	≥11	7~9	≥11	8~9

由于基层墙体含有大量钢筋，保温层也采用射钉、钢丝网等配套材料，只有在碱性条件下才能保证这些材料不生锈、不被腐蚀；同时由于基层墙体的 pH 值也大于 11，因而外保温系统材料的 pH 值应与其相适应。

（1）胶粉聚苯颗粒外墙外保温系统在设计时，充分考虑了基层墙体的材料构成和 pH 值，同时考虑了保温层本身使用的配套材料，把保温层、抗裂防护层和柔性腻子层的 pH 值设定为大于 11，从而一方面保护了基层墙体，避免外层材料锈蚀钢筋等物件而导致对墙体的腐蚀破坏，同时也使得保温系统内部使用的配套材料稳定持久地发挥作用。

（2）将高分子乳液弹性底层涂料的 pH 值设定为 7~9，其目的在于阻断内层墙体由于 pH 值过高而对面层涂料产生起泡等不良影响，同时阻断外界空气中的 CO_2 进入内层墙体而加速墙体的碳化，即降低碳化系数。

（3）面层涂料的 pH 值设定为 8~9，符合涂料的一般特性。

247. 胶粉聚苯颗粒外墙外保温系统是如何考虑适应高层建筑结构形变要求的？

高层建筑结构在温差应力、风荷载、地震力等作用下都会出现变形，在正常使用条件下，高层房屋结构应处于弹性状态，并且具有足够的刚度，避免产生过大的位移而影响结构的承载力、稳定性和使用条件。否则结构侧向水平位移过大会使主体结构开裂，在结构外侧的保温层必须能适应结构的可变形性。

为了避免水平位移过大，在高层建筑结构设计时，必须控制如下两种水平位移：一为建筑物顶点的总水平位移 U，二为建筑物各层间的相对水平位移 $\triangle U$。按弹性方法计算，楼层间位移与层高之比 $\triangle U/h$，在全现浇钢筋剪力墙结构中限定值不宜超过 1/900，而顶点总水平位移与总高度之比 U/H，也不宜超过 1/900。

弹性模量是描述材料弹性可变形的最具特征的力学性质，是物体变形难易程度的表征。表 3-34 为干密度为 200kg/m³ 左右的胶粉聚苯颗粒保温浆料与 C20 混凝土的弹性模量值。

胶粉聚苯颗粒保温浆料与 C20
混凝土的弹性模量值　　　　　表 3-34

材料名称	静力受压弹性模量（MPa）
C20 混凝土	2.60×10^4
胶粉聚苯颗粒保温浆料	1.06×10^2

从表 3-34 的数据可以看出，胶粉聚苯颗粒保温浆料的可变形量要比混凝土材料的可变形量大两个数量级。因而在结构出现温差形变时，由于外保温层材料的可变形性远远大于基层，不会造成建筑结构保温面层由于温差形变而导致开裂；同样，在高层建筑使用的条件下，即使风荷载和地震作用会使混凝土结构造成一定的形变，但由于胶粉聚苯颗粒保温浆料的可变形量远远大于基层混凝土材料，在正常条件下，胶粉聚苯颗粒保温浆料也不会因风荷载和地震作用等影响高层建筑基层结构形变而造成保温层及饰面层开裂和脱落。

248. 胶粉聚苯颗粒外墙外保温系统的隔声机理是什么？

（1）胶粉聚苯颗粒保温浆料是一种良好的隔声材料

胶粉聚苯颗粒保温浆料是由胶粉料与聚苯颗粒轻骨料两种组分按比例加水搅拌混合制成的浆料。

1）胶粉料是由氢氧化钙、粉煤灰、硅粉、硅酸盐水泥与各种保水剂、外加剂等组成的复合胶凝材料，固化后坚硬，密实，弹性很好，粘结力强，是较好的隔声材料。

2）聚苯颗粒是由回收的废聚苯乙烯泡沫塑料包装物经粉碎、混合制成，它具有一定粒度、级配，由直径 1～5mm 大小不等的小圆球组成，球体本身表面含有许多小微孔，能大量吸收声波；小球本身具有弹性，能使声波反弹；小球在声波的冲击下会产生震颤，从而使声波转变成不同的、听不见的频率；各个小球还能把声波以不同的入射角反向回去，形成声波的散射，减弱声波的强度；声波在无数的小球之间被吸收、反向、反弹、震颤，最后几乎全部被吸收。同时由于聚苯颗粒中含有大量隔绝空气、容重很轻，是一种极好的吸声材料，将其放置于墙体与抗裂防护层之间，可以减弱结构振动的传声。

3）胶粉料包覆聚苯颗粒后，减少了聚苯颗粒小球与小球之间的孔洞和缝隙漏声，提高了保温层的隔声效果。

（2）胶粉聚苯颗粒外墙外保温系统保温构造设计有利于提高系统的隔声性能

一般而言，密度小和孔隙多的材料吸声性能好，而坚硬、光滑、结构紧密和重的材料吸声能力差，但反射性能强，也就是隔声性能强。声学上把面密度和隔声量这一关系叫质量定律。如果把吸声材料和隔声材料有机地组合成双层或多层结构，在各层之间的空气层中填充吸声材料，往往可以突破质量定律的限制，较大地提高隔声量。在隔声量相同的条件下，双层结构的重量仅是单层结构的 2/3 ~ 3/4。这种多层结构在隔声要求较高的场合多被采用。从胶粉聚苯颗粒外墙外保温系统的多层构造形式和各层材料的组成及性能，从控制噪声的角度进行分析，不难看出其具有优良的隔声功能。

胶粉聚苯颗粒外墙外保温系统是由保温层、抗裂防护层、高分子乳液弹性底层涂料层和抗裂柔性腻子层、罩面层所组成的多层复合结构，利用声波在不同介质的分界面上产生不同反射，以及声波进入不同介质产生的不同折射的原理，有效地提高了隔声效果。在结构上，各层材料采取了软硬相隔的排列，这种排列不但减弱了各层之间的共振，也减少了在吻合频率区域的声能透射。实践证明，采用多层结构是减轻构件重量和改善隔声性能的有效措施，在噪声控制工程与建筑隔声设计中已被广泛采用。

（3）胶粉聚苯颗粒外墙外保温系统的隔声原理

声波从外墙面传入，遇到墙壁，一部分被反射回来，一部分进入墙壁折射后遇到界面层，经过反射、折射，反射、折射进入保温层，遇到保温层中的许许多多 1～5mm 的不同聚苯颗粒小球，小球有许多小微孔，声波被大量吸收，少量透过小球的声波被紧紧包裹小球的混凝土又反射回小球，当声波经过无数次的反射、折射以及大量被吸收后，透过保温层的声波已经很少、很弱了，再经过抗裂砂浆层后，声波又被大部反弹回保温层被吸收，即使有声波透过，还有抗裂柔性腻子层、涂料或其他装饰面层，都起到阻挡声波传导的作用，如图 3-11 所示。

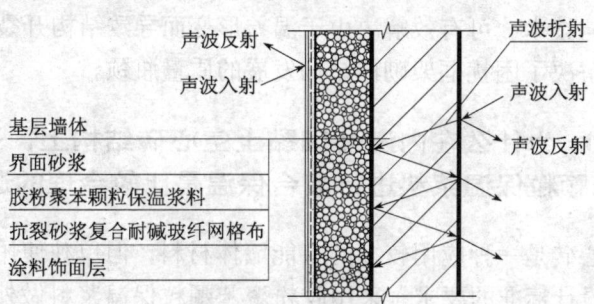

图 3-11　胶粉聚苯颗粒外墙外保温系统的隔声机理

反之，声音从装饰面层进入，一部分被反射、一部分折射进入，经过抗裂柔性腻子层、再经过抗裂砂浆层、网布层、高分子乳液弹性底层涂料层，每一层都是很好的隔振、隔声层，每经过一层都会被反射，剩下的折射进入，到达保温层后，遇到无数大大小小的聚苯颗粒小球，被无规则地反射、折射，并大量地吸收，最后到达墙壁的已是极少数了，同时到达墙壁的声波又被反射回保温层，被吸收遗尽。

249. 在加气混凝土等框架砌体结构中，采用胶粉聚苯颗粒保温浆料有什么优势？

在加气混凝土等框架砌体结构中，往往易出现混凝土梁柱的保温效果达不到要求、整个外墙平均传热系数达不到节能设计标准要求以及混凝土梁柱与轻体砌块之间由于材料的温差变形差异不同出现结合部易开裂等质量通病，从而在一定程度上限制了框架砌体结构的发展。采用胶粉聚苯颗粒保温浆料，可有效地解决框架砌体结构存在的上述质量问题。

（1）由于胶粉聚苯颗粒保温浆料是现场成型材料，施工厚度可随意调节，在框架砌体结构中一般只需抹 2～3cm 厚的胶粉聚苯颗粒保温浆料，即可弥补柱、梁热桥所造成的热工性能不达标的问题。

（2）同时由于胶粉聚苯颗粒保温浆料有完整的抗裂防护面层材料与技术，可有效解决由于温差形变而导致结构开裂的技术难题，解决了困扰框架砌体结构发展的质量瓶颈。

250. 为什么在内浇外砌黏土空心砖结构上，采用胶粉聚苯颗粒保温浆料进行复合保温是比较合理的选择？

空心砖是一种应用较多的节能墙体材料，但单独使用难以达到节能设计标准的要求。采用胶粉聚苯颗粒保温浆料做外墙补充保温，部分地区仅需 20～30mm 厚度就可达到节能设计标准的要求。采取粘贴聚苯板等其他方法进行补充保温，由于聚苯板 20～30mm 厚时，强度太低，施工困难，综合效益又不够理想，而采用胶粉聚苯颗粒保温浆料，可按设计要求随意调整厚度，这种做法将装饰抹灰层、结构防水层与节能保温层统一于一体，大大地节约了工程一次性保温投资，比较经济合理。

251. 为什么在混凝土空心砌块墙体上，宜选用胶粉聚苯颗粒保温浆料？

目前，采用混凝土空心砌块替代黏土砖在我国有着广阔的市场。在应用过程中，由于混凝土空心砌块变形性、吸水失水、热胀冷缩等原因，往往容易造成砌块墙体的裂缝，从而导致墙体渗水。在混凝土空心砌块墙体外面复合胶粉聚苯颗粒保温浆料，可有效解决墙体渗漏等质量通病，同时有利于墙面装饰多样化，是一举多得的做法。

252. 在干挂石材工程中，采用胶粉聚苯颗粒外墙外保温技术的优势是什么？

在干挂石材的外墙外保温工程中，首先要安装固定挂件。由于这些固定挂件密度较大，而且要穿透保温层，如果在此基层上安装聚苯保温板等材料，必须要反复裁板，施工难度较大；而采用胶粉聚苯颗粒外墙外保温技术施工，实行现场抹灰方法，只须将挂件接头留出即可，同时可避免电焊挂件引起火灾，也可采用分层安装石材后，在对石材与墙体空腔中灌注胶粉聚苯颗粒保温浆料的方法。总之，在干挂石材工程中，采用胶粉聚苯颗粒外墙外保温技术具有施工灵活性好、材料利用率高、防火性能高、热桥少、工程质量好、施工速度快等优势。

253. 胶粉聚苯颗粒外墙外保温技术的应用现状如何？

胶粉聚苯颗粒外墙外保温技术以其优异的性价比已在全国二十多个省、自治区、直辖市几千个工程中得到了广泛的推广应用，而且年应用量每年均呈上升趋势，所做的工程质量良好，热工性能达标，没有任何用户投诉保温工程开裂问题，顾客满意率达到100%，已有几十个工程获得"鲁班奖"，一项获"2003年全国十大建设科技成就"（新疆昌吉"世纪花园"）。该技术是目前我国抗裂性能稳定、使用面积最大的外墙外保温技术之一，取得了很好的社会、经济和技术效益。

随着节能65%设计标准的实施，胶粉聚苯颗粒外墙外保温技术逐步退出了北方地区的市场，但胶粉聚苯颗粒外墙外保温技术以其优异的保温隔热、耐候、抗裂、憎水、防火、操作性能在南方地区得到了广泛的推广应用。

国家就胶粉聚苯颗粒外墙外保温技术于2004年发布了行业标准《胶粉聚苯颗粒外墙外保温系统》（JG 158-2004），其构造做法于 2001 年就编制了国家标准图集《外墙外保温建筑构造（一）》（02J121-1），并在全国二十多个省、自治区、直辖市编制了专项标准图集、施工技术规程或施工验收规程，其施工工法于2001 年被建设部确定为国家级工法《ZL 胶粉聚苯颗粒保温材料外保温施工工法》（YJGF 41-2000）。

胶粉聚苯颗粒外墙外保温技术涂料饰面的典型工程主要有：北京望京高校（东区）、北京星城广厦、北京远洋天地、武警北京总队亮马河住宅楼、北京总参气象局住宅楼、北京银地家园、天津云琅新居、天津新春花园、济南汇统花园、北京鑫兆家园-柏林爱乐、秦皇岛碧海云天，山西太原邮电管理局宿舍楼、山西太原双塔东街小区、葫芦岛财政局宿舍楼等。

胶粉聚苯颗粒外墙外保温技术面砖饰面的典型工程主要有：山东临沂桃源大厦、北京长安金泰丽舍公寓、北京嘉铭桐城、北京金地格林小镇世纪翠园、北京清林苑、北京诚品建筑、北京珠江绿洲、北京蓝堡公寓、北京嘉和人家、天津顺驰世纪城、天津华泰园、浙江古荡北组团楼、银川领袖一居、上海昌里花园、哈尔滨黄金公寓、唐山地税局、苏州名城花园等。

二、施工技术

254. 胶粉聚苯颗粒外墙外保温系统各构造层材料的存运条件是什么？

胶粉聚苯颗粒外墙外保温系统各构造层材料的存运条件见表3-35。

各构造层材料的存运条件　　　　　　　　表 3-35

材料名称	存运条件
基层墙体界面砂浆	5~30℃贮存期 6 个月，防晒、防冻，按非危险品运输
胶粉料	通风干燥条件下贮存 6 个月，防潮、防雨，按非危险品运输

材料名称	存运条件
聚苯颗粒轻骨料	放置阴凉处，严禁烟火，防止暴晒和雨淋，运输时注意防止划损包装，交付时注意与胶粉料配套清点
抗裂砂浆	5～30℃贮存期6个月，防晒、防冻，按非危险品运输
耐碱玻纤网布	立码，不宜平堆，通风干燥条件下贮存期12个月，按非危险品运输，运输中防划、折、压、损坏
高分子乳液弹性底层涂料	5～5℃贮存期6个月，防晒、防冻，按非危险品运输
柔性耐水腻子	5～30℃贮存期5个月，防晒、防潮，按非危险品运输
面砖粘结砂浆	5～30℃贮存期6个月，防晒、防冻，按非危险品运输
面砖勾缝胶粉	5～30℃条件下贮存，贮存期6个月，防晒，按非危险品运输
各类涂料	5～30℃，贮存期6个月，应保持通风、干燥，防冻、防雨、防暴晒、防挤压、防碰撞，按非危险品运输

255. 胶粉聚苯颗粒外墙外保温系统的施工优越性有哪些？

无论在国内还是在国外，在建筑施工中，采用现场成型的保温浆料均占有很大的比重。胶粉聚苯颗粒外墙外保温系统的施工优势主要有：

（1）材料适应性好。由于胶粉聚苯颗粒保温浆料是现场成型的保温材料，不受墙体外形的约束，其施工适应性好，在结构比较复杂或不规整的基层如圆拱形、斜三角形等外墙表面施工，以及在平整度较低的外墙面施工时，可以节约材料费用与人工费用。

（2）施工整体性好。胶粉聚苯颗粒保温浆料固化后，保温层总体效果一致，不存在接缝，既避免了接缝热桥又防止了保温板接缝处理不当易开裂的弊病。

（3）材料利用率高。胶粉聚苯颗粒保温浆料采用现场搅拌现场成型，搅拌量随施工量确定，用多少搅多少，不存在运输、贮存过程中的破损问题，也不存在施工裁板而造成材料利用不充分的问题。

256. 胶粉聚苯颗粒外墙外保温系统施工的工艺流程是什么？

（1）涂料饰面做法的工艺流程如下：

结构基层处理→吊垂直线、弹控制线、贴饼→复测基层平整度→涂刷基层墙体界面砂浆→抹胶粉聚苯颗粒保温浆料→保温层验收→抹抗裂砂浆随即铺压耐碱玻纤网布→涂刷高分子乳液弹性底层涂料→抗裂防护层验收→刮抗裂柔性耐水腻子→涂料施工→验收。

（2）面砖饰面做法的工艺流程如下：

结构基层处理→吊垂直线、弹控制线、贴饼→复测基层平整度→涂刷基层墙体界面砂浆→抹胶粉聚苯颗粒保温浆料→保温层验收→抹第一遍抗裂砂浆→用尼龙胀栓固定热镀锌钢丝网→抹第二遍抗裂砂浆→抗裂防护层验收→外墙粘贴面砖→勾缝→面砖清理→饰面层验收。

（3）干挂石材饰面做法的工艺流程如下：

结构基层处理→吊垂直线、弹控制线、贴饼→复测基层平整度→涂刷基层墙体界面砂浆→抹胶粉聚苯颗粒保温浆料→保温层验收→往结构墙上打眼锚固膨胀螺栓→安装挂件→干挂石材施工→面层石材验收。

257. 胶粉聚苯颗粒保温浆料抹灰前，对结构基层有什么要求？

（1）保温施工前应会同相关部门做好结构验收的确认。外墙面基层的垂直度和平整度应符合现行国家施工验收规范要求。进行保温层隐蔽施工前应做好如下检查工作，确认墙体的平整度、垂直度允许偏差在验收标准规定之内。总包方应按要求将各墙面阳角垂直控制钢线安装完毕，高层建筑垂直钢垂线应用经纬仪复验合格。

（2）外墙面的阳台栏杆、雨漏管托架、外挂消防梯等外挂件应安装完毕并验收合格。墙面的暗埋管线、线盒、预埋件、空调孔应提前安装完毕并验收合格，同时还应考虑到保温层厚度的影响。

（3）外窗辅框应安装完毕并验收合格。

（4）墙面脚手架孔、模板穿墙孔及墙面缺损处用水泥砂浆修补完毕并验收合格。

（5）混凝土梁、墙面的钢筋头和凸起物清除完毕，墙表面凸起物大于 10mm 应剔除。

（6）主体结构的变形缝、伸缩缝应提前做好处理。

（7）基层墙面在施工前应进行清理，清洗油渍，清扫浮灰，既有建筑基层的旧墙面松动、风化部分应剔除干净。

258. 胶粉聚苯颗粒保温浆料施工中如何吊垂直、套方、弹控制线？

（1）在顶部墙面固定膨胀螺栓，作为挂线铁丝的垂挂点。

（2）根据室内三零线向室外返出外保温层抹灰厚度控制点，而后固定垂直控制线两端。

（3）每层首先用 2m 杠尺检查墙面平整度，用 2m 托线板检查墙面垂直度。偏差超过 20mm 的，查明原因后作出墙面找平层厚度调整。

（4）在距每层顶部约 100mm 处，同时距大墙阴阳角约 100mm 处，根据大墙角已挂好的钢垂直控制线厚度，用界面砂浆粘贴 50mm×50mm 聚苯板块作为标准贴饼。

（5）待标准贴饼固定后，在两水平贴饼间拉水平控制线，具体做法为将带小线的小圆钉插入标准贴饼，拉直小线，使小线控制比标准贴饼略高 1mm，在两贴饼之间按 1.5m 间隔水平粘贴若干标准贴饼。

（6）用线坠吊垂直线，在距楼层底部约 100mm、大墙阴阳角 100mm 处粘贴标准贴饼（楼层较高时应两人共同完成），之后按间隔 1.5m 左右沿垂直方向粘贴标准贴饼。

（7）每层贴饼施工作业完成后水平方向用 2～5m 小线拉线

检查贴饼的一致性，垂直方向用2m托线板检查垂直度，并测量灰饼厚度，作记录，计算出超厚面积工程量。

259. 胶粉聚苯颗粒保温浆料抹灰施工与其他一般水泥砂浆抹灰有什么差异？

胶粉聚苯颗粒保温浆料抹灰施工与其他一般水泥砂浆抹灰的主要差异有：

（1）保温层施工厚度一般较厚，超过30mm，局部超过100mm。吊垂直线、做灰饼时，常常误差较大，特别是在高层建筑、风力较大天气时，因此吊垂直的吊线一般选择丝径较粗的钢丝，紧线器调紧并校正垂直后，应予以固定。

（2）灰饼的厚度厚。为使施工好的灰饼不会因为变形影响质量，一般采用废聚苯板裁成小块粘贴而成。

（3）胶粉聚苯颗粒保温浆料材质较松软，施工厚度厚，抹灰施工应分遍成活。第一遍抹灰较厚，用力抹在墙上，以增大胶粉聚苯颗粒保温浆料与基层的粘结能力；保温面层用扛尺刮平后，抹子轻轻收平，尽量减少来回赶压。

260. 胶粉聚苯颗粒保温浆料是如何搅拌而成的？搅拌质量如何控制？

按产品使用说明书规定的配比及要求进行搅拌而成：先开动搅拌机，接着将水倒入搅拌机内，再倒入一定量的胶粉料搅拌3~5min，最后倒入一定量的聚苯颗粒轻骨料继续搅拌3min以上。胶粉聚苯颗粒保温浆料拌制必须在搭设的搅拌棚内进行，必须设专人搅拌，以便控制搅拌的时间，确保配比准确。

现场搅拌好的胶粉聚苯颗粒保温浆料应进行湿表观密度检测。其方法是：对现场砂浆搅拌机内的胶粉聚苯颗粒保温浆料抽检取样，用容积为1L的量筒进行称量，要求其在0.42kg以下，以控制胶粉聚苯颗粒保温浆料的干表观密度及导热系数，确保其最后的质量。

261. 胶粉聚苯颗粒保温浆料每遍抹灰厚度有要求吗？

为了确保抹灰质量，胶粉聚苯颗粒保温浆料每遍抹灰厚度是有要求的，一般每遍的抹灰厚度在 20mm 左右，特殊情况下不应超过 40mm，最后一遍抹灰厚度宜控制在 10mm 左右，以利于找平施工。

262. 采用胶粉聚苯颗粒外墙外保温系统时，建筑物首层与其他层施工有何差异？

采用胶粉聚苯颗粒外墙外保温系统施工时，由于首层受撞击的频率较高，工艺要求首层耐碱玻纤网布必须铺贴两遍。考虑到搭接位置的平整度要求，第一遍耐碱玻纤网布铺贴时采用对接，第二遍耐碱玻纤网布的铺贴同大面网布铺贴，采用搭接，施工顺序为抹抗裂砂浆压耐碱玻纤网布再抹抗裂砂浆压耐碱玻纤网布。搭接处应错开，首层的阳角处应铺设金属护角，金属护角在第一遍耐碱玻纤网布铺好后，随即放好金属护角，用抹子拍压出抗裂砂浆，抹第二遍抗裂砂浆压耐碱玻纤网布时包裹住护角。

263. 炎热天气施工时，采用胶粉聚苯颗粒外墙外保温系统应注意哪些问题？

（1）搅拌时尽量减少余料，随搅随用，特别是抗裂砂浆，有条件时，抗裂砂浆应采用手动搅拌器现场搅拌，边搅边用。

（2）避免高温或高温时段进行抗裂防护层施工。

（3）搅拌胶粉聚苯颗粒保温浆料时，应适当调整配合比的用水量，以满足抹灰稠度要求。

264. 胶粉聚苯颗粒外墙外保温系统施工注意事项主要有哪些？

（1）为了确保胶粉聚苯颗粒保温浆料的和易性和施工性，

搅拌时应注意如下事项：

1）选用的搅拌机转速应大于 60 转/min，搅拌时间应充足，每台搅拌机可供 15 人左右抹灰施工，搅拌机数量不足、搅拌时间太短会造成胶粉聚苯颗粒保温浆料不黏。

2）加水量应准确，加水搅拌时应有专人计量控制，严禁随意调整水量。

3）注意一次搅拌量的控制，搅拌时每次的搅拌量以一组保温量为宜，不宜多搅。

（2）胶粉聚苯颗粒保温浆料抹灰施工时，应注意如下事项：

1）胶粉聚苯颗粒保温浆料每遍抹 20mm 左右，间隔在 24h 以上。

2）胶粉聚苯颗粒保温浆料应在 4h 内使用完毕，回收的落地灰应在 4h 内回罐搅拌后使用完毕。

3）保温层固化干燥后（一般为 5~7d），方可进行抗裂防护层施工。

4）保温层最后一遍抹灰时，应达到冲筋厚度并用大杠搓平，门窗洞口垂直平整度应达到规定要求。

（3）抗裂砂浆搅拌时，应注意如下事项：

1）抗裂砂浆搅拌用砂应按要求过筛，否则会造成面层粗糙，装饰找平用柔性耐水腻子用量超标。

2）抗裂砂浆搅拌时应严格控制配比，严禁使用过时砂浆。使用过时砂浆和搅拌配比不准确是造成局部面层开裂的主要原因。

3）配制抗裂砂浆要用强度等级为 42.5 级的普通硅酸盐水泥，一次搅拌的抗裂砂浆应在 2h 内用完，且砂浆搅拌机应清洗干净，防止抗裂砂浆起球。

（4）抗裂防护层施工时，应注意如下事项：

1）在门窗洞口的四角处必须沿 45°加贴一道耐碱玻纤网布，洞口四个阴角必须加铺一道耐碱玻纤网布。

2）耐碱玻纤网布严禁干搭，耐碱玻纤网布铺贴率应达 100%。

3）首层必须铺贴双层耐碱玻纤网布且在大角处应安装金属护角。

4）抗裂砂浆表面需进行压光操作时，面层应适量刷水，否则无法施工。

265. 胶粉聚苯颗粒外墙外保温系统施工时主要有哪些质量控制点？

（1）基层处理。要求墙面清洗干净，无浮土，无油渍、空鼓及松动，风化部分剔掉，界面拉毛均匀，粘接牢靠。

（2）控制胶粉聚苯颗粒保温浆料每遍的施工厚度（不大于20mm）及平整度。要求达到设计厚度，无空鼓、无开裂、无脱落、墙面平整，阴阳角、门窗洞口垂直、方正。

（3）抗裂砂浆的厚度与耐碱玻纤网布的搭接控制。抗裂防护层厚度为3～5mm，耐碱玻纤网布无明显接茬、无明显抹痕，耐碱玻纤网布无漏贴、露网现象，墙面平整，门窗洞口、阴阳角垂直、方正。

第四节　现浇混凝土模板内置
聚苯板外墙外保温技术

一、技术内涵

266. 现浇混凝土模板内置聚苯板外墙外保温系统的基本构造是什么？

现浇混凝土模板内置聚苯板外墙外保温系统以现浇混凝土外墙作基层，聚苯板为保温层。聚苯板内表面（与现浇混凝土接触的表面）开有齿形槽（最好是燕尾槽），内、外表面均涂刷聚苯板界面砂浆，聚苯板宽度宜为1.2m，高度宜为建筑物层高。在施工时将聚苯板置于外模板内侧，并安装塑料卡钉等锚固件作为辅助固定件。应采用钢制大模板施工，混凝土一次浇筑高度不宜大于1m，混凝土需振捣密实均匀，墙面及接茬处应光滑、平整。浇筑混凝土后，墙体与聚苯板以及塑料卡钉等锚固件结合为一体。混凝土浇筑后，聚苯板表面宜抹胶粉聚苯颗粒保温浆料找平，以提高系统的耐候、透气、防火、保温隔热等性能。饰面层可以是弹性涂料（图3-12），也可以粘贴面砖（图3-13）。

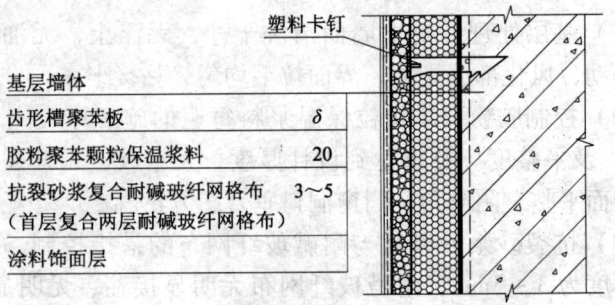

图 3-12　现浇混凝土模板内置聚苯板外墙
外保温系统涂料饰面基本构造

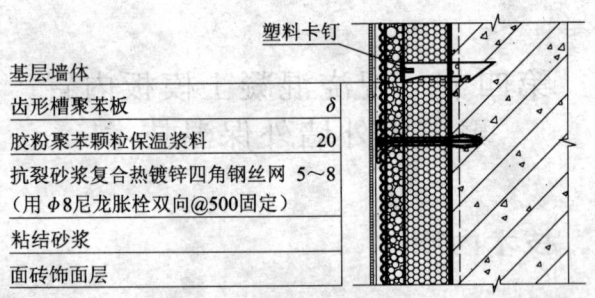

图 3-13　现浇混凝土模板内置聚苯板外墙外保温
系统面砖饰面基本构造

267. 为什么在现浇混凝土模板内置聚苯板外墙外保温系统中，聚苯板宜采用带燕尾槽的聚苯板？

在现浇混凝土模板内置聚苯板外墙外保温系统中，齿形槽聚苯板宜采用燕尾槽聚苯板，这是因为：燕尾槽聚苯板与外墙混凝土形成全面可靠的咬合连接，其抗拉强度可达 0.13MPa，大于 0.1MPa 的标准要求。如在聚苯板板面与燕尾槽内进行界面砂浆预处理，会进一步提高聚苯板与混凝土之间的粘结力。这种密间距窄条燕尾槽的咬合连接方法，消除了保温板与外墙面之间的空腔，无论是在直墙面还是在转角处，都能省去胶粘和钉锚，具有良好的抗风压性，提高了牢固性，同时也降低了造价。

根据工程现场多次对聚苯板与墙体咬合力实际拉拔试验时发现，聚苯板燕尾槽凹底与混凝土界面处均完好脱离，而浇筑在混凝土中的聚苯板燕尾槽凸脊部位均被破坏，这充分说明平面聚苯板与现浇混凝土的吸附力并不可靠，聚苯板与混凝土的咬合力主要是靠混凝土浇筑时，在混凝土中占聚苯板表面面积 50% 的凸脊部位的咬合力，而采用矩形槽或外宽内窄的梯形槽均无法保证聚苯板与混凝土之间的这种咬合力。所以说在现浇混凝土模板内置聚苯板外墙外保温系统中，宜采用双表面进行界面砂浆预处理的燕尾槽聚苯板。

268. 为什么在现浇混凝土模板内置聚苯板外墙外保温系统中需选用胶粉聚苯颗粒保温浆料进行修补找平？

在现浇混凝土模板内置聚苯板外墙外保温系统中，选用与聚苯板的导热系数、干密度和弹性模量均相近的胶粉聚苯颗粒保温浆料作为找平抹灰材料，这是因为：

（1）聚苯板与胶粉聚苯颗粒保温浆料的导热系数相近，不会造成过大的热应力变形差值。膨胀聚苯板的导热系数一般为 0.042W/(m·K)，而胶粉聚苯颗粒保温浆料的导热系数不大于 0.06W/(m·K)，两者较为接近，在温度发生变化时两种材料的热膨胀形变相近，不会造成很大的热应力差值，从而也不会导致胶粉聚苯颗粒保温浆料在膨胀聚苯板面层上开裂。而普通水泥砂浆的导热系数约为 0.93W/(m·K)，石灰水泥砂浆的导热系数约为 0.87W/(m·K)。这两种材料与聚苯板导热系数相差大，容易产生温差裂缝。

（2）胶粉聚苯颗粒保温浆料收缩率低，干缩率不到 3‰，固化时收缩小，可变形性好，而且含有大量纤维，具有明显的抗裂作用，这就能使胶粉聚苯颗粒保温浆料能在聚苯板基层上形成一个整体。

（3）胶粉聚苯颗粒保温浆料具有粘结力强、自重轻的特性。胶粉聚苯颗粒保温浆料的干密度 ≤230kg/m³，由于材料中加有再分散有机乳液粉末，粘结强度大于 0.15MPa，而水泥砂浆干密度为 1700～1800kg/m³，粘结强度为 0.4MPa。胶粉聚苯颗粒保温浆料层厚度为 15mm 时，每平方米胶粉聚苯颗粒保温浆料重量不超过 3.45kg，而相同厚度的水泥砂浆则为 25.5～27kg。从两者的干密度与粘结强度的比值来分析，胶粉聚苯颗粒保温浆料比水泥砂浆高 100 倍，减轻了保温系统的荷载负担，使用功能更可靠。

（4）同时，用胶粉聚苯颗粒保温浆料进行找平处理后系统的耐候、透气、防火、保温隔热等性能均会增强。

269. 为什么在现浇混凝土模板内置聚苯板外墙外保温系统中需使用塑料卡钉？有什么技术要求？

在现浇混凝土模板内置聚苯板外墙外保温系统中，应使用几组塑料卡钉在燕尾槽聚苯板竖缝处将两块聚苯板连接在一起，塑料卡钉应与混凝土中的钢筋绑扎，同时聚苯板板面上也需安装一定数量的塑料卡钉。这是因为：

（1）在现场组合浇筑过程中，使用塑料卡钉可有效地控制浇筑平整度和防止跑浆发生，避免了"热桥"的产生。

（2）塑料卡钉钉身上的小孔和倒刺能保证塑料卡钉与混凝土牢固地结合在一起，从而提高了聚苯板与混凝土的结合强度，提高了系统的稳定性。

（3）对聚苯板面层抹灰时，塑料卡钉钉帽上的小孔可保证抹灰材料与塑料卡钉很好地结合在一起，提高了塑料卡钉与聚苯板抹灰层的结合强度。

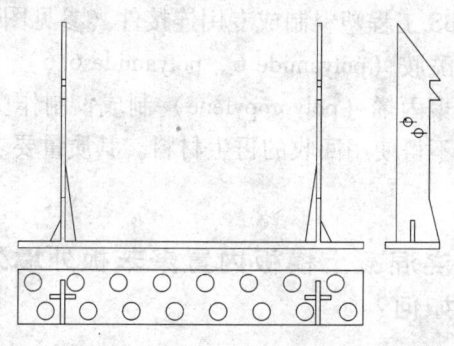

图 3-14　塑料卡钉

塑料卡钉的质量要求　　　　　　　　　　　表 3-36

项　目		单位	质量要求
外观		—	乳白色、色泽均匀
规格尺寸	钉帽长度	mm	160±1
	钉帽宽度	mm	≥20
	钉帽厚度	mm	3±0.5
	钉帽上小孔孔径	mm	8±1
	钉身长度	mm	≥聚苯板的厚度+50
	钉身宽度	mm	≥15
	钉身厚度	mm	2±0.5
	钉身上小孔孔径	mm	4±1
	两钉身间距	mm	120±1
钉帽与钉身上小孔的垂直距离		mm	≥聚苯板的厚度
抗拉承载力		kN	≥0.15
抗弯曲性		—	钉身、钉帽弯曲30°~45°不断、无折痕、无裂纹并可回复原状

（4）塑料卡钉与聚苯板的膨胀系数相差不大，装饰后不会在墙面上留下塑料卡钉钉帽的痕迹，从而保证饰面的美观。

塑料卡钉是由一个矩形片状钉帽和两个片状钉身呈双 T 形连成一体，用 ABS 工程塑料制成专用连接件（参见图 3-14）。塑料卡钉应采用聚酰胺（polyamide 6、polyamide 6.6）、聚乙烯（polyethylene）或聚丙烯（polypropylene）制成，制作塑料卡钉和塑料套管的材料不得使用回收的再生材料。其质量要求应符合表 3-36 的规定。

270. 现浇混凝土模板内置聚苯板外墙外保温技术的应用现状如何？

现浇混凝土模板内置聚苯板外墙外保温技术以其快捷的施工速度在北方地区的几百个高层建筑中得到了广泛的推广应用，在南方地区也有一定量的试点工程。随着节能 65% 设计标准的实施，现浇混凝土模板内置聚苯板外墙外保温技术将有取代现浇混凝土模板内置钢丝网架聚苯板外墙外保温技术的趋势。该技术的构造做法于 2001 年就编制了国家标准图集《外墙外保温建筑构造（一）》(02J 121-1)，并在全国二十多个省、自治区、直辖市编制了标准图集、施工技术规程或施工验收规程，其行业标准正在编制过程中，有望于 2007 年发布。该技术的典型代表工程主要有：北京建筑设计研究院住宅楼、北京宏景绿洲、青岛天福苑、北京都市馨园等。

二、施工技术

271. 现浇混凝土模板内置聚苯板外墙外保温系统施工的工艺流程是什么？

（1）涂料饰面做法的工艺流程如下：
聚苯板加工→墙体钢筋绑扎、垫垫块→外侧聚苯保温板就位并临时固定→内侧大模板就位固定→插放穿墙螺栓及套管→安装外墙组合模板→调整→支撑加固、螺栓拧紧→浇筑混凝土→拆模板→清理聚苯板表面污物→吊垂直、套方、弹控制线→做饼、冲筋→抹胶粉聚苯颗粒保温浆料→抹抗裂砂浆铺压耐碱玻纤网布→涂刷高分子乳液弹性底层涂料→刮抗裂柔性耐水腻子→涂料饰面施工→验收。

（2）面砖饰面做法的工艺流程如下：

聚苯板加工→墙体钢筋绑扎、垫垫块→外侧聚苯保温板就位并临时固定→内侧大模板就位固定→插放穿墙螺栓及套管→安装外墙组合模板→调整→支撑加固、螺栓拧紧→浇筑混凝土→拆模板→清理聚苯板表面污物→吊垂直、套方、弹控制线→做饼、冲筋→抹胶粉聚苯颗粒保温浆料→抹第一遍抗裂砂浆→用尼龙胀栓固定热镀锌钢丝网→抹第二遍抗裂砂浆→抗裂防护层验收→外墙粘贴面砖→勾缝→面砖清理→饰面层验收。

272. 如何将聚苯板固定在结构钢筋上？

外墙钢筋验收合格后，应绑扎按混凝土保护层厚度要求制作好的水泥砂浆垫块，每平方米不少于 4 个，然后安装聚苯板。聚苯板安装和固定过程如下：

（1）将聚苯板按外墙身线就位于外墙钢筋的外侧，应根据建筑物平面图及其形状排列聚苯板，先安装阴阳角处聚苯板，再安装大墙面聚苯板，并且根据其特殊节点的形状预先将聚苯板裁好，在聚苯板的接缝处涂刷上粘接胶（有污染的部分必须先清理干净），板与板之间的企口缝在安装前也应涂刷聚苯板粘接胶，随即进行安装，然后将聚苯板粘接上，粘接完成的聚苯板不要再移动，在板的竖缝处用塑料卡钉将两块苯板连接到一起，基本拉住聚苯板。塑料卡钉要穿透聚苯板，就位时可用绑扎丝把塑料卡钉与墙体钢筋绑扎固定，绑扎时注意聚苯板底部应绑扎紧一些，使底部内收 3～5mm，以保证拆模后聚苯板底部与上口平齐。

（2）在外墙外侧安装聚苯板时，应将企口缝对齐，墙宽不合模数的用小块聚苯板补齐，门窗洞口处聚苯板可不开洞，待墙体拆模后再开洞。门窗洞口及外墙阳角处聚苯板外侧燕尾槽的缝隙，仍用切割燕尾槽时多余楔形聚苯板条塞堵，深度 10~30mm。

（3）聚苯板竖向接缝时注意避开模板缝隙处。

（4）在整理下层甩出的钢筋时，要特别注意下层聚苯板边槽口，以免受损。

（5）首层的聚苯板必须严格控制在同一水平上，以保证其上聚苯板的缝隙严密和垂直。

（6）在板缝处粘贴胶带。

273. 现浇混凝土模板内置聚苯板外墙外保温系统对支模板有何特殊要求？

支模时，应先临时固定外墙内侧模板达到要求，按照大模板穿墙螺栓的间距，用电烙铁给聚苯板开孔，使模板与聚苯板的孔洞吻合，孔洞不宜太大，以免漏浆。最后固定外侧大模板，紧固螺栓，调整模板垂直、平整。模板不宜刷油，以免污染聚苯板。

274. 现浇混凝土模板内置聚苯板外墙外保温系统在混凝土浇筑时应注意哪些问题？

（1）墙体模板立好后，须在聚苯板的上端扣上一个槽形的镀锌铁皮罩，防止浇筑混凝土时污染或破坏聚苯板上口。

（2）在常温条件下墙体混凝土浇筑完成，间隔12h后即可拆除墙体内、外侧的大模板。

（3）在浇筑混凝土时，注意振捣棒在插、拔过程中，不要损坏聚苯板保温层。

（4）墙体混凝土浇灌完毕后，如槽口处有砂浆存在应立即清理。

275. 在混凝土浇筑时，如何减少聚苯板的上下错台？

由于混凝土侧压力的影响，在模板底部的聚苯板受混凝土的压力较大，挤压后会变形，在模板拆除后，聚苯板容易回弹与下层聚苯板形成错台。为减少这种错台现象，应在固定聚苯板时，聚苯板底部绑扎到钢筋上时，聚苯板内收 3~5mm，在拆模后回弹正好能与下块聚苯板平齐。浇筑混凝土时，一次性浇筑高度为层高 1m 左右较合适。

276. 如何防止聚苯板板缝间等处的漏浆？

（1）聚苯板在安装过程中，板和板之间应企口搭接，企口处应使用聚苯板胶满刷，静置 1min 左右把两板粘接好，并不宜在短时间内移动聚苯板。

（2）在合膜前应用胶带纸把板缝封住。

（3）在聚苯板上开穿墙螺栓孔时，孔与螺栓大小应合适，以减少孔洞处漏浆。

277. 现浇混凝土模板内置聚苯板外墙外保温系统施工拆模后，是否可以立即施工面层装饰层？

模板拆除后，由于聚苯板整体性较差，且容易在板缝处形成裂缝，工程表面的质量还达不到面层装饰层基层的条件，因此宜在其表面再抹一层胶粉聚苯颗粒保温浆料找平。由于胶粉聚苯颗粒保温浆料与聚苯板的温差变形量相当，既能达到装饰层的基层要求，同时也可使保温层形成一整体，可有效地控制保温层的开裂问题。

278. 现浇混凝土模板内置聚苯板外墙外保温系统施工的质量控制点是什么？

采用现浇混凝土模板内置聚苯板外墙外保温技术时，其质量

控制点为:

(1) 在与钢筋混凝土墙体整体浇筑时,应选用带燕尾槽的聚苯板。这是因为,不带燕尾槽的聚苯板与混凝土墙体的结合力小,约为带燕尾槽的聚苯板的1/10。

(2) 在浇筑前,聚苯板两面均应用界面砂浆处理。内侧面界面处理主要是提高聚苯板与混凝土墙体的结合能力;外侧面界面处理主要是防止聚苯板受阳光曝晒后表层粉化和聚苯板外表面受到污染,数据表明,直接曝露于外面的聚苯板每年粉化层厚度约为1.5mm。

(3) 在浇筑混凝土施工时,要注意控制混凝土的坍落度、混凝土下料高度、下料位置以及振捣棒的插点位置,防止振捣棒局部打薄聚苯板,也要防止振捣不密实或漏振,造成聚苯板局部空鼓,从而出现聚苯板与结构墙体结合不好的现象。

(4) 应采用胶粉聚苯颗粒保温浆料进行修补找平,填补穿墙螺孔,解决聚苯板表面平整度差和墙角、阳台角的垂直度达不到验收标准等问题。

质量检测控制点主要有:

(1) 聚苯板的加工质量:聚苯板的加工尺寸应准确,界面砂浆的处理无漏刷部位,且界面砂浆刷涂应均匀。

(2) 拆模后聚苯板表面质量:聚苯板表面无漏浆、无破损,与基层粘结牢固,无空鼓、脱落部位。

(3) 胶粉聚苯颗粒保温浆料找平层质量:控制胶粉聚苯颗粒保温浆料的平整度,无空鼓、无开裂、无脱落,墙面平整,阴阳角、门窗洞口垂直、方正。

(4) 抗裂砂浆防护层质量:抗裂防护层厚度为3~5mm,耐碱玻纤网布无明显接茬、无明显抹痕,耐碱玻纤网布无漏贴、露网现象,墙面平整,门窗洞口、阴阳角垂直、方正。

第五节 现浇混凝土模板内置钢丝网架聚苯板外墙外保温技术

一、技术内涵

279. 现浇混凝土模板内置钢丝网架聚苯板外墙外保温系统的基本构造是什么？

现浇混凝土模板内置钢丝网架聚苯板外墙外保温系统以现浇混凝土外墙作基层，腹丝穿透型钢丝网架聚苯板置于外模板内侧。应采用钢制大模板施工，混凝土一次浇筑高度不宜大于1m，混凝土需振捣密实均匀，墙面及接茬处应光滑、平整。浇筑混凝土后，墙体与钢丝网架聚苯板结合为一体。混凝土浇筑后，聚苯板表面宜抹胶粉聚苯颗粒保温浆料找平，以提高系统的耐候、透气、防火、保温隔热等性能，并可阻断钢丝网架带来的热桥。在该系统中，饰面层可以是弹性涂料（图3-15），也可以粘贴面砖（图3-16）。

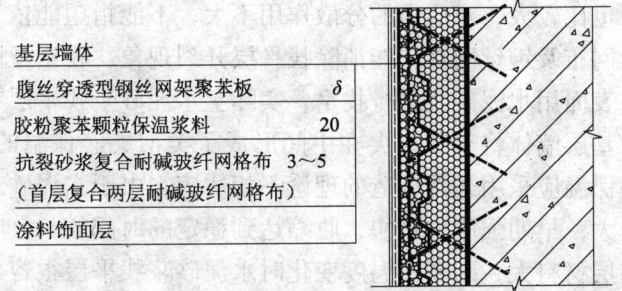

图 3-15 现浇混凝土模板内置钢丝网架聚苯板
外墙外保温系统涂料饰面基本构造

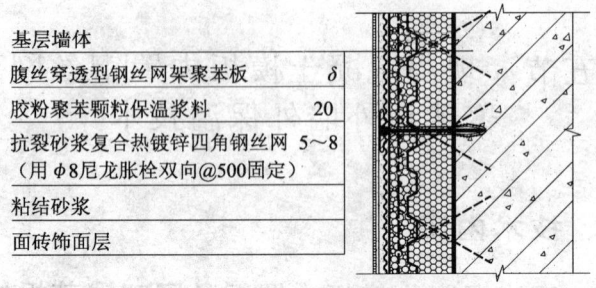

基层墙体	
腹丝穿透型钢丝网架聚苯板	δ
胶粉聚苯颗粒保温浆料	20
抗裂砂浆复合热镀锌四角钢丝网	5～8
（用φ8尼龙胀栓双向@500固定）	
粘结砂浆	
面砖饰面层	

图 3-16　现浇混凝土模板内置钢丝网架聚苯板外墙
外保温系统面砖饰面基本构造

280. 为什么用水泥砂浆抹平钢丝网架后墙面易产生裂缝？

在水泥砂浆抹平钢丝网架聚苯板外墙外保温系统中，外保温墙面容易出现裂缝。

（1）水泥砂浆收缩引起裂缝，特别是当水泥砂浆厚度不均时，导致温差应力不均更容易出现。用水泥砂浆抹平钢丝网架，即使有玻纤网布及玻璃纤维的双重作用时，也难以抑制水泥砂浆收缩的变形应力。而聚苯板上的钢丝网片由于网格比较大，钢丝的刚度也比较大，对应力的分散作用不大，不能指望能依靠玻璃纤维、网布及钢丝网片就能消除找平层开裂现象。在钢丝网架聚苯板外表面用水泥砂浆进行找平，实际上水泥砂浆找平层与钢筋混凝土基层墙体将聚苯板夹在中间形成了类似夹芯保温的构造，这与外保温应采用柔性构造的理论不相适应。由于水泥砂浆线膨胀系数大，早期强度增长快，收缩达到稳定的时间较长，收缩率比保温层材料大，因而在温度变化时水泥砂浆找平层很容易出现开裂现象。以 20m 高的建筑为例，采用水泥砂浆找平时，聚苯板保温层两侧将形成较大的温差，一般可达到 35℃ 左右，按环境温度每变化 10℃ 时引起钢筋混凝土或水泥砂浆万分之一的胀缩计算，则夏天水泥砂浆找平层会比基层墙体多胀 7mm，而冬天水泥砂浆找平层又会比基层墙体多缩7mm，这样就不可避免地会将水泥砂浆找平层拉裂。

（2）配筋位置不合理。钢丝网架在水泥砂浆中的位置相当于单面配筋方式，该种配筋方式对抵抗和分散水平及垂直方向上的应力十分有限，因而引起开裂。另外，四角网对角线方向也易产生裂缝。

（3）荷载过大产生挤压开裂

采用水泥砂浆找平后，若想以采用粘贴面砖的方法来掩饰水泥砂浆找平层的裂缝也很难做到，由于保温层外表面年温差最高可达80℃以上，保温层两侧的变形又不一致，钢丝网架外侧的水泥砂浆强度过高，不可避免地会造成开裂现象，而且变形应力还会将饰面层粘贴的面砖拉裂，或者造成面砖脱落。其主要表现如下：

1）无法彻底解决裂缝问题。由于砂浆层产生裂缝处变形应力较大，常常容易引起此处面砖勾缝胶产生裂缝；如果水从裂缝处渗入会直接对钢丝网产生锈蚀，从而造成整个保温系统的破坏。

2）荷载过大产生挤压裂缝会对保温系统抗震安全性产生不利影响。由于在钢丝网架聚苯板外保温系统中，找平砂浆层+粘结砂浆层+面砖勾缝胶及面砖层理论值为每平方米60kg左右，而实际工程中，由于结构平整度较差，找平砂浆很厚，每平方米荷载可达100kg以上。在这样的荷载长期作用下，钢丝网架聚苯板无疑会产生徐变，从而使整个硬质面层（找平砂浆层+粘结砂浆层+面砖勾缝胶及面砖层）产生重力挤压造成裂缝，甚至将下面的面砖压碎。抗震试验发现，当采用50mm厚的钢丝网架聚苯板，整个硬质面层（找平砂浆层+粘接砂浆层+面砖勾缝胶及面砖层）荷载为41.5kg/m²，当试验进行到0.5g时，传出钢丝网切割聚苯板的声音，表明整个硬质面层发生了位移。因此，钢丝网架聚苯板外保温系统靠粘贴面砖来解决开裂问题是不彻底的，甚至是存在安全隐患的。

281. 现浇混凝土模板内置钢丝网架聚苯板外墙外保温系统为什么用胶粉聚苯颗粒保温浆料找平钢丝网架？

采用胶粉聚苯颗粒保温浆料作为钢丝网架聚苯板外表面的找平层材料，由于胶粉聚苯颗粒保温浆料本身就具有很好的柔韧性，而且找平处理过程中还采用了耐碱玻纤网布做为抗裂防护层的加强网，从而与聚苯板上的钢丝网片形成双网的刚柔性构造，完全能够消除和抵抗住各个方向存在的各种破坏力，使整个保温系统具有很好的抗裂性能。选择胶粉聚苯颗粒保温浆料作为钢丝网架聚苯板外表面的找平材料有以下几点理由：

（1）两种材料的导热系数相近，不会造成过大的热应力变形差值。膨胀聚苯板的导热系数为 $0.042W/(m·K)$，胶粉聚苯颗粒保温浆料的导热系数为 $0.060W/(m·K)$，两者较为接近，两种材料的热膨胀系数均为 $1.3×10^{-4}mm/(m·℃)$，在温度发生变化时不会造成很大的热应力差值，因而不会开裂。

（2）胶粉聚苯颗粒保温浆料的弹性模量和线性收缩率都比较低，具有较强的抗裂功能。胶粉聚苯颗粒保温浆料的弹性模量为 $1.5×10^2MPa$，比水泥砂浆低 1000 倍，可变形性好，干缩率不到 3‰，固化时收缩小，大量纤维也有明显的抗裂作用，这就能使胶粉聚苯颗粒保温浆料能在聚苯板基层上形成一个整体。

（3）用胶粉聚苯颗粒保温浆料找平后整个系统遵循柔性渐变的技术路线，采用胶粉聚苯颗粒保温浆料将钢丝网片抹平后再用聚合物抗裂砂浆压耐碱玻纤网布做抗裂防护层，经过这样的处理后，可以消除钢丝网架所产生的冷热桥影响，防止裂缝产生。同时，通过三重防裂措施（纤维、钢丝网架、耐碱网布或热镀锌钢丝网）还保证了由温差变形、正负风压、地震力等产生的应力能够充分地分散和释放，有效地控制了裂缝的产生。

（4）与水泥砂浆相比，保温系统采用胶粉聚苯颗粒保温浆料找平，每平方米可减轻 50kg 左右荷载，缓冲了地震力等外力的破坏。

(5) 由于材质不同，水泥砂浆与聚苯板的粘结力很小，钢丝网架聚苯板表面与混凝土之间的结合力主要是靠穿透聚苯板的斜插丝与混凝土浇筑在一起时形成的拉力。钢丝网架聚苯板穿透聚苯板的斜插丝为 φ3 钢丝，这些斜插丝与聚苯板面层的钢丝网焊接在一起，是与基层墙体生根的，因此，在聚苯板表面找平层与墙体之间不可避免地会产生很大的热桥，使有网聚苯板的实际保温效果下降。找平层采用胶粉聚苯颗粒保温浆料，可有效地阻断斜插钢丝造成的热桥影响，提高墙体的保温效果，而且其与聚苯板的粘结强度大于 0.1MPa，满足粘结要求。

282. 在现浇混凝土模板内置钢丝网架聚苯板外墙外保温系统中，采用胶粉聚苯颗粒保温浆料作补充保温时实际可以提高多少保温性能？

在现浇混凝土模板内置钢丝网架聚苯板外墙外保温系统中，由于钢丝网架聚苯板每平方米约有 200 根斜插钢丝，这些钢丝在表面抹灰层与墙体之间存在着很大的热桥。按中国建筑科学研究院物理所的测试数据，采取胶粉聚苯颗粒保温浆料抹平钢丝网架作补充保温，可提高保温效果 30%~50%，见表 3-37。

从表中可见由水泥砂浆找平时，热阻为 $0.65(m^2 \cdot K)/W$，传热系数为 $1.25W/(m^2 \cdot K)$。这说明与不保温的水泥砂浆复合在一起，表面热量可通过斜插钢丝传递，降低了保温绝热材料的保温效果。计算表明，如果没有斜插钢丝，传热系数应为 $0.65W/(m^2 \cdot K)$ 左右，因此有斜插钢丝时，实际保温效果降低了近一半。提高钢丝网架聚苯板的保温效果关键在于要进行"断桥"措施，阻断钢丝网架的热桥。找平层采用胶粉聚苯颗粒保温浆料，可有效地阻断斜插钢丝造成的热桥影响，提高墙体的保温效果。

找平材料	水泥砂浆	胶粉聚苯颗粒保温浆料
基本构造	30mm 水泥砂浆作为墙体 + 50mm 钢丝网架聚苯板（嵌有 50mm × 50mm 规格的钢网）+ 20mm 水泥砂浆找平层 + 3mm 抗裂砂浆压耐碱玻纤网布	30mm 水泥砂浆作为墙体 + 50mm 钢丝网架聚苯板（嵌有 50mm × 50mm 规格的钢网）+ 20mm 胶粉聚苯颗粒保温浆料 + 3mm 抗裂砂浆压耐碱玻纤网布
热　　阻	$0.65 \text{m}^2 \cdot \text{K/W}$	$0.94 \text{m}^2 \cdot \text{K/W}$
传热系数	$1.25 \text{W/(m}^2 \cdot \text{K)}$	$0.93 \text{W/(m}^2 \cdot \text{K)}$

283. 现浇混凝土模板内置钢丝网架聚苯板外墙外保温系统对所用的抹面砂浆有什么技术要求？

（1）不应使用普通水泥砂浆，应使用聚合物砂浆，且聚灰比不宜小于 0.01。

（2）抹面砂浆应具有必要的柔韧性，压折比≤3。

（3）砂浆应具有良好的施工性能，可操作时间≥2h。

（4）抹灰层平均厚度不宜大于 30mm（从保温板凸槽上表面起始），施工时应两三遍批抹完成，避免一次抹灰过厚造成砂浆水化不均而引起面层开裂。

（5）砂浆应具有良好的保水性，以保证砂浆在自然条件下形成的最终强度不低于 0.4MPa（面砖饰面）。

（6）砂浆用砂应符合《普通混凝土用砂、石质量及检验方法标准》（JGJ 52-2006）的规定，含泥量少于 3%。严禁使用含泥量不合格的砂子或超量使用砂子，否则会导致砂浆强度不足、面层起砂、饰面砖脱落的严重后果。

284. 现浇混凝土模板内置钢丝网架聚苯板外墙外保温技术的应用现状如何？

现浇混凝土模板内置钢丝网架聚苯板外墙外保温技术以其

快捷的施工速度在北方地区的几百个高层建筑中得到了广泛的推广应用，在南方地区也有少量试点工程。随着节能65%设计标准的实施，现浇混凝土模板内置钢丝网架聚苯板外墙外保温技术将逐渐退出北方市场，取而代之的是现浇混凝土模板内置聚苯板外墙外保温技术。该技术的构造做法于2001年就编制了国家标准图集《外墙外保温建筑构造（一）》（02J 121-1），并在全国二十多个省、自治区、直辖市编制了标准图集、施工技术规程或施工验收规程，其行业标准正在编制过程中，有望于2007年发布。该技术的典型代表工程主要有：北京八家新村、北京逸成东苑复合居住楼、人民日报社、海军老干部干休所、天津香榭丽舍公寓、秦皇岛碧海云天·颐园、国典花园等。

二、施工技术

285. 现浇混凝土模板内置钢丝网架聚苯板外墙外保温系统施工的工艺流程是什么？

（1）涂料饰面做法的工艺流程如下：

外挂架提升完毕→墙体钢筋绑扎、垫垫块→外侧聚苯保温板就位并临时固定→内侧大模板就位固定→插放穿墙螺栓及套管→安装外墙外侧组合模板→调整→支撑加固、螺栓拧紧→浇筑混凝土→拆模→清理钢丝网架聚苯板表面污物→吊垂直、套方、弹控制线→做饼、冲筋→抹胶粉聚苯颗粒保温浆料→抹抗裂砂浆铺压耐碱玻纤网布→涂刷高分子乳液弹性底层涂料→刮抗裂柔性耐水腻子→涂料饰面施工→验收。

（2）面砖饰面做法的工艺流程如下：

外挂架提升完毕→墙体钢筋绑扎、垫垫块→外侧聚苯保温板就位并临时固定→内侧大模板就位固定→插放穿墙螺栓及套管→安装外墙外侧组合模板→调整→支撑加固、螺栓拧紧→浇筑混凝土→拆模→清理钢丝网架聚苯板表面污物→吊垂直、套方、弹控制线→做饼、冲筋→抹胶粉聚苯颗粒保温浆料→抹第一遍抗裂砂浆→用尼龙胀栓固定热镀锌钢丝网→抹第二遍抗裂砂浆→抗裂防护层验收→外墙粘贴面砖→勾缝→面砖清理→饰面层验收。

286. 钢丝网架聚苯板的平整度误差较大时应如何处理？

现浇混凝土模板内置钢丝网架聚苯板外墙外保温系统施工过程如发现浇筑的钢丝网架聚苯板平整度误差比较大，最好的办法是用胶粉聚苯颗粒保温浆料对钢丝网架聚苯板进行找平处理，而不能用普通水泥砂浆或聚合物水泥砂浆进行找平，否则不仅会增加聚苯板面层的荷载，而且整个保温系统还易开裂，从而发生渗水现象影响系统的保温隔热性能。用胶粉聚苯颗粒保温浆料将平整度和垂直度找回后，方可用聚合物抗裂砂浆进行抗裂防护层的处理。

第六节　胶粉聚苯颗粒贴砌聚苯板外墙外保温技术

一、技术内涵

287. 什么是胶粉聚苯颗粒贴砌聚苯板外墙外保温系统？其基本构造是什么？

胶粉聚苯颗粒贴砌聚苯板外墙外保温系统是指置于建筑物外墙外侧的保温及饰面系统，涂料饰面时是由胶粉聚苯颗粒粘结找平浆料、聚苯板、抗裂砂浆复合耐碱玻纤网布和涂料等组成的系统产品；面砖饰面时是由胶粉聚苯颗粒粘结找平浆料、聚苯板、抗裂砂浆复合热镀锌钢丝网、尼龙胀栓和面砖等组成的系统产品。聚苯板由 15～25mm 厚的胶粉聚苯颗粒粘结找平浆料粘贴在基层墙体上。聚苯板面层有胶粉聚苯颗粒粘结找平浆料层时称为"贴砌聚苯板 LBL 型"外墙外保温系统,聚苯板面层没有胶粉聚苯颗粒粘结找平浆料层时称为"贴砌聚苯板 LB 型"外墙外保温系统,其中"L"表示胶粉聚苯颗粒粘结找平浆料,"B"表示保温板。"贴砌聚苯板 LBL 型"外墙外保温系统基本构造见图 3-17和图 3-18。

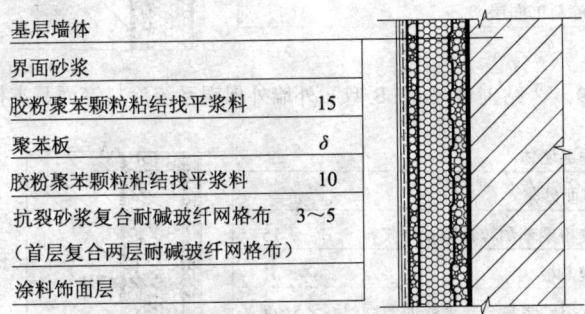

图 3-17 "贴砌聚苯板 LBL 型"外墙外保温系统涂料饰面基本构造

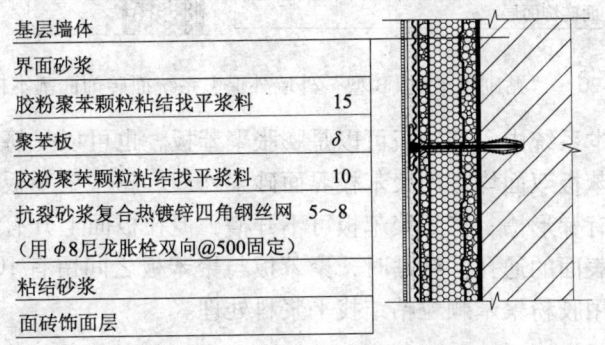

图 3-18 "贴砌聚苯板 LBL 型"外墙外保温系统面砖饰面基本构造

"贴砌聚苯板 LB 型"外墙外保温系统基本构造见图 3-19 和图 3-20。

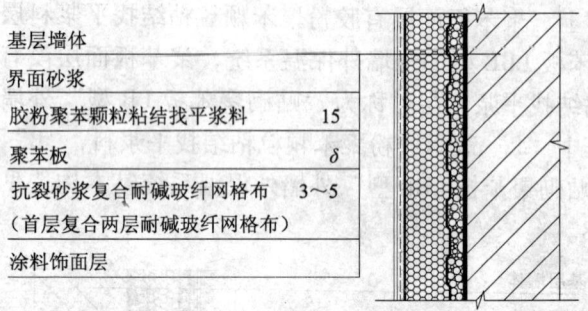

图 3-19 "贴砌聚苯板 LB 型"外墙外保温系统涂料饰面基本构造

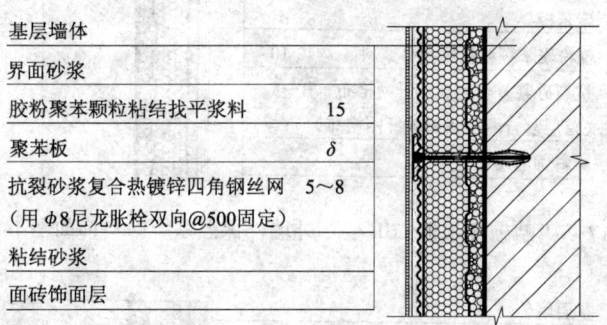

图 3-20 "贴砌聚苯板 LB 型"外墙外保温系统面砖饰面基本构造

在本系统中，聚苯板可以是膨胀聚苯板，也可以是挤塑聚苯板，聚苯板双面均需用聚苯板界面砂浆处理。膨胀聚苯板靠墙的一面开有梯形槽，挤塑聚苯板可不开槽，但在板面上开有两个垂直于板表面的通孔。粘贴时，聚苯板与聚苯板之间留有 10mm 宽的板缝用胶粉聚苯颗粒粘结找平浆料处理。

288. 胶粉聚苯颗粒贴砌聚苯板外墙外保温系统的技术优势是什么？

胶粉聚苯颗粒贴砌聚苯板外墙外保温系统与聚苯板薄抹灰外墙外保温系统相比具有如下优势：

（1）粘结力强

胶粉聚苯颗粒粘结找平浆料满粘聚苯板做法以及聚苯板内侧横槽设计使聚苯板受粘面积增大，聚苯板各点受力均匀。单位面积聚苯板的粘结强度是聚苯板薄抹灰外墙外保温系统的 3 倍左右，而且板缝处的胶粉聚苯颗粒粘结找平浆料良好的透气性使得粘结层受水蒸气的影响要小于对聚合物胶粘剂的影响，因此该系统更具安定性。

（2）无空腔做法使抗风压性能大大优于聚苯板薄抹灰外墙外保温系统

胶粉聚苯颗粒粘结找平浆料满粘聚苯板做法屏弃了聚苯板薄抹灰外墙外保温系统用水泥聚合物条粘或点框粘的做法，整个系统为无空腔构造，抗风压尤其是抗负风压能力大大超过聚苯板薄抹灰外墙外保温系统，可在 100m 以上的高层建筑中使用。

（3）施工适应性好、性价比高

国内建筑结构基层表面平整度偏差过大，大多数超出外墙外保温的允许偏差范围。该系统粘结层采用抹灰工艺，可在平整度不高的基层上直接施工，节省大量剔凿、找平工作量，缩短施工周期。

该系统施工工艺简单可靠、科学合理、施工速度快，已在多个工程应用中得到了证实。同时对比其他外墙外保温系统，该系统具有较高的性价比、较好的技术效益和经济效益。

（4）胶粉聚苯颗粒粘结找平浆料砌筑板缝设计提高了系统的水蒸气渗透性和抗裂性

聚苯板接缝处由胶粉聚苯颗粒粘结找平浆料砌筑，板间接缝密实，保温层整体性好，抗裂性能佳，水蒸气渗透性好。

（5）聚苯板面层用胶粉聚苯颗粒粘结找平浆料找平优势突出

采用胶粉聚苯颗粒粘结找平浆料找平聚苯板面层，由于胶粉聚苯颗粒粘结找平浆料本身防火性能达到了难燃 B_1 级，导热系数又较水泥砂浆低很多，在遇火及热作用时，向内部传递热量少且慢，热量集中在胶粉聚苯颗粒粘结找平浆料层表面，对内部聚苯板保温层的防火保护作用较水泥砂浆找平层等刚性材料更加显著。同时，聚苯板抹面层做法使该系统在耐久性、抗裂性、抗冲击性方面的性能得到改善。

（6）导热系数逐层渐变提高抗裂性能

采用"逐层渐变、柔性释放应力"的技术路线，在聚苯板两侧选择导热系数介于聚苯板和聚合物砂浆两者之间的胶粉聚苯颗粒粘结找平浆料，有效地避免了因为相邻材料导热系数差过大易产生裂缝的缺点，提高了整个保温系统的稳定性和持久性。另外，胶粉聚苯颗粒粘结找平浆料砌筑灰缝的无板缝设计整体性好，分散应力更均匀，抗裂性能进一步得到提高。

（7）保温性能按65%节能标准设计

粘结层和抹面层与聚苯板形成复合保温层，系统保温性能好，满足第三步节能65%的建筑节能设计标准，满足建筑节能的大趋势。

（8）利废再生，生态建材

生态建材是21世纪建材发展的方向。生态建材是指利用城市固体废弃物将垃圾资源化，使其转化为有用的建筑材料，在建设房屋的同时净化环境。该系统不仅从建筑节能本身，而且从各构造层材料上均能得到了体现。

该系统充分考虑了资源的综合利用，科学地消纳固体废弃物，对推动建立良好的循环经济体系和可持续发展战略，开拓出了一条全新的思路。在丰富外墙外保温节能技术体系的同时，更深层次、更广阔地拓宽了环保的节能理念。

综上所述，胶粉聚苯颗粒贴砌聚苯板外墙外保温系统设计新颖，在国内外均属首创。该技术系统发展了"逐层渐变、柔性释放应力"和"无空腔构造"的技术理念，大大改善了聚苯板薄抹灰外墙外保温系统墙体易出现裂缝、抗风压性能差以及防火等级低等缺点，具有优异的稳定性和持久性。因此，该系统极具发展前景，它的推出，无疑将对中国外墙外保温事业的发展做出重大贡献。经过大量的试验验证和工程实践验证，该技术系统是适合我国建筑节能国情和气候特点的新型外墙保温技术系统，应大面积推广应用。

289. 胶粉聚苯颗粒贴砌聚苯板外墙外保温系统的技术来源是什么？

目前国内相对比较成熟的外墙保温做法主要有粘贴聚苯板做法、现浇混凝土模板内置聚苯板（钢丝网架聚苯板）做法、胶粉聚苯颗粒保温做法、聚氨酯保温做法等，这些外墙保温做法应用都比较广泛，但各有其优缺点。胶粉聚苯颗粒外墙外保温做法具有无空腔、抗裂性好、抗风压好、耐候能力强等特点，但是其保温材料的导热系数相对较高，在严寒地区要达到节能65%的要求则所需的保温层厚度太大，而且施工工期也相对较长；粘贴聚苯板做法中通常采用的是薄抹灰做法，虽然聚苯板的保温性能比较好，但采用薄抹灰做法时难以控制板缝处的开裂现象，同时由于粘贴时会留下大量空腔，因而其抗风荷载能力也很差，近年来已有多起粘贴聚苯板做法中聚苯板被风刮掉的事件发生；另外，若选用的聚苯板为挤塑聚苯板，由于目前所用的胶粘剂与挤塑聚苯板之间的粘结能力比较差，抹面砂浆与挤塑聚苯板之间的变形速度差比较大，因而安全隐患也很大。而现浇混凝土模板内置聚苯板（钢丝网架聚苯板）做法只适用于现浇钢筋混凝土墙体，其受限程度也比较大。虽然采用现场喷涂聚氨酯做法不仅施工速度快，而且保温效果也很好，保温层厚度也比较薄，没有空腔存在，但其工程造价却比较高。因此很有必要开发出一种保温效果好、防裂性能优、抗风压能力强、耐候性能好、施工操作方便、工期短、工程造价低的外墙保温做法。

胶粉聚苯颗粒贴砌聚苯板外墙外保温系统就是满足上述要求的外墙外保温系统，它综合了粘贴聚苯板做法与胶粉聚苯颗粒抹灰做法的技术优势，适合我国节能65%标准及更高节能标准要求，解决了现有粘贴聚苯板外墙保温做法抗风压能力差、抗裂性差等问题，同时遵循了胶粉聚苯颗粒外墙外保温做法逐层渐变、柔性释放应力的的技术路线，具有无空腔、抗风压好、抗震性能优、保温隔热性好、防火性能好、抗裂性能好、耐候能力强、施工方便，工期短等特点。

290. 胶粉聚苯颗粒贴砌聚苯板外墙外保温系统的主要创新点是什么？

（1）采用胶粉聚苯颗粒粘结找平浆料贴砌聚苯板

用胶粉聚苯颗粒粘结找平浆料粘贴砌筑聚苯板，不仅解决了传统粘贴聚苯板做法中存在的空腔问题，同时用胶粉聚苯颗粒粘结找平浆料砌筑聚苯板，也解决了粘贴聚苯板时的板缝问题，有效地控制了粘贴聚苯板做法中的裂缝问题。

（2）胶粉聚苯颗粒粘结找平浆料与聚苯板的复合保温技术

采用胶粉聚苯颗粒粘结找平浆料对聚苯板进行粘贴砌筑和找平处理，使聚苯板包裹在胶粉聚苯颗粒粘结找平浆料里面，这样胶粉聚苯颗粒粘结找平浆料和聚苯板一起不仅形成了保温效果优异的复合保温层，而且抗裂性能、抗风压性能以及防火性能均得到很大程度的提高，并保证了整个保温系统的稳定性。

（3）聚苯板表面处理技术

为了增强聚苯板与粘结层及找平层的粘结能力，特研制了聚苯板界面砂浆对聚苯板进行界面处理。

291. 为什么说胶粉聚苯颗粒贴砌聚苯板外墙外保温技术是适合中国国情、气候特点的新型外墙外保温技术？

中国幅员辽阔，各地经济条件、气候差异较大，建筑较为密集，高层居多，基层结构以全现浇结构居多，以传统的人工施工居多，施工平整度比较差，因此对保温系统的耐候、抗裂、抗风压、防火等有更高的要求。

胶粉聚苯颗粒贴砌聚苯板外墙外保温技术是在总结大量建筑外墙外保温工程应用的经验基础上，为适应建筑节能尤其是严寒及寒冷地区建筑节能50%的深入普及和下一步节能65%的需要而自主开发的、具有自主知识产权的、性价比优异的新型外墙外保温技术，符合中国建筑节能的国情。

胶粉聚苯颗粒贴砌聚苯板外墙外保温技术延续了胶粉聚苯颗粒外墙外保温技术的"柔韧变形量逐层渐变释放应力"的抗裂路线和无空腔做法，有效避免了粘贴聚苯板做法易产生裂缝、抗风压性能差以及防火等级低的诸多缺点和胶粉聚苯颗粒保温浆料对更高节能标准适应性差的不足，具有优异的稳定性和持久性，是一个科学、合理、先进、创新点多的新型外墙外保温技术，顺应了外墙外保温技术的发展，必将推动外墙外保温的发展。经过大量的试验验证和工程试点证实，该技术是适合我国建筑节能国情和气候特点的新型外墙保温技术。

292. 为什么说胶粉聚苯颗粒贴砌挤塑聚苯板外墙外保温技术是有效解决挤塑聚苯板自身缺陷的新型外墙外保温技术？

挤塑聚苯板存在界面难以粘结，并且与配套抗裂材料导热系数相差过大，透气性差等问题，粘贴时存在空鼓、开裂、脱落缺陷。胶粉聚苯颗粒贴砌挤塑聚苯板外墙外保温技术中挤塑聚苯板界面砂浆有效地解决了挤塑聚苯板不吸水、光滑难粘结的弊病；挤塑聚苯板的尺寸及板上的开孔设计，使施工操作变得更为快速简易，并进一步增加了系统粘结的安全度，使整个系统透气更为均匀；用胶粉聚苯颗粒粘结找平浆料贴砌挤塑聚苯板的做法，有效地解决了挤塑聚苯板难以粘结及系统不透气的弊病；用胶粉聚苯颗粒粘结找平浆料对挤塑聚苯板进行找平处理的做法，有效地解决了相邻材料导热系数偏差过大容易开裂的弊病，其"相邻材料导热系数逐层渐变"使整个系统的抗裂性能、抗风压性能以及防火性能均会得到很大程度的提高，并保证了整个保温做法的稳定性。因此，胶粉聚苯颗粒贴砌挤塑聚苯板外墙外保温技术是有效解决挤塑聚苯板自身缺陷的一种新型外墙外保温技术，已成功地得到大量工程应用。

293. 胶粉聚苯颗粒贴砌聚苯板外墙外保温系统与胶粉聚苯颗粒外墙外保温系统、聚苯板薄抹灰外墙外保温系统相比，其安全性如何？

三种外墙外保温系统的安全性分析比较见表 3-38。

三种外墙外保温系统安全性分析比较　　　　表 3-38

保温系统	贴砌聚苯板	胶粉聚苯颗粒	聚苯板薄抹灰
适用墙体	各种墙体	各种墙体	各种墙体，超高层不宜采用
系统综合粘结强度（MPa）	满粘、通过界面砂浆作用，粘结＋砌筑成整体 ≥ 0.1 × 94.5% = 0.0945	满粘≥0.1	点粘、有空腔 ≥ 0.1×30% = 0.03
抗风压性能	无空腔，抗风压能力强	无空腔，抗风压能力强	有空腔，抗风压性能较差
抗裂性能	采用逐层渐变的柔性构造，不易发生裂缝	施工整体性好，柔性构造，不易发生裂缝	主要靠抗裂砂浆层抗裂，易出现裂缝
抗冲击性	>3J	>3J	>3J
防火性能	满足高层建筑防火要求，火灾状态下不燃烧，安全稳定，不会产生有毒烟雾，无次生烟尘灾害	满足高层建筑防火要求，火灾状态下不燃，保温系统安全稳定	防火安全性能较差，火灾状态下聚苯板起火、烧结、缩空，有次生烟尘灾害，易产生烟囱效应

294. 胶粉聚苯颗粒贴砌聚苯板外墙外保温系统与聚苯板薄抹灰外墙外保温系统相比，其粘结性能如何？

欧共体标准规定胶粘剂和保温材料之间干燥状态下的最小粘结强度 B 必须大于或等于 0.08MPa，或破坏发生在保温层中。

即 $B \cdot S/100 \geqslant 0.08$MPa

最小粘结面积 $S(\%) = （粘贴面积/保温板面积）\times 100$

胶粉聚苯颗粒贴砌聚苯板外墙外保温系统和聚苯板薄抹灰外墙外保温系统中聚苯板与基层墙体的粘结性能对比分析如表3-39所示。

两种外墙外保温系统聚苯板与基层墙体粘结强度分析　　　　表 3-39

保温系统	粘结方式	粘结面积	粘结处拉拔强度（MPa）	平均粘结强度（MPa）
贴砌聚苯板	满粘	$(1+5\%) \times 90\%$ =94.5%	0.125	0.118
聚苯板薄抹灰	条粘或点框粘	30% ~50%	0.12	0.036 ~0.06

胶粉聚苯颗粒贴砌聚苯板外墙外保温系统为满粘无空腔系统，粘结面积大，聚苯板各点受力平均；而聚苯板薄抹灰外墙外保温系统为条粘或点框粘，存在不确定空腔，与基层粘结面积小，聚苯板各点受力状态差异大，存在粘结薄弱点。计算得出胶粉聚苯颗粒贴砌聚苯板外墙外保温系统单位面积聚苯板与基层的粘结力是聚苯板薄抹灰外墙外保温系统的 3 倍左右。由此可见，胶粉聚苯颗粒贴砌聚苯板外墙外保温系统更具安定性。

295. 胶粉聚苯颗粒贴砌聚苯板外墙外保温系统的板缝设计思路是什么？

聚苯板薄抹灰外墙外保温系统中，板与板之间通常采用对齐无板缝设计，而保温板在昼夜及季节变化时会发生热胀冷缩、湿胀干缩，于是在板缝处集中产生变形应力，板缝开裂较为严重。另外，贴板法受到施工的限制，容易产生冷桥，造成各种热工缺陷。我们采用贴砌聚苯板时预留板缝的方法来解决上述问题。预留的板缝使用胶粉聚苯颗粒粘结找平浆料砌筑后挤出刮平，该做法一方面相当于在每个聚苯板周围加一圈胶粉聚苯颗粒粘结找平浆料锚固件，进一步增强了系统整体粘结力和抗风压能力；另一方面又提高了聚苯板保温层的水蒸气渗透能力。但最主要的还是分解消纳聚苯板胀缩时集中产生的应力，它不仅可以将应力传递给胶粉聚苯颗粒粘结找平浆料层，然后再向面层逐层释放，可有效避免裂缝的发生；而且，聚苯板六面全部被胶粉聚苯颗粒粘结找平浆料包围，在一定程度上可限制聚苯板的胀缩变形。预留板缝的宽度也是一个需要靠实践经验和理论相结合摸索出来，如果板缝留的太小，由于胶粉聚苯颗粒粘结找平浆料中含有大量聚苯颗粒，施工操作起来有一定难度；板缝留的太大，由于胶粉聚苯颗粒粘结找平浆料的导热系数大于聚苯板，自然会影响整体保温效果。经过实践我们认为 10mm 板缝足以有效释放聚苯板的形变应力，也给施工带来了方便。

296. 胶粉聚苯颗粒贴砌聚苯板外墙外保温技术的应用现状如何？

胶粉聚苯颗粒贴砌聚苯板外墙外保温系统以其优异的性能于 2003 年就在新疆、北京得到了推广使用，目前应用面积达到上百万平方米，并在继续增长。该技术在北京、天津、山东、内蒙、新疆、浙江、甘肃、辽宁等地区均编制了标准图集，部分地区已经编制了施工技术规程。其典型工程主要有：北京百子湾小区、北京永泰花园小区、北京东方普龙旺思、北京宾都苑、北京京西宾馆什坊苑 5 号楼、解放军艺术学院经济适用房工程、新疆石河子东苑群岛花园、新疆昌吉世纪花园二期等。

二、施工技术

297. 胶粉聚苯颗粒贴砌聚苯板外墙外保温系统施工的工艺流程是什么？

（1）涂料饰面做法的工艺流程如下：

结构基层处理→涂刷基层墙体界面砂浆→吊垂直线、套方、弹控制线→抹胶粉聚苯颗粒粘结找平浆料粘贴砌筑聚苯板（聚苯板双面需预先涂刷好聚苯板界面砂浆）→做饼、冲筋、做口（LBL 型采用，LB 型不采用）→抹胶粉聚苯颗粒粘结找平浆料（LBL 型采用，LB 型不采用）→抹抗裂砂浆铺压耐碱玻纤网布→涂刷高分子乳液弹性底层涂料→刮抗裂柔性耐水腻子→涂料饰面施工→验收。

（2）面砖饰面做法的工艺流程如下：

结构基层处理→涂刷基层墙体界面砂浆→吊垂直线、套方、弹控制线→抹胶粉聚苯颗粒粘结找平浆料粘贴砌筑聚苯板（聚苯板双面需预先涂刷好聚苯板界面砂浆）→做饼、冲筋、做口（LBL 型采用，LB 型不采用）→抹胶粉聚苯颗粒粘结找平浆料（LBL 型采用，LB 型不采用）→抹第一遍抗裂砂浆→用尼龙胀栓固定热镀锌钢丝网→抹第二遍抗裂砂浆→抗裂防护层验收→外墙粘贴面砖→勾缝→面砖清理→饰面层验收。

298. 胶粉聚苯颗粒贴砌聚苯板外墙外保温系统是否可以用挤塑聚苯板代替膨胀聚苯板？

该系统中膨胀聚苯板和挤塑聚苯板都可以使用，故可以使用挤塑聚苯板代替膨胀聚苯板。两者主要存在以下三方面不同，须在施工中引起注意：

（1）由于两者的成型工艺不同，挤塑聚苯板表面更加致密、光滑，要求挤塑聚苯板所用界面砂浆是专用的，以确保与挤塑聚苯板有足够的粘结强度，并确保能将挤塑聚苯板拉坏。而膨胀聚苯板用界面砂浆，往往不能满足上述要求。

（2）膨胀聚苯板粘结面开有齿形槽，挤塑聚苯板在有条件的情况下其粘结面也应开齿形槽。

（3）两者的导热系数不同，挤塑聚苯板的导热系数更低些，从导热系数逐层渐变角度考虑，挤塑聚苯板表面胶粉聚苯颗粒找平层厚度通常设计为 15mm，而膨胀聚苯板的找平层厚度为 10mm。

299. 胶粉聚苯颗粒贴砌聚苯板外墙外保温系统与聚苯板薄抹灰外墙外保温系统在施工技术上存在什么不同？

（1）基层处理方式不同。胶粉聚苯颗粒贴砌聚苯板外墙外保温系统采用涂刷基层墙体界面砂浆做法，使其基层墙体表面更加粗糙，以增加基层墙体与粘结砂浆的接触面积，提高粘结牢度；聚苯板薄抹灰外墙外保温系统采用直接粘贴聚苯板做法，没有此工序。

（2）聚苯板粘结方式不同。胶粉聚苯颗粒贴砌聚苯板外墙外保温系统采用胶粉聚苯颗粒粘结找平浆料满粘聚苯板，粘结面积大于 90%；聚苯板薄抹灰外墙外保温系统采用粘结砂浆点粘或条粘聚苯板，粘结面积仅大于 30%。

（3）板缝的处理方式不同。胶粉聚苯颗粒贴砌聚苯板外墙外保温系统要求聚苯板之间保留 10mm 宽的板缝用胶粉聚苯颗粒粘结找平浆料砌筑，以利于防火、透气及吸纳聚苯板热变形应力；聚苯板薄抹灰外墙外保温系统要求聚苯板之间挤紧、压严，板缝间不得有粘结砂浆，以避免产生热桥。

（4）保温层控制平整度方式不同。胶粉聚苯颗粒贴砌聚苯板外墙外保温系统的聚苯板表面有一层胶粉聚苯颗粒粘结找平浆料层，以控制保温层平整度满足规范要求；聚苯板薄抹灰外墙外保温系统一般根据基层状况采取使用不同厚度聚苯板或聚苯板表面打磨方式进行平整度控制，保温性能往往得不到有效保证。

（5）锚栓的使用要求不同。胶粉聚苯颗粒贴砌聚苯板外墙外保温系统不需要使用锚栓（面砖饰面做法除外），聚苯板薄抹灰外墙外保温系统一般要求在聚苯板粘贴完成后，在板缝节点处打锚栓。

（6）耐碱玻纤网布铺贴要求不同。聚苯板薄抹灰外墙外保温系统要求在门窗洞口处实施网布翻包处理，胶粉聚苯颗粒贴砌聚苯板外墙外保温系统没有这样的操作，网布直接收口即可。

300. 胶粉聚苯颗粒贴砌聚苯板外墙外保温系统的施工要点是什么？

（1）基层处理

清除墙面油渍、浮灰等物质，使墙面干净。墙面松动、风化部分应剔除干净。墙表面凸起物大于或等于10mm时应剔除。

（2）界面处理

对要求做界面处理的基层应满涂墙体界面砂浆，用滚刷或喷枪将界面砂浆均匀涂刷。

（3）吊垂直、套方、弹控制线

根据建筑要求，在墙面弹出外门窗水平、垂直控制线及伸缩线、装饰线等。在建筑外墙大角及其他必要处挂垂直基准钢线和水平线。

（4）贴砌聚苯板

在墙角或门窗碛口处贴标准厚度板，拉水平控制线，抹约15mm厚的胶粉聚苯颗粒粘结找平浆料后随即粘贴预制好的聚苯板，凹槽向墙，粘贴聚苯板时应均匀轻柔挤压聚苯板，使聚苯板埋入浆料，随时用2m靠尺和托线板检查平整度和垂直度。聚苯板间应用胶粉聚苯颗粒粘结找平浆料砌筑约10mm的板缝，注意灰缝不饱满处用胶粉聚苯颗粒粘结找平浆料勾平。

排板时应按水平顺序排列，上下错缝粘贴，阴阳角处应作错茬处理，窗口处聚苯板裁成刀把形。

聚苯板的双成应预先涂刷聚苯板界面砂浆，用滚刷或喷枪均匀涂刷，拉毛不宜太厚，但必须保证所有外露的聚苯板面都做到毛面处理。

（5）做饼、冲筋、作口

套方作口，按厚度线用胶粉聚苯颗粒粘结找平浆料或聚苯板作标准厚度灰饼（"贴砌聚苯板 LB 型"做法不需要此操作）。

（6）抹 10mm 厚胶粉聚苯颗粒粘结找平浆料

用胶粉聚苯颗粒粘结找平浆料在聚苯板上罩面找平（"贴砌聚苯板 LB 型"做法中不需用胶粉聚苯颗粒粘结找平浆料进行找平）；聚苯板间若有预留间隔带应采用胶粉聚苯颗粒粘结找平浆料填塞；混凝土梁柱、门窗洞口、墙体边角处等特殊部位以及防火隔离带部位的保温作业均用胶粉聚苯颗粒粘结找平浆料进行处理。

（7）划分格线、门、窗口滴水槽（按设计要求）

在保温层施工完成后，根据设计要求弹出滴水槽控制线，用壁纸刀沿线划开设定的凹槽，槽深 15mm 左右，用抗裂砂浆填满凹槽，将塑料滴水槽（成品）嵌入凹槽与抗裂砂浆粘结牢固，收去两侧沿口浮浆，滴水槽应镶嵌牢固、水平。

（8）抗裂防护层及饰面层施工

待保温层施工完成 3～7d 且保温层施工质量验收合格以后，即可进行抗裂防护层及饰面层施工。

1）涂料饰面

①抹抗裂砂浆，铺压耐碱玻纤网布

耐碱玻纤网布长度 3m 左右，尺寸预先裁好。抗裂砂浆一般分两遍完成，总厚度约 3～5mm。抹面积与耐碱玻纤网布相当的抗裂砂浆后应立即用铁抹子压入耐碱玻纤网布。耐碱玻纤网布之间搭接宽度不应小于 50mm，先压入一侧，再压入另一侧，严禁干搭。阴阳角处也应压茬搭接，其搭接宽度≥150mm，应保证阴阳角处的方正和垂直度耐碱玻纤网布要含在抗裂砂浆中，铺贴要平整、无褶皱，可隐约见网格，砂浆饱满度达到 100%。局部不饱满处应随即补抹第二遍抗裂砂浆找平并压实。

在窗洞口等处应沿 45°方向提前用抗裂砂浆增贴一道耐碱玻纤网布（300mm×400mm）。

首层墙面应铺贴双层耐碱玻纤网布，第一层铺贴应采用对接方法，然后进行第二层耐碱玻纤网布铺贴，两层耐碱玻纤网布之间抗裂砂浆应饱满，严禁干贴。

建筑物首层外保温应在阳角处双层耐碱玻纤网布之间设专用金属护角，护角高度一般为 2m。在第一层耐碱玻纤网布铺贴好后，应放好金属护角，用抹子拍压出抗裂砂浆，抹第二遍抗裂砂浆复合耐碱玻纤网布包裹住护角。

抗裂砂浆施工完后，应检查平整、垂直及阴阳角方正，不符合要求的应用抗裂砂浆进行修补。严禁在此面层上抹普通水泥砂浆腰线、窗口套线等。

②喷刷弹性底涂

抗裂层施工完后 2~4h 即可喷刷弹性底涂。喷刷应均匀，不得有漏底现象。

③刮柔性耐水腻子、涂刷饰面涂料

抗裂层干燥后，刮柔性耐水腻子（多遍成活，每次刮涂厚度控制在 0.5mm 左右），涂刷饰面涂料，应做到平整光洁。

2）面砖饰面

①抗裂防护层

保温层验收后，抹第一遍抗裂砂浆，厚度控制在 2~3mm。根据结构尺寸裁剪热镀锌钢丝网分段进行铺贴，热镀锌钢丝网的长度最长不应超过 3m，为使边角施工质量得到保证，将边角处的热镀锌钢丝网施工前预先折成直角。在裁剪网丝过程中不得将网形成死折，铺贴过程中不应形成网兜，网张开后应顺方向依次平整铺贴，先用钢丝制成的 U 型卡子卡住热镀锌钢丝网使其紧贴抗裂砂浆表面，然后用尼龙胀栓将热镀锌钢丝网锚固在基层墙体上，尼龙胀栓按双向间隔 500mm 梅花状分布，有效锚固深度不得小于 25mm，局部不平整处用 U 型卡子压平。热镀锌钢丝网之间搭接宽度不应小于 50mm，搭接层数不得大于 3 层，搭接处用

U 型卡子、钢丝或锚栓固定。窗口内侧面、女儿墙、沉降缝等热镀锌钢丝网收头处应用水泥钉加垫片使热镀锌钢丝网固定在主体结构上。

热镀锌钢丝网铺贴完毕经检查合格后抹第二遍抗裂砂浆，并将热镀锌钢丝网包覆于抗裂砂浆之中，抗裂砂浆的总厚度宜控制在 10 ± 2mm，抗裂砂浆面层应达到平整度和垂直度要求。

②贴面砖

抗裂砂浆施工完一般应适当喷水养护，约 7d 后即可进行饰面砖粘贴工序。

饰面砖粘贴施工按照《外墙饰面砖工程施工及验收规程》（JGJ 126）执行。面砖粘结砂浆厚度宜控制在 3 ~ 5mm。

③ 面砖勾缝

使用面砖勾缝胶粉勾缝和擦缝。勾缝时，先勾水平缝再勾竖缝，面砖缝要凹进面砖外表面 2mm。勾缝完毕时应对大面积外墙面进行检查和清理，保证整体工程的清洁美观。

第七节　喷涂硬泡聚氨酯外墙外保温技术

一、技术内涵

301. 喷涂硬泡聚氨酯外墙外保温系统的基本构造是什么？

喷涂硬泡聚氨酯外墙外保温系统是指置于建筑物外墙外侧的保温及饰面系统，涂料饰面时是由聚氨酯防潮底漆、硬泡聚氨酯、聚氨酯界面砂浆、胶粉聚苯颗粒保温浆料、抗裂砂浆复合耐碱玻纤网布和涂料等组成的系统产品（图 3-21）；面砖饰面时是由聚氨酯防潮底漆、硬泡聚氨酯、聚氨酯界面砂浆、胶粉聚苯颗粒保温浆料、抗裂砂浆复合热镀锌钢丝网、尼龙胀栓和面砖等组成的系统产品（图 3-22）。

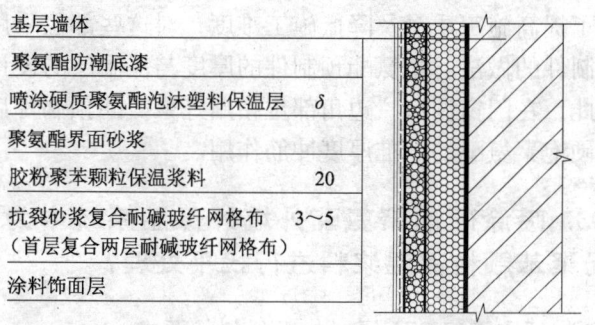

图 3-21　喷涂硬泡聚氨酯外墙外保温系统涂料饰面基本构造

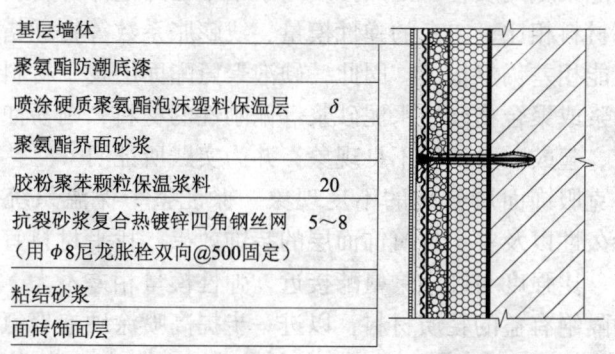

图 3-22　喷涂硬泡聚氨酯外墙外保温系统面砖饰面基本构造

硬泡聚氨酯采用现场喷涂的方法施工于基层墙体上，边角处及门窗洞口处采用聚氨酯胶粘剂将聚氨酯预制件粘贴在基层墙体上，聚氨酯预制件还可起到厚度控制件的作用。胶粉聚苯颗粒保温浆料找平不仅起找平作用，还可起到透气、耐候、防火的作用，对导热系数也有一个过渡作用，使各层材料的导热系数不致于变化过大，从而有利防止裂缝的产生。使用聚氨酯防潮底漆及聚氨酯界面砂浆有利于硬泡聚氨酯与基层墙体及找平材料之间的粘结。

302. 喷涂硬泡聚氨酯外墙外保温系统中为什么要使用聚氨酯预制件?

门窗洞口、边角部位是难以喷涂施工或施工质量不好的部位，为了提高施工质量及降低施工难度，对这些部位采用粘贴聚氨酯预制件的做法。聚氨酯预制件的厚度与保温层的设计厚度一致，因此，在门窗洞口、边角部位粘贴好聚氨酯预制件后，还可起喷涂硬泡聚氨酯的标准厚度冲筋作用。

303. 喷涂硬泡聚氨酯外墙外保温系统中为什么要用胶粉聚苯颗粒保温浆料进行找平处理？

（1）硬泡聚氨酯面层对找平材料的要求

硬泡聚氨酯质轻，虽然强度高于聚苯乙烯泡沫等材料，但与水泥基材料相比，二者的弹性模量、线膨胀系数等物理指标以及热工性能相差仍然很大。因此，硬泡聚氨酯面层找平材料若采用水泥砂浆或聚合物改性水泥砂浆等偏刚性的材料，则易使面层发生开裂、起鼓、脱落等不良现象，并为实践所证明。

要克服饰面层开裂的不良现象，保证整个保温系统的稳定性、持久性以及整个建筑饰面层的装饰效果，找平材料宜选择一种密度、比强度与硬泡聚氨酯接近，弹性模量相差不大、对火及热量的隔绝有益的轻质材料，以进一步提高喷涂硬泡聚氨酯外墙外保温系统的可靠性和符合"以放为主、抗放结合"的抗裂原则，且各构造层设计上应采取柔性渐变逐层释放应力的抗裂技术路线。

（2）硬泡聚氨酯面层找平材料的特点

基于上述分析，宜选用胶粉聚苯颗粒保温浆料作为硬泡聚氨酯面层的找平材料，其特点如下：

1）质轻，减轻面层荷载

胶粉聚苯颗粒保温浆料干密度为 $200kg/m^3$ 左右，而水泥砂浆干密度为 $1800kg/m^3$，硬泡聚氨酯面层找平层厚度一般为 15～20mm，采用胶粉聚苯颗粒保温浆料比水泥砂浆减少荷载 24～33kg/m^2。保温层面层荷载的减轻对维护保温墙体的稳定性、持久性是有益的。

2）阻燃，加强保温墙体抵抗火灾破坏的能力胶粉聚苯颗粒保温浆料的防火性能虽略逊于水泥砂浆的防火性能，但由于水泥砂浆的导热系数高，在热的作用下，热传递快，易使硬泡聚氨酯表面受热快、温度高，造成水泥砂浆找平层在火灾的作用下尚未破坏之前，内部硬泡聚氨酯在高温热的作用下已经老化、破坏。

而采用胶粉聚苯颗粒保温浆料，由于其本身防火性能优良，而且兼具保温性能，导热系数较水泥砂浆低很多，因而在遇火及热的作用时，向内部传递热量少而慢，热量集中在胶粉聚苯颗粒保温浆料层表面，对内部硬泡聚氨酯保温层的防火保护作用较水泥砂浆等刚性材料更加显著。

3）防止保温层老化

硬泡聚氨酯保温层虽然本身就具有良好的抗老化能力，但在长期的骤冷骤热等恶劣环境中，也会加快老化。因此，改善硬泡聚氨酯保温层材料所处的环境，比如减少紫外线照射，减少水汽、化学品侵蚀，温度、湿度适中，避免长期骤冷骤热或长期处于较冷、较热的环境中，可减缓其老化，延长其使用寿命，这对外墙保温来说是非常必要的。

胶粉聚苯颗粒保温浆料含有大量无机材料，其抗老化性能较硬泡聚氨酯要优越。利用胶粉聚苯颗粒保温浆料在硬泡聚氨酯保温层表面进行找平处理，对硬泡聚氨酯保温层有以下保护防老化作用：

①通过 15～20mm 厚的胶粉聚苯颗粒保温浆料找平层，再加上抗裂层、饰面层材料的耐老化性，可有效防止紫外线对保温层的损害；

②胶粉聚苯颗粒保温浆料找平层本身具有一定的保温作用，能够有效缓解冬季、夏季冷热对保温层的作用，使保温层处于相对恒温的环境中，减少冷热对聚氨酯保温层的老化影响；

③胶粉聚苯颗粒保温浆料找平层的高憎水性、极佳的透气性能可以改善保温层外表面的湿度环境，使之处于一个相对稳定的状态中，减少水汽对保温层的影响。

4）加强保温效果，降低硬泡聚氨酯保温层厚度，可节省工程造价、降低成本。

5）弥补喷涂硬泡聚氨酯保温材料在局部部位如窗口、门口等处的不足，降低施工难度。

304. 喷涂硬泡聚氨酯外墙外保温系统的三个创新点及技术优势是什么？

喷涂硬泡聚氨酯用于外墙外保温是一项新型建筑节能技术，具有三个技术创新点。

（1）使用聚氨酯防潮底漆对基层墙面进行处理，提高了聚氨酯与基层墙面的粘结力，有效防止了起泡、脆化、粉化、分层起鼓等质量问题；

（2）使用聚氨酯界面砂浆对聚氨酯保温层表面进行处理，确保了无机找平材料与聚氨酯保温层粘结强度，避免了起鼓、脱落、开裂等不良现象发生；

（3）选用胶粉聚苯颗粒保温浆料对聚氨酯保温层进行找平处理，减轻了保温层面层的荷载，提高了系统的防火性能，而材料性能也实现了逐层过渡，有利于系统的防裂，并可增强保温效果。

经过在工程实例中应用，喷涂硬泡聚氨酯外墙外保温系统虽然还存在着不少需要改进的地方，但该技术系统的优势还是十分明显的，主要表现在如下几个方面：

（1）保温效能好

硬泡聚氨酯是一种高分子热固型聚合物，是优良的保温材料，其导热系数为 $0.015 \sim 0.025W/(m \cdot K)$。一般来说，永久性的机械锚固、临时性的固定、穿墙管道或者外墙上的附着物的固定，往往会造成局部热桥，而采取喷涂硬泡聚氨酯工艺，由于硬泡聚氨酯与一般墙体材料粘结强度高，无须任何胶粘剂和锚固件，本身就是一种天然的胶粘材料，能形成连续的保温层，保证了保温材料与墙体的共同作用并有效阻断热桥。

会产生有害气体，不会对环境造成危害。

305. 喷涂硬泡聚氨酯外墙外保温技术的应用现状如何？

到目前为止，喷涂硬泡聚氨酯外墙外保温技术先后在不同气候区几十项工程中进行了几百万平方米的应用，随着国家节能标准的进一步推进，将会有更大的应用。该技术已经编制完成了国家标准图集《外墙外保温建筑构造（三）》(06J 121-3)，并在北京、天津、山东、内蒙、新疆、浙江、甘肃、辽宁等十多个地区编制了标准图集，部分地区已经编制了施工技术规程。其典型工程有：北京北辰长岛·澜桥（国家建筑节能示范小区）、北京奇然家园、新疆华美·文轩家园（国家建筑节能示范小区）、新疆石河子天业东苑群岛花园、新疆农六师宿舍楼、天津华琛散热器厂节能示范楼、山西太原国税局宿舍楼、山西煤炭进出口公司住宅楼、上海漓江山水花园、上海贤居天下苑、北京电视台厂洼小区住宅楼、北京兴海城等。

二、施工技术

306. 喷涂硬泡聚氨酯外墙外保温系统施工的工艺流程是什么？

（1）涂料饰面做法的工艺流程如下：

基层墙体清理→吊垂线，粘贴边角聚氨酯预制件→找平基层到±3mm→复测基层平整度→涂刷聚氨酯防潮底漆→喷涂第一遍聚氨酯保温材料（厚度控制在1cm左右）→在聚氨酯保温层上插厚度控制标志，每平方米按梅花状分布，不少于9个→继续分层喷施聚氨酯保温材料至标准厚度→检查聚氨酯保温层厚度→用手锯修平超过总保温层厚度部分→4h后涂刷聚氨酯界面砂浆→吊垂线、贴找平厚度灰饼→抹胶粉聚苯颗粒保温浆料→抹抗裂砂浆铺压耐碱玻纤网布→涂刷高分子乳液弹性底层涂料→刮抗裂柔性耐水腻子→涂料饰面施工→验收。

（2）面砖饰面做法的工艺流程如下：

基层墙体清理→吊垂线，粘贴边角聚氨酯预制件→找平基层到±3mm→复测基层平整度→涂刷聚氨酯防潮底漆→喷涂第一遍聚氨酯保温材料（厚度控制在1cm左右）→在聚氨酯保温层上插厚度控制标志，每平方米按梅花状分布，不少于9个→继续分层喷施聚氨酯保温材料至标准厚度→检查聚氨酯保温层厚度→用手锯修平超过总保温层厚度部分→4h后涂刷聚氨酯界面砂浆→吊垂线、贴找平厚度灰饼→抹胶粉聚苯颗粒保温浆料→抹第一遍抗裂砂浆→用尼龙胀栓固定热镀锌钢丝网→抹第二遍抗裂砂浆→抗裂防护层验收→外墙粘贴面砖→勾缝→面砖清理→饰面层验收。

307. 喷涂硬泡聚氨酯外墙外保温系统的施工要点是什么？

（1）基层处理

清除墙面油渍、浮灰等物质，使墙面干净。墙面松动、风化部分应剔除干净。墙面平整度控制在±3mm以下。

（2）吊垂直、弹控制线

吊垂直，弹厚度控制线。在建筑外墙大角及其他必要处挂垂直基准钢线。

（3）粘贴、锚固聚氨酯预制件

在阴阳角或门窗口处，粘贴聚氨酯预制件，并达到标准厚度。对于门窗洞口、装饰线角、女儿墙边沿等部位，用聚氨酯预制件沿边口粘贴。墙面宽度不足900mm处不宜喷涂施工，可直接用相应规格尺寸的聚氨酯预制件粘贴。

预制件之间应拼接严密，缝宽超出2mm时，用相应厚度的聚氨酯片堵塞。

粘贴时用抹子或灰刀沿聚氨酯预制件周边涂抹配制好的

粘结剂胶浆,其宽度为 50mm 左右,厚度为 3 ~ 5mm,然后在预制件中间部位均匀布置 4 ~ 6 个点,总涂胶面积不小于聚氨酯预制件面积的 30%。要求粘结牢固,无翘起、脱落现象。

聚氨酯预制件粘贴完成 24h 后,用电锤在聚氨酯预制件表面向内打孔,拧或钉入尼龙胀栓,钉头不得超出板面,锚栓有效锚固深度不小于 25mm,每个预制件一般为 2 个锚栓。

(4) 门窗口等部位的遮挡

聚氨酯预制件粘结完成后喷施硬泡聚氨酯之前,应充分做好遮挡工作。门窗口等一般用塑料布裁成与门窗口面积相当的布块进行遮挡。对于架子管、铁艺等不规则需防护部位应采用塑料薄膜进行缠绕防护。

(5) 喷刷聚氨酯防潮底漆

用喷枪或滚刷将聚氨酯防潮底漆均匀喷刷,无透底现象。

(6) 喷涂硬泡聚氨酯保温层

开启聚氨酯喷涂机将硬泡聚氨酯均匀地喷涂于墙面之上,当厚度达到约 10mm 时,按 300mm 间距、梅花状分布插定厚度标杆,每平方米密度宜控制在 9 ~ 10 支。然后继续喷涂至与标杆齐平(隐约可见标杆头)。施工喷涂可多遍完成,每次厚度宜控制在 10mm 以内。

(7) 修整硬泡聚氨酯保温层

喷涂 20min 后用裁纸刀、手锯等工具清理、修整遮挡部位以及超过保温层总厚度的突出部分。

(8) 喷刷聚氨酯界面砂浆

聚氨酯保温层修整完毕并且在喷涂 4h 之后,用喷斗或滚刷均匀地将聚氨酯界面砂浆喷刷于硬泡聚氨酯保温层表面。

(9) 吊垂直线,做标准厚度冲筋

吊胶粉聚苯颗粒保温浆料找平层垂直厚度控制线,用胶粉聚苯颗粒保温浆料做标准厚度冲筋。

(10) 抹胶粉聚苯颗粒保温浆料

抹胶粉聚苯颗粒保温浆料进行找平，应分两遍施工，每遍间隔在 24h 以上。抹头遍胶粉聚苯颗粒保温浆料应压实，厚度不宜超过 10mm。抹第二遍胶粉聚苯颗粒保温浆料应达到平整度要求，用托线尺检验是否达到验收标准。

（11）做滴水槽

涂料饰面时，找平层施工完成后，根据设计要求拉滴水槽控制线。

用壁纸刀沿线划出滴水槽，槽深 15mm 左右，用抗裂砂浆填满凹槽，将塑料滴水槽（成品）嵌入凹槽与抗裂砂浆粘结牢固。

（12）抗裂防护层及饰面层施工

找平层施工完成 3～7d 且找平层施工质量验收合格以后，即可进行抗裂防护层及饰面层施工（参见 300 问相关内容）。

308. 喷涂硬泡聚氨酯外墙外保温系统喷涂施工时如何控制其平整度和厚度？

首先，要吊垂直、弹厚度控制线。在建筑外墙大角及其他必要处挂垂直基准钢线。

在阴阳角或门窗口处，粘贴聚氨酯预制件，并达到标准厚度。对于门窗洞口、装饰线角、女儿墙边沿等部位，用聚氨酯预制件沿边口粘贴。粘贴的聚氨酯预制件用作喷涂施工的厚度控制标筋。

喷涂聚氨酯厚度达到约 10mm 时，按 300mm 间距、梅花状分布插定厚度标杆，每平方米密度宜控制在 9～10 支。然后继续喷涂至与标杆齐平（隐约可见标杆头）。

309. 喷涂硬泡聚氨酯外墙外保温系统保温层施工时如何进行过程控制？

喷涂硬泡聚氨酯外墙外保温系统中，保温层施工采用现场喷涂发泡成型的施工工艺，即利用高压无气喷涂设备，在 $100kg/cm^2$ 以上的压力下，将硬泡聚氨酯原料的两个组分在枪嘴处雾化混合充分，随即均匀喷涂在建筑物外墙表面，让聚氨酯原料的两个组分在墙面上发生化学反应，自由发泡形成连续的硬泡聚氨酯保温层。

喷涂施工时，需要从影响喷涂发泡质量的因素进行过程控制：

（1）墙体基层因素

基层墙体表面要无秽尘、无油污、无潮气、无凹凸不平物等，必要时，应先进行清洗、清理、剔除。否则对喷涂的硬泡聚氨酯的附着力、保温性、平整度都有较大的影响。

（2）环境温度与墙体表面温度的影响

喷涂硬泡聚氨酯发泡较合适的温度范围应是 10～35℃，特别是墙体表面的温度对施工影响很大。由于混凝土及砖墙蓄热系数大，其表面温度在秋冬季节，通常较环境温度低，此时喷涂聚氨酯泡沫施工就必须严格控制好施工温度，温度过低时，可采取一定措施，对原料进行保温处理，提高原料温度以弥补墙体温度低易造成的发泡不良现象。温度低于 10℃ 时，泡沫容易从墙体上脱落、起鼓，并且泡沫密度明显增大，浪费原材料，因此低于 10℃ 时，不宜施工。温度高于 35℃ 时，发泡剂损耗太大，同样影响发泡效果。

（3）水分对喷涂发泡的影响

由于异氰酸酯中（－NCO－）基团容易和水发生反应生成含脲键结构，这种结构含量增高，易使聚氨酯硬泡脆性增大，严重时，影响硬泡聚氨酯与物体表面的粘结性，因此建筑物外墙喷涂硬泡聚氨酯施工前，应先刷一道聚氨酯防潮底漆，以消除水及水汽的影响。雨天一般严禁施工。

（4）风的影响

硬泡聚氨酯喷涂施工都在室外进行，当风速超过 5m/s 时，发泡过程中的热量损失太大，原料损耗过大，成本增加，并且喷涂时雾化的液滴易随风飞散，对环境造成污染。因而当风速超过

5m/s 时，不宜施工。施工必要时，可用防风帷幕加以解决。

（5）喷涂厚度因素

喷涂硬泡聚氨酯时，一次喷涂的厚度对质量、成本也有很大影响。聚氨酯喷涂外墙外保温施工时，由于聚氨酯泡沫的良好保温性，保温层厚度不大，一般为 20～35mm，此时一次喷涂的厚度要求不要超过 10mm，以保证喷涂保温层表面的平整度能控制在 10～15mm 范围内。

一次喷涂厚度过大，平整度难以控制，一次喷涂厚度过小，保温层密度有可能增大，浪费原材料，增加成本。

（6）喷涂距离与角度因素

一般情况下，喷涂硬泡聚氨酯外墙外保温的作业平台为脚手架或吊篮，为获得良好的发泡质量，使喷枪保持一定的角度与喷涂距离也很重要。通常正确的喷枪角度宜控制在 70°～90°，喷枪与被喷物间距保持在 8～15mm 为宜。

（7）硬泡聚氨酯保温层界面处理因素

喷涂硬泡聚氨酯达到要求的厚度后，约 0.5h 后就可进行界面处理，即涂刷聚氨酯界面砂浆。一般涂刷界面砂浆的时间不要超过 4h。这是因为，发泡 0.5h 后，硬泡聚氨酯强度基本达到最佳强度的 80% 以上，尺寸变化率小于 5%，硬泡聚氨酯已处于相对稳定状态，适宜尽早将其保护起来。聚氨酯界面砂浆涂刷 24h 终凝后即可进行抹灰工序施工。

第八节　聚苯板薄抹灰外墙外保温技术

一、技术内涵

310. 什么是聚苯板薄抹灰外墙外保温系统？其基本构造是什么？

聚苯板薄抹灰外墙外保温系统是指置于建筑物外墙外侧的保

温及饰面系统，是由聚苯板、胶粘剂和必要时使用的锚栓、抹面胶浆和耐碱玻纤网布及涂料等组成的系统产品。薄抹灰增强防护层的厚度宜控制在：普通型 3 ~ 5mm，加强型 5 ~ 7mm。该系统采用粘结固定方式与基层墙体连接，也可辅有锚栓，其基本构造见图 3-23。

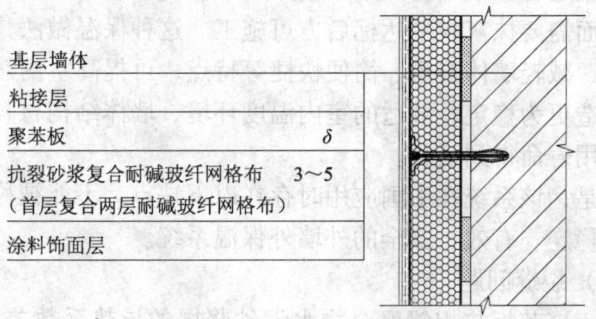

图 3-23　聚苯板薄抹灰外墙外保温系统基本构造

311. 聚苯板薄抹灰外墙外保温系统的联结安全度是如何核算的？

在聚苯板薄抹灰外墙外保温系统中，保温材料与墙体基面的联结主要有粘结和粘锚结合以粘为主等两种方式。如果采用锚固的方式，应做可靠的个体工程安全度设计。

对高层建筑，标高在 20m 以上的部位，宜增设机械锚固件，以提高连接安全度。锚固件数量：标高在 50m 以下的不宜少于 4 个/m²；标高在 50m 以上的不宜少于 6 个/m²。

对轻质材料墙体，以及既有建筑的墙体保温改造，必须对胶粘剂与墙体基面的粘结强度或机械锚固件的拔出力进行实测，以便具体设计外保温系统同墙体基面的连接方案。确保在粘结联结时安全系数不小于5；机械锚固时，安全系数不小于3。

粘结与锚固结合时，如以粘为主，锚固件的拔出力不计入安全度的核算；如以锚固为主，而粘结面积不超过总面积的 20%，粘结力不计入安全度的核算。

312. 聚苯板薄抹灰外墙外保温系统在中国的应用过程中存在哪些问题？

聚苯板薄抹灰外墙外保温系统是从国外引进的外墙外保温技术，比较适合在钢结构和木结构建筑中使用。对于基层平整度较差的墙面需要抹灰找平达标后方可施工。这种保温做法具有保温效果好、减轻墙体自重、简便快捷等特点，可提高室内热环境质量，营造更为稳定、舒适的室内温度环境，墙体结构材料受到保护，使用寿命得到延长。

但是，该系统在中国应用时存在以下缺点，不能被称为是一个十分稳定、有效、安全的外墙外保温系统。

（1）裂缝问题

由于聚苯板与相邻聚合物水泥砂浆层的导热系数差比较大，在温度变化过程中会出现较大的升降温速度差和变形速度差，导致在两种材料的界面处产生比较大的热应力。尽管聚合物水泥砂浆能消化一部分变形差异，但在长期、多次的较大变形速度差循环影响过程中，聚合物水泥砂浆表面容易出现裂缝。聚苯板如果养护不充分，上墙后会产生持续收缩，而昼夜及季节变化也会发生热胀冷缩和湿胀干缩，这都容易造成应力集中。而板缝是应力集中释放的区域，因此该系统板缝处裂缝是比较常见的现象。挤塑聚苯板（XPS）比膨胀聚苯板密度大、强度高，由于温差变形及自身变形而产生的变形应力也大，与膨胀聚苯板相比更易造成板缝处开裂。另外，当聚苯板的温度超过70℃时，聚苯板会产生不可逆热收缩变形造成较为严重的开裂变形，这种情况在高温干燥地区更为明显。

（2）高层建筑保温层抗风压、特别是抗负风能力差

该系统粘结层为条粘或点框粘聚合物复合水泥粘结层，空腔大，特别是墙体偏差较大时，空腔的大小是不确定的。由于该系统存在整体贯通的空腔，正负风压对保温墙面进行挤或拉，而这些力的释放点均为板缝处，易造成板缝处开裂。建筑物高处背风

面上产生的负风压很可能吸落保温层。极端情况下负风压甚至会将保温板掀掉，即使在聚苯板上采用锚固措施也只能锚固住局部点，负风压也会把聚苯板掀落。

（3）防火能力差

尽管部分工程采用难燃自熄性聚苯板，但在明火状态下聚苯板仍是可燃的，在高温辐射下体积发生剧烈变形，如果房屋内部发生火灾就有可能波及窗口四周的保温层，以至将保温层烧掉。

（4）耐老化性能差

聚苯板粘结剂的粘结能力主要靠大量有机聚合物提供，有机物含量过高，胶浆的抗老化能力降低，工程竣工后几年内易出现大面积开裂、脱落现象。

（5）施工适应性差

粘贴的聚苯保温板板面不平特别是相邻板面不平，在面层抹灰找平时会出现局部过厚或过薄的现象，导致面层收缩不一致，易生成裂缝；若板材边角的垂直度有偏差，则相邻板的板缝拼接难度加大，板缝宽窄不一，也易生成裂缝；门窗洞口等部位，尤其是外形复杂的建筑部位贴板受到很大的限制，容易产生热桥，从而造成各种热工缺陷。

另外，规程中要求基层平整度达到 ±10mm 偏差，但目前国内建筑结构基层表面的平整度大多数不符合外保温工程对基层的允许偏差项目的质量要求，偏差过大。在施工保温前需进行抹灰找平施工，加大了施工作业量，延误施工周期。

313. 为什么说"相邻材料导热系数逐层渐变路线"是解决目前聚苯板薄抹灰外墙外保温系统存在问题的有效方法？

目前聚苯板薄抹灰外墙外保温系统容易开裂的主要原因有：

（1）由于聚苯板与相邻聚合物水泥砂浆层的导热系数差过大，容易引起面层开裂。

（2）板缝处应力集中，易引起板缝开裂。

（3）聚苯板养护时间不够，上墙后继续收缩引起墙面开裂。

（4）耐老化性能差。

采用"相邻材料导热系数逐层渐变路线"的柔性材料组成保温系统，避免了传统的聚苯板薄抹灰外墙外保温系统由于各层材料性能指标差异过大造成保温墙体的开裂变形，因此是解决目前聚苯板薄抹灰外墙外保温系统存在问题的有效方法。

一般来说，挤塑聚苯板与抗裂砂浆的导热系数相差 31 倍，膨胀聚苯板与抗裂砂浆的导热系数相差 22 倍，胶粉聚苯颗粒保温浆料与抗裂砂浆的导热系数相差 13 倍。

在各种保温系统的中，面层都采用抗裂砂浆进行抗裂防护处理，保温层材料的导热系数越低，保温效果越好。当夏季太阳直射在抗裂砂浆表面时，由于抗裂砂浆只有 3mm 厚，热量很快传递到了保温层，当保温层材料的导热系数越低时，其阻隔热量的能力越强，热量不易通过传导扩散，于是被积聚在抗裂砂浆层，使抗裂砂浆的温度急剧升高，表面温度将高达 50~70℃，遇突然降雨和降温时则温度会降至 15℃ 左右，温差可达 40~65℃，这样的温差变化以及受昼夜和季节室外气温的影响，将对抗裂砂浆产生不利影响，其面层容易产生裂缝。

另外，相邻材料的导热系数相差越大，热胀冷缩引起的变形率以及变形速度差越大，导致在两种材料的界面处产生热应力，集中发生在板缝处，易造成板缝开裂。

用胶粉聚苯颗粒保温浆料抹在聚苯板外形成过渡层，使保温层与抗裂层之间导热系数差由聚苯板与抗裂砂浆之间相差 22 倍过渡到胶粉聚苯颗粒保温浆料与抗裂砂浆相差 13 倍，不仅使聚苯板受环境温度影响减少，温差应力减少，同时也减轻了面层砂浆的热负荷，避免了由于相邻材料导热系数相差过大造成面层的开裂。多年工程实践证明：采用胶粉聚苯颗粒保温浆料对聚苯板保温面层进行找平处理，有利于提高本系统的抗裂能力，并可有效提高系统的稳定性和防火性能。

同时，在构造设计中还利用了网布作为软配筋和多种纤维来改变应力的传递方向，充分分散各层材料所产生的应力，防止了各种变形应力集中发生的可能性，从而有效防止了保温面层有害裂缝的产生，大大提高了系统的耐候能力。

314. 为什么说在聚苯板面层用胶粉聚苯颗粒保温浆料进行找平做法是在传统聚苯板薄抹灰外墙外保温技术基础上的一大技术进步？

（1）用胶粉聚苯颗粒保温浆料进行找平，可使抗裂防护层与保温层的导热系数有一个比较合理的过渡，可以提高系统的抗裂性能。

（2）用胶粉聚苯颗粒保温浆料进行找平，提高了系统的耐候性、透气性和防火等性能。

（3）用胶粉聚苯颗粒保温浆料进行找平，还有利于门窗洞口、墙体边角处等特殊部位的处理，减少了热桥的影响，提高了整个系统的保温隔热性能。

315. 聚苯板薄抹灰外墙外保温系统中是否需要锚栓，有关标准是如何规定的？为什么说在这种外墙外保温做法中使用膨胀锚栓是不必要的？

在许多规程和图集中都规定在需要时使用锚栓辅助固定。行业标准《外墙外保温工程技术规程》（JGJ 144-2004）条文说明认为"锚栓主要用于在不可预见的情况下对确保系统的安全性起一定的辅助作用……在供应商能够自行担保系统安全性的情况下，也可不使用锚栓。"

分析认为：在正常情况下，胶粘剂承受系统全部荷载，锚栓在垂直方向是不受力的，对保温系统的固定不起作用。那么单靠胶粘剂能否保证连结安全？计算可知，该系统自重≤150N/m²；以北京地区为例，标高在100m高空的最大风压（负风压）约800N/m²。而胶粘剂与聚苯板的粘结强度标准中明确规定为

0.1MPa，考虑到最不利情况，假定施工中30%粘结面积只有一半粘实，那么胶粘剂提供的粘接力为：$0.1 \times 30\% \times 50\% \times 10^6 = 15000$ N/m^2。由此可知抵抗风压（负风压）的安全系数 $K = 15000/800 = 18.75$。可见系统中不加尼龙胀栓是非常安全的。另外，施工时打锚栓往往是在胶粘剂强度不很高时进行的，增加了对系统的扰动，带来了许多安全隐患。实际上，在聚苯板薄抹灰外墙外保温系统中，一个锚固点就是一个破坏点，锚固点越多，破坏点就越多，对聚苯板及整个保温系统的破坏力也就越大，保温系统也就更加不稳定。同时使用尼龙胀栓也增加了系统的热桥和施工成本。所以，在聚苯板薄抹灰外墙外保温系统中使用尼龙胀栓是不必要的。

316. 聚苯板薄抹灰外墙外保温技术作为引进技术在中国的应用有哪些优势和劣势？

聚苯板薄抹灰外墙外保温技术在欧美地区已有40年的发展历史，拥有完备的产品质量标准、检测方法及完善的施工技术规程和技术保障措施，有大量的工程实践证明该技术是成熟可靠的。正因为如此，该技术作为引进技术，近年来在我国得到了广泛而深入的发展，目前已成为最重要的外墙外保温技术之一，为我国的建筑节能事业做出了巨大的贡献。

但是我国的建筑市场有其特殊性的一面，高层建筑居多，全现浇及框架剪力墙结构居多，有相当多的建筑要求采用面砖饰面。因此产生的建筑物基层平整度差、防火安全性、面砖饰面可靠性等因素都是该技术所不能有效解决的问题。出于防火安全性考虑，在国外发达地区，膨胀聚苯板薄抹灰外墙外保温技术系统只允许在30m左右的建筑高度内使用，超过此限度，要求使用岩棉类防火等级高的材料。面砖饰面也是被禁止的，所谓40年的发展历史是指涂料饰面而言，在国内尚没有该技术用于面砖饰面的成熟技术规范，为慎重起见，有关规范只允许该技术在6m内应用于面砖饰面，且要求使用25kg以上容重的聚苯板，粘结面积不低于 50%。关于基层平整度差的问题，在大量的工程实践中，该技术做法通常采用不同厚度聚苯板及聚苯板表面打磨的办法来处理，这种以牺牲保温性能为代价的做法也急需改进。

317. 在聚苯板薄抹灰外墙外保温系统中以挤塑聚苯板代替膨胀聚苯板应注意哪些问题？

聚苯板薄抹灰外墙外保温系统现行的行业标准要求所用聚苯板为膨胀聚苯板，部分图集或技术导则涉及到使用挤塑聚苯板，但只针对特定的厂家。目前的工程实践中出现了以挤塑聚苯板为保温材料的薄抹灰做法，由于认识不够、处理不当，出现了许多问题。

挤塑聚苯板强度高、导热系数低，作为地面、屋顶保温材料无疑是上佳选择，作为墙体保温材料须妥善处理方可使用。由于两者的成型工艺不同，挤塑聚苯板表面更加致密、光滑，要求挤塑聚苯板表面要使用特殊的界面砂浆，以确保与挤塑聚苯板有足够的粘结强度，并确保能将挤塑聚苯板拉坏。而普通膨胀聚苯板的界面砂浆，往往不能满足上述要求。不解决这个问题，就不能有效排除该做法中出现的空鼓、剥离等问题。另一个须注意的问题是，因为挤塑聚苯板具有很高的热阻，抹面砂浆必须具有足够的柔韧性，才能保证系统不开裂。

318. 聚苯板薄抹灰外墙外保温技术的应用现状如何？

聚苯板薄抹灰外墙外保温技术是在中国应用得比较早的外墙外保温技术，到目前为止在全国各地都有应用，并且编制了行业标准《膨胀聚苯板薄抹灰外墙外保温系统》(JG 149-2003) 和国家标准图集《外墙外保温建筑构造（一）》(02J121-1) 及《外墙外保温建筑构造（二）（专威特外墙外保温与装饰系统）》

（99J121-2），并在全国二十多个省、自治区、直辖市编制了标准图集，部分地区已经编制了施工技术规程。如果将现有的聚苯板薄抹灰外墙外保温系统再进行一些改进，使其更加符合中国国情，该系统将会得到更加广泛的应用。其典型工程有：副融侨花园东区、重庆米兰天空、上海绿洲比华利别墅、天津龙潭路节能示范住宅、北京华普公寓等。

二、施工技术

319. 聚苯板薄抹灰外墙外保温系统施工的工艺流程是什么？

基层墙体清理→测量、放线、挂基准线→粘贴或锚固聚苯板→聚苯板表面扫毛→薄抹一层抹面胶浆→贴压耐碱玻纤网布→细部处理和加贴耐碱玻纤网布→抹面层抹面胶浆找平→面层涂饰工程施工→验收。

320. 聚苯板薄抹灰外墙外保温系统的施工要点是什么？

（1）弹控制线：根据建筑立面设计和外墙外保温技术的相关要求，在墙面上弹出外门窗水平、垂直控制线及伸缩缝线、装饰缝线等。

（2）挂基准线：在建筑外墙大角（阳角、阴角）及其他必要处挂垂直基准钢线，每个楼层适当位置挂水平线，以控制聚苯板的垂直度和平整度。

（3）配制聚合物砂浆胶粘剂：根据生产厂商使用说明书提供的配合比配制，专人负责，严格计量，机械搅拌，确保搅拌均匀。拌好的胶粘剂在静停 10min 后还需经二次搅拌才能使用。配好的料注意防晒避风，以免水分蒸发过快。一次配制量应在可操作时间内用完。

（4）粘贴翻包网布：凡在粘贴的聚苯板侧边外露处（如伸缩缝、建筑沉降缝、温度缝等缝线两侧、门窗口处）。都应做网布翻包处理。

（5）粘贴聚苯板：外保温用聚苯板标准尺寸为 600mm×900mm、600mm×1200mm 两种，非标准尺寸或局部不规则处可现场裁切，但必须注意切口与板面垂直。整块墙面的边角处应用最小尺寸超过 300mm 的聚苯板。聚苯板的拼缝不得正好留在门窗口的四角处。

当采用粘结方式固定聚苯板时，粘贴方式有点粘法和条粘法。点粘法适用于平整度较差的墙面，应保证粘结面积不小于30%，需加强点见细部设计要求；条粘法适用于平整度较好的墙面。不得在聚苯板侧面涂抹胶粘剂。

（6）锚固件固定：设计要求采用机械锚固件固定聚苯板时，锚固件安装应至少在胶粘剂使用 24h 后进行，用电锤（冲击钻）在聚苯板表面向内打孔，孔径视锚固件直径而定，进墙深度不得小于设计要求。拧入或敲入锚固钉，钉头和圆盘不得超出板面。锚固件数量与型号根据设计要求确定。

（7）配制抹面砂浆：按照生产厂提供的配合比配制抹面砂浆，做到计量准确，机械二次搅拌，搅拌均匀。配好的料注意防晒避风，一次配制量应控制在可操作时间内用完，超过可操作时间后不准再度加水（胶）使用。

（8）抹底层抹面砂浆：聚苯板安装完毕检查验收后进行聚合物砂浆抹灰。抹灰分底层和面层两次。

在聚苯板面抹底层抹面砂浆，厚度 2～3mm。同时将翻包网布压入砂浆中。门窗口四角和阴阳部位所用的增强网布随即压入砂浆中。

（9）贴压网布：将网布绷紧后贴于底层抹面砂浆上，用抹子由中间向四周把网布压入砂浆表层，要平整压实，严禁网布皱褶。网布不得压入过深，表面必须暴露在底层砂浆之外。

（10）抹面层抹面砂浆：在底层抹面砂浆凝结前再抹一道抹

面砂浆罩面，厚度 1 ~ 2mm，仅以覆盖网布、微见网布轮廓为宜。面层砂浆切忌不停揉搓，以免形成空鼓。

（11）"缝"的处理：外墙外保温可设置伸缩缝、装饰缝。在结构沉降缝、温度缝处也应做相应处理。

留设伸缩缝时，分格条应在进行抹灰工序时就放入，待砂浆初凝后起出，修整缝边。缝内填塞发泡乙烯圆棒（条）作背衬，直径或宽度为缝宽的 1.3 倍，再分两次勾填建筑密封膏，深度为缝宽的 50% ~ 70%。

沉降缝与温度缝根据缝宽和位置设置金属盖板，以射钉或螺丝紧固。

（12）加强层做法：考虑首层与其他需加强部位的抗冲击要求，在标准外保温做法基础上加铺一层网布，并再抹一道抹面砂浆罩面，以提高抗冲击强度。加强部位抹面砂浆总厚度宜为 5 ~ 7mm。

在同一块墙面上，加强层做法与标准层做法间应留设伸缩缝。

（13）装饰线条做法：装饰缝应根据建筑设计立面效果处理成凹形或凸形。凸形称为装饰线，以聚苯板来体现为宜，此处网布与抹面砂浆不断开。粘贴聚苯板时，先弹线标明装饰线条位置，将加工好的聚苯板线条粘于相应位置。线条突出墙面超过 100mm 时，需加设机械固定件。线条表面按普通外保温抹灰做法处理。

（14）外饰面涂料做法：待抹灰基面达到涂料施工要求时可进行涂料施工，施工方法与普通墙面涂料工艺相同。一般宜使用配套的专用涂料或其他与外保温系统相容的涂料。

（15）饰面砖做法：当设计要求局部外饰面为面砖时，选用密度不小于 $25kg/m^3$、导热系数不大于 $0.041W/(m \cdot K)$ 的聚苯板，粘结面积不小于 50%。贴砖高度不宜超过 6m。

每个楼层间留设伸缩缝，缝中安装防锈金属或塑料制成的托架。

饰面砖与外保温复合墙体的粘结强度必须符合《建筑工程饰面砖粘结强度检验标准》(JGJ 110) 的要求。

321. 聚苯板薄抹灰外墙外保温系统对基层墙体的要求是什么?

(1) 基层墙体平整度偏差应在 ±10mm 以内,基层墙体表面平整度不符合要求时,可采用1:3 水泥砂浆找平。

(2) 基层墙体必须清理干净,墙面应无油、灰尘、污垢、脱模剂、风化物、涂料、蜡、防水剂、潮气、霜、泥土等污染物或其他有碍粘结的材料,并应剔除墙面的凸出物,再用水冲洗墙面,使之清洁平整。

(3) 清除基层墙体中松动或风化部分,用水泥砂浆填充后找平。

(4) 既有建筑进行保温改造时,应彻底清除原有外墙饰面层,露出基层墙体表面,并按上述方法进行处理。

(5) 基层墙体处理完毕后,应将墙面略微湿润,以备进行粘贴聚苯板工序的施工。

322. 配制聚合物胶粘剂及聚合物抹面砂浆应注意哪些问题?

(1) 首先要求严格按照厂家产品使用说明书规定的比例进行砂浆配制,不得随意改变配比。

(2) 聚合物砂浆所用砂子含泥量必须符合要求,一般不得超过3%,砂的用量也必须准确,不得超量,否则可能造成聚合物砂浆强度下降,甚至造成砂浆层起灰、空鼓、剥落等问题,尤其在面砖饰面体系中更应引起注意。

(3) 配制完成的聚合物砂浆,必须在规定的时间内用完(一般1.5~2h),严禁过时使用。

(4) 聚合物砂浆的配制、存运及使用必须由专用器具盛装,不得将砂浆直接倒在地上,否则会造成砂浆失水过快,可操作时间缩短,性能下降。

323. 怎样粘贴聚苯板？

（1）根据设计图纸的要求，在经平整处理的外墙面上沿散水标高用墨线弹出散水水平线；当需设置系统变形缝时，应在墙面相应位置弹出变形缝及其宽度线，标出聚苯板的粘贴位置。

（2）粘贴聚苯板可以采用以下两种方法：

1）点粘法

沿聚苯板的周边用不锈钢抹子涂抹配制好的粘结胶浆，浆带宽50mm，厚10mm。当采用标准尺寸的聚苯板时，尚应在板面的中间部位均匀布置8个粘结胶浆点，每点直径为100mm，浆厚10mm，中心距200mm。当采用非标准尺寸的聚苯板时，板面中间部位涂抹的粘结胶浆一般不得多于6个点，但也不应少于4个点。点粘法粘结胶浆的涂抹面积与聚苯板板面面积之比不得小于1/3，见图3-24。

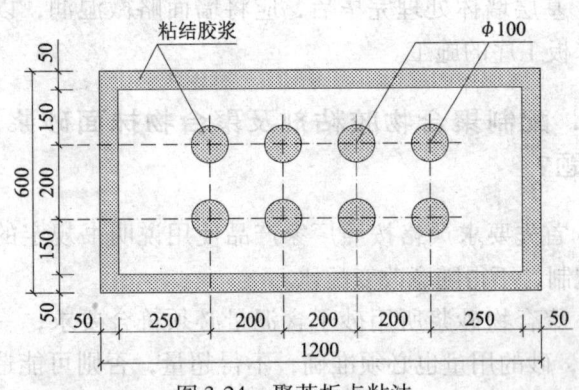

图3-24 聚苯板点粘法

2）条粘法

在聚苯板的背面全涂上粘结胶浆（即粘结胶浆的涂抹面积与聚苯板板面面积之比为100%），然后将专用的锯齿抹子紧压聚苯板板面，并保持成45°，刮除锯齿间多余的粘结胶浆，使聚苯板面留有若干条宽为10mm、厚度为13mm、中心距为48mm且平行于聚苯板长边的浆带，见图3-25。

256

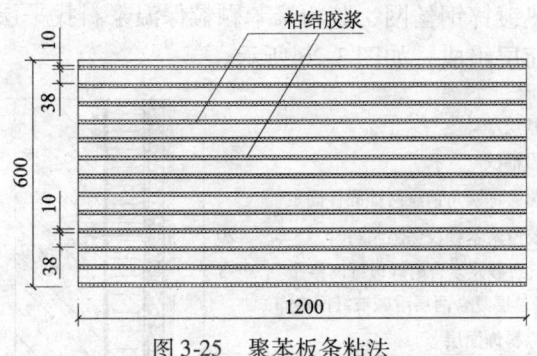

图 3-25　聚苯板条粘法

（3）聚苯板抹完粘结胶浆后，应立即将板平贴在基层墙体墙面上滑动就位。粘贴时动作应轻揉、均匀挤压。为了保持墙面的平整度，应随时用一根长度超过 2.0m 的靠尺进行压平操作。

（4）聚苯板应由建筑外墙勒脚部位开始，自下而上，沿水平方向横向铺设，每排板应互相错缝 1/2 板长。

（5）聚苯板贴牢后，应随时用专用的搓抹子将板边的不平处搓平，尽量减少板与板间的高差接缝。当板缝间隙大于 1.6mm 时，则应切割聚苯板条将缝填实后磨平。

（6）在外墙转角部位，上下排聚苯板间的竖向接缝应为垂直交错连接，保证转角处板材安装的垂直度。

（7）粘贴上墙后的聚苯板应用粗砂纸磨平，然后再将整个聚苯板面打磨一遍。打磨时散落的碎屑粉尘应随时用刷子、扫把或压缩空气清理干净，操作工人应带防护面具。

第九节　岩棉外墙外保温技术

一、技术内涵

324. 岩棉外墙外保温系统的基本构造是什么？

岩棉外墙外保温系统锚固做法由基层墙体、岩棉板、由锚固件固定的热镀锌钢丝网、胶粉聚苯颗粒保温浆料找平层、抗裂防护层及饰面层组成，如图 3-26 所示。

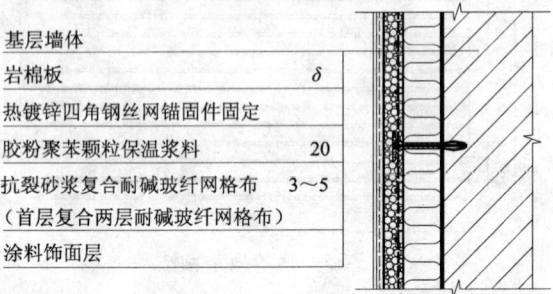

图 3-26　岩棉外墙外保温系统锚固做法基本构造

岩棉板现浇做法由钢筋混凝土基层、岩棉板、镀锌钢丝网加固层、胶粉聚苯颗粒保温浆料找平层、抗裂防护层、饰面层等构造层组成，如图 3-27 所示。

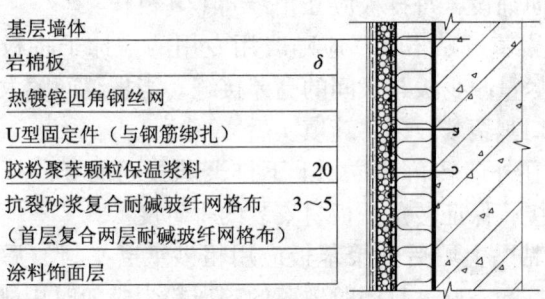

图 3-27　岩棉外墙外保温系统现浇做法基本构造

325. 岩棉外墙外保温技术存在哪些技术难题？

（1）岩棉质软、易分层、强度低，难于上墙固定；

（2）岩棉荷载能力很差，难于在其表面上进行抹灰处理；

（3）岩棉易吸水，必须进行防水处理；

（4）抹灰层开裂问题不易得到解决；

（5）面层耐候性问题受以上因素制约难以得到解决。

326. 岩棉外墙外保温技术的一般特点是什么？

（1）增加了外墙的保温性能和保护性能；

（2）基本上可以消除"热桥"；

（3）改善了室内的环境质量，减少了采暖热负荷；

（4）热容量得到了提高；

（5）墙体潮湿状况得到了改善；

（6）墙体气密性能得到了提高，内表面结露现象减少；

（7）防火性能好，吸声性能优异，耐久性能好。

327. 为什么要开发岩棉外墙外保温技术？为什么说岩棉外墙外保温技术是一种比较合理的外墙外保温技术？

开发岩棉外墙外保温技术，可以建立起耐候性能好、防火灾性能更可靠、保温性能更好的外墙外保温系统和施工方法。目前国内外墙外保温系统主要是聚苯板系统和聚氨酯系统，其最明显的缺点是寿命不能够完全与建筑结构同步，一般使用期为 20～25 年左右，不能满足中高层建筑结构 50 年以上设计年限的需要；另一缺点就是其抗火灾性能比较差。而采用岩棉进行外墙外保温由于岩棉的导热系数低和不燃性，不仅可以满足保温的要求，而且可以显著提高保温层的使用寿命，达到与建筑结构设计寿命同步，并且抗火灾性能也很好，遇到大火后保温层也不会出现变形。

因而，在民用建筑中，采用岩棉外墙外保温技术进行外墙外保温具有优良的保温效果，可以提高室内的使用面积，耐火等级高，使用寿命长，可省去中途换补保温层的费用；同时施工简单、快捷，安全性好，与现有保温技术相比，具有更显著的经济效益和社会效益，是一种合理的、档次较高的建筑保温技术。

328. 在岩棉外墙外保温技术中，选用胶粉聚苯颗粒保温浆料进行找平有哪些优点？

（1）胶粉聚苯颗粒保温浆料具有很好的粘结性能，可很好地与岩棉界面层粘结在一起。

（2）胶粉聚苯颗粒保温浆料导热系数低，可有效地防止因使用机械固定件以及钢丝网而可能产生的冷、热桥，同时还可以对梁、柱、门窗口侧立面等特殊部位进行补充保温。

（3）胶粉聚苯颗粒保温浆料的湿密度和干密度都比较小，可有效解决岩棉保温层荷重比较小的问题。

（4）胶粉聚苯颗粒保温浆料变形能力强、柔韧性好，具有很好的抗裂性能，可有效地防止面层开裂。

329. 在岩棉外墙外保温技术中，门窗洞口等特殊部位是如何处理的？

外墙面的窗口、门口的侧立面、上口、窗台等特殊部位要注意预留出抹胶粉聚苯颗粒保温浆料层的厚度，以确保上述部位的保温效果。门、窗口四角处的保温层上应首先用300mm×400mm的网布进行斜向45°角加强。沿门、窗四周，每边至少应设置三个锚固件，同时用L形网片进行包边。门、窗口角应用玻纤网布包裹增强，包裹网布单边宽度不应小于150mm。

330. 岩棉外墙外保温系统现浇做法有哪些技术优势？

（1）在现浇施工中，采用四角镀锌钢丝网兜住岩棉板，可有效防止因岩棉板的分层而造成找平层及饰层材料的脱落。

（2）对岩棉板表面用喷砂界面剂进行处理后，可有效防止岩棉板面层细小纤维的脱落飞扬。该喷砂界面剂由于加入了防水剂，可以给岩棉板面层增加一层防水层，保证了岩棉板的保温隔热性能。喷砂界面剂固化后，可以形成比较坚硬的硬壳，从而有利于提高岩棉板表面强度。同时，喷砂界面剂与找平材料可以有效地粘结在一起，也保证了岩棉板面层找平材料的施工稳定性。

（3）由于岩棉板浇注中采用了镀锌钢丝网，从而会产生很大的热桥，而且岩棉板在浇注拆模后，还会产生一定量的膨胀，因此面层必须进行找平处理。选用胶粉聚苯颗粒保温浆料对岩棉板面层进行找平不仅可以阻断热桥，还可以满足岩棉板面层的荷载要求。胶粉聚苯颗粒保温浆料不仅具有很好的保温性能，同时干密度也很低。同时，其导热系数、弹性模量、线性膨胀都与岩棉板相差不大，热应力差值小，不会出现因温度变化而造成的保温层面层开裂问题。

（4）抗裂防护层采用抗裂砂浆复合耐碱玻纤网布的做法，并用弹性底层涂料和抗裂柔性腻子进行透气和防水处理，可以保证整个岩棉外墙外保温系统现浇做法是一个柔性渐变逐层释放应力的系统，从而使整个系统更加稳定而不会开裂。

（5）用胶粉聚苯颗粒保温浆料进行找平的岩棉板保温系统具有很好的保温效果。热工测试表明：在 240mm 厚的黏土砖墙上复合 50mm 厚的岩棉板，并用钢丝和镀锌钢丝网固定，面层用 20mm 厚的胶粉聚苯颗粒保温浆料进行找平处理，热阻值可以达到 $1.891m^2 \cdot K/W$，传热系数达到 $0.488W/(m^2 \cdot K)$。

331. 岩棉外墙外保温技术的应用现状如何？

2001 年初，岩棉外墙外保温技术作为国家二级项目在建设部立项，进行了热阻性能、火反应性能、耐候性能、抗冲击性能等的研究。该技术已经编制了国家标准图集《外墙外保温建筑构造（一）》（02J 121-1），并在部分省、自治区、直辖市编制了地方标准图集或施工技术规程。但由于岩棉外墙外保温系统价格比较高，因而工程应用量不多，仅在天津华琛散热器厂节能示范楼进行了 2000m² 的工程试点。

二、施工技术

332. 岩棉外墙外保温系统施工的工艺流程是什么？

（1）岩棉外墙外保温系统锚固做法施工的工艺流程为：基层清理→排板布线→预固定岩棉板→铺钢丝网，用锚固件锚固钢丝网→喷界面砂浆→抹胶粉聚苯颗粒保温浆料找平层→抹抗裂砂浆铺压耐碱玻纤网布→涂刷高分子乳液弹性底层涂料→刮抗裂柔性耐水腻子→涂料饰面施工→验收。

（2）岩棉外墙外保温系统现浇做法施工的工艺流程为：安装岩棉板→支模浇筑→拆除模板→喷界面砂浆→抹胶粉聚苯颗粒保温浆料找平层→抹抗裂砂浆铺压耐碱玻纤网布→涂刷高分子乳液弹性底层涂料→刮抗裂柔性耐水腻子→涂料饰面施工→验收。

333. 岩棉外墙外保温系统锚固做法的施工要点是什么？

（1）将墙面凸起影响施工的部位剔平。

（2）吊垂直，弹出岩棉板定位线。

（3）根据岩棉板定位线，用粘结砂浆粘贴岩棉板进行预固定，岩棉板要错缝拼接，并在岩棉板上铺设热镀锌钢丝网，用锚固件固定岩棉板和热镀锌钢丝网，每平方米墙面上至少设置四个锚固件，锚固件从距离墙角、门窗侧壁100～150mm以及从檐口与窗台下方150mm处开始设置。沿窗户四周，每边至少应设置三个锚固件。用U型热镀锌钢丝网片把门窗侧壁及墙体底部包边，用L型镀锌钢丝网片把墙体转达角处包边。这些包边网片要随同岩棉板一起被锚固件穿过，并用手压紧，以便定位。钢丝网采用单孔搭接，并用镀锌铅丝将搭接处绑扎好，每米绑扎不得少于4处。岩棉板固定好后，按每平方米至少4个的密度在热镀锌钢丝网下安装塑料垫片，将钢丝网垫起5mm，以保证岩棉板与热镀锌钢丝网能存在一定的距离，这样有利于抹灰找平层的施工。

（4）采用专用喷枪将配制好的界面砂浆均匀喷涂到岩棉板表面，确保岩棉板表面及热镀锌钢丝网上均喷满了界面砂浆，以增强岩棉板表面强度及防水性能和热镀锌钢丝网的防腐性能。

（5）吊胶粉聚苯颗粒保温浆料找平层垂直控制线、套方作口，按设计厚度用胶粉聚苯颗粒保温浆料作标准厚度贴饼、冲筋。

（6）胶粉聚苯颗粒保温浆料找平施工

抹胶粉聚苯颗粒保温浆料找平时，应分两遍施工，每遍间隔在24h以上。头遍胶粉聚苯颗粒保温浆料应压实，厚度不宜超过10mm。第二遍操作时应达到冲筋厚度并用大杠搓平，用抹子局部修补平整；30min后，用抹子再赶抹墙面，用托线尺检测后达到验收标准。

（7）抗裂防护层及饰面层

采用涂料饰面做法，找平层施工完成3~7d且找平层施工质量验收合格以后，即可进行抗裂防护层及饰面层施工（参见300问涂料饰面做法相关内容）。

334. 岩棉外墙外保温系统现浇做法的施工要点是什么？

（1）安装岩棉板

将岩棉板与镀锌钢丝网和现浇用锚固件固定在一起，并与钢筋绑扎好。岩棉板错缝拼接，现浇用镀锌锚固件每平方米不得少于13个，勒脚处钢丝网应预先弯制成U形，门窗洞口处钢丝网应提前加工成L形。钢丝网采用单孔搭接，搭接缝采用专用卡子绑扎好，每米应不少于4处。

（2）支模浇筑

使混凝土与岩棉板成为一个整体。

（3）界面处理

将钢丝网用垫片垫起5~10mm高，喷界面砂浆。

（4）找平处理

用胶粉聚苯颗粒保温浆料对岩棉板面层进行整体找平，使钢丝网包裹在胶粉聚苯颗粒保温浆料中。胶粉聚苯颗粒保温浆料的厚度以高出钢丝网5mm为宜，并用大杆搓平以达到质量要求。

（5）抗裂处理及饰面处理

抹抗裂砂浆压入耐碱玻纤网布，并涂刷高分子乳液弹性底层涂料，进行涂料饰面层施工。

第十节　其他外墙外保温技术

335. 什么是干挂式外墙外保温系统？

干挂式外墙外保温系统是一种集装饰、节能、防水三项功能于一身的外墙建材系统，采用专用的金属锚固件，以干挂安装工艺，将保温材料连带装饰面层材料固定在基层墙体上，一般是采用轻钢龙骨通过可调节支架作骨架固定于基层墙体上，外挂面板分带保温面板和不带保温面板两种，不带保温面板内提前施工保温隔热材料。它适用于以实心砖、空心砖、混凝土砌块、加气混凝土砌块砌成的墙体及钢筋混凝土墙体。

干挂式外墙外保温系统的一种基本构造如图3-28所示。

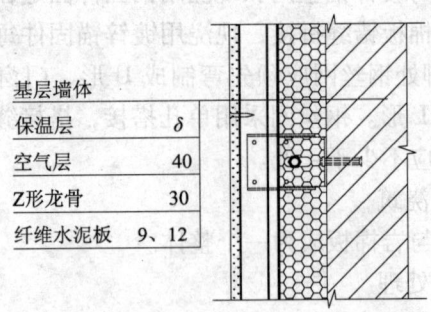

图 3-28　干挂式外墙外保温系统基本构造

336. 干挂式外墙外保温系统施工基本要求是什么？

（1）基层墙体表面一般可不作处理，但局部偏差超过可调整范围时，则应剔除或加垫。

（2）墙面调节支架、龙骨应根据窗洞口、阳台、板面伸缩缝等的具体位置和面板规格进行布置，龙骨间距不超过1200mm。

（3）面板可用纤维增强硅酸钙板、水泥加压平板等，也可采用其他合适的面板。

（4）保温材料可以是聚苯板或硬泡聚氨酯板。

（5）安装外挂板时，应在板边预钻孔，孔距不大于200mm，并在表面扩孔（沉头孔），板就位后，再在板面的预钻孔位置处钻龙骨孔，并且自攻螺钉固定，螺钉沉头应略低于板面。

（6）龙骨、支座、支承板均应采用HPB235级钢，表面镀锌，螺栓、螺钉等也应表面镀锌。

（7）板缝须采用相应保温材料密封，表面应嵌耐候性能好的材料如硅酮密封胶，以满足防水及防裂要求。

337. 什么是保温隔热复合装饰板外墙外保温系统？

保温隔热复合装饰板外墙外保温系统采用现场粘贴（并辅以钉扣）直接将保温隔热装饰板固定于基层墙体，饰面可预制或后做，属干作业法施工。其基本构造如图3-29。

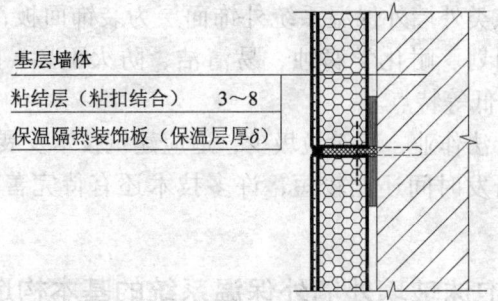

图3-29　保温隔热复合装饰板外墙
外保温系统基本构造

保温隔热装饰板一般由保温板（挤塑聚苯板、膨胀聚苯板、聚氨酯板等）、3～6mm 厚无机树脂板或铝合金面板等饰面板、涂料层（氟碳涂层、丙烯酸涂层、聚氨酯涂层）组成。必要时，可以在保温材料层中增设铝合金增强板。

该保温系统在保温隔热装饰板安装完毕后即可处理板缝。当板缝宽小于等于 10mm 时，先用发泡聚氨酯现场灌缝；当缝宽大于 10mm 时，则在缝内嵌填与墙体保温材料相同的材料。无论灌缝或嵌缝，缝口部位均应留空，用密封膏勾缝封严。

338. 带饰面层干作业外墙外保温系统有什么特点？

（1）采用粘贴、锚固、干挂、浇筑等方式将带饰面层的复合保温板固定在基层墙体上，模块化的结构，施工方便，易操作，施工质量易控制，施工周期短。

（2）采用现场组装施工复合保温板材，板与板之间的缝隙嵌填保温材料并用密封膏处理，应力释放充分，可有效控制裂缝。

（3）保温板上直接带有装饰面层，大块面安装，外观效果达到幕墙效果。

（4）无通长热桥，保温性能好，外饰面层在使用过程中不会开裂变形，保温效果可维持数十年。

（5）保温材料与外饰面层装饰面板的复合为工厂化预制构件生产，质量好，效率高，可靠性强。

（6）该类外墙外保温系统外饰面层为装饰面板，具有耐候、耐磨、耐刻划、耐化学腐蚀、易清洁、防火不燃、防潮湿、隔热、变形率低等特点。

（7）干法作业，建筑垃圾少，适应建筑技术发展的需要。

（8）研发时间还比较短，许多技术还有待完善，有很强的发展空间。

339. 泡沫玻璃外墙外保温系统的基本构造是什么？

泡沫玻璃外墙外保温系统主要由粘接层、泡沫玻璃保温层、抗裂防护层和饰面层构成。涂料饰面时的基本构造如图 3-30 所示，面砖饰时的基本构造如图 3-31 所示。

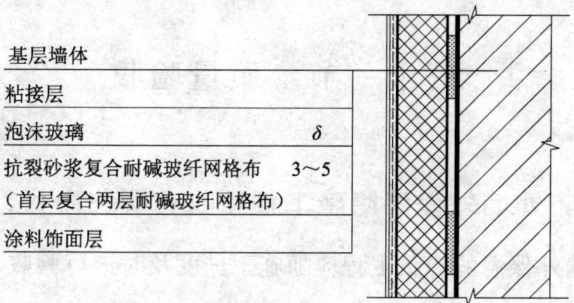

图 3-30　泡沫玻璃外墙外保温系统涂料饰面基本构造

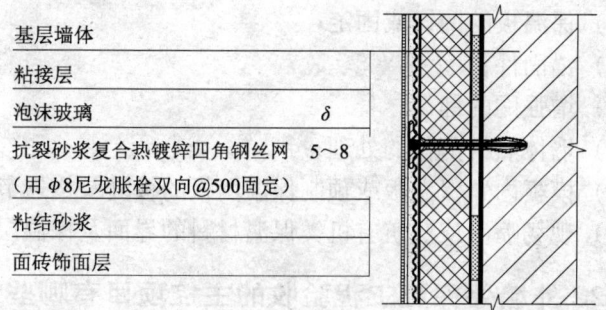

图 3-31　泡沫玻璃外墙外保温系统面砖饰面基本构造

340. 泡沫玻璃外墙外保温系统施工的工艺流程是什么？

（1）涂料饰面做法的工艺流程如下：

基层墙体清理→界面处理→水泥砂浆找平→粘贴泡沫玻璃→抹抗裂砂浆铺压耐碱玻纤网布→涂刷高分子乳液弹性底层涂料→刮抗裂柔性耐水腻子→涂料饰面施工→验收。

（2）面砖饰面做法的工艺流程如下：

基层墙体清理→界面处理→水泥砂浆找平→粘贴泡沫玻璃→抹第一遍抗裂砂浆→用尼龙胀栓固定热镀锌钢丝网→抹第二遍抗

裂砂浆→抗裂防护层验收→外墙粘贴面砖→勾缝→面砖清理→饰面层验收。

第十一节 质量验收

341. 外墙外保温隐蔽工程验收有哪些内容？

外墙外保温的隐蔽工程应随施工进度及时进行验收，主要部位或内容有：

（1）保温层附着的基层及其表面处理；

（2）保温板的铺设或固定；

（3）锚固件；

（4）增强网的铺设；

（5）墙体热桥部位的处理；

（6）模板内置保温板或预制保温墙板的板缝及构造节点；

（7）现场喷涂或浇筑有机类保温材料的界面及保温层厚度。

342. 外墙外保温工程验收的主控项目有哪些？

（1）用于墙体节能工程的材料、构件等应符合设计要求和相关标准的规定。

检验方法：检查材料的质量证明文件、性能检测报告或型式检验报告。

检查数量：按进场批次每批抽样不少于1件。

（2）用于墙体的保温材料，其导热系数、密度、压缩强度、燃烧性能必须符合设计要求和有关标准的规定。用于墙体的粘结材料，其粘结强度必须符合设计和有关标准的要求。用于墙体保温工程的增强网，其力学性能、抗腐蚀性能必须符合设计和有关标准的要求。

检验方法：检查材料的质量证明文件、进场验收记录和复验报告。

检查数量：同一厂家的同种类产品抽查不少于1组。

（3）严寒、寒冷、夏热冬冷地区外保温使用的粘结材料，应进行冻融试验，其结果应符合有关规定；

检验方法：检查试验报告。

检查数量：按检验批进行抽样检查。每个检验批应抽查不少于2处。

（4）墙体保温工程施工前应按照设计和施工方案的要求对基层进行处理，并符合保温层施工工艺的要求。

检验方法：对照施工方案，观察检查。

检查数量：全数检查。

（5）墙体保温工程各层构造做法应符合设计要求，并应按照经过审批的施工方案进行施工。

检验方法：对照设计和施工方案观察检查。检查隐蔽工程验收记录。

检查数量：按检验批抽样检查不少于3处。

（6）墙体保温工程的施工，应符合下列要求：

1）保温材料的厚度应符合设计要求；

2）保温板与基层及各构造层之间的粘结或连接必须牢固，粘结强度和连接方式应符合设计要求和相关标准的规定；

3）浆料保温层应分层施工。当外墙采用浆料做外保温时，浆料保温层与基层之间及各层之间的粘结必须牢固，不应脱层、空鼓和开裂；

4）当墙体保温工程采用预埋或后置锚固件时，其数量、位置、锚固深度和拉拔强度应符合设计要求；

5）对墙体的热桥部位应按照设计要求和施工方案采取隔断热桥措施。

检验方法：观察；手扳检查；检查试验报告、施工记录和隐蔽工程验收记录；抽样实测拉拔强度锚固深度；厚度采用钢针插入或剖开尺量检查。

检查数量：按检验批进行抽样检查。每个检验批应抽查5%并不少于5件（处）。

（7）外墙采用模板内置保温板现场浇筑混凝土墙体时，保温板的安装应位置正确、接缝严密，保温板表面应采取界面处理措施，与混凝土应粘结牢固。

混凝土和模板的验收，应执行《混凝土结构工程施工质量验收规范》（GB 50204-2002）的相关规定。

检验方法：对照设计观察检查，进行隐蔽工程验收，必要时抽样剖开检查。对粘结牢固应采用拉拔法试验检查。

检查数量：按检验批抽样检查。每个检验批应抽查5%并不少于5件（处）。

（8）当外墙采用保温浆料做保温层时，在施工中制作同条件试件，检测其导热系数、干密度、压缩强度、软化系数。

检验方法：检查检测报告。

检查数量：按检验批抽样检查。每个检验批应抽查5%并不少于5件（处）。

（9）墙体保温工程各类饰面层的基层及面层施工，应符合设计要求和《建筑装饰装修工程质量验收规范》（GB 50210-2001）的规定，并应符合下列要求：

1）饰面层施工的基层应无脱层、空鼓和裂缝，基层应平整、干净，含水率应符合饰面层施工的要求。

2）外墙外保温系统采用面砖饰面时，应有可靠的技术措施，应进行面砖饰面系统的型式检验（耐候性、抗冻融等）及抗震试验验证，面砖性能（面积、厚度、质量等）、面砖粘结砂浆、面砖勾缝料应符合该系统相关标准要求，否则不得使用面砖。

3）外墙外保温工程的饰面层不应渗漏，当外墙外保温工程的饰面层采用饰面板开缝安装时，保温层表面应具有防水功能。

4）外墙外保温层及饰面层与其他部位交接的收口处，应采取密封措施。

检验方法：对照设计观察检查。检查试验报告和隐蔽工程验收记录。

检查数量：按检验批进行抽样检查。每个检验批应抽查 5%并不少于 5 件（处）。

（10）采用保温砌块砌筑的墙体，应采用具有保温功能的砂浆砌筑。砌筑砂浆的强度等级应符合设计要求。砌体的水平灰缝饱满度不应低于 90%，竖直灰缝饱满度不应低于 80%。

检验方法：检查复验报告，施工记录。

检查数量：按检验批进行抽样检查。每个检验批应抽查 5%并不少于 5 处。

（11）采用预制保温墙板现场安装的墙体，应符合下列要求：

1）预制保温墙板产品及其安装性能应有型式检验报告。

2）保温墙板的结构性能、热工性能及与主体结构的连接方法应符合设计要求，与主体结构连接必须牢固。

3）保温墙板的板缝、构造节点及嵌缝做法应符合设计要求。

4）保温墙板板缝不得渗漏。

检验方法：检查墙板的出厂检验报告、进场验收记录和隐蔽工程验收记录。

检查数量：按检验批抽样检查。每个检验批应抽查 5%并不少于 5 件（处）。

（12）当设计要求在墙体内设置隔汽层时，隔汽层的位置、使用的材料及构造做法应符合设计要求和相关标准的规定。隔汽层应完整、严密，穿透隔汽层处应采取密封措施。隔汽层冷凝水排水构造应符合设计要求。

检验方法：检查材料质量证明文件，观察检查，进行隐蔽工程验收。

检查数量：按检验批抽样检查。每个检验批应抽查 5%并不少于 5 件（处）。

（13）外墙和毗邻不采暖空间墙体上的门窗洞口四周墙面、凸窗四周墙面或地面，应按设计要求采取隔断热桥或保温措施。

检验方法：对照设计观察检查，必要时抽样剖开检查。

检查数量：按检验批抽样检查。每个检验批应抽查5%并不少于5件（处）。

343. 外墙外保温工程验收的一般项目有哪些？

（1）当采用外墙外保温时，建筑物的抗震缝、伸缩缝、沉降缝的保温构造做法应符合设计要求。

检验方法：对照设计观察检查。

检查数量：按检验批抽样检查。每个检验批应抽查5%并不少于5件（处）。

（2）当采用玻纤网布作防止开裂的加强措施时，玻纤网布的铺贴和搭接应符合设计和施工工艺的要求。表层砂浆抹压应严实，不得空鼓，玻纤网布不得皱褶、外露。

检验方法：观察检查。

检查数量：按检验批进行抽样检查。每个检验批应抽查5%并不少于5件（处）。

（3）外墙附墙或挑出部件如梁、过梁、柱、附墙柱、女儿墙、外墙装饰线、墙体内箱盒、管线等，应按设计要求采取隔断热源或节能保温措施。

检验方法：对照设计观察检查。使用热工成像检查仪器检查。

检查数量：按墙体检验批抽查不少于3处。

（4）施工产生的墙体缺陷如穿墙套管、脚手眼、孔洞等，应采取隔断热桥的保温密封修补措施。

检验方法：对照施工方案观察检查。

检查数量：按墙体检验批抽查不少于3处。

（5）墙体保温板材接缝方法应符合施工工艺要求。保温板拼缝应平整严密。

检验方法：观察、尺量检查。

检查数量：按检验批抽样检查。

（6）墙体采用保温浆料时，保温浆料层宜连续施工；保温浆料厚度应均匀、接茬应平顺密实。

检验方法：观察；按检验批进行抽样检查。

检查数量：按检验批抽样检查。每个检验批应抽查5%并不少于5件（处）。

（7）不同材料基体交接处、容易碰撞的阳角及门窗洞口转角处等特殊部位的保温层应采取防止开裂和破损的加强措施。

检验方法：观察、尺量检查。

检查数量：按检验批抽样检查。每个检验批应抽查5%并不少于5件（处）。

（8）采用现场喷涂或模板浇注有机类保温材料做外保温时，有机类保温材料应达到陈化时间后方可进行下道工序施工。

检查方法：检查有机类保温材料陈化时间。

检查数量：全数检查。

344. 外墙外保温工程材料现场复验项目有哪些？

外墙外保温工程材料，进场时应对下列项目进行复验：

（1）保温板材的材料密度、压缩强度、燃烧性能；

（2）保温浆料的湿表观密度；

（3）粘结材料的粘结强度；

（4）增强网的力学性能、抗腐蚀性能；

（5）其他保温材料的热工性能；

（6）界面砂浆的常温常态拉伸粘结强度（与保温材料）；

（7）抗裂砂浆的常温常态和浸水48h拉伸粘结强度（与聚苯板）、柔韧性；

（8）必要时可增加其他复验项目或在合同中约定复验项目。

345. 外墙外保温工程现场检测项目主要有哪些？

对涉及节能保温功能的重要项目应进行现场检测。节能保温工程现场检测应由建设单位（监理单位）委托法定检测单位具体实施，施工单位应积极配合。外墙外保温现场检测项目是外墙传热系数，现场检测时应在每个单位工程外墙外保温施工的初期、中期、后期三个时间段的不同施工部位，分三次现场见证抽取或制备不小于 300mm×300mm 同条件保温试样，由检测单位在现场实测保温层厚度，在试验室标准条件下实测保温材料传热系数或热阻，计算外墙传热系数。

346. 外墙外保温工程如何进行施工质量验收？具体规定有哪些？

外墙外保温工程施工质量验收，应在施工单位自行检查评定的基础上，由建设单位（监理单位）组织相关单位按照检验批、分项工程、单位工程的顺序进行，参加施工质量验收的各方人员应具备规定的资格。

（1）检验批质量合格应符合下列规定：

1）主控项目的质量经抽样检验合格；

2）一般项目的质量经抽样检验合格，当采用计数检验时，一般项目的合格率应达到 80% 及以上；

3）具有完整的施工操作依据和质量检验记录。

（2）分项工程质量验收合格应符合下列规定：

1）分项工程所含的检验批均符合质量合格的规定；

2）分项工程所含的检验批的质量验收记录应完整。

（3）单位工程节能保温施工质量验收时，施工单位应提供下列文件和记录：

1）建筑节能设计文件和设计变更文件；

2）节能保温工程所用材料、半成品和成品的产品合格证和出厂检测报告，部分材料和产品的进场复验报告；

3）检验批质量验收记录，分项工程质量验收记录；

4）重要节能保温功能项目（外墙、外窗）的现场检测报告；

5）工程质量问题的处理方案和验收记录；

6）其他必要的文件和记录。

347. 胶粉聚苯颗粒外墙外保温工程施工质量验收主控项目有哪些？如何进行验收？

（1）所用材料和半成品、成品进场后，应做质量检查和验收，其品种、规格、性能必须符合设计和有关标准的要求。

检验内容：

1）检查产品合格证和出厂检测报告；

2）现场抽样复验，复验项目：胶粉聚苯颗粒保温浆料、抗裂砂浆、耐碱玻纤网布。

（2）保温层厚度必须符合设计要求，厚度不允许负偏差。

检验方法：用钢针插入和尺量检查。

（3）保温层与墙体以及各构造层之间必须粘结牢固，无脱层、空鼓及裂缝，面层无粉化、起皮、爆灰。

检验方法：观察检查。

（4）面砖饰面时，应检查如下内容：

1）面砖的品种、规格、颜色应符合设计要求。

检验方法：观察，检验合格证书，进场记录，性能检测报告。

2）热镀锌钢丝网铺设、锚固平整，锚栓数量、锚固位置符合要求。

检验方法：观察检查。

3）饰面砖粘结必须牢固，面砖工程面层应无空鼓和裂缝。

检验方法：拉拔试验，小锤轻击和观察检查。

348. 胶粉聚苯颗粒外墙外保温工程施工质量验收一般项目有哪些？如何进行验收？

（1）基层表面洁净，接茬平整，线角顺直、清晰。

检验方法：观察检查。

（2）耐碱玻纤网布铺压严实，不得有空鼓、褶皱、翘曲、外露等现象，搭接长度必须符合规定要求。加强部位的玻纤网布做法应符合设计要求。

检验方法：观察检查。

（3）外保温墙面层允许偏差和检验方法符合表3-40的规定。

允许偏差和检验方法 表3-40

项 次	项 目	允许偏差（mm）	检查方法
1	表面平整	4	用2m靠尺楔形塞尺检查
2	立面垂直	4	用2m垂直检测尺检查
3	阴、阳角方正	4	用直角检测尺检查
4	分格缝（装饰线）直线度	4	拉5m线，不足5m拉通线，用钢直尺检查

（4）面砖饰面时，应按照《建筑装饰装修工程质量验收规程》（GB 50210-2001）的规定进行检查。

349. 现浇混凝土模板内置聚苯板外墙外保温工程施工质量验收主控项目有哪些？如何进行验收？

（1）所用材料和半成品、成品进场后，应做质量检查和验收，其品种、规格、性能必须符合设计和有关标准的要求。

检验内容：

1）检查产品合格证和出厂检测报告；

2）现场抽样复验，复验项目：聚苯板、抗裂砂浆、耐碱玻纤网布。

（2）聚苯板的平均厚度必须符合设计要求，其负偏差不得大于3mm。

检验方法：用钢针插入和尺量检查。

（3）聚苯板内外表面应满涂界面砂浆，表面无粉化。

检验方法：观察检查。

（4）安装聚苯板前应按规定的数量在外墙钢筋外侧绑扎砂

276

浆垫块，每平方米墙面不得少于 3 个。

检验方法：观察检查。

（5）聚苯板安装后，外侧模板安装前，应检查塑料卡钉数量和插入深度，且位置均匀，与钢筋连接牢固。

检验方法：观察检查。

（6）聚苯板必须与混凝土墙面粘结牢固，无松动。

检验方法：观察和用手推拉检查。

（7）保温层与墙体以及各构造层之间必须粘结牢固，无脱层、空鼓及裂缝、爆灰等缺陷。

检验方法：用小锤轻击和观察检查。

（8）面砖饰面时，应检查如下内容：

1）面砖的品种、规格、颜色应符合设计要求。

检验方法：观察，检验合格证书，进场记录，性能检测报告。

2）热镀锌钢丝网铺设、锚固平整，锚栓数量、锚固位置符合要求。

检验方法：观察检查。

3）饰面砖粘结必须牢固，面砖工程面层应无空鼓和裂缝。

检验方法：拉拔试验，小锤轻击和观察检查。

350. 现浇混凝土模板内置聚苯板外墙外保温工程施工质量验收一般项目有哪些？如何进行验收？

（1）耐碱玻纤网布应铺压严实，不得有空鼓、褶皱、翘曲、外露等现象。搭接长度必须符合规定要求。加强部位的耐碱玻纤网布做法应符合设计要求。

检验方法：观察检查。

（2）外保温墙面层允许偏差和检验方法应符合表 3-40 的规定。

（3）面砖饰面时，应按照《建筑装饰装修工程质量验收规程》（GB 50210-2001）的规定进行检查。

351. 现浇混凝土模板内置钢丝网架聚苯板外墙外保温工程施工质量验收主控项目有哪些？如何进行验收？

（1）所用材料和半成品、成品进场后，应做质量检查和验收，其品种、规格、性能必须符合设计和有关标准的要求。

检验内容：

1）检查产品合格证和出厂检测报告；

2）现场抽样复验，复验项目：聚苯板、钢丝网架。

（2）聚苯板的平均厚度必须符合设计要求，其负偏差不得大于3mm。

检验方法：用钢针插入和尺量检查。

（3）聚苯板内外表面及钢丝网架表面应满涂界面砂浆，表面无粉化。

检验方法：观察检查。

（4）安装钢丝网架聚苯板前应按规定的数量在外墙钢筋外侧绑扎砂浆垫块，每平方米墙面不得少于3个。

检验方法：观察检查。

（5）钢丝网架聚苯板必须与混凝土墙面粘结牢固，无松动。

检验方法：观察和用手推拉检查。

（6）保温层与墙体以及各构造层之间必须粘结牢固，无脱层、空鼓及裂缝、爆灰等缺陷。

检验方法：用小锤轻击和观察检查。

（7）面砖饰面时，应检查如下内容：

1）面砖的品种、规格、颜色应符合设计要求。

检验方法：观察，检验合格证书，进场记录，性能检测报告。

2）热镀锌钢丝网铺设、锚固平整，锚栓数量、锚固位置符合要求。

检验方法：观察检查。

3）饰面砖粘结必须牢固，面砖工程面层应无空鼓和裂缝。

检验方法：拉拔试验，小锤轻击和观察检查。

352. 现浇混凝土模板内置钢丝网架聚苯板外墙外保温工程施工质量验收一般项目有哪些？如何进行验收？

（1）耐碱玻纤网布应铺压严实，不得有空鼓、褶皱、翘曲、外露等现象。搭接长度必须符合规定要求。加强部位的耐碱玻纤网布做法应符合设计要求。

检验方法：观察检查。

（2）外保温墙面层允许偏差和检验方法符合表 3-40 的规定。

（3）面砖饰面时，应按照《建筑装饰装修工程质量验收规程》（GB 50210-2001）的规定进行检查。

353. 现浇混凝土模板内置聚苯板（钢丝网架聚苯板）外墙外保温中对聚苯板安装质量的验收标准是什么？

混凝土墙体浇筑完，聚苯板板侧的组合模板拆除后，对聚苯板的安装质量进行实测实量，其允许误差见表 3-41。

现浇混凝土模板内置保温板墙体允许误差　　表 3-41

项　次	项　　目		允许偏差（mm）	检查方法
1	表面平整		5	用 2m 靠尺和楔形塞尺检查
2	立面垂直	每层	7	用 2m 垂直检测尺检查
		全高	22	用 2m 垂直检测尺检查
3	阴、阳角垂直		6	用 2m 托线板检查
4	阴、阳角方正		3	用直角检测尺检查
5	接缝高差		≤4	用直尺、塞尺检查
6	板间缝隙		≤8	尺量

354. 胶粉聚苯颗粒贴砌聚苯板外墙外保温工程施工质量验收主控项目有哪些？如何进行验收？

（1）所用材料和半成品、成品进场后，应做质量检查和验收，其品种、规格、性能必须符合设计和有关标准的要求。

检验内容：

1）检查产品合格证和出厂检测报告；

2）现场抽样复验，复验项目：聚苯板、胶粉聚苯颗粒粘结找平浆料（干密度及粘结强度）、抗裂砂浆、耐碱玻纤网布。

（2）聚苯板的平均厚度必须符合设计要求，其负偏差不得大于3mm。

检验方法：用钢针插入和尺量检查。

（3）聚苯板与墙面必须粘结牢固，无松动和虚粘现象，粘结面积不小于80%。

检验方法：扒开粘贴的聚苯板观察检查和用手推拉检查。

（4）聚苯板内外表面应满涂界面砂浆，表面无粉化。

检验方法：观察检查。

（5）保温层与墙体以及各构造层之间必须粘结牢固，无脱层、空鼓及裂缝、爆灰等缺陷。

检验方法：用小锤轻击和观察检查。

（6）面砖饰面时，应检查如下内容：

1）面砖的品种、规格、颜色应符合设计要求。

检验方法：观察，检验合格证书，进场记录，性能检测报告。

2）热镀锌钢丝网铺设、锚固平整，锚栓数量、锚固位置符合要求。

检验方法：观察检查。

3）饰面砖粘结必须牢固，面砖工程面层应无空鼓和裂缝。

检验方法：拉拔试验，小锤轻击和观察检查。

355. 胶粉聚苯颗粒贴砌聚苯板外墙外保温工程施工质量验收一般项目有哪些？如何进行验收？

（1）聚苯板安装应上下错缝，板缝和板面洞口处要用胶粉聚苯颗粒粘结找平浆料处理，接缝平整。

检验方法：观察；手摸检查。

（2）耐碱玻纤网布应铺压严实，不得有空鼓、褶皱、翘曲、外露等现象。搭接长度必须符合规定要求。加强部位的耐碱玻纤网布做法应符合设计要求。

检验方法：观察检查。

（3）外保温墙面层允许偏差和检验方法符合表3-40的规定。

（4）面砖饰面时，应按照《建筑装饰装修工程质量验收规程》（GB 50210-2001）的规定进行检查。

356. 喷涂硬泡聚氨酯外墙外保温工程施工质量验收主控项目有哪些？如何进行验收？

（1）所用材料和半成品、成品进场后，应做质量检查和验收，其品种、规格、性能必须符合设计和有关标准的要求。

检验内容：

1）检查产品合格证和出厂检测报告；

2）现场抽样复验，复验项目：聚氨酯、抗裂砂浆、耐碱玻纤网布。

（2）聚氨酯保温层厚度必须符合设计要求，平均厚度不允许负偏差。

检验方法：用带有毫米刻度的钢尺和探针检验。每处检验面积为 $1m^2$，在 $1m^2$ 的面积内至少均匀检测 5 个点。各检测点保温层厚度的算术平均值为此处保温层厚度的测定值。每 $100m^2$ 至少检测 5 处，5 处检测点的算术平均值即为该检验批的聚氨酯保温层厚度值。

（3）聚氨酯保温层喷涂质量应无流挂、塌泡、破泡、烧芯等不良现象，泡孔均匀、细腻，24h 后无明显收缩。

检验方法：观察检查。

（4）保温层与墙体以及各构造层之间必须粘结牢固，无脱层、空鼓及裂缝，面层无粉化、起皮、爆灰。

检验方法：用小锤轻击和观察检查。

（5）面砖饰面时，应检查如下内容：

1）面砖的品种、规格、颜色应符合设计要求。

检验方法：观察，检验合格证书，进场记录，性能检测报告。

2）热镀锌钢丝网铺设、锚固平整，锚栓数量、锚固位置符合要求。

检验方法：观察检查。

3）饰面砖粘结必须牢固，面砖工程面层应无空鼓和裂缝。

检验方法：拉拔试验，小锤轻击和观察检查。

357. 喷涂硬泡聚氨酯外墙外保温工程施工质量验收一般项目有哪些？如何进行验收？

（1）基层表面平整、洁净。

检验方法：观察检查。

（2）聚氨酯防潮底漆喷刷均匀，不得有漏底现象。

检验方法：观察检查。

（3）聚氨酯界面砂浆喷刷均匀，不得有漏底现象。

检验方法：观察检查。

（4）耐碱玻纤网布铺压严实，不得有空鼓、褶皱、翘曲、外露等现象，搭接长度必须符合规定要求。

检验方法：观察检查。

（5）外保温墙面层的允许偏差和检验方法应符合表3-40 的规定。

（6）面砖饰面时，应按照《建筑装饰装修工程质量验收规程》（GB 50210-2001）的规定进行检查。

358. 聚苯板薄抹灰外墙外保温工程施工质量验收主控项目有哪些？如何进行验收？

（1）所用材料和半成品、成品进场后，应做质量检查和验收，其品种、规格、性能必须符合设计和有关标准的要求。

检验内容：

1）检查产品合格证和出厂检测报告；

2）现场抽样复验，复验项目：聚苯板、胶粘剂、抗裂砂浆、耐碱玻纤网布。

（2）聚苯板与墙面必须粘结牢固，无松动和虚粘现象。粘结面积不小于40%。加强部位的粘结面积应符合设计要求。

检验方法：扒开粘贴的聚苯板观察检查和用手推拉检查。

（3）需安装锚固件的墙面，锚固件数量、锚固位置和锚固深度应符合设计要求。

检验方法：观察检查；卸下锚固件，实测锚固深度。

（4）聚苯板的厚度必须符合设计要求，负偏差不大于3mm。

检验方法：用钢针插入和尺量检查。

（5）抹面抗裂砂浆与聚苯板必须粘结牢固，无脱层、空鼓。面层无爆灰和裂缝等缺陷。

检验方法：用小锤轻击和观察检查。

359. 聚苯板薄抹灰外墙外保温工程施工质量验收一般项目有哪些？如何进行验收？

（1）聚苯板安装应上下错缝，各聚苯板间应挤紧拼严，拼缝平整，碰头缝不得抹胶粘剂。

检验方法：观察、手摸检查。

（2）聚苯板安装允许偏差应符合表3-42的规定。

聚苯板安装允许偏差和检验方法 表 3-42

项次	项目	允许偏差（mm）	检查方法
1	表面平整	3	用 2m 靠尺楔形塞尺检查
2	立面垂直	3	用 2m 垂直检查尺检查
3	阴、阳角垂直	3	用 2m 托线板检查
4	阳角方正	3	用 200mm 方尺检查
5	接茬高差	1.5	用直尺和楔形塞尺检查

（3）耐碱玻纤网布应铺压严实，不得有空鼓、褶皱、翘曲、外露等现象。搭接长度必须符合规定要求。加强部位的耐碱玻纤网布做法应符合设计要求。

检验方法：观察检查。

（4）外保温墙面层允许偏差和检验方法符合表 3-40 的规定。

360. 岩棉外墙外保温工程施工质量验收主控项目有哪些？如何进行验收？

（1）所用材料和半成品、成品进场后，应做质量检查和验收，其品种、规格、性能必须符合设计和有关标准的要求。

检验内容：

1）检查产品合格证和出厂检测报告；

2）现场抽样复验项目：岩棉板、抗裂砂浆耐碱玻纤网布。

（2）岩棉板厚度必须符合设计要求，负偏差不得大于 3mm。

检验方法：进场尺量检查。

（3）尼龙胀栓数量、锚固位置、锚固深度应符合设计要求。

检验方法：观察检查；卸下锚栓，实测锚固深度。

（4）保温层与墙体以及各构造层之间必须粘结牢固，无脱层、空鼓及裂缝。

检验方法：观察检查。

361. 岩棉外墙外保温工程施工质量验收一般项目有哪些？如何进行验收？

（1）基层表面平整、洁净。

检验方法：观察检查。

（2）耐碱玻纤网布应铺压严实，不得有空鼓、褶皱、翘曲、外露等现象。搭接长度必须符合规定要求。加强部位的耐碱玻纤网布做法应符合设计要求。

检验方法：观察检查。

（3）外保温墙面层允许偏差和检验方法符合表3-40的规定。

362. 外墙外保温系统涂料饰面工程中对涂料饰面的施工质量验收标准是什么？

（1）主控项目

涂料品种、质量和颜色必须符合设计要求和有关标准规定。一般严禁掉粉、起皮、漏刷、透底。

（2）一般项目

外墙涂料施工完毕后，验收一般以4m左右高为一个检查层，每20m长抽查1处（每处3m），但不少于3处。基本项目验收要求有：

1）水溶性涂料涂饰工程见表3-43。

水溶性涂料涂饰工程验收要求 表3-43

涂料种类	项目	普通涂饰	高级涂饰	检验方法
薄涂料	颜色	均匀一致	均匀一致	观　察
	泛碱、咬色	允许少量轻微	不允许	
	流坠、疙瘩	允许少量轻微	不允许	
	砂眼、刷纹	允许少量轻微砂眼，刷纹通顺	无砂眼、无刷纹	
	装饰线、分色直线允许偏差（mm）	2	1	拉5m线，不足5m拉通线，用钢直尺检查

涂料种类	项目	普通涂饰	高级涂饰	检验方法
厚涂料	颜色	均匀一致	均匀一致	观　察
	泛碱、咬色	允许少量轻微	不允许	
	点状分布	—	疏密均匀	
复层涂料	颜色	均匀一致		观　察
	泛碱、咬色	不允许		
	喷点疏密程度	均匀，不允许连片		

2）溶剂型涂料涂饰工程见表3-44。

溶剂型涂料涂饰工程　　　　　　表 3-44

项目	普通涂饰	高级涂饰	检验方法
颜色	均匀一致	均匀一致	观察
光泽、光滑	光泽基本均匀，光滑无挡手感	光泽均匀一致，光滑	观察、手摸检查
刷纹	刷纹通顺	无刷纹	观察
裹棱、流坠、皱皮	明显处不允许	不允许	观察
装饰线、分色线直线允许偏差（mm）	2	1	拉 5m 线，不足 5m 拉通线，用钢直尺检查

363. 外墙外保温系统外饰面粘贴面砖工程中对面砖饰面质量的验收标准是什么？

（1）主控项目

1）面砖的品种、规格、颜色、性能应符合设计要求。

2）面砖粘贴工程的找平、防水、粘结和勾缝及施工方法应符合设计要求及国家现行技术和产品标准的规定。

3）面砖粘贴必须牢固，粘结强度应符合《建筑工程饰面砖粘接强度检验标准》(JGJ 110)标准要求。

4）面砖粘贴应无空鼓、裂缝。

5）热镀锌电焊网铺设、锚固平整，锚栓数量、锚固位置符合要求。

（2）一般项目

1）面砖表面应平整、洁净，勾缝材料色泽一致，无裂痕和缺损。

2）阴阳角处搭接方式、非整砖使用部位应符合设计要求。

3）墙面突出物周围的面砖应套割吻合，边缘应整齐。墙裙、贴脸突出墙面的厚度一致。

4）面砖接缝应平整、光滑，填嵌应连续、密实；宽度和深度应符合设计要求。

5）有排水要求的部位应做滴水线（槽）。滴水线（槽）应顺直，流水坡向应正确，坡度应符合设计要求。

（3）允许偏差和检验方法

面砖粘贴的允许偏差和检验方法应符合表3-45规定。

允许偏差和检验方法　　　　　　　　表3-45

项目	允许偏差	检验方法
立面垂直	3	用2m垂直检测尺检查
表面平整	4	用2m靠尺楔形塞尺检查
阴阳角方正	3	用直角检测尺检查
接缝直线度	3	钢尺检查
接缝高低差	1	钢尺和塞尺检查
接缝宽度	1	钢尺检查

第四章　其他保温技术

第一节　外墙内保温技术

一、技术内涵

364. 外墙内保温技术中主要有哪些做法？

外墙内保温技术目前常用做法主要有三种：

（1）内贴预制保温板，包括增强水泥类、增强石膏类、聚合物砂浆类板材。板的规格分条板和小板，条板宽度一般为600mm，长度为一个层高；小板一般为600mm×900mm。

（2）内贴增强粉刷石膏聚苯板，即在墙上粘贴聚苯板，用粉刷石膏做面层，面层厚度8～10mm，用玻纤网布增强。

（3）内抹胶粉聚苯颗粒保温浆料，即在基层墙体上经界面处理后直接抹胶粉聚苯颗粒保温浆料，再做抗裂砂浆面层，用玻纤网布增强。其他常用的保温浆料有复合硅酸盐保温砂浆、海泡石保温砂浆、珍珠岩保温砂浆以及稀土复合保温砂浆等。

外墙内保温施工简便，造价相对较低，且施工技术及检验标准比较完善，但存在以下问题：

（1）难以避免热（冷）桥，使保温性能有所降低，在热桥部位的外墙内表面容易产生结露、潮湿甚至霉变现象。

（2）保温层做在室内，不仅占用室内空间，使用面积有所减少，而且用户二次装修或增设吊挂设施都会对保温层造成破坏，不易修复。

（3）不利于建筑外围护结构的保护。

（4）保温层及墙体出现裂缝成为普遍现象，而内保温隔热裂缝时时刻刻处于住户的视野中，对住户的审美和心理会产生长期的影响，成为投诉焦点。

365. 为什么在我国建筑节能起步阶段外墙内保温墙体有着广泛的应用？

在我国建筑节能技术发展的起步阶段，内保温墙体有着广泛的应用，这是因为：当时外保温技术还不太成熟，我国的节能标准对围护结构的保温要求较低，且内保温有其一定的优点，如造价低、安装方便等。但是，从长远观点看，随着我国节能标准的提高，由原来的30%提高到50%再提高到65%，内保温做法已不适应新的形势，且给建筑物带来某些不利影响，因此，它只能是某些地区的一种过渡性做法，在黄河以北地区应逐步淘汰。

366. 外墙内保温技术中存在的主要问题是什么？

（1）使内、外墙体分处于两个温度场，建筑物结构受热应力影响失稳，保温层易出现裂缝，结构寿命缩短。由于外墙受到的温差大，直接影响到墙体内表面应力变化，这种变化一般比外保温墙体大得多。昼夜和四季交替，易引起内表面开裂，特别是保温板之间的缝隙尤为明显。实践证明，外墙内保温容易在下列部位引起开裂或产生"热桥"，如外墙内保温采用保温板的板缝部位、顶层建筑女儿墙沿屋面板的底部部位、两种不同材料在外墙同一表面的接缝部位、内外墙之间丁字墙部位以及外墙外侧的悬挑构件部位等。保温隔热效果差，外墙平均传热系数高。

（2）热桥保温处理困难，不处理易出现结露现象。

（3）占用室内使用面积。

（4）不利于室内装修，包括重物钉挂困难等。

（5）不便于既有建筑的节能改造。

367. 为什么内保温不利于建筑外围护结构的保护？

在冬季采暖、夏季制冷的建筑中，室内温度随昼夜和季节的变化幅度通常不大（约为 10℃左右），这种温度变化引起建筑物内墙和楼板的线性变形和体积变化也不大。但是，外墙和屋面受室外温度和太阳辐射热的作用而引起的温度变化幅度较大（可达 20~40℃）。因此，外墙和屋面的线性变化和体积变化比内墙和楼板要大。

试验表明，混凝土制品在温差 20℃时其体积变形量为万分之二，50m 高的建筑物其内外墙体的温度变形差值为 10mm，15m 宽的山墙昼夜温差变形量为 3mm。内外墙体温度变形的这种正负差值，会给建筑物结构带来很大的不安定性。采取内保温形式，不能有效解决建筑物结构的这种不安定性，常常导致结构变形的应力释放区的墙面产生裂缝，并破坏沿外墙的屋面防水等。因此，外墙内保温不利于建筑物外围护结构的保护。

368. 为什么说内保温板出现裂缝是一种普遍现象？

内保温板材出现裂缝是外围护墙体受环境温度影响发生变化而引起的。外围护墙体由于昼夜和季节受室外气温和太阳辐射热的影响而发生胀缩，而内墙保温板基本不受这种室外影响，当室外温度低于室内温度时，外墙收缩的幅度比内保温板的速度快，当室外气温高于室内气温时，外墙膨胀的速度高于内保温板，这种反复形变使内保温板始终处于一种不稳定的基础上。根据资料和实测证明，3m 宽的混凝土墙面在温差 20℃的温差变化条件下约发生 0.6mm 的形变。同时，由于受热应力的影响，外墙与保温板自身在形变过程中，有 50% 以上的方向不一致，这样，反方向形变量无疑会逐一拉开所有的内保温板缝。

369. 为什么内保温的外墙面装饰层不宜贴面砖？

我们常见的面砖掉落现象通常是成片发生，或者是一掉一趟，往往发生在墙面边缘和顶层建筑女儿墙沿屋面板的底部，以及墙面中间大面积空鼓部位。这是因为，建筑物受温度影响在发生胀缩时，产生的累加变形应力将边缘部分面层面砖挤掉或中间部分挤成空鼓。特别是当面砖粘接砂浆为刚性不能有效释放温度应力时,这种现象发生较多。

对于高层建筑而言,采用内保温形式必然会拉大内外墙温度变形差值,使得建筑物主体结构更加不安定,特别是日照时对高层建筑物造成整体变形。基于上述原理,这种内保温的高层外墙面也就更容易造成面砖的脱落。另外,内保温墙的冬季结露现象也容易出现在面砖内表面,很容易由于冻融而造成面砖脱落。

370. 胶粉聚苯颗粒外墙内保温系统的基本构造是什么?

该做法采用胶粉料和聚苯颗粒轻骨料加水搅拌成浆料,抹于墙体内表面,抗裂防护层采用抗裂砂浆复合中碱玻纤网布做法增强了面层柔性变形、抗裂性能,抗裂防护层也可采用抗裂石膏粘贴无纺布做法。其基本构造如图4-1所示。

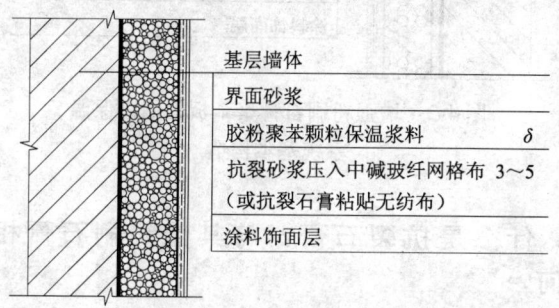

	基层墙体
	界面砂浆
	胶粉聚苯颗粒保温浆料 δ
	抗裂砂浆压入中碱玻纤网格布 3~5 (或抗裂石膏粘贴无纺布)
	涂料饰面层

图 4-1 胶粉聚苯颗粒外墙内保温系统基本构造

371. 采用胶粉聚苯颗粒保温浆料做外墙内保温时,与外墙外保温做法有什么区别?

采用胶粉聚苯颗粒保温浆料做外墙内保温,需防水和需耐冲击的部位与外墙外保温的做法基本相同。由于内墙面没有雨水浸击的现象发生,做内保温时,不用涂刷高分子乳液弹性底层涂料；在没有防水要求和不需考虑抗冲击的建筑部位，可采用抗裂粉刷石膏作为面层防护材料。

372. 增强粉刷石膏聚苯板外墙内保温系统的基本构造是什么？

增强粉刷石膏聚苯板外墙内保温系统，是在外墙内基面上先用专用粘结石膏粘贴自熄性聚苯板，抹8mm厚粉刷石膏，并用两刷中碱玻纤网布增强，再用耐水腻子刮平。该保温系统施工简便，整体性好。其基本构造如图4-2所示。

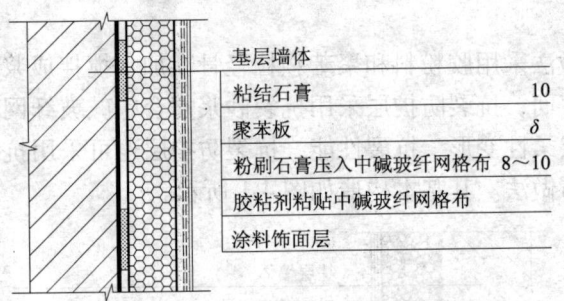

基层墙体	
粘结石膏	10
聚苯板	δ
粉刷石膏压入中碱玻纤网格布	8～10
胶粘剂粘贴中碱玻纤网格布	
涂料饰面层	

图4-2　增强粉刷石膏聚苯板外墙内保温系统基本构造

373. 什么是抗裂石膏？与其他粉刷石膏相比，其性能如何？

抗裂石膏是以 α、β 半水高强石膏为主，并辅以适量无机水硬性材料、保水剂、增塑剂、适量的轻骨料、抗裂纤维等的一种抗裂性能优异的保温面层复合型抹灰材料。

该产品采用预混合干拌制成。在施工现场按配比加水搅拌混合成膏料，直接批抹于胶粉聚苯颗粒保温浆料的面层，批抹厚度5～8mm。抗裂石膏具有质轻、保温隔热好、抗开裂性好、耐火性能好、粘结性好、保水性优越、使用时间长、施工方便且周期短等特点。

与其他粉刷石膏相比,抗裂石膏具有合理的压折比设计及优越的抗裂性能设计,该产品压折比≤3,且具有同胶粉聚苯颗粒保温浆料相近的导热系数,并快硬早强,能有效防止来自保温层胀缩产生的应力,确保防护层不开裂,是良好的面层配套材料。其主要性能指标见表4-1。

抗裂石膏的性能指标　　　　　　　　　　表 4-1

项　　目		单　　位	指　　标
凝结时间	初凝时间	h	≥3.0
	终凝时间		≤8.0
抗压强度		MPa	≥2.5
抗折强度		MPa	≥1.0
抗裂性		—	无裂纹
耐水性（24h）		—	无异常

374. 增强粉刷石膏聚苯板外墙内保温系统中粘结石膏、粉刷石膏、耐水型粉刷石膏的主要性能是什么?

粘结石膏、粉刷石膏、耐水型粉刷石膏的主要性能指标见表4-2。

粘结石膏、粉刷石膏、耐水型粉刷石膏的性能指标　　　　表 4-2

项　　目		单　　位	指　　标		
			粘结石膏	粉刷石膏	耐水型粉刷石膏
细度（2.5mm 方孔筛筛余）		%	0	—	—
可操作时间		min	≥50	≥50	≥50
保水率		%	≥70	≥65	≥75
凝结时间	初凝时间	min	≥60	≥75	≥75
	终凝时间		≤120	≤240	≤240

项　　目		单　位	指　标		
			粘结石膏	粉刷石膏	耐水型粉刷石膏
强　度	绝干抗折强度	MPa	≥3.0	≥2.0	≥3.5
	绝干抗压强度	MPa	≥6.0	≥4.0	≥7.0
	剪切粘结强度	MPa	≥0.5	≥0.4	≥0.4
收缩率		%	≤0.06	≤0.05	≤0.06
抗裂性		—	24h 无裂纹	24h 无裂纹	24h 无裂纹
软化系数		—	—	—	≥0.6

二、施工技术

375. 胶粉聚苯颗粒外墙内保温系统施工的工艺流程是什么？

（1）胶粉聚苯颗粒外墙内保温系统抗裂砂浆做法的工艺流程如下：

基层墙面处理→在墙体表面涂刷界面砂浆→吊垂直、套方、弹抹灰厚度控制线→打点、冲筋→抹胶粉聚苯颗粒保温浆料→晾置干燥后，保温层验收→抹抗裂砂浆同时压入中碱网布→抗裂防护层验收→刮抗裂柔性腻子→饰面层施工→验收。

（2）胶粉聚苯颗粒外墙内保温系统抗裂石膏做法的工艺流程如下：

基层墙体清理→在墙体表面涂刷界面砂浆→吊垂直、套方、弹抹灰厚度控制线→打点、冲筋→抹胶粉聚苯颗粒保温浆料→晾置干燥后，保温层验收→抹抗裂石膏，粘贴无纺布→刮抗裂柔性腻子→饰面层施工→验收。

376. 胶粉聚苯颗粒外墙内保温系统施工的作业条件是什么？

（1）结构验收合格，已弹好三零线。

（2）门窗框已安装完毕并经验收合格，有完好的保护膜。

（3）管道穿越的墙洞，应及时安放套管并用1∶3水泥砂浆（外墙应用胶粉聚苯颗粒保温浆料）填塞密实；暗埋管线、线槽盒、消火栓箱、配电箱安装完毕，并对露明部分进行保护。

（4）预埋铁件位置、标高正确，做好防腐、防锈处理。

（5）根据室内高度制作施工高凳，架子要离开墙及墙角200～250mm。

（6）作业环境与墙体表面温度不应低于5℃。

377. 胶粉聚苯颗粒外墙内保温系统的施工要点是什么？

（1）基层处理

1）彻底清除基层墙体表面浮灰、油污等影响墙面施工的物质。将墙面凸、凹部分进行剔平或修补处理。填塞墙面孔洞，用钢丝刷清理洞口，或用胶粉聚苯颗粒保温浆料堵塞洞口。

2）各种基层墙体均应满涂基层墙体界面砂浆。

（2）保温层准备

按设计要求的保温层厚度，用胶粉聚苯颗粒保温浆料做标准厚度贴饼、冲筋，以控制保温层的厚度。

（3）保温层施工

1）胶粉聚苯颗粒保温浆料层施工至少分两遍，每遍施工厚度不宜超过20mm，间隔24h。施工温度偏低时，间隔时间适当延长。

2）胶粉聚苯颗粒保温浆料层施工应自上而下。

3）最后一遍胶粉聚苯颗粒保温浆料施工时应达到贴饼、冲筋的厚度，并用大杠搓平，使墙面平整度达到要求。

4）保温层固化干燥（一般5d）后，方可进行下一道工序施工。

（4）抗裂处理

1）抗裂砂浆做法

①将 3~5mm 厚抗裂砂浆均匀地抹在保温层表面。

②立即将裁好的中碱玻纤网布用铁抹子压入抗裂砂浆内，网布之间的搭接宽度不应小于 100mm，并不得使网布皱褶、空鼓、翘边。

③中碱玻纤网布应贴到保温墙与内隔墙交接处，墙最下端网布应压在踢脚里面。门窗洞口处网布应满包内口，并应沿 45°方向加贴网布（同外保温），厨房、卫生间抹完抗裂砂浆后，应用木抹子搓平。

2）抗裂石膏做法

①待保温层施工完 5d 且保温层施工质量验收合格后，即可进行抗裂石膏层施工。

②待抗裂石膏基本干燥后，用粘结胶在抗裂石膏面层满贴无纺布，无纺布采用对接。

③厨房、卫生间等潮湿房间宜采用抗裂砂浆压入中碱玻纤网布做法。

（5）刮柔性腻子

在抹完抗裂层 24h 后即可刮抗裂柔性耐水腻子，一般刮两三遍，使其表面平整光洁。

（6）饰面处理

涂刷内墙涂料，也可根据设计要求粘贴面砖。粘贴面砖时，应距面砖边角处留 10mm 的变形缝，用硅酮胶填缝。

378. 胶粉聚苯颗粒外墙内保温系统的成品保护及安全注意事项是什么？

（1）门窗框残存砂浆应及时清理干净。严禁蹬踩窗台，防止损坏棱角。

（2）拆除架子时应轻拆轻放，防止撞坏门窗、墙面和口角。

（3）应保护好墙上的埋件、电线槽、盒、水暖设备和预留孔洞等。

（4）严禁使用过时灰。各构造层硬化前禁止水冲、撞击和挤压。

（5）严禁在地面上直接倒胶粉聚苯颗粒保温浆料和抗裂砂浆。

（6）施工人员应遵守安全规程。新工人必须经过技术培训和安全教育方可上岗。

379. 胶粉聚苯颗粒外墙内保温系统施工的质量控制点是什么？

（1）基层处理。要求墙面清洗干净，无浮土，无油渍、空鼓及松动，风化部分剔掉，界面拉毛均匀，粘接牢靠。

（2）胶粉聚苯颗粒保温浆料每遍的厚度控制（不大于20mm）与平整度控制。要求达到设计厚度，无空鼓、无开裂、无脱落，墙面平整，阴阳角、门窗洞口垂直、方正。

（3）抗裂砂浆（抗裂石膏）的厚度与网布搭接控制。抗裂层厚度为3～5mm，网布无明显接茬、无明显抹痕，网布无漏贴、露网现象，墙面平整，门窗洞口、阴阳角垂直、方正。

380. 外墙内保温系统如何处理预留的线槽、线盒？

在抹外墙内保温或外保温的阳台时，常遇一些未安装好的线槽、线盒，抹灰时应注意以下几点：

（1）把废聚苯板切割成一方块，其长宽比线槽盒大3mm左右，厚度同保温层厚度齐平，把其固定在线槽盒上，盖住盒口。

（2）待胶粉聚苯颗粒保温浆料干燥后，取出聚苯板块。

（3）抹抗裂防护层时，网布沿线槽盒对角线裁开，在接线盒时把其压入内壁。

381. 胶粉聚苯颗粒外墙内保温系统的质量验收标准是什么？

（1）主控项目

1）所用材料品种、质量、性能符合设计和现行国家标准的要求。

2）保温层与墙体以及各构造层之间必须粘结牢固，无脱层、空鼓、裂缝，面层无粉化、起层、爆灰等现象。

（2）一般项目

1）表面平整、洁净、接茬平整、无明显抹痕、线脚，分格线顺直，清晰。

2）墙面所有门窗口、孔洞、槽盒位置和尺寸正确，表面整齐、管道后面抹灰平整。

（3）允许偏差项目及检验方法

允许偏差项目及检验方法见表4-3。

允许偏差项目及检验方法 表4-3

项　次	项　目	允许偏差（mm）	检验方法
1	立面垂直	4	用2m垂直检测尺检查
2	表面平整	4	用2m靠尺楔形塞尺检查
3	阴阳角垂直	4	用2m托线板检查
4	阴阳角方正	4	用直角检测尺检查
5	保温层厚度	无负偏差	用插针检查

382. 增强粉刷石膏聚苯板外墙内保温系统的施工工艺流程是什么？

工艺流程如下：

外墙内表面及相邻墙面、顶棚、地面清理→弹线→粘贴聚苯板→抹粉刷石膏、挂网布→抹门窗口护角→粘贴网布→刮腻子→饰面层施工→验收。

383. 增强粉刷石膏聚苯板外墙内保温系统的施工要点是什么？

（1）清理外墙内表面及相邻墙面、顶棚、地面彻底清除基层墙体表面浮灰、油污等影响墙面施工的物质。将墙面凸、凹部分进行剔平或修补处理。

（2）弹线

弹出厚度控制线及聚苯板的粘贴位置。

（3）粘贴聚苯板

1）按施工要求的规格尺寸用壁纸刀垂直板面裁切聚苯板。

2）按比例配制好粘结石膏，用粘结石膏按梅花形在聚苯板上设置粘结点，每个粘结点直径不小于100mm。沿聚苯板四边设矩形粘结条，粘结条边宽不小于30mm，同时在矩形粘结条上预留排气孔，整体粘结面积不小于25%。

3）粘贴聚苯板时，按粘结控制线，从下至上逐层顺序粘贴，应保证粘结点与墙面充分接触。聚苯板侧面不抹粘结石膏，如果因聚苯板不规则出现个别拼缝较宽时，应用聚苯条（片）填塞严实。

4）粘贴聚苯板时，应随时用托线板检查，确保聚苯板墙面的垂直度和平整度，粘贴2h内不得碰动；在遇到电气盒、插座、穿墙管线时，先确定上述配件位置，再剪切聚苯板，裁切的洞口要大于配件周边10mm左右，聚苯板粘贴完毕后，先用聚苯条填塞缝隙，然后用粘结石膏将缝隙填塞密实。

5）聚苯板与相邻墙面、顶棚的接槎应用粘结石膏嵌实、刮平，邻接门窗洞口、接线盒的位置，不能使空气层外露。

6）粘贴聚苯板的允许偏差及检验方法见表4-4。

粘贴聚苯板的允许偏差及检验方法　　　　表4-4

项　次	项　目	允许偏差（mm）	检验方法
1	立面垂直	3	用2m垂直检测尺检查
2	表面平整	2	用2m靠尺楔形塞尺检查
3	阴阳角垂直	3	用2m托线板检查
4	阴阳角方正	3	用直角检测尺检查
5	接缝高差	1.5	用直尺和楔形塞尺检查

（4）抹粉刷石膏、挂网布

1）在聚苯板表面弹出踢脚高度控制线。

2）按比例配制好粉刷石膏，用粉刷石膏在聚苯板面上按常规做法作出标准灰饼，抹灰平均厚度控制在8～10mm。待灰饼硬化后，即可大面积抹灰。

3）粉刷石膏直接抹在聚苯板上，根据灰饼厚度用杠尺将粉刷石膏刮平，用抹子搓毛后，在初凝之前，横向绷紧网布，用抹子压入到粉刷石膏内，然后抹平、压光，网布要尽量靠近外表面。

4）凡是与相邻墙面、窗洞、门洞相接处，网布都要预留出100mm的搭接宽度；整体墙面相邻网布搭接处，要求网布搭接不小于100mm。

5）对于墙面积较大的房间，采取分段施工，网布留槎200mm，网布搭接不小于100mm。

6）踢脚板位置不抹灰，网布直铺到楼地面。

（5）粘贴网布

待粉刷石膏抹灰层基本干燥后，在抹灰层表面刷胶粘剂并绷紧网布，相邻网布接槎处，要求网布拐过或搭接至少100mm。

（6）刮耐水腻子

待网布胶粘剂凝固硬化后，即可在网布上满刮耐水腻子。

（7）门窗洞口护、厨厕间、踢脚板

1）为保证门窗洞口、立柱、墙的阳角部位强度，护角必须用聚合物水泥砂浆，其做法为：聚苯板表面先涂刷界面剂拉毛后用聚合物水泥砂浆抹灰，压光时应注意把粉刷石膏抹灰层内表面甩出的网布压入聚合物水泥砂浆面层内。

2）做水泥踢脚应先在聚苯板上满涂一层界面剂，拉毛后再用聚合水泥砂浆抹灰，抹平、压光时应注意把粉刷石膏抹灰层内表面甩出的网布压入聚合物水泥砂浆面层内；预制踢脚板应采用瓷砖胶粘剂满粘。

3）厨房、卫生间等湿度较大的房间，用耐水型粉刷石膏做面层，粉刷石膏表面可用瓷砖胶粘剂粘贴瓷砖。

（8）饰面层施工

涂刷内墙涂料，也可根据设计要求粘贴面砖。粘贴面砖时，应距面砖边角处留 10mm 的变形缝，用硅酮胶填缝。

第二节　屋面保温技术

一、技术内涵

384. 在屋面保温材料中，硬质聚氨酯泡沫塑料、聚苯板及矿物纤维的隔声性能如何？

在屋面保温材料中，硬质聚氨酯泡沫塑料的隔声性能为 36～52dB；聚苯板同样是一种闭孔结构的隔声材料，其隔声性能为 34～49dB；由合成矿物纤维制成的保温材料由于是开放的泡孔结构，隔声性能优于其他保温材料，为 41～53dB。

385. 屋面结构中，采用硬质聚氨酯泡沫塑料保温材料时，与采用软木、矿物纤维时相比，节能效果如何？

由于硬质聚氨酯泡沫塑料具有比较低的导热系数，其节能效果最高，国外资料表明，使用 50 年后，每平方米的屋面结构节能约 5500kW·h，而采用纤维板时节能约为 4995kW·h，采用大麻纤维时节能约为 4600kW·h，采用软木时节能约为 4275kW·h。

386. 屋面保温的基本构造要求是什么？

（1）保温层的构造应符合下列规定：

1）保温层可采用粘贴保温板（挤塑聚苯板或膨胀聚苯板），也可采用现场喷涂硬泡聚氨酯。

2）保温层设置在防水层上部，保温层上应做保护层。

3）保温层设置在防水层下部，保温层上应做找平层。

4）屋面坡度较大时，保温层应采取防滑措施。

（2）架空屋面的设计应符合下列规定：

1）架空屋面的坡度不宜大于5%。

2）架空屋面的高度，应按屋面宽度或坡度大小变化确定（宜为180~300mm），架空板与女儿墙的距离宜为250mm。

3）当屋面跨度大于10m时，架空屋面应设置通风屋脊。

4）架空隔热层的进风口宜设置在当地炎热季节最大频率风向的正压区，出风口宜设置在负压区。

（3）倒置式屋面的设计应符合下列规定：

1）倒置式屋面的坡度不宜大于3%。

2）倒置式屋面的保温层应采用吸水率低且长期浸水不腐烂的保温材料。

（4）保温隔热屋面可在屋面上做有光反射作用并能耐久的涂膜，提高隔热效果。

二、施工技术

387. 屋面保温层施工有哪些要求？

（1）施工中应对保温层工序进行检查和控制，达到设计要求。

（2）保温层施工后应通过质量验收，与屋面防水处理应做好质量交接。

（3）屋面结构层与防水层之间沿女儿墙四周应粘贴50mm厚的聚苯板，以消纳屋面水泥砂浆找平层的变形应力，防止女儿墙沿找平层处被顶裂。

388. 屋面保温的质量验收标准是什么？

（1）一般规定

1）屋面保温隔热工程的施工，应在基层质量验收合格后进行。

2）屋面保温隔热工程采用的保温材料，进场时应对其下列性能进行复验：

①板材、块材及现浇等保温材料的导热系数、密度、压缩（10%）强度、阻燃性；

②松散保温材料的导热系数、干密度和阻燃性。

3）屋面保温隔热工程应对下列部位进行隐蔽工程验收：

①基层；

②保温层的铺设方式、厚度和缝隙填充质量；

③屋面热桥部位；

④隔汽层。

4）屋面保温隔热层施工完成后，应及时进行找平层和防水层的施工，避免保温层受潮、浸泡或受损。

（2）主控项目

1）用于屋面的保温隔热材料，其干密度或密度、导热系数、压缩（10%）强度、阻燃性必须符合设计要求和有关标准的规定。

检验方法：检查材料的合格证、技术性能报告、进场验收记录和复验报告。

2）屋面保温隔热层的铺设方式、厚度、缝隙填充质量及屋面热桥部位的保温隔热做法，必须符合设计要求和标准的规定。

检验方法：观察检查、保温板或保温层采取针插法或剖开法用尺量其厚度。

3）屋面的通风隔热架空层，其架空层高度、安装方式、通风口位置及尺寸应符合设计及有关标准要求。架空层内不得有杂物。架空面层应完整，不得有断裂和露筋等缺陷。

检验方法：观察检查。

4）天窗（是否为采光屋面）的传热系数、遮阳系数、可见光透射比、气密性应符合设计要求。构造节点的安装应符合设计要求和技术标准要求。

检验方法：检查产品的合格证、技术性能报告、进场验收记录和复验报告。

（3）一般项目

1）屋面保温隔热层铺设施工应符合下列要求：

①松散材料应分层铺设、压实适当、表面平整、坡向正确。

②现场喷、浇、抹等施工的保温层配合比应计量准确、搅拌均匀、分层连续施工，表面平整，坡向正确。

③板材应粘贴牢固、缝隙严密、平整。

检验方法：观察检查，检查施工记录。

2）坡屋面、内架空屋面当采用铺设于屋面内侧的保温板材做保温隔热层时，保温隔热层应有防潮措施，其表面应有保护层，保护层的做法应符合设计要求。

检验方法：观察检查，检查施工记录。

第三节　楼地面、顶棚保温技术

389. 楼地面保温的基本构造是什么？

楼地面保温的基本构造为（从上到下）：

1）面层（按工程设计）；

2）40mm 厚 C20 细石混凝土随打随压光，配双向 $\phi 4mm@150mm$（浇筑混凝土时注意向上拉钢筋网片使网片居混凝土中）3m×3m 分缝，缝宽 10mm；

3）用聚合物砂浆粘贴挤塑聚苯板（膨胀聚苯板），也可粘贴硬泡聚氨酯板（或喷涂硬泡聚氨酯）；

4）钢筋混凝土楼板或地面。

390. 顶棚保温的基本构造是什么？

（1）粘贴聚苯板顶棚保温的基本构造为（从上到下）：

1）钢筋混凝土楼板扫净刷界面砂浆一道；

2）用聚合物砂浆粘贴挤塑聚苯板（膨胀聚苯板），并用尼龙胀栓双向@700mm 锚固固定；

3）5mm 厚粉刷石膏内压入一层中碱玻纤网布；

4）2mm 厚柔性耐水腻子；

5）饰面层（按工程设计）。

（2）喷涂硬泡聚氨酯顶棚保温的基本构造为（从上到下）：

1）钢筋混凝土楼板扫净刷聚氨酯防潮底漆一道；

2）喷硬泡聚氨酯；

3）刷聚氨酯界面砂浆；

4）抹 10～20mm 厚胶粉聚苯颗粒保温浆料；

5）5mm 厚粉刷石膏内压入一层中碱玻纤网布；

6）2mm 厚柔性耐水腻子；

7）饰面层（按工程设计）。

（3）锚固岩棉板顶棚保温的基本构造为（从上到下）：

1）钢筋混凝土楼板；

2）用聚合物砂浆预粘贴岩棉板；

3）在岩棉板外侧用尼龙胀栓双向@500mm 锚固热镀锌钢丝网固定岩棉板，并在岩棉板上喷刷岩棉板界面砂浆；

4）抹 10～20mm 厚胶粉聚苯颗粒保温浆料；

5）5mm 厚粉刷石膏内压入一层中碱玻纤网布；

6）2mm 厚柔性耐水腻子；

7）饰面层（按工程设计）。

（4）现浇聚苯板顶棚保温的基本构造为（从上到下）：

1）钢筋混凝土楼板与聚苯板（钢丝网架聚苯板）一次现浇成型，浇筑时应双向@500mm 支 ϕ10mm 的板凳筋，以防浇筑时聚苯板（钢丝网架聚苯板）受压过大；

2）抹 10～20mm 厚胶粉聚苯颗粒保温浆料；

3）5mm 厚粉刷石膏内压入一层中碱玻纤网布；

4) 2mm 厚柔性耐水腻子；

5) 饰面层（按工程设计）。

第四节　既有建筑节能改造技术

391. 为什么既有建筑节能改造的势在必行？

我国幅员辽阔，地域宽广。从北到南分为严寒地区、寒冷地区、夏热冬冷地区、夏热冬暖地区和温和地区。我国严寒地区、寒冷地区以及夏热冬冷地区的部分城镇冬季都需要采暖，采暖燃煤对大气造成严重污染。与此同时，我国大部分地区夏季炎热，空调又日益普及，建筑空调能耗正在迅速增加。在全国 400 亿 m^2 的既有建筑中，95% 达不到节能标准，绝大多数是高能耗建筑，而大量新建建筑中也仅有不足 20% 达到节能标准。按照建设部确定的"十一五"建筑节能目标，要实现节约 1.01 亿吨标准煤，节能建筑总面积累计要超过 21.6 亿 m^2，改造 5.6 亿 m^2。若想实现这一节能目标，必须重视既有建筑的节能改造，同时必须从现在就开始对既有建筑实施节能改造。否则，建设部预计在 2010 年实现 50% 节能设计标准的目标更难实现。

每平方米建筑面积年耗能量，我国与气候条件相近地区的发达国家相比，要高出约 2 倍以上。问题的关键在于，大量没有任何节能措施的既有建筑，其保温隔热性能差，设备系统效率低，导致采暖和制冷能耗浪费严重。我国各地建筑围护结构保温隔热性能普遍很差，传统外墙一般为实心黏土砖，其厚度严寒地区 1.5~2 砖；寒冷地区 1~1.5 砖；夏热冬冷地区 1 砖；夏热冬暖地区 3/4 砖；寒冷地区及其以南均用单层窗，严寒地区用双层窗。再者，我国建筑采暖基本上以燃煤为主，对环境的影响也比用油、天然气采暖的发达国家更加严重。

我国大量的既有建筑在采暖季节和空调期间继续不断地浪费

着越来越有限的能源，并且向大气中排放着二氧化碳等污染物，增加温室气体浓度。随之而来的是自然灾害如沙尘暴、水灾、旱灾、土地荒漠化等，使人类的生活环境加剧恶化。由此可见，对既有建筑物的节能改造应该及早开展。否则，既有建筑的数量将越积越多，我们国家更难以承受对节能改造的经济支出，使人民生活在越来越不良的大气环境中。因此，对既有建筑进行节能改造，以避免能源资源的浪费，提高建筑热舒适度，还我们一个清澈的蓝天，已成为我国当前紧迫的、必须尽快解决的重大问题。

建设部第 76 号部长令的颁布、《夏热冬冷地区居住建筑节能设计标准》及《夏热冬暖地区居住建筑节能设计标准》的出台，对我国建筑节能工作的深入发展无疑起到了强有力的推动作用。随着建筑节能步伐的不断推进，新建建筑正在从设计开始抓紧；住房制度改革后，北方采暖地区供热体制改革正在紧锣密鼓地开始。在供热体制改革方案近期出台后，既有建筑节能改造的问题就会越来越突出，成为摆在我们面前的艰巨任务。

392. 既有建筑节能改造的难点在哪里？

（1）资金问题

既有建筑节能改造，谁来出资改造成了政府、专家、物业公司、业主都在问的问题。

（2）既有建筑结构复杂，难以改造

1）陈旧建筑难改造

模块化建成的老建筑很难进行建筑节能改造。节能技术主要包括屋面、墙面、门窗，这三部分所占的比例在 50% 以上。这些建筑的门密封性比很差，屋面和墙面也因为本身很薄又没做任何的防护措施，从而将加大改造的难度。

2）玻璃幕墙难改造

玻璃幕墙虽然外观夺目，但其能耗是水泥外围护结构的 2 ~ 3 倍，对其进行改造的难度很大。

3）落地窗难改造

落地窗、大飘窗能使房间通透、景观宜人，可以通过垒墙来解决节能问题，但一定会遭到很多人抵触，而且房屋会很不美观。

（3）市场不规范，专业技术不到位

一些落后的甚至被明文淘汰的保温技术仍在继续使用。

节能建筑会令产品技术难度、质量要求大大提高，从设计、施工到材料的选择等也都会比从前有更高的要求，但是，目前专业团队的数目还非常有限，无法满足市场要求。

393. 既有建筑节能改造的重点是什么？

（1）既有建筑的改造不应破坏原有结构体系并尽量减少墙体和屋面的荷重；不损坏除门窗以外的室内装修、装饰；不影响建筑使用功能。

（2）应以改造外墙、楼梯间、门窗等围护结构的保温为重点，因为外墙、楼梯间隔墙的节能改造，相对于内墙改造对住户的影响小，楼梯间也可以在增加防盗保温门的前提下，提高楼梯间的热工性能。在既有建筑的改造中，应安装随时能关闭的单元门和提高楼梯间窗户的热工性能，并适当增加采暖措施，则对节能更有利。

（3）既有建筑应尽量提高门窗的节能效果，减少外墙的节能分配。门窗在围护结构中是耗能较高的部分，传统的钢窗热桥严重、气密性差，如果是外墙外保温，门窗的位置应尽量接近外墙，所以我们可以在做外墙外保温的同时，在既有门窗不动的基础上安装新的节能门窗，最后再拆除旧的门窗（或采用双层窗），以保证建筑物在改造过程中的使用功能。合理的选用玻璃，可提高建筑外窗保温性能。

（4）外墙保温改造同时应充分考虑建筑外立面的装饰效果，解决外墙引起的渗漏问题，尽量做到保温、防水、装饰一体化。

（5）不同的建筑结构体系或不同的建筑高度以及不同位置

的既有建筑改造会有很大差异，应该因地制宜。建议大城市应从混凝土大板建筑和混凝土剪力墙建筑开始实施，因该类建筑能耗较高，室内热环境差且有不同程度的结露现象，防水性能差。这些建筑多是20世纪70年代以后建造的高层建筑，拆除难度较大。

（6）采用典型引路的方法，迅速从我国北方采暖地区开始，确立一批既有建筑节能改造示范工程，总结经验、完善政策、开发技术以推动既有建筑节能改造工作的前进。

394. 既有建筑节能改造墙体部分可选用哪些技术？

根据我国的建筑特点，既有建筑节能改造墙体保温部分可选用的技术主要有：聚苯板薄抹灰外墙外保温技术、胶粉聚苯颗粒外墙外保温技术、喷涂硬泡聚氨酯外墙外保温技术、模浇硬泡聚氨酯外墙外保温技术、胶粉聚苯颗粒贴砌聚苯板外墙外保温技术、装配式外墙外保温技术以及外墙内保温技术等。

395. 既有建筑节能改造有哪些设计与施工要求？

（1）选定外墙保温系统的饰面层做法时，应优先采用涂料饰面，要求必须采用面砖饰面，应满足以下条件：

1）粘贴面砖的保温系统必须具备完整的各种配套材料，其性能应满足相关标准规定的技术性能指标，并按相应图集的构造要求和有关的施工技术规程精心施工。

2）外墙外保温系统性能应符合《外墙外保温工程技术规程》（JGJ l44—2004）所规定的各项系统性能要求。

3）多层、高层建筑粘贴面砖时，面砖重量 $< 20\mathrm{kg/m^2}$ 且面积 $< 10000\mathrm{m^2}$/块。

（2）保温系统与基层应有可靠的结合，其结合强度应通过检测验算，但不得低于 $0.1\mathrm{MPa}$。采用锚栓锚固时，应根据锚固要求和基层的情况选定合适的锚栓型号和规格，锚栓的固定深度和锚固距应符合产品说明和根据风荷载等因素计算设计的规定确定，各类锚栓的钻孔方法应随基层墙体的不同而异，按产品要求施工。基层结合因素复杂的工程，应在结合力试验验收合格的基层上制作从结合层、保温层到防护层、装饰层的样板，样板通过验收后方能大面积施工。

（3）保温施工准备工作应符合下列规定：

1）在对基层状况进行查勘的基础上，应对原基层上由于拆除、冻害、析盐或侵蚀所产生的损害予以修复；

2）油渍应进行清洗；

3）损坏的砖或砌块等应更换；

4）基层面的缺损和孔洞应填补密实；

5）基层面上起鼓、开裂的砂浆应清除；

6）不平的表面应抹平；

7）墙面及屋面上的雨水管卡、预埋铁件、设备穿过管道、空调支架及新门窗等应重新安装完毕，并预留出保温层的厚度；

8）墙外侧管道、线路应拆除改装，在可能的条件下，宜改为地下管道或暗线；

9）原有窗台宜接出加宽并加固，窗台下宜设滴水槽；

10）施工脚手架宜采用与墙面分离的双排脚手架。

（4）既有外墙面装饰装修层是否清除，应根据与墙面结合牢固程度决定。一般应将原有外饰面层彻底清除，露出基层墙表面。结合力满足 0.4MPa 的面砖层可不予清除，但与保温材料的结合应有加固措施。

（5）外围护作法铺设钢丝网者，均应采取防雷接地措施，由个体工程设计具体交代。

（6）外保温层在外墙散水以下部分，施工时应剔除散水，完成保温和防水后恢复。

（7）抗裂砂浆中铺设的耐碱玻纤网布，其搭接长度不小于100mm，加强做法时，只对接，不搭接。网布铺贴应平整、无褶皱、砂浆饱满度100%，严禁干搭接。

（8）饰面涂料和面砖的品种、规格、颜色等，由个体工程设计选定。

（9）涂料饰面层涂抹前，应先在抗裂砂浆抹面层上涂刷高分子乳液弹性底涂层，再刮抗裂柔性耐水腻子，饰面面层一般应采用弹性涂料。

（10）为减少窗洞口外侧墙体的"热桥"影响，新换的窗户宜与外墙平；窗口内侧应尽可能的采取保温措施，如抹保温浆料或粘贴聚苯板等，其厚度应不碍及窗扇开启。

（11）墙身变形缝的节能改造要求：

1）变形缝外圈加设低密度聚苯板作保温材料，内形成空气层。聚苯板内外表面均满喷界面剂。

2）若无法密封变形缝或密封后仍不能满足设计要求可增加内保温做法。

3）变形缝盖缝板采用 lmm 厚铝板或 0.7mm 厚镀锌薄钢板，盖缝板应根据缝宽、缝口构造、适应变形的要求等因素制作。若原有变形缝盖缝板不动，可对保温板预留缝采取嵌缝密封措施。

（12）粘贴和涂抹作业期间及完工后的24h 内，环境和基层表面温度均应高于50℃。严禁雨中施工，遇雨或雨季施工应有可靠的防雨措施，抹面层、饰面层及喷涂聚氨酯施工还应避免阳光直射和5 级以上大风天气。

（13）保温系统完工后，应做好成品保护：

1）防止施工污染；

2）拆卸脚手架或升降外挂架时，注意保护墙面免受碰撞；

3）严禁踩踏窗台、线脚；

4）及时修补损坏墙面。

（14）保温工程应由熟悉保温墙体施工的专业队伍或经过专业培训考核合格的人员施工，并请提供成套材料的厂家进行技术指导。

（15）屋面工程施工必须严格遵守《屋面工程技术规范》

（GB 50345-2004）的各项规定。各节点保温隔热层和找坡层做法可参考《平屋面建筑构造（一）》(99J201-1)。

（16）施工时，应符合现行的国家和行业标准、规范、规程及图集的规定。

第五节　公共建筑保温技术

396. 什么是公共建筑?

公共建筑是指工业建筑、居住建筑（住宅、公寓、宿舍等）以外的所有建筑，如：商场、学校、医院、办公楼、展览馆、车站、机场、体育场馆、旅馆等。

397. 公共建筑对外围护结构的节能要求是什么?

外围护结构是指同室外空气直接接触的围护结构，如外墙、幕墙、屋顶、外门和外窗等，这些部位也需要做好保温、隔热，以降低能耗，尤其要考虑夏季内部发热量便于散发以减少空调能耗，因此节能不能简单地以提高外围护结构的保温隔热性能来达到节约建筑能耗的目的；还应有足够的可开启面积，便于必要时散发内部的发热量。在优先采用自然通风的基础上，采取有组织的机械排风可以达到一定效果。另外围护结构还应有必要的透光面积，以满足自然采光的要求，减少照明能耗。总之，大型公共建筑对建筑节能要求应从提高围护结构保温隔热性能、增加采光效果、对合理通风的要求以及对表面色彩的要求等方面解决。

398. 公共建筑非透明幕墙热工计算有哪些要求?

大型公共建筑非透明部分围护结构以石材楼、金属幕墙为主。过去国内幕墙建筑很少考虑幕墙的保温问题，幕墙建筑是众所周知的耗能大户。近几年来已有所重视。在达到节能标准的情况下，非透明幕墙的保温隔热性能也要比透明幕墙好得多。而且，其保温隔热措施也较易实施。因此，在可能的情况下，幕墙建筑宜采用非透明幕墙。如果希望建筑的立面有玻璃的质感，可采用非透明的玻璃（或其他透明材料）幕墙，即玻璃后面仍是保温隔热材料和普通墙体。

幕墙又称悬吊挂墙，它是指悬吊挂于主体结构外侧的轻质围墙。但在计算外墙的热工性能时，应包括幕墙面板（以下简称幕墙板）、主体结构及其中的保温隔热层在内，即并不是仅仅计算幕墙板的热阻或传热系数，而且应根据不同的构造区别对待。因为传热系数是反映因室内外温差导致的外围护结构传热。

如幕墙板内侧空气间层的空气是流通的，在计算传热系数时，该空气间层和幕墙板的热阻均不应考虑，挂装幕墙板用的金属件（托板等）也不构成热桥。但可计入幕墙板内、外表面以及内侧主体结构内外表面的换热阻。对于非透明幕墙（图4-3），中间空气间层两侧的表面换热阻，在一般情况均可取 $0.08m^2 \cdot K/W$。即该类外墙的传热系数为主体结构、保温层以及四个表面换热阻（共 $0.31m^2 \cdot K/W$）之和的倒数。如保温层位于主体结构的内侧（内保温），外墙的平均传热系数计算还应考虑主体结构热桥的影响。

如幕墙板内侧空气间层在建筑高度方向逐层封闭，则空气间层的热阻可列入计算。其热阻值可根据间层厚度按国标《民用建筑热工设计规范》（GB 50176-93）取值。但不再计算封闭空气间层两侧的换热阻。

考虑到非透明幕墙节能的不同做法，为便于达到国标《公共建筑节能设计标准》要求的外墙节能指标，在幕墙的设计中宜对空气间层作逐层封闭，或利用窗台板补充封闭；在水平方向可按房间开间或在框架柱部位作封闭。这也是构造和防火设计所需要的（防止烟囱效应）。

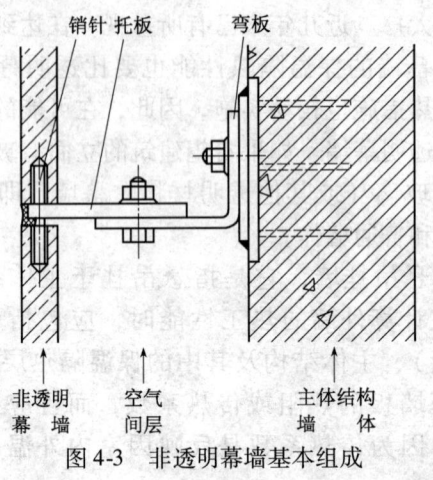

图4-3 非透明幕墙基本组成

399. 公共建筑非透明幕墙有哪些节能做法?

非透明幕墙的节能可通过在幕墙板与主体结构之间的空气间层中设置保温层,以及在幕墙板内部设置保温材料来实现,也可采用两者的组合做法。而无须将保温层设置在主体结构内侧(内保温),以免占用室内空间。

(1)将保温层复合在主体结构的外表面上,类同于普通外墙外保温的做法(图4-4)。

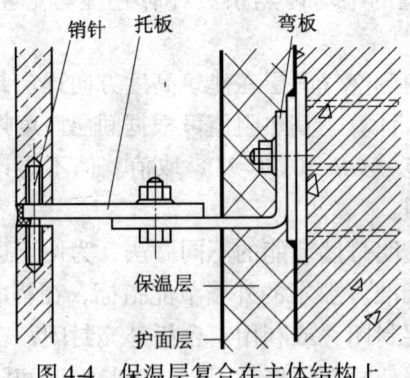

图4-4 保温层复合在主体结构上

保温材料可采用挤塑聚苯板（XPS 板）、膨胀聚苯板（EPS 板）、半硬质矿（岩）棉板、泡沫玻璃保温板、复合硅酸盐硬质保温板、胶粉聚苯颗粒保温浆料等。其应用厚度可根据地区的建筑节能要求和材料的导热系数计算值通过外墙的传热系数计算确定。保温板与主体结构的连接固定可采用粘贴或机械锚固，或两者之结合。护面层也宜有，但可以简化，护面层的作用仅在于防潮、防老化，并有利于防火。

如主体结构为轻钢结构，还可在其中设置玻璃棉，再在外侧安装挤塑聚苯板或其他保温材料。

（2）在幕墙板与主体结构中间空气层中设置保温材料

在水平和垂直方向有横向分隔的情况下，保温材料可钉挂在空气间层中（图4-5）。这种做法可使外墙中增加一个空气间层，提高墙体热阻。保温材料多为玻璃棉板，导热系数计算值可取 $0.045 \times 1.15 = 0.052 \mathrm{W/(m \cdot K)}$。

（3）幕墙板内侧复合保温材料（图4-6）

《金属与石材幕墙工程技术规范》（JGJ 133-2001）第 4.3.4 条明确规定"幕墙的保温材料可与

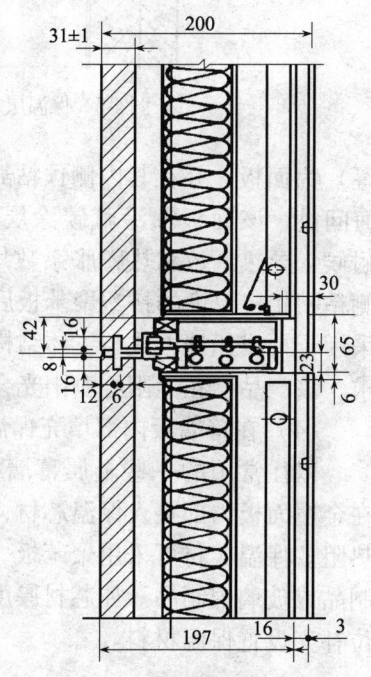

图4-5　幕墙板与主体结构中间空气层中设置保温材料

金属板、面板结合在一起，但应与主体结构外表面有 50mm 以上的空气层。"对这种做法，空气层也应逐层封闭。保温材料可选用密度较小的挤塑聚苯板或膨胀聚苯板（其燃烧性能宜为 B_1 级），或密度较小的无机保温板。

如今，一种采用无机预涂装饰板——氟维特板（6～8mm

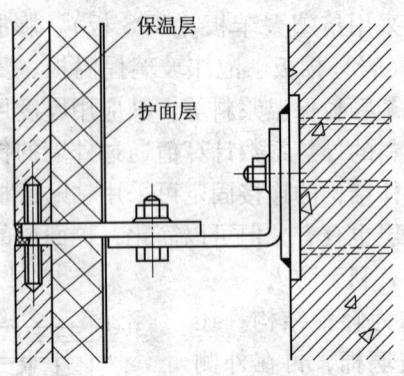

图4-6 保温层复合在幕墙板内侧

厚）为面板，并在其内侧预粘舒泰龙挤塑板保温层的幕墙板在上海问世，该面板预涂氟碳涂层（膜厚 40～50mm），表面美观、耐候、导热系数和热膨胀系数均小，并且有不燃性（A 级）。内侧粘贴相应厚度的挤塑聚苯板后成为一种新型的幕墙板，可分别采用干挂或托挂方式与主体结构连接固定，并满足幕墙的节能要求。该产品已在沈阳心海阳光会馆应用。

（4）在幕墙板内部填充保温材料

以往常用的一些金属幕墙板（面板）基本上没有热阻，如在金属面板内部夹入保温芯材，则可根据芯材的厚度获得相应的热阻。保温芯材可采用聚苯板（EPS 板或 XPS 板）、矿（岩）棉制品或玻璃棉制品。如芯材厚度较小，还可在面板内侧的不同部位补充设置保温材料。

第五章 建筑节能检测技术

400. 为什么外墙外保温系统必须经过大型耐候性试验验证后方可投入市场应用？

外保温工程在实际使用中会受到相当大的热应力作用，这种热应力主要表现在保护层上。由于大多数保温材料的隔热性能特别好，其保护层温度在夏季可高达 80℃。夏季持续晴天后突降暴雨所引起的表面温度变化可达 50℃ 之多。夏季的高温还会加速保护层的老化。保护层中的某些有机粘结材料会由于紫外线辐射、空气中的氧气和水分的作用而遭到破坏。

外保温工程至少应在 25 年内保持完好，这就要求它能够经受住周期性热湿和热冷气候条件的长期作用。耐候性试验模拟夏季墙面经高温日晒后突降暴雨和冬季昼夜温度的反复作用，是对大尺寸的外保温墙体进行的加速气候老化试验，是检验和评价外保温系统质量的最重要的试验项目。耐候性试验与实际工程有着很好的相关性，能很好地反应实际外保温工程的耐候性能。根据法国 CSTB 的试验，从在严酷气候条件下经过了几年考验的外保温系统的实际性能变化与试验室耐候性试验的对比来看，为了确保外保温系统在规定使用年限内的可靠性，耐候性试验是十分必要的。

耐候性试验条件的组合是十分严厉的。通过该试验，不仅可检验外保温系统的长期耐候性能，而且还可对设计、施工和材料性能进行综合检验。如果材料质量不符合要求，设计不合理或施工质量不好，都不可能经受住这样的考验。

以前，对于一种新材料或新构造系统，往往是通过搞试点建筑的方法进行考验。一般认为经过一个冬季和夏季不出现问题，即可通过鉴定。外保温系统至少应在 25 年使用期内保持完好。这就要求系统能够经受住周期性热湿和热冷气候条件的长期作用。通过搞试点建筑的方法难以在短期内判断外保温系统是否满足长期使用要求。

401. 怎样进行大型耐候性试验?

(1) 试样制备

试样由混凝土墙和被测外保温系统构成,混凝土墙用作基层墙体。试样宽度应不小于 2.5m,高度应不小于 2.0m,面积应不小于 6m²。混凝土墙上角处应预留一个宽 0.4m 高 0.6m 的洞口,洞口距离边缘 0.4m (图 5-1)。外保温系统应包住混凝土墙的侧边。侧边保温板最大厚度为 20mm。予留洞口处应安装窗框。如有必要,可对洞口四角做特殊加强处理。

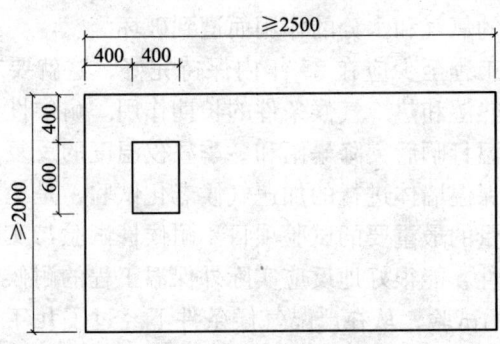

图 5-1 试样

(2) 试验步骤

聚苯板薄抹灰外墙外保温系统和现浇混凝土模板内置聚苯板外墙外保温系统试验步骤如下:

1) 高温—淋水循环 80 次,每次 6h。

①升温 3h

使试样表面升温至 70℃并恒温在 70±5℃ (其中升温时间为1h)。

②淋水 1h

向试样表面淋水，水温为 15 ± 5℃，水量为 1.0 ~ 1.5L/（m² · min）。

③静置 2h

2）状态调节至少 48h。

3）加热—冷冻循环 5 次，每次 24h。

①升温 8h

使试样表面升温至 50℃并恒温在 50 ± 5℃（其中升温时间为 1h）。

②降温 16h

使试样表面降温至 -20℃并恒温在 -20 ± 5℃（其中降温时间为 2h）。

胶粉聚苯颗粒保温浆料外墙外保温系统、现浇混凝土模板内置钢丝网架聚苯板外墙外保温系统和机械固定钢丝网架聚苯板外墙外保温系统试验步骤如下：

1）高温—淋水循环 80 次，每次 6h。

①升温 3h

使试样表面升温至 70℃并恒温在 70 ± 5℃，恒温时间应不小于 1h。

②淋水 1h

向试样表面淋水，水温为 15 ± 5℃，水量为 1.0 ~ 1.5L/（m² · min）。

③静置 2h

2）状态调节至少 48h。

3）加热—冷冻循环 5 次，每次 24h。

①升温 8h

使试样表面升温至 50℃并恒温在 50 ± 5℃，恒温时间应不小于 5h。

②降温 16h

使试样表面降温至 -20℃并恒温在 -20 ± 5℃，恒温时间应不小于 12h。

（3）观察、记录和检验

1）每 4 次高温—淋水循环和每次加热—冷冻循环后观察试样是否出现裂缝、空鼓、脱落等情况并做记录。

2）试验结束后，状态调节 7d，按现行《建筑工程饰面砖粘结强度检验标准》（JGJ 110）规定检验抹面层与保温层的拉伸粘结强度，断缝应切割至保温层表面。并检验系统抗冲击性。

402. 为什么外墙外保温系统外饰面粘贴面砖时应进行抗震试验验证？怎样进行抗震试验？

在外保温面层上进行粘贴面砖与在坚实的混凝土基层上粘贴面砖使用条件是不同的。在外保温面层粘贴面砖必须考虑保温材料面层的荷载能力、面砖胶粘剂的粘结能力以及在地震作用下的抵抗剧烈运动的柔性变形能力。由于外保温中基层墙体与饰面层面砖是通过保温材料进行柔性连接的，因而在受力时基层墙体与饰面层面砖不能看成一个整体，它们的受力状态不同。对于面砖饰面系统，安全性是非常重要的，因此抗震试验应是必须的。

应按照如下方法进行抗震试验：

（1）试样

试样由基层墙体和面砖外墙外保温系统组成，试样制备见试样面积至少为 1.0m×1.0m，数量不少于 3 个。

基层墙体可为混凝土墙或砖墙，应保证基层墙体在试验过程中不被破坏。

（2）试验设备

试验设备有振动台、计算机和分析仪等。

（3）试验过程

按照《建筑抗震试验方法规程》（JGJ 101）规定的方法进行多遇地震、设防烈度地震及罕遇地震阶段的抗震试验，输入波形可采用正弦拍波，也可采用特定的天然地震波。

当采用正弦拍波激振时，激振频率宜按每分钟一个倍频程分级，每次振动时间大于 20s 且不少于 5 个拍波，台面加速度峰值可取《建筑抗震设计规范》（GB 50011-2001）规定值的 1.4 倍。当采用天然地震波激振时，每次振动时间为结构基本周期的 5～10 倍且不少于 20s，台面加速度峰值可取《建筑抗震设计规范》（GB 50011-2001）规定值的 2.0 倍。

当试件有严重损坏脱落时立即终止试验。

（4）试验结果

设防烈度地震试验完毕后，面砖及外保温系统无脱落时即为抗震性能合格。

403. 怎样进行火反应试验？不同保温材料火反应情况如何？

（1）试验方法

1）试验原理

根据标准 ASTM E 1354-97 采用锥型量热计，利用 $50kW/m^2$ 热辐射能量对试件表面进行热辐射反应，连续定量测定试件在 $50kW/m^2$ 热辐射能量下的点火性、热释放、烟气及毒性气体的浓度。同时可以采用摄（录）像设备记录下各种试件在热辐射情况下的形态变化。

2）试样

试样由保温材料和抗裂防护层材料组成，试样大小为 100mm×100mm。

3）试验设备

锥型量热计、计算机、摄（录）像设备等。

4）试验步骤

将加热炉的温度升至 700℃并稳定在 700℃左右，并利用加热炉产生 $50kW/m^2$ 热辐射能量对试件表面进行热辐射反应，利用计算机和摄（录）像设备记录反应结果。

（2）不同保温材料火反应情况

1）聚苯板试件

试件构成：10mm 水泥砂浆基底 +50mm 聚苯板 +5mm 聚合物抹面砂浆（复合耐碱玻纤网布）。

试件分为开放式和封闭式。开放式是试件四周自然开放不封闭，以此作为观察样。试验开始 2s 聚苯板开始熔化收缩，105s 时聚合物抹面砂浆（复合耐碱玻纤网布）层已和水泥砂浆基底相贴，中间的聚苯板保温层已不复存在，只可见少许黑色烧结物。封闭式是用聚合物抹面砂浆将试件四周封闭，以此作为测试样。试件边角产生裂缝，试验开始 52s 时，从试件裂缝处冒出的烟气被点燃，燃烧持续约 70s。试验结束后，将试件外壳敲掉，发现里面已空，只可见少许烧结残留物。

2）岩棉板试件

试件构成：10mm 水泥砂浆基底 +50mm 岩棉板 +5mm 聚合物抹面砂浆（复合耐碱玻纤网布）。

试件分为开放式和封闭式。开放式是试件四周自然开放不封闭，以此作为观察样。试验过程中未被点燃，试验结束后观察，发现岩棉板靠热辐射面颜色略有变深，变色厚度约为 3mm，岩棉板的厚度略有增加（即岩棉板受热后有膨胀现象），试验过程中和结束后，无其他明显变化。封闭式是用聚合物抹面砂浆将试件四周封闭，以此作为测试样。试验过程中未被点燃，试件未裂，无明显变化；试验结束后，将试件外壳敲掉后也未发现岩棉有明显变化。

3）胶粉聚苯颗粒保温浆料试件

试件构成：10mm 水泥砂浆基底 +50mm 胶粉聚苯颗粒保温浆料 +5mm 聚合物抹面砂浆（复合耐碱玻纤网布）。

试件分为开放式和封闭式。开放式是试件四周自然开放不封闭，以此作为观察样。试验过程中未被点燃，试验结束后观察，发现保温层靠热辐射面颜色略有变深，变色厚度约为 3～5mm，未发现保温层厚度有明显变化，也未发现其他明显变化。封闭式是用聚合物抹面砂浆将试件四周封闭，以此作为测试样。试验过程中未被点燃，试件未裂，无明显变化；试验结束后，将试件外壳敲掉后发现保温层靠热辐射面颜色略有变深，变色厚度约为3~5mm，未发现其他明显变化。

火反应性试验表明，胶粉聚苯颗粒保温浆料和岩棉板的对火反应性能，包括点火性、热释放、烟及有毒气体的产生等性能一致，并大大优于聚苯板。

404. 外墙外保温系统怎样进行大型火灾模拟试验？

（1）试验依据

按美国保险商实验室标准 UL1040 "Fire Test of Insulated Wall Construction"（墙体保温体系的模型火试验）的要求进行部分调整进行试验。

（2）试验方法

试样由两面成直角的混凝土墙（砌块墙）和被测外保温系统构成（图5-2），混凝土墙（砌块墙）用作基层墙体。试样直角边宽度为6.1m，高度为9.14m，基层墙体厚为0.24m。为了测试的安全性，在测试墙的两端安装绞手架和圈梁进行保护。试样应位于通风良好的地方，试验过程中的环境温度不得低于15.6℃。两直角墙面上可安装不同的保温系统，以便测试时对比。

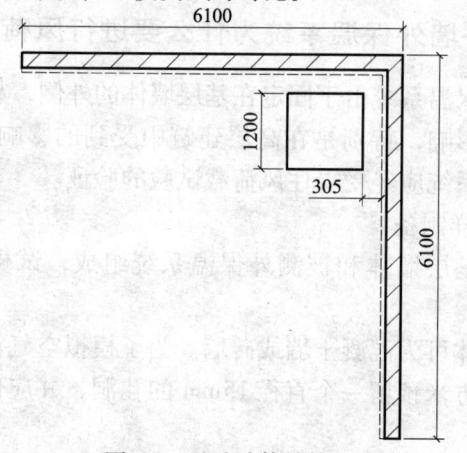

图 5-2　试验墙体结构图

用于测试的火源来源于重量为 347 ± 4.54kg 的木材堆，尺寸为 1.20m × 1.20m，高度不低于 1.07m，共 12 层。所用的木材为松木，单块木材规格为 1.20m × 0.03m × 0.09m，使用前需要在 9% ~11% 湿度条件下干燥 48h 以上。摆放时，每层的木材条需均匀地以适当的角度放置在下层木材之上。木材堆放置在离墙 305mm 的位置，测试前将两个缠绕棉织物的火把事先浸入 500mL 的无水乙醇中。

堆积木材上方设置 11 个温度测控点，墙体表面设置 60 个温度测控点，大气环境设置 1 个温度测控点。

所有的记录设备都需要在测试开始之前 1min 准备完毕。

从木材上方点火，计时时间为火把点燃的那一刻。用照相机和摄像机连续记录试验过程。记录火焰增长的趋势、火焰贴上墙体的时间、烟气的发展过程等。

60min 后中止测试，出于安全考虑可以提前中止试验。

测试后的样品破坏情况需由照相机和文字描述记录下来。

试验后，根据墙体表面的开始燃烧时间、燃烧宽度、燃烧高度、火灾蔓延情况、烟气释放量、火焰温度等指标判定外墙外保温系统的防火性能。

405. 外墙外保温系统为什么要进行风荷载试验？

外墙外保温系统由于固定在基层墙体的外侧，易受风压特别是负风压的影响，特别是在高层建筑中受到的影响更大，因此，外墙外保温系统应经受得住风荷载试验的验证。

（1）试样制备

试样由基层墙体和被测外保温系统组成，试样尺寸至少为 2.0m × 2.5m。

基层墙体可为混凝土墙或砖墙。为了模拟空气渗漏，在基层墙体上每平方米预留一个直径 15mm 的孔洞，并应位于保温板接缝处。

（2）试验设备

试验设备是一个负压箱。负压箱应有足够的深度，以保证在外保温系统可能的变形范围内能使施加在系统上的压力保持恒定。试样安装在负压箱开口中并沿基层墙体周边进行固定和密封。

（3）试验步骤

加压程序及压力脉冲图形示于图5-3。

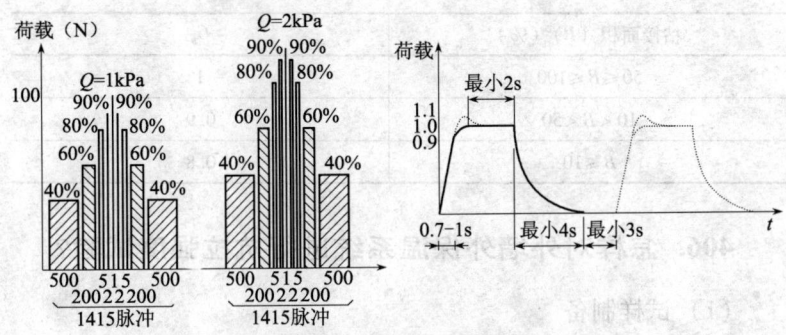

图5-3 加压步骤及压力脉冲图形

每级试验包含1415个负风压脉冲，加压图形以试验风荷载Q的百分数表示。试验以1kPa的级差由低向高逐级进行，直至试样破坏。

有下列现象之一时，即表示试样破坏：

1）保温板断裂；

2）保温板中或保温板与其保护层之间出现分层；

3）保护层本身脱开；

4）保温板被从固定件上拉出；

5）机械固定件从基底上拔出；

6）保温板从支撑结构上脱离。

（4）结果分析

系统抗风压值R_d应按下式进行计算：

$$R_d = \frac{Q_1 C_s C_a}{K}$$

式中：R_d——系统抗风压值，kPa；

Q_1——试样破坏前一级的试验风荷载值，kPa；

K——安全系数，按《外墙外保温工程技术规程》（JGJ 144-2004）的规定选取；

C_a——几何因数，$C_a = 1$；

C_s——统计修正因数，按表 5-1 选取。

保温板为粘接固定时的 C_s 值　　　　　表 5-1

粘接面积（B）（%）	C_s
$50 \leqslant B \leqslant 100$	1
$10 < B < 50$	0.9
$B \leqslant 10$	0.8

406. 怎样对外墙外保温系统进行抗拉强度试验？

（1）试样制备

1）聚苯板试样在聚苯板上切割而成。

2）胶粉聚苯颗粒保温浆料试样在预制成型的胶粉聚苯颗粒保温浆料板上切割而成。

3）胶粉聚苯颗粒保温浆料外墙外保温系统试样由混凝土底板（作为基层墙体）、界面砂浆层、保温层和抹面层组成并切割成要求的尺寸。

4）现浇混凝土模板内置聚苯板外墙外保温系统试样应按以下方法制备：

①在聚苯板两表面涂界面砂浆；

②界面砂浆固化后将聚苯板平放于地面并在其上浇注 30mm 厚 C20 豆石混凝土；

③混凝土固化后在聚苯板外表面抹 10mm 厚胶粉聚苯颗粒保温浆料找平层；

④找平层固化后做抹面层；

⑤充分养护后按要求的尺寸切割试样。

5）试样尺寸为 100mm × 100mm，保温层厚度 50mm。每种试样数量各为 5 个。

（2）抗拉强度应按以下规定进行试验：

1）用适当的胶粘剂将试样上下表面分别与尺寸为 100mm × 100mm 的金属试验板粘结。

2）通过万向接头将试样安装于拉力试验机上，拉伸速度为 5mm/min.，拉伸至破坏并记录破坏时的拉力及破坏部位。破坏部位在试验板粘结界面时试验数据无效。

3）试验应在以下两种试样状态下进行：

①干燥状态；

②水中浸泡 48h，取出后干燥 7d（聚苯板只做干燥状态试验）。

（3）结果分析

抗拉强度按式下式进行计算。

$$\sigma_t = \frac{P_t}{A}$$

式中：σ_t——抗拉强度，MPa；

　　P_t——破坏荷载，N；

　　A——试样面积，m^2。

试验结果以 5 个试验数据的算术平均值表示。

407. 外墙外保温系统耐冻融性能试验方法是什么？

（1）试样制备

当采用以纯聚合物为粘结基料的材料作饰面涂层时，应对以下两种试样进行试验：

1）由保温层和抹面层构成（不包含饰面层）的试样；

2）由保温层和保护层构成（包含饰面层）的试样。

当饰面层材料不是以纯聚合物为粘结基料的材料时，试样应包含饰面层。如果不止使用一种饰面材料，应按不同种类的饰面材料分别制样。如果仅颗粒大小不同，可看视为同种类材料。

试样尺寸为 500mm×500mm，试样数量为 3 件。

试样周边涂密封材料密封。

（2）试验步骤

1）冻融循环30次，每次24h

①在20±2℃自来水中浸泡8h。试样浸入水中时，应使抹面层或保护层朝下，使抹面层浸入水中，并排除试样表面气泡。

②在 -20±2℃冰箱中冷冻16h。

试验期间如需中断试验，试样应置于冰箱中在 -20±2℃下存放。

2）每3次循环后观察试样是否出现裂缝、空鼓、脱落等情况并做记录。

3）试验结束后，状态调节7d，检验拉伸粘结强度。

408. 外墙外保温系统怎样进行抗冲击试验？

（1）试样制备

试样由保温层和保护层构成。

试样尺寸不小于 1200mm × 600mm，保温层厚度不小于50mm，玻纤网不得有搭接缝。试样分为单层网试样和双层网试样。单层网试样抹面层中铺一层玻纤网，双层网试样抹面层中铺两层玻纤网。

试样数量：

1）单层网试样：2件，每件分别用于3J级和10J级冲击试验。

2）双层网试样：2件，每件分别用于3J级和10J级冲击试验。

（2）试验方法

试验可采用摆动冲击或竖直自由落体冲击方法。摆动冲击方法可直接冲击经过耐候性试验的试验墙体。自由落体冲击方法按下列步骤进行试验：

1）将试样保护层向上平放于光滑的刚性底板上，使试样紧贴底板。

2) 试验分为 3J 和 10J 两级，每级试验冲击 10 个点。3J 级冲击试验使用质量为 500g 的钢球，在距离试样上表面 0.61m 高度自由降落冲击试样。10J 级冲击试验使用质量为 1000g 的钢球，在距离试样上表面 1.02m 高度自由降落冲击试样。冲击点应离开试样边缘至少 100mm，冲击点间距不得小于 100mm。以冲击点及其周围开裂作为破坏的判定标准。

（3）结果判定

10J 级试验 10 个冲击点中破坏点不超过 4 个时，判定为 10J 级。10J 级试验 10 个冲击点中破坏点超过 4 个，3J 级试验 10 个冲击点中破坏点不超过 4 个时，判定为 3J 级。

409. 外墙外保温系统怎样进行吸水量试验？

（1）试样制备

试样分为两种，一种由保温层和抹面层构成，另一种由保温层和保护层构成。

试样长、宽尺寸为 200mm × 200mm，保温层厚度为 50mm，抹面层和饰面层厚度应符合受检外保温系统构造规定。每种试样数量各为 3 件。

试样周边涂密封材料密封。

（2）试验步骤

1) 测量试样面积 A。

2) 称量试样初始重量 m_0。

3) 使试样抹面层或保护层朝下浸入水中并使表面完全湿润。分别浸泡 1h 和 24h 后取出，在 1min 内擦去表面水分，称量吸水后的重量 m。

（3）结果分析

系统吸水量应按下式进行计算：

$$M = \frac{(m - m_0)}{A}$$

式中：M——系统吸水量，kg/m^2；

m——试样吸水后的重量，kg；

m_0——试样初始重量，kg；

A——试样面积，m^2。

试验结果以 3 个试验数据的算术平均值表示。

410. 国内外建筑节能热工性能检测方法与手段发展现状如何？

（1）国内建筑节能检测方法发展现状

随着建筑节能的逐步深入与发展，近几年来，全国各省、自直辖市节能办公室纷纷筹建建筑节能检测中心。但是，由于资金不足，缺乏先进的检测设备，对于现场检测建筑整体是否达到节能要求，目前国内的检测方法和手段还存在诸多限制，严重制约着建筑节能工作的进一步开展。

目前，国内外评价建筑节能是否达标，一般采用两种方法。一种方法是在热源（冷源）处直接测取采暖耗煤量指标（耗电量指标），然后求出建筑物的耗热量指标（耗冷量指标），此法称为热（冷）源法。另一种方法是在建筑物处，直接测取建筑物的耗热量指标（耗冷量指标），然后求出采暖耗煤量指标（耗电量指标），此法称为建筑热工法。前一方法由于设备效率（如锅炉年平均运行效率、管网输送效率等）难以确定，因而实践中较少采用。目前大多采用建筑热工法现场测量。其中最关键的一项指标是建筑保温隔热建筑墙体的传热系数。现场测量的内容包括热流密度，室内、外气温，保温隔热建筑墙体的内、外表面温度以及热流计的两表面温度。所用的仪表主要是热流计和热电偶。

热流计的测点应选在有代表性的部位。如结构复杂，需按不同部位求加权平均值，应在不同部位设置测点。但由于实际的房间中有横竖暖气管道，有门、窗、圈梁等，各部分材料、构造及位置和热环境不同，在实际的测量中，须将外墙划分成若干个热状况相近的区域，分别测量每个区域中央部位的外墙热流值和该区域内的表面特征温度，求出该区域的外墙热流值后再加权平均，求出整个外墙的耗热量。

在现场测量中，除门窗外，对于已粉刷的保温隔热建筑墙体（如墙体、屋顶等），测试人员无法直观判断保温隔热建筑墙体传热异常部位，利用热流计和热电偶测试也难以迅速和全面地确定墙体或屋面的表面温度分布。因此，建筑热工法现场测量急需具有测温速度快、灵敏度高、形象直观等优点的测试方法，以提高现场测试水平。

（2）国外建筑节能检测方法情况

国外在建筑节能领域注重建筑节能设计规范、标准的制定适应社会的发展需要；注重建筑节能设计的严格审查和建筑施工过程中建筑质量的保证；而对建成后的建筑除个别研究需要外，一般不做节能检测。

因此，对于适合我国建筑节能需要的建筑墙体热工缺陷的检测技术方法的研究尚属空白；如何根据建筑保温隔热建筑墙体传热异常部位表面温度场的状态特征及其变化规律来判别建筑墙体内部材料及构造缺陷的原因和对其严重程度的进行定量化研究，是建筑节能检测技术的发展趋势。

411. 红外热像仪的工作原理是什么？

任何物体，只要其温度高于绝对零度，都会因分子的热运动而发射红外线，且发出的红外辐射能量与物体绝对温度的四次方成正比。红外热像仪可以摄取来自被测物体各部分射向仪器的红外辐射能量的分布。利用红外探测器，按顺序直接测量物体各部分发射出的红外辐射，综合起来就可得到物体发射红外辐射通量的分布图像，这种图像称为热像图。热像仪就是根据这一特性来测量物体的温度场。

412. 红外热像仪的优点是什么？

利用红外热像仪测温是一种非接触式的测量技术，不会破坏被测温度场。对测量物体表面温度分布，具有比其他测温技术更为显著的优越性。它除具有红外测温仪的优点（如非接触、快速、能对运动目标和微小目标测温等）外，还具有下列优点：

（1）直观地显示物体表面的温度场。红外测温仪只能显示物体表面某一小区域或某一点的温度值，而热像仪则可以同时测量物体表面各点温度的高低，并以图像形式显示出来。

（2）温度分辨率高，可达0.01。

（3）可采用多种显示方式。热像仪输出的视频信号包含目标的大量信息，可采用多种方式显示出来。例如，对视频信号进行伪彩色处理，便可由不同颜色显示温度的热图像。

（4）可进行数据存储和计算机处理。热像仪输出的视频型号，可用数字存储器存储，或用录像带记录，这样既可长期保存又可用几何运算处理。

（5）操作简单。现场测温时只需对准目标摄取图像，并将上述信息存储到机内的PC卡上，即完成全部操作，各种参数的设定可回到室内用软件进行修改和分析数据，最后直接得出检测报告。

（6）携带方便。由于技术的改进和结构的改变，取代了复杂的机械扫描，仪器重量已小于1.5kg，使用中如同手持摄像机一样，单手即可方便地操作。

413. 利用红外热像仪检测建筑围护结构热工缺陷应注意的问题是什么？

根据中华人民共和国行业标准《采暖居住建筑节能检验标准》（JGJ 132-2001）的规定，利用红外热像仪检测建筑围护结构热工缺陷应注意的问题有以下几点：

（1）建筑围护结构热工缺陷宜采用红外摄像法进行定性检测。

（2）红外摄像仪及其温度测量范围应符合冬季现场要求。传感器的使用波长应处在 2.0～2.6μm、3.0～5.0μm 或

$8.0 \sim 14.0 \mu m$ 之内，传感器分辨率不应低于 $0.1℃$，其测量误差应小于 $0.5℃$。

（3）检测应在供热系统正常运行后进行。围护结构处于直射阳光下时不应进行检测。

（4）利用红外摄像仪对围护结构进行检测之前，应首先对围护结构进行普测，然后对可疑部位进行详细检测。

（5）应对实测热像图进行分析并判断是否存在热工缺陷以及缺陷的类型和严重程度。可通过与参考热像图的对比进行判断。必要时可采用内窥镜、取样等方法进行认定。

414. 怎样测试围护结构的传热系数？

（1）热箱法

测试原理：热箱法检测围护结构传热系数是基于"一维传热"的基本假定，即围护结构被测部位具有基本平行的表面，其长度和宽度远远大于其厚度，视为无限大平板。在人工制造一个一维传热的环境下，被测部位的内侧用热箱模拟采暖建筑室内条件，并使热箱内和室内空气温度保持一致；另一侧为室外自然条件，维持热箱内温度高于室外温度 $8℃$ 以上，这样被测部位的热流总是从室内达到平衡时，热箱的加热量就是被测部位的传热量。采用先进的 pID 控制运算法实时控制热箱内空气温度和室内温度，采用高分辨率的变送装置精确测量热箱内消耗的电能并进行积累，定时记录热箱的发热量及热箱内温度和室外温度，经运算就能得到被测部位的传热系数值。

测试条件：在自然条件下，实测 3d，最好在无风或微风的阴天，室外平均空气温度在 $25℃$ 以下，相对湿度在 60% 以下，室外平均温差控制在 $10℃$ 以上，最低温差 $8℃$。

测试仪器：RX—Ⅱ围护结构传热系数检测仪（热箱仪）、加热器等。

测试方法：

——用红外温度计测试被测围护结构内表面温度场分布情

况，并作记录；

——选择测点位置，不靠近热桥、裂缝和有空气渗透的部位；

——安置热箱，使之与被测表面充分接触；

——设定热箱和室内温度，并记录。

计算：根据热箱内与室外温差、测得的热流量和热箱面积得到被测部位传热系数。被测部位传热系数 $K[W/(m^2 \cdot K)]$：

$$K = \sum \frac{K_n}{n}$$

$$K_n = \frac{Q_n}{A(t_i - t_e)}$$

式中：K_n——单位时间被测部位传热系数 $[W/(m^2 \cdot K)]$；

Q_n——单位时间的热流量（W）；

A——测试面积（m^2）；

t_i——室内空气温度（℃）；

t_e——室外空气温度（℃）；

n——采集的有效次数（$n \geqslant 24$）。

（2）热流计法

测试仪器：热流计、温度计、温度传感器等。

测试条件：连续采暖至少 7d 的房屋。在冬季无风或微风的阴冷天气，避开寒潮期。测试时室内温度应保持稳定。热流计周围温度稳定后，至少连续观测 3d，否则应大于 7d。围护结构被测部位的外表面应避免雨、雪和阳光直射，否则应加遮挡。

测试项目：热流密度、室内、外空气温度、被测部位内、外表面温度。

测试方法：

——室内、外空气温度测定同（1）；

——测试被测部位内、外表面温度及热流密度：热流计测点位置不应靠近热桥、裂缝和有空气渗透的部位，不应受加热、制冷装置和风扇的直接影响。将热流计直接安装的内表面和相应的

334

外表面安装温度传感器。

采用累积式测试，每30~60min 记录一次，所测数据采用算术平均法进行数据分析。

计算：

围护结构热流密度平均值 q（W/m²）

$$q = \sum \frac{q_{in}}{n}$$

式中：q_{in}——每次时间间隔的实测围护结构热流密度(W/m²)。

围护结构热阻 $R_t[(m^2 \cdot K)/W]$

$$R_t = \frac{t_{im} - t_{em}}{q}$$

式中：$t_{im(em)}$——被测部位内（外）表面温度算术平均值（℃）。

围护结构传热系数 $K[W/(m^2 \cdot K)]$

$$K = \frac{1}{R_i + R_t + R_e}$$

式中：$R_{i(e)}$——被测部位内（外）表面换热阻$[(m^2 \cdot K)/W]$。

415. 工地对膨胀聚苯板、挤塑聚苯板、聚氨酯等保温材料进行抽检时，应注意的事项有哪些？

工地在抽检过程中一定要注意这些材料的生产日期，因为材料的养护期对材料的性能检测起着决定性的影响。对膨胀聚苯板、挤塑聚苯板、聚氨酯这三种保温材料，它们的的燃烧性能、尺寸稳定性等性能能否达标直接取决于材料的养护期，养护时间不够，材料的性能就很难达标。因此，工地现场抽检要具实填写材料的生产日期，一遍检测能够真实地反映出材料的性能。

416. 聚苯板氧指数应怎样进行测试？

测试聚苯板的氧指数要求试验样品应去掉表皮，在自然条件下放置28d后才可进行测试，测试方法按《塑料燃烧性能试验方法 氧指数法》（GB/T 2406）的要求进行。

第六章 建筑节能技术的发展趋势

第一节 低能耗建筑节能技术

417. 建筑节能技术的发展趋势和我国应发展的重点领域有哪些?

（1）优化建筑设计

建筑造型及围护结构形式对建筑物性能有决定性影响。直接的影响包括建筑物与外环境的换热量、自然通风状况和自然采光水平等。而这三方面涉及的内容将构成70%以上的建筑采暖通风空调能耗。不同的建筑设计形式会造成能耗的巨大差别。然而建筑物是复杂系统，各方面因素相互影响，很难简单地确定建筑设计的优劣。例如加大外窗面积可改善自然采光，在冬季还可多获得太阳能量，但在冬季的夜间却会增大热量消耗，同时夏季由于太阳辐射通过窗户进入室内还会使空调能耗增加。这就需要利用动态热模拟技术对不同的方案进行详细的模拟预测和比较。科技部低能耗示范建筑在建筑设计阶段对十余个不同的方案进行了详细的模拟计算比较，从而使最终选定的建筑方案比原方案节能30%以上。为实现这种模拟优化分析，发达国家从20世纪70年代第一次能源危机开始，就投入大量经费，开发出多个建筑能耗模拟预测和优化软件，并将其作为推广建筑节能的最有效技术措施。目前在各国的建筑节能设计导则或规范中，都要求设计才必须进行动态模拟预测与优化。

美国自20世纪70年代持续开发的能耗模拟软件DOE2是北美应用最广泛的软件，也对美国的建筑节能的推动起到一定的作用。但近 20 多年的应用过程中陆续反应出的问题使 DOE2 很难进一步完善以适应各种新出现的问题。因此自 1997 年开发者已停止对 DOE 的技术支持，美国能源部组织多个部门共同开发新的建筑能耗模拟软件 Energy plus，已全面替代 DOE2。目前此工作仍在进行中。西欧国家经过近 30 年的努力，各国都形成了各自的建筑能耗模拟软件，并将其作为建筑节能设计与节能分析的基本工具，写入相关的建筑节能标准或规范中。日本也自 20 世纪 70 年代开始，逐渐完成 HASP 软件本身的问题和其开发维护机制的问题，使 HASP 不能跟上日益发展的建筑节能分析的需要，开始把目光投向我国的建筑能耗模拟软件 DeST。2004 年，日本包括名古屋大学、三菱重工、大金等在内的几所名校和企业与清华大学签订协议，使用和推广 DeST 软件，并成立日本 DeST 研发中心，根据日本的具体情况对这一软件进行进一步开发和本地化。

我国自 20 世纪 80 年代初一直没有间断这方面的研究。目前美国 Energy plus 软件所用的建筑热模拟方法 State Space 法就由清华大学在 1982 年最早提出。这一方法也是我国全部自主技术的建筑能耗模拟软件 DeST 的核心算法。DeST 软件历经 15 年的开发推广，目前已发展为完善的建筑节能模拟分析软件系列。开发的针对不同用途的三个软件版本先后 3 次被有关部门鉴定为具有国际领先水平。目前，上海、广州、北京和日本名古屋都成立了 DeST 中心，并先后完成了 1000 万 m² 以上建筑的模拟分析，其中包括国家大剧院、首都机场改扩建、国家主体育馆（鸟巢）、水立方、深圳会展中心等几十个国家重大项目。

目前的问题是如何进一步发展 DeST 软件，将其与国家的各种建筑节能规范与标准相结合，以其为工具，推动建筑节能标准的全面落实。并开展基于这一模拟分析工具的建筑节能优化设计研究，同时不断完善这一工具，逐渐发展出完整的建筑节能优化方法，在建筑设计和改造中全面推广。

（2）新型建筑围护结构材料和部品

开发新的建筑围护结构部件，以更好的满足保温、隔热、透光、通风等各种需求，甚至可根据变化了的外界条件随时改变其物理性能，达到维持室内良好的物理环境同时降低能源消耗的目的。这是实现建筑节能的基础技术和产品。主要涉及的产品有：外墙保温和隔热、屋顶保温与隔热、热物理性能优异的外墙和玻璃幕墙、智能外遮阳装置以及基于相变材料的蓄热型围护结构和基于高分子吸湿材料的调湿型饰面材料。

自20世纪90年代起，我国自主研发和从国外引进消化了多种外墙和屋面保温隔热技术。尤其是多种外墙外保温技术、外墙外挂可通风装饰板的隔热保温技术以及通风遮阳型屋面技术等，都获得了巨大成功。这方面的工作是为进一步提高质量、降低成本，以及更大范围的推广。

随着建筑形式的现代化，外窗和玻璃幕墙等透光型外围户结构在建筑外立面中的比例越来越高。由于其在保温、隔热、采光和吸收太阳光等方面的多重功能，使其成为影响建筑本体能源消耗的最主要因素。发达国家从20世纪90年代开始就十分重视外窗与玻璃幕墙的节能型新技术、新产品的开发与推广，可有效降低长波辐射增强保温的低辐射镀膜玻璃（Low-E）与玻璃夹层充惰性气体和断热窗框、断热式玻璃幕墙等技术使外窗和玻璃幕墙的传热系数（K值）从传统单玻外窗的 $5.5 \mathrm{W}/(\mathrm{m}^2 \cdot \mathrm{K})$ 降低到 $1.5 \mathrm{W}/(\mathrm{m}^2 \cdot \mathrm{K})$ 以下，从而使透光型外围护结构的热损失接近非透光型外围护结构。发达国家把推广此类产品作为推广建筑节能的重要内容，10年来在各类建筑中获得广泛应用。一些国家已将其列入建筑节能标准中，强制执行。为减少夏季透过外窗和玻璃幕墙的太阳辐射，而在冬季又适当的接收太阳辐射，在各种可调节外遮阳装置和玻璃夹层中间设置可调节遮阳装置并进行有组织的通风等方式，目前成为新产品、新技术的发展重点，并开始在一些大型公共建筑上应用并取得了良好的效果。在外遮阳板或外层玻璃表面置太阳能电池，则还可将遮挡住的太阳能转换为电能。此外就是利用建筑围护结构蓄存热量，夜间室外空气通过楼板空洞通风使楼板冷却，白天用冷却了的楼板吸收室内热量。在围护结构内配置适宜的相变材料，则可以产生更好的蓄能效果。通过上述各项技术的有机结合，在某些地区（非潮湿地区）可以建造出所谓"零能耗"建筑，不消耗常规能源就可以维持室内的舒适环境，并通过太阳能解决夜间照明。

开发和推广上述先进技术，可使我国各类建筑的采暖能耗降低到冬季平均 $10W/m^2$ 的水平，仅为目前采暖能耗的 $1/3$，空调能耗也可以显著下降。因此我国建筑材料与部品的节能应从以外墙为重点迅速转向以提高外窗和玻璃幕墙的性能为重点。秦皇岛耀华集团 2003 年底与美国合作，完成了国内第一条、世界第七条玻璃在线镀膜生产线，并制造出多种高性能 low-E 玻璃产品（具有自主知识产权），为我国高性能透光型外围护结构的开发迈出关键性一步。北京新立基公司采用自主技术的真空夹层玻璃生产线也在 2004 年投产，其真空玻璃的传热系数达到 $1.0W/(m^2 \cdot K)$，成为世界领先水平。秦皇岛耀华玻璃集团 2004 年研制成功的玻璃钢窗框外窗，与 Low-E 玻璃配合，整体传热系数达到 $1.5W/(m^2 \cdot K)$，也达到世界领先水平。但总体说来，我国目前市场上可见到的各种外遮阳技术、玻璃夹层通风遮阳的双层皮技术以及自然通风、遮阳、隔热、太阳能发电于一体的零能耗外窗技术与产品，距国外技术与产品还有一定差距。

夏季空调的大量能耗用于室内的湿度调节，而上述各项技术对湿度控制并无明显作用。采用一些吸湿性高分子材料，可以在空气湿度高的时候吸收空气中的水分，使其转换为结晶水而封存在材料中，在室内空气相对湿度较低时又重新把水分释放回空气中。这样可维持室内相对湿度在 40%～75% 的舒适范围内，而不消耗常规能源。目前日本、欧洲都开展了相关研究，国内的研究开发也接近同等水平。这方面的突破将对改善住宅和普通公共建筑的夏季室内环境，降低空调能耗甚至在某些场合取消传统空调起到重大作用。

（3）通风装置与排风热回收装置

对于住宅建筑和普通公共建筑，当建筑围护结构保温隔热做到一定水平后，室内外通风形成的热量或冷量损失，成为住宅建筑能耗的重要组成部分。此时，通过专门装置有组织地进行通风换气，同时在需要的时候有效的回收排风中的能源，对降低住宅建筑的能耗具有重要意义。欧洲在这些方面已做出丰硕成果，通过有组织的控制通风量和排风的热回收，大大降低了空调的使用时间，还使采暖空调期耗热量、耗冷量降低30%以上。由于以前我国建筑本身的保温隔热性能较差，通风问题的重要性就远没有欧洲突出。因此相比之下有较大差距。目前需要积极开展相关的研究和产品开发与推广。

就排风热回收而言，国内目前已研制成功蜂窝状铝膜式、热管式等显热回收器，这只对降低冬季采暖能耗有效。由于国内已开始有纸质和高分子膜式透湿型全热回收器，也已经研制成功转轮蓄能型全热回收器，但其性能还待进一步提高。

（4）各种热泵技术

通过热泵技术提升低品位热能的温度，为建筑物提供热量，是建筑能源供应系统提高效率降低能耗的重要途径，也是建筑设备节能技术发展的重点之一。目前在该领域国内外进展情况如下：

1）热泵型家庭热水机组

从室外空气中提取热量制备生活热水，电到热的转换效率可达3~4。日本推出采用二氧化碳为工质的热泵型热水机，并开始大范围推广。当没有余热、废热可利用时，这种热泵型热水机应是提供家庭生活热水的最佳方式。

2）空气源热泵

冬季从室外空气中提取热量，为建筑供热，是住宅和其他小规模民用建筑供热的最佳方式。在我国华北大部分地区，这种方式冬季平均电热转换率有可能达到3以上。目前的技术难点是室外温度在零度左右时蒸发器的结霜问题和为适应室外温度在 -3 ~5℃范围内的变化，需要压缩机在很大的压缩比范围内都具有良好的性能。国内外近10年来的大量攻关都集中在这两个难点上。前者通过优化的化霜循环、智能化霜控制、特殊的空气换热器形式设计以及不结霜表面材料的研制等正在陆续得到解决。后者则通过改变热泵循环方式，如中间补气、压缩机串联和并联转换等来尝试解决。然而革命性的突破可能有待新的压缩机形式的出现。相信这一定会在今后10～20年内发生。目前我国该领域的技术水平与研制现状与国外接近。值得注意的另一技术方向是采用大型离心压缩机配盐水冷却塔的热泵方式。通过改变压缩级数高效率的改变了压缩比，而采用盐水冷却塔则避免了蒸发器结霜。目前日本正在研发的样机，全冬季平均电热转换率已接近4。这将成为大型公共建筑或区域供热供冷的最佳冷热源方案。

3）地下水水源热泵

既从地下抽水经过热泵提取其热量后再把水回灌到地下。这种方式用于建筑供热，其电热转换率可达到3～4。这种技术在国内外都已广泛推广，但取水和回灌方式，可能会使该技术的可应用范围进一步扩大。

4）污水水源热泵

直接从城市污水中提取热量，是污水综合利用的组成部分。据测算城市污水充当热源可解决城市20%建筑的采暖。目前的方式是从处理后的中水中提取热量，这限制了其应用范围，并且不能充分利用污水中的热能。哈尔滨工业大学最近研制成功水换热器，可直接大规模从污水中提取热量，并在哈尔滨实现了高效污水热泵供热，处于世界领先水平。如果进一步完善和大规模推广，应能成为我国北方大型城市建筑采暖的主要构成方式之一。

5）地埋管式土壤源热泵

通过在地下垂直或水平埋入塑料管，通入循环工质与土壤间的换热器。在冬季通过这一换热器从地下取热，成为热泵的热源；在夏季从地下取冷，使其成为热泵的冷源。这就实现了冬存夏用或夏存冬用。目前这种方式的问题是初投资较高，并且由于需要大量从地下取热、储热，仅适宜低密度建筑。与建筑基础有机结合，从而进一步降低初投资，提高传热管与土壤间的传热能力，将是今后低密度建筑采用热泵解决采暖空调冷热源的一种有效方式，值得进一步研究发展。

如前分析，采暖用能占我国北方地区建筑能耗的约 50%，通过热泵技术如能解决 1/3 建筑的采暖，将大大缓解目前采暖与能源消耗、采暖与环境保护间的矛盾，实现高效的电驱动采暖。

（5）降低输配系统能源消耗的技术

在大型公共建筑采暖空调能耗中，60%～70% 的能耗被输送和分配冷量热量的风机水泵所消耗。这是导致此类建筑能源消耗过高的主要原因之一。对大规模集中供热系统，负责输配热量的各级水泵的能源消耗也在供热系统运行成本中占很大比例。分析表明这部分能量消耗可以降低 50%～70%，因此降低输配系统能源消耗应是建筑节能尤其是大型公共建筑节能中潜力最大的部分。

由于设计和设备选择的粗糙，我国建筑内的风机、水泵绝大多数的运行效率都仅为 30%～50%，而实际这些风机、水泵的最高效率大多可达 75%～85%。如何通过调节改变风机水泵工作状况，使其与已有管网相匹配，从而在高效工作点工作，是对风机水泵和管网技术的挑战。仅这一技术的突破，就可使输配系统能耗降低一半，因此是具有巨大节能效益的挑战。目前国内外都朝着这方面努力，但尚无创新性突破。

目前变频器的质量已很可靠，且成本足够低。采用变频风机、变频水泵对流量进行调节已经很普及。但大多数采暖空调的输配系统的结构设计，还是基本上沿用传统的基于阀门调节的输配系统，没能真正发挥变频调速的作用。水泵的能耗一半和风机的能耗 25%～40% 都消耗在各种阀门上。彻底改变输配系统结构，去掉调节阀，用分布的风机、水泵充当调节装置，即不是用阀门消耗多余能量，而是用风机水泵补充不足能量，这可以使输配系统能耗比目前降低 50%～70%（还不包括提高风机、水泵效率）。目前国内外都在这方面进行尝试，并有一些成功的工程实例。但需要大量的研究与推广工作，包括满足这种调节性能的恒流量特性的风机水泵的研究，新的输配系统结构与设计方法，新的调节理论与方法等。可能更重要得还有改变工程技术人员的传统观念和设计运行方法，才能使这一方式最终广泛应用。

为降低输配系统能耗，目前已认识到应尽可能用水代替空气作为传输媒介，从而可以较小的能耗为代价输送更多的热量冷量。而通过管道输送水所需要的能耗还可进一步通过在水中添加减阻剂来降低。国内外的研究都表明采用某些减阻剂可使管道阻力降低到 20%，这将极大地降低输配系统能耗。但需进一步研究解决如何提高这种方式的稳定性，消除其对传热过程的不利影响，并降低其造价，避免减阻剂本身可能造成的环境污染等技术问题。

与减阻剂方法相对应的是采用功能流体方法。将相变温度在系统工作范围的相变材料微粒掺混于水中，制成"功能型热流体"，可以通过相变吸收和释放热量，从而使输送能量降低到原来的 15% ~ 30%。目前这一方向的研究中，清华大学已研制成这种流体，大量的传热和阻力特性试验表明其具有良好的动力特性和传热特性。但最终在工程中全面推广还要解决稳定性、成本等诸多难点。

该方向的工作主要是针对降低大型公共建筑能耗。有效的技术突破可使大型公共建筑采暖空调能耗降低 40%，这相当大型公共建筑的总能耗降低 20%。

（6）温、湿度独立控制的空调系统

目前空调都使用 5 ~ 7℃冷水或更低的低温水作为冷媒，对空气进行处理。这是因为空气除湿的需要。而如果仅为了降温，采用 18 ~ 20℃的冷源都可以满足要求。尽管一般除湿负荷仅占空调负荷的 30% ~ 50%，但是目前大量的显热负荷也用这样的低温冷媒处理，就导致冷源效率低下。近年来该领域的一个重要方向就是采用温、湿度独立控制的空调方式。将室外新风除湿后送入室内，可用于消除室内产湿，并满足新鲜空气要求；而用独立的水系统使 18 ~ 20℃ 温度的冷水循环，通过辐射或对流型末端来消除室内显热。这一方面可避免采用冷凝式除湿时为了调节相对湿度进行再热而导致的冷热抵消，还可用高温冷源吸收显热，使冷源效率大幅度提高。同时这种方式还可有效改善室内空气质量，因此被普遍认为是未来的主流空调方式。目前世界各国都积极开展大量的相关研究和工程尝试。

这一方式的主要难点是新风的高效大幅度除湿。这也是国内外研究的热点。我国华南理工大学近年来研究开发的除湿转轮，有多项创新，可以进一步发展成为湿度独立控制系统的新风处理方式。清华大学近年研究的溶液除湿方式，利用低温热源（60 ~ 70℃）驱动，可实现较高的能源利用率，并能同时实现排风的全热回收。目前这一技术也已应用于实际的温、湿度独立控制的空调系统。与世界上近百个转轮除湿及溶液除湿研究小组的目前研究相比，国内这两项空气除湿技术都处于领先的或先进的地位。进一步完善这两项技术，并使其产品化，将对改变中央空调现有形式并大幅度降低中央空调能耗起重大作用。

这种新的空调方式的实现还包括对现有末端方式的革新。采用高温冷水（18 ~ 20℃）吸收显热，应使用不同与目前方式的末端装置。目前国外已研发出多种辐射型末端和干式风机盘管以及自然对流冷却器等，国内也需要相应的跟踪或开发新的高效显热型末端装置。

该方向的研究主要针对降低大型公共建筑能耗。有效的技术突破可使大型公共建筑采暖空调能耗再降低 30%，这相当于大型公共建筑总能耗降低 15%。

（7）建筑式热电冷三联供系统

当天燃气为城市中主要的一次能源时，与简单的直接燃烧方式相比，采用动力装置先由燃气发电，再由发电后的余热向建筑供热或作为空调制冷的动力，可获得更高的燃料利用率。这就是所谓热电冷三联供（BCHP）。这种方式通过让大型建筑自行发电，解决了大部分用电负荷，提高了用电的可靠性，同时还降低了输配电网的输配电负荷，并减少了长途输电的输电损失（在我国此损失约为输电量的 8% ~ 10%）。

美国为解决其电力输配和供电安全问题，近年来大力推广这一方式。美国能源部预测到 2020 年新建建筑的 50%，现有建筑的 20% 都将采用这种方式解决建筑物内的能源供应。目前正在支持一大批研究单位和企业研究相关技术、政策，并开发相关产品。我国长沙远大公司由于其在燃气直燃式吸收机方面的技术领先地位，也属于美国能源部组织的关键设备研究单位之一，其产品已用于几个主要的 BCHP 示范项目中。而实际上这一方式在日本早就有很多应用实例，只是没有这样大规模宣传推广。

我国实现"西气东输"后，这种方式可以作为东部大城市天然气应用的一种形式。对于用电可靠性要求高、全年存在稳定的热负荷或冷负荷的建筑，这种方式可获得较高的节能效果和经济性。

要使这种方式能更大范围的使用，并真正有利于节能、环保，并具有经济性，要攻克的技术难点为：高发电效率、低排放的燃气发电动力装置，高密度、高转换效率的蓄能装置和高效率的热驱动空调方式。

燃气发电装置是 BCHP 的关键设备。根据分析，只有其发电效率达到 40%，BCHP 才真正具有节能意义。目前的几十至几百千瓦的微燃机发电效率不足 30%，兆瓦级内燃机发电效率可接近 40%，但排放的氮氧化合物高于燃气锅炉，不符合环保要求。目前可能的方向为：进一步改进内燃机，实现低 NOx 排放，并进一步提高其发电效率；采用固体氧化物燃料电池（SOFC），彻底解决发电效率和 NOx 排放问题。目前美国 Ion American 公司在 SOFC 燃料电池的关键工艺上做出重大突破，可以最终实现整机成本在 1000 美元/kW 水平。其发电效率为 45%，产生的排热温度为 800℃，基本单元容量为 25kW。这可真正实现高效率、小型化和零排放。目前制造这种燃料电池的大部分原材料来源于中国。受此启发，我国完全可以跳过动力机械，直接采用燃料电池来发展我国的新型建筑能源系统，走出一条中国特有的新路。

采用燃料电池，余热温度在 800℃ 左右，非常容易实现高效率的热制冷。但采用内燃机则有约一半的余热以 90℃ 左右的冷却水形式释放的，用其进行高效制冷有一定困难。此时如果采用溶液除湿方式，利用这部分热量再生浓溶液，从而可解决建筑物的新风处理并承担湿负荷，则是一种更好的解决途径。同时制备好的浓溶液还可以高密度储存，满足高密度、高转换效率的蓄能装置的要求。这应是发展以内燃机作为动力方式时建筑空调制冷的解决途径。

（8）燃煤燃气联合供热与末端调峰

如何在保证采暖地区冬季供热质量的基础上提高能效、减少环境污染并尽可能降低运行成本，是我国北方城市冬季采暖和实现节能急需解决的问题。尤其是当引入天然气作为部分一次能源之后，协调经济、环境、能源三者之关系成为重要问题。

以燃煤为燃料的大型热电联产热源和大型燃煤锅炉房通过采用清洁煤燃烧技术，可以高效低污染地烧煤，但希望稳定在某个最佳工况，不要随负荷变化而经常调整。输送热量的大型集中供热网也很难有效地根据末端用热量地变化进行及时调节。调节不当和调节不及时导致部分建筑过热，造成的热量浪费占总供热量的 20%～30%。反之，以天然气为燃料的小型锅炉可以快速、方便的调节，且清洁、高效。但目前单独作为大型锅炉的燃料，也不能充分发挥其特点。因此，可以利用大型集中供热网，以燃煤作为燃料，提供采暖的基础负荷，整个供热季稳定运行。在末端采用天然气为燃料的小型调峰锅炉根据负荷需求补充不足的热量。天然气调峰锅炉可根据各自的末端状况及时准确的调节，避免调节不当造成的浪费，燃煤热源又可稳定运行，保证清洁与高效。

这种方式还缓解了目前燃煤供热与燃气供热间巨大的成本差，实现燃煤燃气联合供热，有益于社会公平。整个冬季均匀地使用燃煤也缓解了严寒期高负荷时，由于燃煤用量高峰导致地大气污染高峰。

这种方式应是今后北方地区大、中城市燃煤燃气共同构成一次能源时应首先采取地供热方式，由于改善调节，并提高了集中热源的效率，可以使集中供热系统的能耗降低20%～30%。

（9）节能灯和节能灯具

由于照明用电为建筑物总用电量的30%～50%，因此节约照明用电对建筑节能有重大意义。降低照明用电的途径包括：发展高效光源、采用高效灯具、改进照明控制。

目前荧光类高效节能灯已广泛普及，国外普遍看好的发展方向是LED光源。它可比目前的节能灯效率更高，发光光谱可在大范围选择，使用寿命可大大延长。尽管目前LED的成本、效率都无法与荧光类节能灯相比，但在最近10～20年内将有重大突破。

照明控制也是实现照明节能的重要组成部分。尤其是办公室、教室等公共建筑，改善照明控制可大幅度减少照明电耗。国外有采用照度传感器对光源进行连续调节，并实现了很好的节能效果。使这种系统国产化，降低成本，同时进一步完善其控制逻辑，在5～10年内应能在我国广泛推广并产生较大的节能效果。

（10）建筑中的可再生能源技术

可再生能源包括太阳能、风能、水能、生物质能、地热能和海洋能等多种形式。可再生能源日益受到重视，开发利用可再生能源已成为世界能源可持续发展战略的重要组成部分。太阳能既是一次能源又是可再生能源，资源丰富，对环境无污染，是一种非常清洁的能源，在建筑中得到了较为广泛的应用。如何有效的利用可再生能源满足建筑的采暖空调等能源需求，也是建筑节能的一项重要内容。

目前国内外针对太阳能光热利用、光电转换以及直接利用太阳光采光等方面均取得了进展，太阳能热水器也得到了很好的推广。可再生能源技术的发展一方面是降低产品成本，另一方面更重要的则是如何将上述产品和装置有效的与建筑立面设计结合起来，使其成为建筑物的一个有机组成部分。

418. 什么叫低能耗建筑？

低能耗建筑是指在围护结构、能源和设备系统、照明、智能控制、可再生能源利用等方面综合选用各项节能技术，能耗水平远低于常规建筑的建筑物，是一种不用或者尽量少用一次能源，而使用可再生能源的建筑物。

419. 低能耗建筑的"新窑居理论"是什么？

"新窑居理论"核心：建筑物冬暖夏凉、低能耗、舒适、适宜居住、低造价。

"新窑居理论"的前提是提高围护结构的保温隔热性能。

"新窑居理论"认为，围护结构的保温隔热性能，是影响建筑总能耗的重要因素，提高围护结构的保温隔热性能，尤其外墙外保温隔热性能，是低能耗建筑设计的重点，在建筑围护结构保温隔热性能非常好的情况下，通过适合当地利用的低品位能源、可再生能源，满足建筑采暖及制冷用能需求，从而实现降低建筑物一次能源能耗的目的。

冬暖夏凉是传统窑居的基本特征，窑洞被覆结构的蓄热系数大，保温、隔热以及热波衰减性能好。窑洞里的气温变化总是迟滞于外界的气温变化，且温差变化不大，夏季室温比室外普遍低10℃左右，冬季室温比室外普遍高15℃左右，而且温度和湿度都相对稳定。

"新窑居理论"核心内容是首先保证建筑结构各部分尽量不受外界环境影响，然后通过建筑结构整体取暖和制冷，将建筑物内年温差控制在5℃以内。具体措施是，冬天通过低品位能源、可再生能源，产生40℃左右的热水，通入地板内的盘管体系加热建筑结构。夏天通过低品位能源、可再生能源，产生15℃左右的冷水，通入地板内的盘管体系降低建筑结构温度。

"新窑居理论"的技术路线是，通过提高围护结构的保温隔

鲜空气后的污浊空气由设在屋顶部的风机抽出排放，实现健康的通风换气。在夏季宜采用水蒸气蒸发制冷系统。

由于住宅室内外的温度交换绝大多数被墙体与窗户隔绝了，而人的进出所带来的温度变化毕竟有限，因此无需采用空调通过空气加温或制冷的手段强升温或者强降温。人们常言的空调病主要由平流式送温模式及空调器内隐藏的细菌所致，而采用地埋管采暖制冷，传送的温度以贴辐式形式出现，人体非常舒服。

同时，所有采暖和制冷系统所需要的能源，均采用可再生的低品质能源如太阳能、地热能、沼气能、风能等来替换高品质的化石能源。

422. 什么是太阳能？什么是太阳能建筑？

太阳能是太阳内部连续不断的核聚变反应过程产生的能量。尽管太阳辐射到地球大气层的能量仅为其总辐射能量（约为 3.75×10^{26} W）的 22 亿分之一，但已高达 173000TW，也就是说太阳每秒钟照射到地球上的能量就相当于 500 万吨煤。地球上的风能、水能、海洋温差能、波浪能和生物质能以及部分潮汐能都是来源于太阳；即使是地球上的化石燃料（如煤、石油、天然气等）从根本上说也是远古以来贮存下来的太阳能，所以广义的太阳能所包括的范围非常大，狭义的太阳能则限于太阳辐射能的光热、光电和光化学的直接转换。太阳既是一次能源，又是可再生能源。它资源丰富，既可免费使用，又无需运输，对环境无任何污染。

在建筑物的策划、设计、施工、使用、维护以及改造等活动中，充分利用太阳能的建筑统称为太阳能建筑。即用太阳能代替部分常规能源为建筑物提供采暖、热水、空调、照明、通风、动力等一系列功能，以满足或部分满足人们的生活和生产的需要。我国太阳能建筑领域中技术最成熟、应用范围最广、产业化发展最快的是家用太阳能热水器（系统），其次是被动式采暖太阳房。

太阳能建筑对太阳能的应用包括了被动应用、主动应用和综合应用等多种途径。

被动应用是完全通过建筑朝向和周围环境的合理布置、内部空间外部形体的巧妙处理以及材料、结构的恰当选择，集取、蓄存、分配太阳热能。其工作机理主要是"温室效应"，如被动式太阳房等。

主动应用是全部或部分应用太阳能光电和光热新技术为建筑提供能源。如太阳能采暖系统，由太阳集热器，管道、风机或泵、散热器及贮热装置等组成；太阳能空调系统，目前采用太阳能溴化锂吸收式空调系统为建筑制冷；太阳能热水系统，应用太阳能集热器组成集中式或分户式太阳能热水系统为用户提供生活热水；太阳能光电系统，应用太阳能光伏电池、蓄电、逆变、控制，并网等设备构成太阳能光电系统。

综合应用是从建筑保温隔热材料的开发、自然采光通风功能的实现、太阳能光热光伏技术的应用到遮阳、光影和舒适环境的创造，全方位地综合对太阳能资源进行应用。

世界上许多建筑专家均巧妙利用太阳能建造太阳能建筑。

太阳能墙：美国建筑专家发明太阳能墙，是在建筑物的墙体外侧装一层薄薄的黑色打孔铝板，能吸收照射到墙体上的80%的太阳能量。

太阳能窗：德国科学家发明了两种采用光热调节的玻璃窗。一种是太阳能温度调节系统，白天采集建筑物窗玻璃表面的暖气，然后把这种太阳能传递到墙和地板的空间存储，到了晚上再放出来；另一种是自动调整进入房间的阳光量，如同变色太阳镜一样，根据房间设定的温度，窗玻璃变成透明或是变成不透明。

太阳能屋顶：在日本，一个装有100多平方米太阳能屋顶的家庭，就相当于拥有了一套3.7kW功率的发电机。这样的家庭装有两个电表，白天，太阳能屋顶发电，除了供自家使用，多余的电输送给大电网；晚上，家里的各种电器启动，电网向家庭供电。

太阳能房屋：德国建筑师塞多·特霍尔斯建造了一座能在基座上转动跟踪阳光的太阳能房屋。该房屋在环形轨道上以每分钟转动 3cm 的速度随太阳旋转。这个跟踪太阳的系统所消耗的电力仅为该房太阳能发电功率的 1%，而该房太阳能发电量相当于一般不能转动的太阳能房屋的两倍。

第二节　其他建筑节能技术

423. 什么是相变材料？

相变材料（PCM-Phase Change Material）是指随温度变化而改变形态并能提供潜热的物质。相变材料由固态变为液态或由液态变为固态的过程称为相变过程，这时相变材料将吸收或释放大量的潜热。相变材料具有在一定温度范围内改变其物理状态的能力。以固 - 液相变为例，在加热到熔化温度时，就产生从固态到液态的相变，熔化的过程中，相变材料吸收并储存大量的潜热；当相变材料冷却时，储存的热量在一定的温度范围内要散发到环境中去，进行从液态到固态的逆相变。在这两种相变过程中，所储存或释放的能量称为相变潜热。物理状态发生变化时，材料自身的温度在相变完成前几乎维持不变，形成一个宽的温度平台，虽然温度不变，但吸收或释放的潜热却相当大。

相变材料可分为有机（Organic）和无机（Inorganic）相变材料。亦可分为水合（Hydrated）相变材料和蜡质（Paraffin Wax）相变材料。其中，无机类 PCM 主要有结晶水合盐类、熔融盐类、金属或合金类等；有机类 PCM 主要包括石蜡、醋酸和其他有机物；近年来，复合相变储热材料应运而生，它既能有效克服单一的无机物或有机物相变储热材料存在的缺点，又可以改善相变材料的应用效果以及拓展其应用范围。

我们最常见的相变材料非水莫属了，当温度低至 0℃ 时，水由液态变为固态（结冰）。当温度高于0℃时水由固态变为液态（溶解）。在结冰过程中吸入并储存了大量的冷能量，而在溶解过程中吸收大量的热能量。冰的数量（体积）越大，溶解过程需要的时间越长。这是相变材料的一个最典型的例子。

从以上的例子可看出，相变材料实际上可作为能量存储器。这种特性在节能，温度控制等领域有着极大的意义。因此，相变材料及其应用成为广泛的研究课题。

424. 相变材料在节能建筑中的主要作用是什么？

通过向普通建筑材料中加入相变材料，可以制成具有较高热容的轻质建筑材料，称之为相变储能建筑材料。利用相变储能建筑材料构筑建筑围护结构，可以降低室内温度波动，提高舒适度，使建筑采暖或空调不用或者少用能量，提高能源利用效率；可以解决热能供给和需求失配的矛盾，使空调或采暖系统利用夜间廉价电运行，降低空调或采暖系统的运行费用。

相变储能建筑材料兼备普通建材和相变材料两者的优点，能够吸收和释放适量的热能；能够和其他传统建筑材料同时使用；不需要特殊的知识和技能来安装使用蓄热建筑材料；能够用标准生产设备生产；在经济效益上具有竞争性。

相变储能建筑材料应用于建材的研究始于1982年，由美国能源部太阳能公司发起。20世纪90年代以PCM处理建筑材料（如石膏板、墙板与混凝土构件等）的技术发展起来了。随后，PCM在混凝土试块、石膏墙板等建筑材料中的研究和应用一直方兴未艾。1999年，国外又研制成功一种新型建筑材料——固液共晶相变材料，在墙板或轻型混凝土预制板中浇注这种相变材料，可以保持室内温度适宜。另欧美有多家公司利用PCM生产销售室外通讯接线设备和电力变压设备的专用小屋，可在冬夏天均保持在适宜的工作温度。此外，含有PCM的沥青地面或水泥路面，可以防止道路、桥梁、飞机跑道等在冬季深夜结冰。

425. 相变材料与建筑材料的复合工艺有哪些?

相变材料与建材材料的结合工艺,目前主要有以下几种方法:

(1) 将相变材料密封在合适的容器内。如 PiiaLamberg 等介绍了将装有水合盐 PCM 的金属管子置入混凝土构件中,以提高建筑物结构的热容,从而在夏季对室内起到降温作用。

(2) 将相变材料密封后置入建筑材料中。即把载体基质做成微胶囊、多孔泡沫塑料或三维网状结构,再把相变材料灌注于其中,这样微观上仍是发生固 - 液相变,进行储能控温。但从蓄能材料的整个宏观特性上来看仍然保持其固体形状。Nuckols 等研究了微胶囊法包覆固 - 液相变材料。将高密度交联键聚乙烯颗粒在熔化的相变材料中膨化,然后加入建材板材原料中也属于此方法。

(3) 通过浸泡将相变材料渗入多孔的建材基体(如石膏墙板、水泥混凝土试块等)。其最大的优点就是可以使传统的建筑材料(如石膏墙板)按要求变成 PCM 建材。利用具有大比表面积微孔结构的无机材料作为支撑材料,通过微孔的毛细作用力将液态的有机物或无机物相变储热材料(高于相变温度条件下)吸入到微孔内,形成有机/无机或无机/无机复合相变储热材料,然后掺入建材中。

(4) 将相变材料直接与建筑材料混合。许多新型固 - 固相变材料的不断开发也推动了这一工艺的应用。这种直接混合方法的好处在于,结构简单,性质更均匀,更易于做成各种形状和大小的建筑构件,以满足不同的需要。目前,该种方式成为贮热相变材料在建筑节能方面研究的热点课题。

(5) 将有机相变材料乳化后添加到建筑材料中。将不同标号的石蜡乳化,然后按一定比例与相变特种胶粉、水、聚苯颗粒轻骨料混合,配制成兼具蓄热和保温的可用于建筑墙体内外层的相变蓄热浆料。

426. 相变材料在围护结构中的应用机理是什么？

现代建筑向高层发展，要求所用围护结构为轻质材料。但普通轻质材料热容较小，导致室内温度波动较大。这不仅造成室内热环境不舒适，而且还增加空调负荷，导致建筑能耗上升。目前，采用的相变材料的潜热达到 170J/g 甚至更高，而普通建材在温度变化 1℃时储存同等热量将需要 190 倍相变材料的质量。因此，复合相变建材具有普通建材无法比拟的热容，对于房间内的气温稳定及空调系统工况的平稳是非常有利的。

（1）相变材料的选择

用于建筑围护结构的相变建筑材料的研制，选择合适的相变材料至关重要，应具有以下几个特点：

1）熔化潜热高，使其在相变中能贮藏或放出较多的热量；

2）相变过程可逆性好、膨胀收缩性小、过冷或过热现象少；

3）有合适的相变温度，能满足需要控制的特定温度；

4）导热系数大，密度大，比热容大；

5）相变材料无毒，无腐蚀性，成本低，制造方便。

在实际研制过程中，要找到满足这些理想条件的相变材料非常困难。因此，人们往往先考虑有合适的相变温度和有较大相变潜热的相变材料，而后再考虑各种影响研究和应用的综合性因素。

（2）相变储能建筑围护结构的节能原理

建筑物能耗主要由采暖和空调构成。环境温度和湿度的变化会引起室内温度和湿度发生变化，为此需要使用采暖和空调设备将室内的温度和湿度控制到一定范围内。这样就需要消耗能源。而恰当地使用相变储能建筑围护结构，不仅有助于使室内保持需要的温度和湿度，而且可以均衡或者部分消除采暖和空调负荷，或者将高峰负荷转移到低谷，因此可以降低建筑物采暖和空调能耗。

建筑物所获得的一些低温热能，如人和机器放出的热量、建筑物日间从外界吸收的热量等，与人的需求在时间上往往不同步。而相变储能建筑围护结构可有效地吸收和储存这些低温热能，然后慢慢释放出来，因此可以调整这些能量在供给和需求时间上的不一致。

相变储能建筑围护结构可提高建筑物的热惯性。这样就降低了由于温度变化带来应力，保护了主体结构，提高了主体结构的耐久性；同时热惯性也使室内温度变化幅度减小，因此可使采暖和空调设备减少开停次数，从而使这些设备的运行效率得到提高，延长了室内设施的使用寿命。

427. 干粉砂浆在外墙外保温中有哪些应用？

干粉砂浆（dry-mix）又称干粉料或干拌砂浆。它是由无机胶粘剂、有机胶粘剂、集料、填料与添加剂等原料，按科学配料、精确计量和工业化生产制成的多品种、多用途的预混粉体，在施工现场只需加入一定量的调合水，经均匀混合即可使用。

与在施工现场拌制砂浆的传统方法相比较，使用干粉砂浆在提高效率、保证施工质量、保护环境与节约原材料等方面有明显的效果，因而自 20 世纪 60 年代以来，干粉砂浆在欧美发达国家得以蓬勃发展、广泛使用，并推向亚洲、大洋洲与拉美国家。

我国干粉砂浆在外墙外保温中主要应用有保温板粘结砂浆、抹面砂浆、保温砂浆、抗裂砂浆、面砖粘结砂浆等，但许多干粉砂浆的使用性能和施工性能都有待进一步提高。

第三节　建筑节能中知识产权问题

428. 什么是知识产权？它的特性是什么？怎么建立企业知识产权战略？

知识产权是一种无形财产。它指的是通过智力创造性劳动所取得的成果，并且是由智力劳动者对其成果依法享有的一种权利。这种权利包括人身权利和财产权利，也称之为精神权利和经济权利。所谓人身权利，是指权利同取得智力成果的人的人身不可分离，是人身关系在法律上的反映，例如，作者在其作品上署名的权利，或对其作品的发表权、修改权等，也称之为精神权利；所谓财产权是指智力成果被法律承认以后，权利人可利用这些智力成果取得报酬或者得到奖励的权利，这种权利也称之为经济权利。知识产权的对象是人的心智、人的智力的创造，属于"智力成果权"，它是指在科学、技术、文化、艺术领域从事一切智力活动而创造的智力成果依法所享有的权利。

知识产权具有时间性、地域性和专有性。

专有性是指知识产权受法律保护的一种独占权，具有排他性，未经知识产权所有者许可，任何人不得利用，否则构成侵权，应承担法律责任。

地域性是指知识产权法是国内法，在一国获得的知识产权只在该国范围内受到法律的保护，其他国家是否授予这种专有权，视这一国家的法律规定，除本国加入的国际条约另有规定外，任何国家都不承认其他国家或国际性机构所授予的知识产权。所以，知识产权的保护受到地域的限制。

时间性是指知识产权都有法定的保护期限，一旦保护期满，权利自行终止。这一点同其他产权有很大不同，动产和不动产权，没有时间限制，只要这些财产存在，权利即存在。当然，有些知识产权，如商标权可以无限制地延续，但如不履行法定手续，也可能提前中止。

应按如下要求建立企业知识产权战略：

（1）建立企业专利战略

包括企业的常有专利战略、企业技术创新与设计创新中的专利战略、企业专利技术标准化战略、企业技术引进与输出中的专利战略、企业专利申请战略等。

（2）建立企业商标战略

包括企业商标设计、选择策略；企业商标及时注册策略；企业商标国际注册及商标国际化经营战略；企业商标使用策略；网络环境下企业商标使用策略；联合商标策略；防御商标策略；商标与商号一体化策略；商标延伸策略；商标形象战略；商标竞争战略；商标广告战略；商标特许经营战略；企业创驰名商标的策略；企业驰名商标保护策略等。

（3）建立企业商业秘密保护战略

包括企业商业秘密合法获取策略；企业商业秘密保护策略。

（4）建立企业知识产权资本运营战略

包括企业知识产权投资战略；企业知识产权价值化战略。

（5）建立知识产权控制和管理战略

包括企业知识产权流失的预防与控制策略；企业人才流动中知识产权的流失与防范策略。

429. 知识产权制度的作用是什么？

知识产权制度在促进科技创新、维护科技竞争实力等方面发挥越来越重要的作用。

知识产权制度有激励技术创新的作用。知识产权制度通过授予技术发明者以专利权，使专利权人获得了一种排他性的独占权，这样专利人在某一技术和某一产品上可以独占市场，不仅能收回开发付出的投入，而且还能通过产品销售、技术许可使用、转让等方式获得比其投入大得多的回报，调动人们发明创造的积极性，使技术创新得到良性循环。

知识产权制度有保护投资的作用。科学技术的发展需要有不断地投入，才能有所突破。知识产权制度通过确认研究开发成果的归属，保障作出主要物质投入单位或个人充分享有由此产生的权益，通过保护专利、商标、服务标记、厂商名称和制止不正当竞争，维护企业的竞争优势，促进企业提高产品质量和服务质量。

知识产权制度具有促进科技成果转化的作用。科技成果的产业化、商品化、市场化是技术创新活动中重要环节，也是技术创新的根本目的。按照专利法的规定，对发明奖励的回报，重点不在技术发明后，而是转移到技术发明产业化、商品化和市场化后，从其创造的效益中提取，从而引发科技成果的转化应用。

430. 知识产权战略的重要性是什么？

（1）是提高企业核心竞争力，提高我国企业市场竞争力的重要手段。

（2）是建立企业预警机制，防范企业风险的重要保障。

（3）是逐渐确立我国企业"知识产权优势"的必要手段。

（4）是全面振兴企业，创国际知名品牌，增强企业国际竞争力的需要。

（5）有利于建立现代企业制度、促进企业产权结构调整。

（6）有利于充分保护知识产权，防止和控制企业无形资产流失，并促进企业资产的良性循环。

（7）有利于促进企业公平竞争，制止不正当竞争，确保企业在国内、国际市场竞争中的有利地位。

431. 知识产权与垄断的关系如何？

知识产权的基本特点之一即是其独占性或垄断性，它在本质上是法律赋予的一种合法垄断。由于拥有知识产权这种独占权往往会使企业在某一特定市场上形成垄断地位或者支配地位，至少是加强了这种地位，因此如果有关企业的这种垄断地位或者支配地位被用来实施非法限制竞争的行为，如不正当地拒绝许可他人利用其知识产权以消除或减少自己在特定市场上的竞争压力，在许可他人利用其知识产权的过程中附加了某种明显限制正常竞争的条件以获取垄断利益等。

知识产权可以被看成是对特定竞争的限制。知识产权的专有性使得知识产权人能够在一定的时间和地域内获得对其知识产品的生产、销售等的垄断地位。然而，知识产权的"垄断"并不等于不正当地获得市场地位的"经济垄断"。知识产权独占权本身不能导致得出结论即知识产权人具有市场力。虽然知识产权具有潜在的反竞争效果，这却不意味着知识产权本身在客观上是可以垄断的。

知识产权本身虽然是一种垄断，但是作为知识产权客体的智力成果，常常是初始权利人为竞争目的或在竞争过程中的创造。对这种成果的知识产权保护，可以使经营者能够事先根据法律将会赋予的独占程度，比较确定地预期其技术开发和创新投资的经济回报，从而鼓励其通过技术创新增强市场竞争力，更好地释放其竞争潜能。而每个企业的技术水平和竞争力的提高，也必将通过由此激化的竞争，推动整个国民经济素质和国际竞争力的提高。

432. 知识产权与公众利益是怎样的？

知识产权无论是通过鼓励创新、促进经济发展在总体上增加消费者福利，还是通过对具体市场上侵犯知识产权行为的制止和制裁来使消费者免遭交易中的损害，可达到保护消费者的目的，这是知识产权维护公益目标的一面。

由于知识产权的基本性质是民事权利，是私权，尽管它也有公益目标，但主要和直接的还是为了私益目标；知识产权在本质上是完全的或者有一定限制的垄断的创造物，这是与公众利益相违背的一面。

通过《反垄断法》在内的经济法的立法或调整，可以解决知识产权的营利性和社会公益性的矛盾，进而实现经济与社会的良性运行和协调发展。当然，《反垄断法》的这种协调并不意味着对知识产权本身作为垄断权的基本性质的否定，而是在承认和保护这种权利的同时，防止和控制其被滥用，进而保护公众利益。

433. 目前国内建筑节能领域内的知识产权状况如何？建筑节能领域应该如何保护知识产权？

目前我国拥有自主知识产权企业的数量过少，仅有 2000 多家，占企业总数的万分之三，有 99% 的企业没有申请专利；拥有自己商标的企业仅占 40%。建筑节能领域内只有少数较大企业具有研发能力，申报了大量专利，个别企业有少量专利，大多数企业采取技术跟进，假冒产品。知识产权状况集中体现在以下几方面：

（1）自主知识产权少，专利技术水平比较低。

（2）自主创新也处于分散的状态，标准制定中，自主知识产权技术不能形成合力。

（3）企业技术专利化、专利标准化的战略不清晰。

（4）跟进、仿造技术众多，技术含量高的专利技术被侵权严重。

建筑节能领域应该采取如下措施保护知识产权：

（1）知识产权是企业的核心竞争力，是企业的生命。保护知识产权至关重要，因此企业所有员工都应该重视知识产权的保护。

（2）企业应当成立专门的知识产权管理部门，设计知识产权保护的整体方案，根据不同知识产权的不同特征、不同的法律规定，从不同角度、不同层次综合保护知识产权，将知识产权保护落实到企业经营管理的各个环节。

434. 建筑节能企业加强知识产权工作还需要加强哪些工作？

（1）加强对知识产权的认识。企业的经营思路不能停留在"赚钱"的低级层次，应加强知识产权保护意识。

（2）加大知识产权保护宣传，促进全社会知识产权保护意识。

（3）加强企业研发实力和科技创新，形成新的知识产权。

435. 什么是专利？什么是标准？专利与标准之间的关系是什么？

专利是有权机关授予发明人在授予国境内一定时期的垄断

权，在规定的时间内发明人对该发明创造享有专有权，他人未经许可不得擅自使用。但保护期一过，该项专利技术就成为全人类的共同财富。专利制度规定一方面专利权人可以在其享有垄断权期间获取经济利益，以补偿他为研发这项专利技术所投入的资金并取得回报；另一方面，将专利技术的内容公开，从长远来看有利于推动技术创新，加快技术更新的进程。企业是专利的最大创造者，新产品、新技术、新式样大多是由企业在激烈的竞争中创造出来的，一个企业拥有专利的数量和质量是衡量这个企业技术先进程度和产品信誉的标志，专利越多，质量越高，说明企业的创造力就强，就表明企业的产品、技术具有新颖、先进、实用的特点和独占市场的优势，就会得到用户的信任。

标准是一种与产品或服务相关并得到大多数生产商和用户承认的技术规范。其处于公知领域，可以被任何人使用，通常是判断产品或服务的平均尺度，有时甚至是基本要求。

专利与标准由于其各自的特性所限，本是不相容的两个范畴，专利的实施需要以权利人的同意许可为前提，而标准则以普遍适用性和公开性为目标。

随着技术的发展和市场竞争激烈程度的加剧，专利与标准之间的关系从分离趋向融合。这主要归功于科学技术日益发达的今天，部门分工已经相当精细，任何一个企业或科研单位是不可能制定标准时提供出标准体系需要的所有核心生产技术，标准体系实质上是作为标准基础的各项技术的汇集，也就是所谓的专利标准化。因此，专利和标准是存在紧密联系的统一体，从一定意义上讲，专利是标准的基础，同时也是不可避免产生冲突的一对矛盾体。

436. 我国外墙外保温的专利情况是怎样的？

通过对节能建筑部品的知识产权状况进行调研时发现，所有被调研的 59 家企业中只有 17 家有专利技术。我国建筑节能以本土企业为主，但是从 20 世纪 90 年代以来，国外资本以独资或合资的形式渗入中国，在中国建立了部分企业，从事建筑节能的生产、加工、销售和服务。这些企业在国内申请了大量的专利。

国内企业应该加大研发力度，持续申报专利，继续加强知识产权的保护力度。

437. 我国外墙外保温标准中的专利情况如何？

将专利写入标准中，在认识上还存在一些误区：

（1）认为标准是公知领域的技术，专利技术不能进入。

（2）认为标准技术是公开免费的技术，专利技术纳入标准后应成共享技术，专利权人应该放弃其专利权。

（3）专利技术只能进入技术标准的非强制性条款，而不能进入强制性条款。

（4）专利编入标准会形成技术垄断，弊大于利。

（5）使用有专利的标准，无须得到专利权人许可。

目前，在外墙外保温的国家标准、行业标准、地方标准中虽然已经含有了大量专利，但未在引言中进行声明，这对标准的发布机构实际上是不利的，一旦被追究法律责任时，标准发布机构应该承担连带责任的。因此，中国标准化协会编制的标准就明确声明了标准中可能含有专利，但标准发布机构不承担专利侵权责任，这样，既使将专利技术纳入了标准，标准发布机构也可免受其难，同时也可国际接轨。

438. 为什么说技术创新促进了技术标准战略和知识产权战略的相互融合？

（1）技术创新的过程需要知识产权的激励和保护

技术创新的核心是"创造"，创造离不开知识产权的保护和激励。首先，新技术的产生需要调动发明人致力于创新的积极性，知识产权制度承认智力劳动成果是有偿的，有利于新技术的产生；其次，专利权、商标权、著作权就是知识占有的法律形式，其本质是把智力成果当作物权保护，从而使知识获得有序、健康、合理的使用，保障了权利人的合法权益；最后，申请专利就是公开，是在全世界公开，这种法律保障的公开是知识传播有效、规范的手段。因此，知识产权战略在驱动技术创新的同时，也成为技术创新发展的重要战略目标。

（2）技术创新的发展对技术标准提出新的要求

形成技术标准的根基是拥有先进的科学技术，开展符合市场需求的技术创新。一方面技术创新的市场化使得技术标准的推出更多出于商业动机，技术标准化垄断的趋势日益明显。受到市场广泛认可、用户认同的技术标准，即使不是最优的标准，但仍可以成为"事实上的技术标准"而垄断技术领域，实现规模报酬递增。另一方面，技术标准与知识产权的结合更加紧密。离开了自主知识产权，离开了创新能力，离开具有广大市场的专利技术，标准的制定将失去其应有的价值。在技术创新的过程中，只有将技术标准战略与知识产权战略融合在一起，才能发挥出更高的效用。

（3）技术标准战略和知识产权战略的相互融合

在传统意义上，技术标准与知识产权是互相排斥的。技术标准追求公开性和普遍适用性，强调行业的推广应用，其目的是为了方便大众。知识产权作为合法的垄断权，是鼓励创新、促进知识生产的重要法律机制。知识产权的核心内容是专利权，专利技术实施的前提则是获得许可，不允许未经授权的推广使用。专利技术的产业化速度加快，产品在国际中的竞争加剧，使得技术标准的内容包容了专有技术和专利技术，通过技术标准达到技术与产品垄断的趋势日益明显，技术标准迫切地需要专利技术的加入来实现标准垄断的目的。

现代的技术标准，就是成功地利用专利技术和标准化工作的特点，通过"专利联营"等手段将技术专利写入标准，巧妙地将全球技术许可战略构建在技术标准战略中，形成一条"技术专利化—专利标准化—标准许可化"的链条，从而实现在技术和产品上的竞争优势。由于知识产权具有地域性和排他性，一旦以专利技术为核心建立的标准得到普及，就会形成一定程度的技术和市场垄断，并可以保护本国技术，发挥技术壁垒的积极作用。例如，在将国际标准转化为国家标准时加入我国的专利技术，可以抑制国外技术长驱直入，并在实施该标准时通过交叉许可，以合理的、非歧视性条件从对手那里获得专利许可，为减少所付专利使用费创造条件。

439. 如何处理技术标准的开放性要求与知识产权保护之间的矛盾？

一般而言，知识产权保护制度具有合理性，既体现了公平的原则，也有利于技术创新，所以应当尊重并维护技术标准中涉及到的专利权所有者的合法权益。当标准与专利结合在一起时，基本专利的所有权人就可能会利用技术标准控制者的地位，不适当地扩张其依法享有的专利权，目的在于限制市场竞争，获得并维护市场垄断地位。这种反竞争行为就构成所谓的专利权滥用。从技术标准使用者的角度看，对一种技术标准的需求包括两个方面，一个方面是对其中专利技术的需求，另一方面是对技术标准本身的需求。如果将这两种需求都作为对专利的需求，那么技术标准中的知识产权就存在过度保护现象。为了协调技术标准与专利之间的冲突，处理好知识产权保护与维护市场竞争的关系，可以有多种解决办法。比如标准化组织可以要求参与技术标准制定的企业必须首先公布其所拥有的专利并公开声明其专利政策；专利持有人承诺必须在公平、合理和非排他的情况下，将专利许可给专利使用人。

440. 展会中知识产权保护办法是怎样的？

2006 年 1 月 10 日，商务部、国家工商总局、国家版权局、国家知识产权局联合发布了 2006 年第 1 号令《展会知识产权保护办法》，并于 2006 年 3 月 1 日起实行。《展会知识产权保护办法》是为加强展会期间知识产权保护，维护会展业秩序，推动会展业的健康发展，根据《中华人民共和国对外贸易法》、《中华人民共和国专利法》、《中华人民共和国商标法》和《中华人民共和国著作权法》及相关行政法规等而制定的，适用于在中华人民共和国境内举办的各类经济技术贸易展览会、展销会、博览会、交易会、展示会等活动中有关专利、商标、版权的保护。

《展会知识产权保护办法》规定：展会管理部门应加强对展会期间知识产权保护的协调、监督、检查，维护展会的正常交易秩序；展会主办方应当依法维护知识产权权利人的合法权益；展会主办方在招商招展时，应加强对参展方有关知识产权的保护和对参展项目（包括展品、展板及相关宣传资料等）的知识产权状况的审查；在展会期间，展会主办方应当积极配合知识产权行政管理部门的知识产权保护工作；展会主办方可通过与参展方签订参展期间知识产权保护条款或合同的形式，加强展会知识产权保护工作；参展方应当合法参展，不得侵犯他人知识产权，并应对知识产权行政管理部门或司法部门的调查予以配合。

441. 技术标准和知识产权结合的趋势是怎样的？

技术标准与知识产权在传统意义上是互相排斥的。技术标准力求使技术具有公开性和普遍适用性，强调技术的推广应用，其目的是为了技术的广泛普及。知识产权作为合法的垄断权，是鼓励创新、促进知识生产的重要法律机制。知识产权的最主要的内容是专利权，获得专利许可是专利技术实施的前提，未经授权的专利技术的推广使用从法律角度是不允许。由于专利技术的大量申报，技术在市场中的竞争加剧，使得技术标准的内容不可避免地包含专利技术。近年通过技术标准达到技术与市场垄断的趋势日益明显，也就是通过将技术专利写入标准，将技术许可战略构建在技术标准战略中，从而实现在技术和市场上的竞争优势。由于知识产权具有地域性和排他性，一旦以专利技术为核心建立的标准得到普及，就会形成一定程度的技术和市场垄断，并可以保护本国技术，发挥技术壁垒的积极作用。

442. 为什么说专利进入技术标准是必然的？

（1）先进技术与技术标准具有不可分割的关系

技术标准体系是促进科技成果迅速转化为现实生产力的桥梁和催化剂。技术标准是促进科技创新成果产业化的桥梁和纽带，其能够促使科技成果迅速转化为新产品进而形成产业，加速产业结构优化升级。对经济发展、社会进步的基础支撑作用。技术是技术标准的实质性内容和基础，而技术创新又是技术发展的决定因素，因此，技术创新与技术标准之间存在密切关系。技术创新的速度决定了技术标准更新的频率，技术标准应来源于最具创新性的技术。标准是创新成果产业化的关键环节，关联着社会经济均衡发展的规则和秩序，是实现我国发展总目标必不可少的要素。形成技术标准的根基是拥有先进的科学技术和开展符合市场需求的技术创新。技术创新的市场化使得技术标准的推出更多出于市场行为。

（2）标准制订同技术创新结合起来是国家经济安全的保证

中国面临着在技术创新方面，国外专利数量和质量远远高于国内的严峻现实，而随着入世的到来，在开放的市场中，以标准技术面目出现的许可证贸易更会铺天盖地地涌来，并且没有商量的余地。技术标准的知识产权化的出现和其不断发展壮大，使得一个国家或一个地区实现技术垄断的可能性加大，也使得外国跨国公司通过技术标准压迫我国自主技术产业化生存空间的操作性更强，这些直接关系到国家经济安全。所有这一切，都应该引起高度重视。因此，对技术标准的知识产权战略进行研究已经刻不容缓。可以想见，如果我们不把标准制订同技术创新结合起来，只是跟在别人后面发展，那么我们就永远无法掌握核心技术，更无从谈起国家的经济安全。

（3）标准中收入专利技术已是必然

随着知识产权保护意识的增强，处于技术前沿的研究成果往往都申请了专利保护。这样，技术标准要想反映技术发展的新要求，就必然要包含相关专利技术的内容，技术标准与知识产权的结合更加紧密。离开了自主知识产权，离开了创新能力，离开具有广大市场的专利技术，标准的制定将失去其应有的价值。在技术创新的过程中，将技术标准与知识产权融合在一起，能够发挥出更大的协同效用。标准中收入专利技术已是必然，否则，无从谈起标准的先进性，也会妨碍先进技术的推广。

（4）先进技术普及的最佳途径是标准与专利的结合

先进技术推广普及有赖于技术标准的制定使用，技术标准是国家、企业实力的重要体现，技术标准应该采用先进的技术。随着知识产权意识的增强，先进的技术都被专利等知识产权保护起来，标准如不采用这些先进技术，将影响标准的先进性，也会影响先进技术的迅速传播，是对创新型国家建设的一种制约。标准中采用先进的专利技术，必将使科技成果实现最大的转化。

将技术标准与知识产权保护相结合，借助于技术标准的特殊地位，强化相关知识产权的保护，才能使先进技术发挥最大的作用。

（5）专利写入标准是世界标准的发展趋势，不以人的意志为转移

技术标准与专利的捆绑，是今天世界技术标准发展的重要趋势。自20世纪90年代以来，专利数量的迅速增长以及专利技术产业化速度的不断加快，使得专利与技术标准开始从分离走向结合，出现了引人注目的技术标准专利化趋势。纵观各国在技术标准上的竞争，不难看出以下趋势：技术标准与专利技术越来越密不可分。在新的经济形式下，经济效益更多取决于技术创新和知识产权，技术标准逐渐成为专利技术追求的最高体现形式。

443. 标准中专利不能明确标识的危害是什么？

在将专利技术写入标准这个问题上，某些技术标准尝试着有所突破，但由于对此问题的分歧和《标准法》等方面的限制，虽然将专利写入了标准，但不敢明确标识，不敢明确承认专利权

人的专利权，使专利权人的专利权力模糊化。由于标准使用者不知道标准是否有专利技术，由此引起了一些问题的出现。由于标准没有明确标识其中的专利技术，没有明确专利权人是否具有专利权限，大量的企业跟进假冒，无偿使用专利权人的专利技术。研发单位为创新的投入，没有应有的回报，严重挫伤了企业创新的积极性，也使知识产权侵权行为得以大量泛滥，企业巨大的研究投入所产生的知识产权因此受到严重的侵害。

444. 我国专利进入标准的法律依据是什么？

2002年6月20日发布，2003年1月1日起实施的国家标准《标准化工作导则第二部分：标准中规范性技术要素内容的确定方法》（GB/T 1.2-2002）第10条规定：专利规定附录D给出的规则适用于专利内容。附录D（规范性附录）专利的D.3规定：如果在编制标准的过程中已经识别出涉及专利的内容，则在发布的标准的引言中应有如下内容："本标准的发布机构提请注意如下事实，声明符合本标准时，可以使用涉及……〔条〕……中有关……〔内容〕……的相关专利。本标准的发布机构对于专利的范围、有效性和验证资料不提出任何看法。专利持有人已向本标准的发布机构保证，他愿意同任何申请人在合理和非歧视的条款和条件下，就使用授权许可证进行谈判。在这方面，该专利持有人的声明已在本标准的发布机构备案"等。

445. 避免技术标准中知识产权滥用问题的方法有哪些？

（1）及时把有关国际规则内容引入国内法律

我国知识产权制度与世界接轨，关键是要掌握国际规则，并在国内法中引入有关制度。在WTO的Trips协议中，相关的条款对防止权利人滥用权利作出了规定。Trips第8条第2款规定："可采取适当措施防止权利持有人滥用知识产权，防止借助国际技术转让中的不合理限制贸易行为或有消极影响的行为，只要该措施与本协议的规定一致。"第40条采用未穷尽的列举方法，提到了几种限制竞争的行为，即独占性返授条件、禁止对知识产权有效性提出挑战的条件或强迫性的一揽子许可证，目的是防止知识产权权利人在缔结合同的谈判中滥用自己的专有权。这些对知识产权的限制性条款是发展中国家做出很大努力争取得来的。因此，我国必须针对目前状况，充分利用国际规则，对有关法律法规作出适当补充和调整。

（2）确立行之有效的调控机制

对于知识产权滥用，美国及欧共体在立法和司法发展过程中形成了多种调控机制。对于知识产权滥用造成的损害，非知识产权法的救济包括反垄断指控与合同法上的禁反言原则、禁止欺诈原则，知识产权法上的救济包括法定披露、强制许可及防止专利滥用原则等。这些调控机制可以为我们借鉴和参考。我国可以考虑利用相关的机制对因技术标准和知识产权结合所导致的权利滥用情况进行规制。

（3）通过反垄断法进行调控

反垄断法与知识产权法的目的存在表面上的矛盾。前者通过阻却垄断行为促进竞争；后者实质上是政府赋予知识产权所有人的合法垄断，使权利人对知识产权的投入能得到合理回报，从而达到激励创新的效果。然而二者可说是殊途同归，前者关注建立平等竞争环境，后者注重对创新的激励，其终极目的都是推动经济良性发展以增进社会公共利益。

（4）运用防止知识产权滥用原则予以规范

防止专利滥用的作用范围是为防止专利权人在行使权利时损害公共利益，但公共利益的定义过于宽泛，难以对专利权人的行为作出有实质意义的判定。因此，我国应当在相关法律如专利法等制定一条界限：如果专利权人在标准制定过程中不对候选标准所涉及的专利进行必要披露，而且这种保密是故意而为，一旦该标准确立后，专利权人拒绝授权他人实施专利的，即属于侵犯公共利益。法院可以对这种专利侵权拒绝给与禁令性救济以及实行强制许可。

(5) 确立禁反言原则

在有关知识产权私有性与产业标准社会性的冲突问题上，应用较多的是禁反言原则。具体而言，当专利权人"以其误导性的行为，致使被诉侵权人合理认为专利权人不会对其行使专利权"，则被诉侵权人可以运用禁反言规则作为答辩理由。我国合同法领域并没有相关制度，可以在反不正当竞争法和专利法引入该原则。在技术标准问题上应用该原则的依据是：标准化组织与其成员之间存在明示或默示的协议，成员负有披露与候选标准相关的知识产权的义务，当成员违反此种义务并因此嗣后获益，即应受到法律的限制。

446. 应选择什么样的专利技术进入标准？

我国本国专利在应用技术领域适用于中国的经济技术发展。实践证明，这些科技成果一旦出台，能够迅速被广泛应用，这些成熟适用广泛的必要专利技术应被标准接纳。

把中国专利写入标准，将会极大的促进技术创新的发展，引发国内企业技术竞争的激化，促使企业将更多的资金投向技术创新，使企业真正成为科技创新的主体。新的技术创新不停地打破旧的技术垄断，新的技术创新会使标准更新更高，进而拉动国家整体的技术发展，否则将出现专利衰标准弱的局面。能把专利技术写进标准，企业会得到优良的发展环境，能极大的鼓励再研发再创新的积极性，这也会使企业进入良性循环，从而把企业做大做强。

447. 编制标准的主导者应是谁？

标准编制的水平，给社会带来的影响是激发技术进步还是保护落后的工艺？标准条款由谁编写，行业规则由谁制定，谁就控制这个行业？各国标准完全都是由其国内企业编制，而国外经济发达国家对编制中国的行业标准表现出极大的热情。他们想与国内的企业平起平坐编写中国的标准，甚至还有的想主导中国的标准的编制，对此我们必须高度警惕。

专利兴则标准盛，企业大则国力强。我国标准的编制应该由企业牵头，企业的水平代表了国家的水平。这些企业应该是掌握了先进技术的企业，而不是技术落后或者盗窃仿冒别人技术的企业。中国的标准，理应由中国具有自主知识产权的企业来编写，没有相关研发成果的跟进企业不具有编写标准的资格。外国经济技术实力强的企业很想参与中国的标准的制定，作为防止发达国家对中国经济的控制，标准是最后一条防线，中国的技术标准的制定必须由中国的企业来主导。

448. 进入技术标准的专利实施许可怎样体现和谐？

进入标准的专利技术的实施许可，要考虑与公众采用专利技术而实现的利益与知识产权权利人利益的平衡，从而创造专利技术普及的和谐气氛，并更加有利于专利进入标准。在专利实施许可时，许可费用标准的制定既要肯定知识产权正当性，又要考虑中国国情。通过进入标准的专利实施许可规则合理的制定，使知识产权权利人的私权与公权实现双赢。

也应看到，标准中的专利权利人为推广自己的技术，使先进的技术在市场竞争中取得优势地位，会考虑技术的普及及合理回报的关系。专利权人向标准管理机构所做的"公平、合理、无歧视"的承诺，也创造了专利技术普及的和谐气氛。标准中专利许可化问题采取协商、妥协和合作之路，能够使专利许可由纷争走向合作，从而促进技术标准的普及，促进中国专利许可化进程的迅速发展，强化中国专利技术在市场中的地位。

449. 为什么说用中国的自主知识产权占领市场是国家根本利益的保证？

创新型国家建设需要技术领先、市场占有率高的强势企业，专利技术进入标准，有利于企业的强大和发展。上升为国家、国际标准的专利能够影响的不再是几个企业的利益而是整个行业的利益，从而也就直接影响到国家的经济利益和经济安全，因此可以说标准是国家主权在经济领域中的延伸，是国家实施非关税贸易壁垒的重要手段。将中国自主知识产权的专利技术与标准相结合，有利于国家标准、技术规程的制定，有利于专利法的实施，有利于依法行政，有利于确定中国知识产权在中国的法律地位。

知识产权比知识本身重要，技术标准比技术本身重要。知识产权是知识价值的权利化、资本化；技术标准是技术成果的规范化、规则化。如果我们不能在知识产权和技术标准的结合上有所作为，就不可能形成真正的竞争优势，就可能永远受制于人。

知识无国界，但技术标准却是为国家利益服务的，重视自主知识产权的应用和保护，我们需要更多的中国专利技术对市场的垄断。市场经济的主体是企业，因此，中国技术标准的制定，应由拥有中国自主知识产权的企业占主导地位，有最大的发言权。通过专利与标准的结合，能够促进自主创新，促进自主知识产权的发展和保护，促进先进技术的快速发展，促进创新型国家的建设。

450. 为什么专利技术写入标准是创新型国家建设的必然要求？

（1）创新型国家建设需要自主创新和对知识产权有效保护

建设创新型国家的核心就是把增强自主创新能力作为发展科学技术的战略基点，走出中国特色自主创新道路，推动科学技术的跨越式发展；就是把增强自主创新能力作为调整产业结构、转变增长方式的中心环节，建设资源节约型、环境友好型社会，推动国民经济又快又好发展；就是把增强自主创新能力作为国家战略。

知识产权是自主创新的基础和衡量指标，也是市场竞争的重要手段。科学技术是第一生产力，知识产权是第一竞争力。产权化的知识在知识经济中，构成了非常重要的生产要素。同时，知识产权在市场经济中，它有财富的属性和商品的属性，而且还具有高附加值的属性，因此自主知识产权的保护是自主创新的重要环节，对于建设创新型国家非常重要。

（2）创新型国家建设就是要把企业做大做强

创新的主体是企业，知识产权战略的主体是企业，建设创新型国家，增强自主创新能力，关键是强化企业在技术创新中的主体地位，建立以企业为主体、市场为导向的技术创新体系。采取更加有力的措施，营造更加良好的环境，使企业真正成为研究开发投入的主体、技术创新活动的主体和创新成果应用的主体。重视和发挥企业在自主创新的生力军作用，创造公平竞争的环境，支持企业做大做强并参与国际竞争。

企业将在自主创新中扮演先锋和主体角色，是整个国家自主创新体系中不可替代的关键环节。企业的技术创新能力是国家技术创新能力的基础，资源配置的优化和产业升级也都要依靠企业的技术进步和市场竞争力的提高去实现。作为企业，应更加注重技术开发，加大对研究开发活动的投入，大力开发具有自主知识产权的关键技术，形成自主的核心技术，加快研究开发和工程化、产业化步伐，打造知名品牌，增强核心竞争力。

企业是市场经济的主体，企业在遵守国家法律法规的前提下，所追求的就是市场利益最大化。企业的市场价值取向，决定了其进行自主创新的强大内在动力，同时还能做到既关注创新技术的先进性，又考虑其可行性和经济性；既清楚产品开发和大规模生产的技术难点，又能把握产品的市场需求并严格控制成本。因此，只有当企业发挥自主创新的主体作用，成为自主创新的投资者和实施者时，自主创新才最有可能形成有市场竞争力的产业和产品。

（3）企业做大做强需要核心竞争力

创新能力成为企业生存和发展的关键。我国产业结构中普遍存在产业集中度低、企业数量多、规模小、实力弱的突出矛盾，因此通过自主创新、实施知识产权战略，调整和优化产业结构造就一批具有较强自主创新能力和国际竞争力的大企业集团，带动和促进产业技术水平的提升。使资源流向有强烈创新欲望和能力的企业，重新分配资源，行业组合重整，形成具有中国自主知识产权的能够与国外跨国公司相抗衡的企业，这是一个符合国家利益的不可回避的问题。

创新是一个国家、一个民族不竭的智力资源，产权化的知识是一个企业的核心竞争力之所在。提高企业的核心竞争力，必须实行知识产权战略。而在知识产权战略中的专利技术标准化战略正好就是适应这种需要。专利技术标准化更直接的作用体现在为竞争服务，倡导一种新理念游戏规则。企业通过实施知识产权战略，通过对知识产权战略的高效管理，才能实现用专利技术引领市场，占领市场，从而牢牢把握生产、经营的主动权，从而维护国家的经济安全，为经济可持续发展创造稳定的社会环境。

（4）企业核心竞争力的增强需要用自己的先进技术占领市场，引领市场

知识产权已成为维护科技和市场竞争优势的重要手段，这种竞争是科技与技术创新能力的竞争，并集中体现为自主知识产权数量和质量的竞争。企业要站在战略高度认识和处理这个问题，强化知识产权的创造和管理，有效利用知识产权保护来开拓市场，占领市场。通过技术竞争、技术的不断进步，用先进的技术引领市场的发展，并取得市场竞争的优势。

（5）专利进入标准能够使先进技术得到广泛普及

先进技术占领市场需要先进技术的广泛普及，技术标准和专利的结合，能够使市场的主体-企业的新技术得到迅速的推广和发展，达到企业领先市场的目的。先进的专利技术是技术创新的精华，先进的专利技术进入技术标准能够促进技术的跨越式进步，并引领市场的发展。把专利技术写入标准也是保护知识产权、规范市场行为的一个非常有效的手段，并能够保护和鼓励发明人、科技人员从事发明创造的积极性，使技术创新得到良性循环。

（6）专利与标准的结合能够促进资源整合

大量的技术竞争会造成未来占统治地位支配市场的技术的不确定性，这会使消费者在选用技术产品时产生顾虑，而技术标准和知识产权的结合，可以起到减少这种不确定性的作用。技术标准化与知识产权制度相结合是整合技术创新系统，优化资源配置，实现产业可持续发展的关键性因素。

参 考 文 献

1. 中国建筑科学研究院. GB 50176-93 民用建筑热工设计规范 [S]. 北京：中国计划出版社，1999

2. 中国建筑科学研究院. JGJ 26-95 民用建筑节能设计标准（采暖居住建筑部分）[S]. 北京：中国建筑工业出版社，1996

3. 中国建筑科学研究院. JGJ 134-2001. 夏热冬冷地区居住建筑节能设计标准 [S]. 北京：中国建筑工业出版社，2001

4. 建设部标准定额研究所. JGJ 75-2003. 夏热冬暖地区居住建筑节能设计标准 [S]. 北京：中国建筑工业出版社，2003

5. 建设部科技发展中心. JGJ 144-2004. 外墙外保温工程技术规程 [S]. 北京：中国建筑工业出版社，2005

6. 建设部标准定额研究所. JG 149-2003. 膨胀聚苯板薄抹灰外墙外保温系统 [S]. 北京：中国标准出版社，2003

7. JG 158-2004. 胶粉聚苯颗粒外墙外保温系统 [S]. 北京：中国标准出版社，2004

8. 02J121-1. 外墙外保温建筑构造（一）[M]. 北京：中国建筑标准设计研究所，2002

9. 北京市建筑材料质量监督检验站，北京城建科技促进会. 外墙保温施工技术规程 [M]. 北京：北京市建设委员会，2005

10. 建设部科学发展促进中心，北京振利高新技术公司. 外墙保温应用技术 [M]. 北京：中国建筑工业出版社. 2005

11. 建设部标准定额所. 建筑外墙外保温技术导则 [M]. 北京：中国建筑工业出版社，2006

12. 中国建筑业协会建筑节能专业委员会，北京市建筑节能与墙体材料革新办公室. 建筑节能：怎么办？[M]. 北京：中国计划出版社，2002

13. 韩爱兴. 中国建筑节能状况与对策演讲稿 [R]. 乌鲁木齐：乌鲁木齐市建设委员会，2001

14. 中国建筑工业出版社. 建筑节能 [M]. 北京：中国建筑工业出版社，2001

15. 杨善勤. 民用建筑节能设计手册 [M]. 北京：中国建筑工业出版社，1997

16. 林海燕. 墙体传热的三维模拟分析. 建筑墙体节能保温技术文选 [C]，2000

17. 杨善勤. 改善室内热环境与外墙保温. 建筑墙体节能保温技术文选 [C]，2000

18. 顾同曾. 应科学、规范、准确地确定保温厚度. 建筑墙体节能保温技术文选 [C]，2000

19. 李德荣. 寒冷地区外墙保温方案优选和搞好建筑节能工作的几点建议. 中国建筑业协会建筑节能专业委员会1998年会交流资料 [C]，1998

20. Joachim Kleser. 聚氨酯入门 硬质聚氨酯泡沫保温板材技术解答

21. 北京市地方标准. DBJ 01-602-2006. 居住建筑节能设计标准 [S]. 北京市规划委员会，2006

22. 中国建筑科学研究院，中国建筑业协会建筑节能专业委员会. GB 50189-2005公共建筑节能设计标准 [S]. 北京：中国建筑工业出版社，2005

23. 傅德海，赵四渝，徐洛屹. 干粉砂浆 [M]. 北京：中国建材工业出版社，2006

24. 北京市住总集团有限责任公司. DBJ 01-97-2005. 居住建筑节能保温工程施工质量验收规程 [S]. 北京市建设委员会，2005

25. 江亿. 超低能耗建筑技术及应用 [M]. 北京：中国建筑工业出版社，2005

26. 姜继圣，罗玉萍，兰翔. 新型建筑绝热、吸声材料 [M]. 北京：化学工业出版社，2002

27. 张平，马骁. 标准化与知识产权战略 [M]. 北京：知识产权出版社，2002